Paralleltätigkeiten der
Rechtsanwälte und Steuerberater
versus Berufsrecht

Europäische Hochschulschriften Recht

European University Studies in Law

Publications Universitaires Européennes de Droit

Band/Volume 6738

Hartmut Krüger

Paralleltätigkeiten der Rechtsanwälte und Steuerberater versus Berufsrecht

PETER LANG

Bibliografische Information der Deutschen Nationalbibliothek
Die Deutsche Nationalbibliothek verzeichnet diese Publikation in der Deutschen Nationalbibliografie; detaillierte bibliografische Daten sind im Internet über http://dnb.d-nb.de abrufbar.

Zugl.: Erlangen, Nürnberg, Univ., Diss., 2022

n 2
ISSN 0531-7312
ISBN 978-3-631-88117-0 (Print)
E-ISBN 978-3-631-90302-5 (E-PDF)
E-ISBN 978-3-631-90303-2 (EPUB)
DOI 10.3726/b20874

Diese Publikation wurde begutachtet.

www.peterlang.com

Inhaltsverzeichnis

Literaturverzeichnis

Grundlagen Berufsfreiheit und Berufsrecht:

Dreier, Horst, Grundgesetz-Kommentar, Band I, Grundrechte, 3 Aufl. Tübingen 2013

Epping, Volker und Hillgruber, Christian, Kommentar zum Grundgesetz, 3. Aufl. München 2020

Hahn, Dittmar, Das Recht der freien Berufe in der jüngeren Rechtsprechung des Bundesverwaltungsgerichtes, GewArch 2006, 129–138

Huber, Herwart, Der Beirat, 1. Aufl., Köln 2003

Hufen, Friedhelm, Berufsfreiheit – Erinnerung an ein Grundrecht, überarbeitete Fassung der Mainzer Antrittsvorlesung von Prof. Dr. Hufen vom 09.06.1994

Isensee, Josef / Kirchhof Paul, Handbuch des Staatsrechts, Band IV., 3. Aufl., Heidelberg 2006

Jarrass, Hans D. / Pieroth, Bodo, Grundgesetz für die Bundesrepublik Deutschland, 17. Aufl. München 2022

Kilian, Matthias, Befreiung der Bürogemeinschaft von Fesseln des Sozietätsrechts, Anwaltsblatt 2020, 674–675

Kingreen, Thorsten und Poscher, Ralf, Grundrechte. Staatsrecht II. 37. Aufl. Heidelberg 2021

Kleine-Cosack, Michael, Vom freien Beruf zum gewerblichen Unternehmer, Rechts- und steuerberatende Berufe unter Liberalisierungsdruck, BB Beilage 2008, Nr. 003, 2–7

v. Mangold / Klein / Stark, Kommentar zum Grundgesetz, 7. Aufl. München 2018

Maunz / Dürig, Kommentar zum Grundgesetz, Band II und Band III, Loseblattsammlung, München

Merten, Detlef / Papier, Hans-Jürgen, Handbuch der Grundrechte, Band V, Grundrechte in Deutschland: Einzelgrundrechte II, Heidelberg 2013

v. Münch, Ingo / Philip Kunig (Hrsg.), Grundgesetz-Kommentar, 6. Aufl. München 2012

Münchener Kommentar zum BGB, Band 4, 8. Aufl., München 2019

Münchener Kommentar zum BGB, Band 1, 8. Aufl., München 2018

Münchener Kommentar zum HGB, Band 4, 4. Aufl., München 2020

Münchener Kommentar zum StGB, Band 5, 3. Aufl., München 2019

Münchener Kommentar zum Aktiengesetz, Band 2, 5. Aufl. München 2019

Oberlander, Prestige und Image der Freien Berufe, Mitteilungsblatt der Rechtsanwaltskammer Bamberg, Heft September 2013, Seite 9–12

Richter, Martin, Die Inkompatibilität von Jahresabschlussprüfung und Unternehmensberatungen durch Wirtschaftsprüfer, Journal für Betriebswirtschaft, JfB 27 (1977), 21–42

Sachs, Michael, Grundgesetz Kommentar, 8. Aufl., München 2018 und 21. Aufl. München 2021

Schmidt-Bleibtreu / Klein, Kommentar zum Grundgesetz, 13. Aufl., Neuwied-Kriftel-Berlin 2014

Schmidt, Karsten, Gesellschaftsrecht, 4. Aufl., Köln 2002

Stober, Rolf, Die Berufsfreiheit der freien Berufe, NJW 1981, 1529 ff.

Stern, Klaus, Das Staatsrecht der Bundesrepublik Deutschland, Bd. III/2, München 1994

Thümmel, Manfred, Die unterschiedliche Bedeutung des Begriffs „Unabhängigkeit" im Rahmen prüfender und beratender Tätigkeit, Die Wirtschaftsprüfung 1986, 643–650

Tettinger, J. Peter, Wettbewerb in den freien Berufen – berufsgrundrechtliche Aspekte, Manuskript eines Vortrages im Rahmen eines wissenschaftlichen Symposions des Institutes der freien Berufe an der Universität Erlangen-Nürnberg, NJW 1987, 294–301

Berufsrecht Rechtsanwälte:

Busse, Felix, Die Anwaltschaft im geeinten Deutschland, AnwBl 1993, 422–429

Eggert, Kerstin / Kääb, Ottheinz, Der Wandel im anwaltlichen Berufsbild, Eine empirische Untersuchung im Auftrag der Selbsthilfe der Rechtsanwälte e.V., WIR (wissenswerte Informationen der RAK Nürnberg) 2010, 80–84

Gaier, Reinhard / Wolf, Christian / Göcken, Stephan, Anwaltliches Berufsrecht, 3. Aufl., Köln 2020

Gurlit, Elke / Zander, Sebastian, Verfassungs- und europarechtliche Grundlagen des Anwaltsgeheimnisses, BRAK-Mitt. 2012, 4–7

Haack, Carsten, Widerruf der Anwaltszulassung wegen angeblich unvereinbarer Tätigkeit als Immobilienhändler und -entwickler, Besprechung des Beschlusses des AGH Berlin v. 06.04.2009, BRAK-Mitt. 2011, 267–270

Hellwig, Hans-Jürgen, Berufsrechtliche Fragen bei grenzüberschreitender Tätigkeit und Kooperation in Europa, BRAK Mitteilungen 2009, 50–54

Henssler, Martin / Prütting, Hanns, Kommentar zur BRAO, 5. Aufl., München 2019

Hoor, Gerd, Zur Vereinbarkeit des Rechtsanwaltsberufs mit einer Tätigkeit im öffentlichen Dienst, AnwBl. 2000, 83–88

Jaeger, Renate, Rechtsanwälte als Organ der Rechtspflege, – Notwendig oder überflüssig?, NJW 2004, 1–7

Kilian, Matthias, Der Rechtsanwalt als Organ der Rechtspflege – eine Spurensuche, Anwaltsblatt 2019, 662–667

Kilian, Matthias, Befreiung der Bürogemeinschaft von Fesseln des Sozietätsrechts, Anwaltsblatt 2020, 674–675

Kleine-Cosack, Michael, Kommentar zur BRAO, 8. Aufl., München 2020

Koch, Ludwig, Unabhängige, unreglementierte, selbstbestimmte anwaltliche Berufsausübung, in der Festschrift zum 120ig jährigen Bestehen des Münchener Anwaltsvereins, München 2000, S. 131–141

Krämer, Achim, Die verfassungsrechtliche Stellung des Rechtsanwalts, NJW 1995, 2313–2317

Mayen, Thomas, Die verfassungsrechtliche Stellung des Rechtsanwaltes – Ausprägungen und Auswirkungen auf das anwaltliche Berufsrecht, NJW 1995, 2317–2324

Rabe, Hans-Jürgen, Vom regulierten Prozessagenten zum selbstbestimmten Dienstleister, AnwBl. 2004, 65–70

Redeker, Konrad, Freiheit der Advokatur – heute, NJW 1987, 2610–2616

Redeker, Konrad, Bild und Selbstverständnis des Anwalts heute, AnwBl. 1996, 505–512

Reineke, Friedrich-Wilhelm, Der Zweitberuf des Rechtsanwalts, NJW 2008, 2881–2886

Schmid, Valentin, Der Rechtsanwalt-Insolvenzverwalter als „Gewerbetreibender"? DZWIR 2002, 316–323

Singer, Reinhard, Urknall Bastille-Beschlüsse – Auswirkungen auf die Unabhängigkeit der Anwaltschaft, BRAK-Mitt 2012, 145–152

Singer, Reinhard, Der Rechtsanwalt als unabhängiges Organ der Rechtspflege – Zu aktuellen Tendenzen in der Rechtsprechung des Europäischen Gerichtshofs zum anwaltlichen Berufsrecht, in: Meeresnaturschutz, Erhaltung der Biodiversität und andere Herausforderungen im „Kaskadensystem" des Rechts, Festschrift zur Emeritierung von Detlef Czybulka 2012, S. 327–343

Wesel, Uwe, Risiko Rechtsanwalt, München 2003

Weyland, Dag, Kommentar zur Bundesrechtsanwaltsordnung, 10. Aufl. München 2020

Berufsrecht Steuerberater:

Gehre, Horst / Koslowski, Günter, Steuerberatungsgesetz, 7. Aufl. München 2015

Kleine-Cosack, Michael, Einheit und Freiheit für Freiberufler, AnwBl 2013, 795–796

Kuhls, Clemens, u.a., Kommentar zum Steuerberatungsgesetz, 2. Aufl., Herne 2004 und 3. Aufl., Herne 2012

Mutschler, Helge, Gewerbliche Betätigung von Steuerberatern, DStR 2008, 1500–1504

Pestke, Axel / Reibel, Rudolf, Gewerblichen Tätigkeit eines Steuerberaters, Anm. zu VG Köln, Urteil vom 08.01.2009, 1 K 4481/08, Die Steuerberatung 2009, 226–233

Pestke, Axel, Das „umfassende" Verbot gewerblicher Tätigkeiten von Steuerberatern – wie lange noch?, Steuerberaterwoche 2004, 41–45

Pestke, Axel, Gewerbliche Nebentätigkeiten des Steuerberaters – zurück in die Warteschleife, Anmerkung zu BayVGH, Urteil vom 21.01.2015, 7 BV 14.1923, Die Steuerberatung 2015, 188–189

Ring, Gerhard, Der Steuerberater, ein „unabhängiges Organ der Steuerrechtspflege" – Zur Unabhängigkeit des Steuerberaters, DStR-Beih 2019, 54–60

Ruppert, Stefan, Die novellierte Berufsordnung der Steuerberater, DStR 2011, 138–144

Ruppert, Stefan, Erste Rechtsprechung des BFH zum Syndikussteuerberater, Anmerkungen zu den BFH-Urteilen vom 17.05.2011 (VII R 47/10) und 09.08.2011 (VII R 2/11), NWB Nr. 52 vom 27.12.2011, 4430

Einleitung

In der Praxis der Berufsausübung der Rechtsanwälte und Steuerberater[1] stellt sich immer wieder das bislang nicht tiefgründig erörterte, von einer kasuistischen Rechtsprechung geprägte und in den verschiedenen Berufsgesetzen auch noch unterschiedlich geregelte Frage der Kompatibilität dieser sogenannten „Freien Berufe“ mit parallelen anderweitigen beruflichen Tätigkeiten, insbesondere parallelen gewerblichen Tätigkeiten oder funktionalen Aufgaben bei Kapital- oder Personengesellschaften. Diese „Freie Berufe“ werden tendenziell als wenig kompatibel mit den übrigen Berufen angesehen. Man könnte geneigt sein, diese unbefangen von daher eher als „unfreie Berufe“ zu bezeichnen. Sind derartige Restriktionen aus den Berufsordnungen mit dem Grundrecht der Berufsfreiheit oder der europäischen Niederlassungs- oder Dienstleistungsfreiheit vereinbar?

Rechts-, Steuer- oder Wirtschaftsberater erhalten zuweilen von den beratenden Mandanten das Angebot oder ihnen wird der Wunsch herangetragen, Funktionen der Leitungs- oder Aufsichtsebene im Beratungsunternehmen zu übernehmen. Dies kann verschiedenste Hintergründe haben. Die Anteilseigner konnten sich beispielsweise von der Kompetenz des Beraters bislang überzeugen und wollen diesen nun intensiver und verbindlicher in die Leitung oder Aufsicht des Unternehmens einbinden. Oder bestimmte Projekte werden in separate Gesellschaften integriert, die einen rechtlich besonders erfahrenen Leiter benötigen, z.B. Transfergesellschaft. Ähnliche Anforderungen bestehen an die Geschäftsleitung bestehen häufig in Sanierungsfällen oder bei der Abwicklung von Gesellschaften.

Andere Rechtsanwälte oder Steuerberater müssen vielleicht aus wirtschaftlichen Gründen gerade zu Beginn ihrer selbständigen beruflichen Tätigkeit neben ihrer Kerntätigkeit weitere eigene geschäftliche Aktivitäten entwickeln. Die Zahl der zugelassenen Rechtsanwälte und Steuerberater wächst stetig, ohne dass die Betätigungsfelder in gleichem Maße wachsen. In den letzten Jahren vor 2020 entschärfte eine deutlich gestiegene Nachfrage nach Juristen die Situation derselben

---

1 Im Folgenden werden Personenbezeichnungen nicht kumulativ in der weiblichen und männlichen Form gebraucht. Die Personenbezeichnungen beziehen sich auf das grammatikalische Geschlecht, welches sich meist maskulin darstellt. Es handelt sich dann lediglich um das generische Maskulinum. Das generische oder grammatikalische Geschlecht beansprucht keine Aussage in Bezug auf das biologische Geschlecht. Die Doppelaufzählung von maskuliner und femininer Form ist ein Fremdkörper in der deutschen Sprache, der Texte nur verlängert und den Gedankenfluss behindert. Sie beruht auf der fehlerhaften Ansicht, dass das grammatikalische Geschlecht eine Aussage über die biologische Zusammensetzung des angesprochenen Personenkreises getroffen werde.

bei Berufsbeginn. Zudem dürfte die zunehmend zu beobachtende Normenflut und Verrechtlichung fast aller Lebensbereiche zwar den Bedarf an Rechts- und Steuerberatungsleistungen erhöhen. Der wachsende Bedarf an rechtlicher und steuerlicher Beratung blieb jedoch lange Zeit hinter der steigenden Zahl der Anbieter von entsprechenden Beratungsleistungen zurück. Der Anteil des einzelnen Beraters am „Kuchen" wurde rechnerisch kleiner. Somit steigt der wirtschaftliche Druck des einzelnen Beraters, entweder weitere Tätigkeitsfelder im Kerngeschäft zu erschließen oder gegebenenfalls neben der Kerntätigkeit sich anderweitig zu orientieren und Paralleltätigkeiten wahrzunehmen. Diese freie Entscheidung zur mehrfachen parallelen beruflichen Tätigkeit wird durch die Berufsgesetzte mit Restriktionen bis zu Inkompatibilitäten teilweise sehr deutlich eingeschränkt.

Wieder andere Rechtsanwälte oder Steuerberater wollen einfach – ohne wirtschaftlichen Zwang oder ohne Mandanteninitiative – in Ausübung ihrer Berufsfreiheit in mehreren Berufen arbeiten bzw. sich betätigen oder sich frei zur Berufsausübung mit anderen Personen zusammenschließen, um die eigene Persönlichkeit zu verwirklichen, das Risiko der eigenen wirtschaftlichen Existenzgrundlage zu streuen oder weil sie erwarten, damit eine Nachfrage des Marktes besonders gut bedienen zu können.

Den Rechtsanwälten und noch weitergehend den Steuerberatern sind bis heute bestimmte **Paralleltätigkeiten**[2] einfachgesetzlich verboten. Dem Berufsinhaber drohen dabei häufig Auseinandersetzungen mit den Kammern, die berufsrechtliche Sanktionen vorantreiben. Nur zivilrechtliche Folgen dürften weitgehend ausgeschlossen sein. Die Nichtigkeit von Beratungsverträgen bei Verstoß gegen ein Verbot der Paralleltätigkeit wurde zwar teilweise ohne weiteres angenommen. Die überwiegende Ansicht lehnt dies jedoch ab, weil es der Schutzzweck der Verbotsnorm nicht erfordert, auch eine Nichtigkeit des Beratungsvertrages nach § 134 BGB zu statuieren.[3] Insbesondere die Rechtsprechung des BGH erkennt in den

---

2 Klassisch wird das Thema der beruflichen Inkompatibilitäten unter dem Begriff „Zweitberuf" oder „Nebentätigkeit" diskutiert. Diese Begriffswahl ist missverständlich. Es werden nicht lediglich die zeitlich später ergriffenen (zweiten) Berufe angesprochen, sondern auch frühere oder gleichzeitig begonnene berufliche Tätigkeiten; ebenso jede weitere anderweitige Tätigkeit (nicht nur die Zweite). Zudem muss es sich bei der gleichzeitigen Tätigkeit neben der Ausübung des Berufes als Rechtsanwalt oder Steuerberater nicht um eine zeitliche, wirtschaftliche oder vom Anspruch her untergeordnete Tätigkeit handeln, so dass auch der Begriff des Nebenberufes verkürzt wäre. Daher wird nachfolgend nur von Parallelberufen gesprochen, da dieser Begriff für alle Varianten einer anderweitigen Betätigung offensteht.

3 BGH, Urteil vom 23.10.1980, IVa ZR 28/80, BGHZ 78, 263–268, speziell zum Maklervertrag; *Würdinger* in Herberger/Martinek/Rüßmann/Weth/Würdinger, jurisPK-BGB, 9. Aufl., § 652 BGB (Stand: 28.09.2020) § 652 Rn. 41; *Armbrüster* in Münchener Kommentar zum BGB, 8. Aufl. 2018, § 134 Rn. 112 m.w.N. auch zur Gegenansicht.

Inkompatibilitätsnormen zwar ein gesetzliches Verbot nach § 134 BGB, verneint aber die Nichtigkeitsfolge[4].

Die Verfassungsmäßigkeit der einzelnen Verbotsnormen ist daher zu hinterfragen; mit ihr das heutige Verständnis der freien Berufe und die vielseitigen angeblichen Notwendigkeiten, die ein Verbot bestimmter paralleler Betätigungen rechtfertigen sollen.

---

4 BGH, Urteil vom 23.10.1980, IVa ZR 28/80, BGHZ 78, 263–268, I.1.b): „Bei § 57 Abs. 4, 2 StBerG handelt es sich in der Tat um ein Verbotsgesetz im Sinn von § 134 BGB. Das StBerG will hier jegliche gewerbliche Tätigkeit des Steuerberaters unterbunden wissen. Verwehrt sind dem Steuerberater damit auch Rechtsgeschäfte, und zwar sowohl solche, durch die dieser dem Verbot zuwider allgemein zu gewerblicher Tätigkeit verpflichtet werden soll, als auch diejenigen Einzelgeschäfte, durch die er das verbotene Gewerbe gerade betreibt und fortführt. Das Verbot richtet sich ausschließlich gegen den Steuerberater und nicht auch gegen dessen Vertragspartner. Ob der Verstoß des Steuerberaters gegen § 57 StBerG gem. § 134 BGB zur Nichtigkeit des Rechtsgeschäftes führt, hängt davon ab, ob sich nicht aus dem Verbotsgesetz ‚ein anderes' ergibt. ... Fehlt es wie hier an einer ausdrücklichen Regelung, dann kommt es auf den Sinn und Zweck des Verbotsgesetzes an, der für jede Vorschrift anders liegt und jeweils besonders ermittelt werden muß. ... Die Prüfung durch den Senat hat ergeben, daß § 57 Abs. 4, 2 StBerG es seinem Sinn und Zweck nach nicht erfordert, dem einzelnen, im Rahmen eines verbotenerweise ausgeübten Gewerbes zustandegekommenen Maklervertrag die zivilrechtliche Wirksamkeit zu nehmen."; zuletzt ebenso BGH, Urteil vom 25.09.2014, IX ZR 25/14, juris Rn. 16.

A. Die freien Berufe – Wesen, Bedeutung, Entstehungsgeschichte

I. Begriffsbestimmung und Inhalts(leere)

Freie Berufe wären nach natürlichem Verständnis diejenigen Berufe, die keinen besonderen staatlichen Reglementierungen unterliegen. Besonders frei – in Abgrenzung zu anderen Berufen – wären diese, wenn möglichst wenige aus höherrangigen Interessen gerechtfertigte Einschränkungen bestehen und die grundsätzliche Berufsfreiheit aus Art. 12 GG daher besonders zur Geltung kommt.

Der Begriff des Freien Berufes ließe sich in Abgrenzung zu **staatlich gebundenen Berufen** (Berufsgruppen und Tätigkeitsfeldern, die an sich primär staatliche Aufgaben beschreiben, die der Staat seiner eigenen Verwaltung hätte vorbehalten können und die vom Staat an Private übertragen worden sind) einordnen, wenn man die Freiheit als Freiheit von staatlichen Einflüssen definiert.[5] Traditionell zählt man zu den staatlich gebunden Berufen beispielsweise Notare, Prüfingenieure und Schornsteinfeger.[6] Tatsächlich werden die Freien Berufe zwischen den „normalen" Berufen und den staatlich gebundenen Berufen eingeordnet. In der weiteren Betrachtung wird sich zeigen, dass bei den sogenannten Freien Berufen, insbesondere den hier zu untersuchenden Berufsgruppen der Rechtsanwälte und Steuerberater, jedoch partiell ebenso eine Übertragung staatlicher Aufgaben stattfindet und diese sich zudem vom Freiheitsgrad nicht von den „normalen Berufen" unterscheiden.

Grundsätzlich ist jede Berufsausübung frei. Der Begriff Freier Beruf enthält daher kein Abgrenzungsmerkmal. Umgekehrt finden sich aber vielfache Reglementierungen bei den sogenannten Freien Berufen. Diese zeigen sich noch stärker bei den staatlich gebundenen Berufen bis hin zu den vollständig in die Staatsorganisation eingebetteten Berufen. Die Freien Berufen unterliegen daher als Teilmenge aller Berufe schon weit mehr Einschränkungen als die meisten anderen Berufe. Beispielsweise weisen Bundesrechtsanwaltsordnung oder Steuerberatungsgesetz zahlreiche die Freiheit der Berufsausübung stark beschränkende Regelungen auf. Andererseits unterfallen die erzielten Berufseinkünfte nicht der Gewerbesteuer, wenngleich die Gewerbesteuerfreiheit kaum monetäre Bedeutung hat, und ihnen steht zusätzlich die Möglichkeit der beruflichen Zusammenarbeit innerhalb einer Partnerschaftsgesellschaft zur Verfügung. Im Vergleich zu allen anderen Berufen und Tätigkeiten spräche man bei den Berufsgruppen, die unter dem Begriff der Freien Berufe subsumiert werden (§ 2 II (2) PartGG), besser von reglementierten

---

5 Dagegen *Scholz* in Maunz/Dürig, Stand Juni 2006, Art. 12 GG Rn. 273.

6 *Mann* in Sachs, GG, 8. Aufl. 2018, Art. 12 Rn. 62.

Berufen der ersten Stufe. Andere sprechen unter Beibehaltung der Begrifflichkeit von staatlich gebundenen freien Berufen,[7] womit der Freiheitsbegriff noch mehr entfremdet wird.

Zur fehlenden Substanz des Begriffes „Freier Beruf" führte das BVerfG schon 1960 aus: *„Selbst wenn ein Beruf unstreitig zu den freien Berufen gehört, lassen sich darauf präzise normative Wirkungen für seine Behandlung im Recht <oder auch nur im öffentlichen Recht> nicht ableiten, namentlich nicht in dem Sinne, daß dem Angehörigen des Berufs grundsätzlich und von vornherein ein irgendwie bestimmbarer erhöhter Anspruch auf Freiheit vor gesetzgeberischen Eingriffen rechtlich verbürgt sei."*[8] Schon früh wurde damit in der verfassungsgerichtlichen Rechtsprechung die Argumentation, die gestützt auf das „frei" im Begriff der freien Berufe eine zumindest ebensolche Freiheit wie bei anderen Berufen oder eine besondere Freiheit vor staatlicher Reglementierung einforderte, abgeschnitten. Zu Recht lassen sich aus dem Begriff auch keine besonderen Rechte oder Freiheiten ableiten.

Ein Bayrischer Arzt wehrte sich in dem der genannten Verfassungsgerichtsentscheidung zu Grunde liegenden Fall u.a. unter Berufung auf die grundgesetzliche Freiheit aus Art. 2 I GG gegen seine Zwangsmitgliedschaft in der bayerischen Ärzteversorgung (Zwangsversicherung überhaupt und zudem in einer bestimmten Monopolversicherungsanstalt). Die Versicherung gewährt dem Mitglied bei Berufsunfähigkeit Ruhegeld verbunden mit einer Berufsunfähigkeitsabsicherung, im Falle seines Todes den Hinterbliebenen Sterbegeld, Witwen- und Waisengeld. Der Arzt argumentierte, die Zwangsvorsorge sei gerade für freie Berufe unzulässig. Das BVerfG hob hervor, dass die Hinterbliebenenversorgung von den Berufsvertretungen selbst angeregt und gewünscht gewesen sei und nicht auf staatlicher Initiative beruhe und daher wohl dem Verständnis der Gruppe der Freiberuflerärzte entsprechen müsse. Bedenklich bleibt, inwiefern dieses angebliche Gruppenverständnis den Einzelnen bezüglich seiner persönlichen Freiheitsrechte einschränken darf. Wie rechtfertigt sich eine Zwangsmitgliedschaft eines berufstätigen Menschen – unabhängig davon, ob es sich um Freiberufler oder andere Berufe handelt. Warum wird bei einer Berufsgruppe die Vorsorge möglicherweise etwas strenger als in der sonstigen gesetzlichen Sozialversicherung vorgesehen und warum besteht kein Wahlrecht zur gesetzlichen Versicherung? Begriffliche Argumentation mit Tradition und Verständnis des Freien Berufes kann die Argumentation in dieser Sache nicht ersetzen, wie das BVerfG selbst im vorgenannten Zitat zutreffend ausführte. Doch letztlich läuft die Begründung des Gerichtes genau darauf hinaus. Der Gleichheitsgrundsatz wurde damals vom BVerfG nur im Vergleich zu anderen Bundesländern, die eine derartige Zwangsversicherung für

---

7 Stober, NJW 1981, 1529, 1529, m.w.N.

8 BVerfG, Entscheidung vom 25.02.1960, 1 BvR 239/52, Pflichtmitgliedschaft bay. Ärzteversorgung, BVerfGE 10, 354, C.II.3.

Ärzte nicht kannten, diskutiert. Man hätte grundsätzlich ebenso eine beachtliche Ungleichbehandlung zu anderen Berufen attestieren können.[9]

Dass ein Beruf oder eine Tätigkeit als „frei" bezeichnet wird, sagt wenig über deren Status[10] und kann deshalb keinen Einfluss auf die verfassungsrechtliche Interpretation von zulässigen Einschränkungen haben. Man muss unter Geltung des Grundgesetzes mit Art. 12 GG jeden Beruf grundsätzlich als frei bezeichnen. Die Bezeichnung „Freier Beruf" trägt als Begründungselement in der verfassungsrechtlichen Diskussion daher nicht – er vernebelt mehr als er aufklärt. Es ist in der verfassungsrechtlichen Diskussion bis heute allerdings verschiedentlich zu beobachten, dass mit einer selten klar herausgearbeiteten angeblich bestehenden und zu fördernden herausgehobenen Stellung der freien Berufe Scheinbegründungen für zahlreiche Einschränkungen der Berufsfreiheit abgegeben werden.

II. Einfachgesetzliche Versuche zur Definition der „Freien" Berufe

Der missverständliche Begriff des „Freien Berufes" wird vom Gesetzgeber an vielen Stellen verwendet oder enumerativ beschrieben und im Partnerschaftsgesetz erstmals zu definieren versucht.

Der in der Praxis im Zusammenhang mit der freiberuflichen Tätigkeit bedeutende § 18 I EStG enthält eine Aufzählung der im einkommenssteuerlichen Sinne beachtlichen freien Berufe, jedoch keine Definition oder brauchbare Zusammenfassung der prägenden Merkmale. Im **Steuerrecht** hat die Begrifflichkeit praktische Bedeutung. Die Gewerbesteuerbefreiung § 2 Abs. 1 Satz 2 GewStG verweist zur Definition des Gewerbebetriebes auf § 18 I des Einkommensteuergesetzes. Fällt ein Beruf in den Katalog von § 18 I EStG oder ähnelt ein Beruf diesen Katalogberufen hinreichend stark, werden die daraus erzielten Einkünfte nicht als Einkünfte aus Gewerbebetrieb behandelt. Sie unterliegen dann grundsätzlich nicht der Gewerbesteuer (Ausnahme wegen auch gewerblicher Tätigkeit bei Apotheken, die aber gemäß § 6 I GewO vom Anwendungsbereich der Gewerbeordnung ausgenommen werden).

---

9 Dazu heißt es am Ende der Entscheidung BVerfG, Entscheidung vom 25.02.1960, 1 BvR 239/52, Pflichtmitgliedschaft bay. Ärzteversorgung, BVerfGE 10, 354, C.II.4.: „Durch Art. 3 Abs. 1 GG ist der Gesetzgeber nicht gehindert, Sondergesetze für bestimmte Lebensbereiche zu erlassen, wenn deren besondere Verhältnisse es fordern oder rechtfertigen. Daß dies hier zutrifft, ist dargelegt." Dargelegt war aber nur, dass es ein Bedürfnis für Versorgung bei den Ärzten gibt; nicht aber, dass dieses Bedürfnis anders ausgestaltet sei als bei sonstigen Berufstätigen und deshalb eine Ungleichbehandlung gerechtfertigt sei.

10 Krämer, NJW 1995, 2313, 2314.

Der Gesetzgeber bot erstmals eine **Umschreibung**[11] in § 1 II **PartGG**[12], wonach die freien Berufe im Allgemeinen auf Grundlage besonderer beruflicher Qualifikation oder schöpferischer Begabung persönliche, eigenverantwortliche und fachlich unabhängige Dienstleistungen im Interesse der Auftraggeber und der Allgemeinheit erbringen – ähnlich der BFH im Rahmen vom § 18 I EStG, wonach das Vorliegen einer selbstständig ausgeübten, wissenschaftlichen, schriftstellerischen, unterrichtenden oder erzieherischen Tätigkeit in einem der Katalogberufe oder in einem diesen ähnlichen Berufen für die Einordnung als Freier Beruf notwendig ist. Der ähnliche Beruf muss einem Katalogberuf aus § 18 I EStG sowohl hinsichtlich der erforderlichen Ausbildung als auch hinsichtlich der tatsächlich entfalteten Tätigkeit im Wesentlichen gleichen.[13] Damit wird das Wesen des Freien Berufes aus Sicht zweier Normen vor deren speziellen einfachgesetzlichen Regelungshintergrund beschrieben. Diese Deutung kann für die verfassungsrechtliche Diskussion jedoch nicht unreflektiert übernommen werden. Es handelt sich lediglich um Fallgruppen, die der Gesetzgeber mit weitem Gestaltungsspielraum im Rahmen des Steuerrechts festgelegt hat.

Daran angelehnt kann man vier **Gruppen** von sogenannten **Freiberuflern** unterscheiden, die Heilkundler, die naturwissenschaftlich orientieren Berufe der Architekten und Ingenieure, die freien Kulturberufe (inklusive informationsvermittelnde Berufe) und letztlich die rechts-, wirtschafts-, und steuerberatenden Berufe[14]. Mit einer solchen Einteilung werden keine besonderen Merkmale herausgestellt. Sie ist für die Bestimmung des Wesensgehaltes der Freien Berufe unergiebig.

III. Historie

Historisch handelt es sich bei dem Begriff des freien Berufes um eine soziologische Wertschöpfung[15] aus der Zeit des Liberalismus. Er ist und war kein eigenständiger

---

11 Hahn, GewArch 2006, 129, 129, Einleitung I.

12 Gesetz über Partnerschaftsgesellschaften Angehöriger Freier Berufe, Partnerschaftsgesellschaftsgesetz, gültig ab 01.08.1998, § 1 II Satz 1: „Die Freien Berufe haben im allgemeinen auf der Grundlage besonderer beruflicher Qualifikation oder schöpferischer Begabung die persönliche, eigenverantwortliche und fachlich unabhängige Erbringung von Dienstleistungen höherer Art im Interesse der Auftraggeber und der Allgemeinheit zum Inhalt."

13 Ständige Rechtsprechung des BFH, exemplarisch BFH, Urteil vom 22.09.2009, VIII R 63/06, III.1.

14 Internetpräsens des Bundesverbandes der freien Berufe, www.freie-berufe.de; ebenso BVerfG, Beschluss vom 25.10.1977, 1 BvR 15/75, BVerfGE 46, 224, B.II.3.

15 Hahn, GewArch 2006, 129, 129, Einleitung I.

Rechtsbegriff.[16] Es lässt sich nicht mehr nachvollziehen, wann dieser Begriff entstand. Jedenfalls bildeten sich im Liberalismus neben den klassischen Industrieunternehmern, Arbeiterberufen und Berufen in der Landwirtschaft zunehmend beratende und heilende Berufe heraus, die in der vorangegangenen Zeit des Absolutismus sich wegen Unterdrückung nicht entwickeln konnten. Damals wurde es schon als förderlich für das Gemeinwesen angesehen, wenn sich diese Berufe im Rahmen von Recht und Gesetz entwickeln können.[17] Die vorwiegend persönliche Leistungserbringung, ein einträgliches Einkommen und ein hohes Ansehen der Tätigkeit förderten wohl ein Selbstbewusstsein dieser zum Bürgertum zählenden Schicht. Möglicherweise empfand man aber auch beratende und heilende Berufe damals als die typischen beruflichen Tätigkeiten des Bürgertums, der Liberalen, der Freien. Dann erhielte das Begriffspaar „Freie Berufe“ eine ganz andere Bedeutung. Das Wort „frei“ wäre kein Adjektiv zum Beruf, sondern lediglich die Kennzeichnung von typischen Berufen einer Gruppe im Sinne „**Berufe der Freien**“, „Berufe der Liberalen“ oder „**bürgerliche Berufe**“. Die Wertneutralität wäre damit deutlich aufgezeigt.

Seit 1949 haben sich auch die sogenannten Freien Berufe weiter verändert. Es sind neue Berufe/Tätigkeiten hinzugekommen, z.B. Steuerberater, Programmierer und viele mehr aus der IT Branche. Die Entstehungsgeschichten der einzelnen Berufe, die heute unter dem Begriff der Freien Berufe zusammengefasst werden, sind höchst individuell – die der Rechtsanwälte und Steuerberater werden hinsichtlich ihrer Entstehungsgeschichte und Entwicklung hier noch gesondert untersucht.

IV. Charakteristika der Freien Berufe heute

Die Berufe, die wir heute „Freie Berufe“ oder besser bürgerliche Berufe nennen, bilden keine homogene Gruppe und lassen sich weder definitorisch beschreiben noch wesensmäßig historisch erklären. Daher stellt sich die Frage, ob heute vielleicht einige gemeinsame substanzielle Merkmale der „Freien Berufe“ vorhanden

---

16 Stober, NJW 1981, 1529, 1529; BVerfG, Entscheidung vom 25.02.1960, 1 BvR 239/52, Pflichtmitgliedschaft bay. Ärzteversorgung, BVerfGE 10, 354, C.II.3.

17 In der Preußischen Geschäfts-Instruktion von 1808 heißt es schon, dass es „dem Staate und seinen Gliedern immer am zuträglichsten“ sei, „die Gewerbe jedesmal ihrem natürlichen Gang zu überlassen, d. h. keines derselben vorzugsweise durch besondere Unterstützungen zu begünstigen und zu heben, aber auch keines in ihrem Entstehen, ihrem Betriebe und Ausbreiten zu beschränken, insofern das Rechtsprinzip dabei nicht verletzt wird oder sie nicht gegen die Religion, guten Sitten oder Staatsverfassung anstoßen“, abgedruckt bei W. Eucken, Grundsätze der Wirtschaftspolitik, 1952, S. 357, zitiert nach BVerfG, Entscheidung vom 25.02.1960, 1 BvR 239/52, Pflichtmitgliedschaft bay. Ärzteversorgung, BVerfGE 10, 354, C.II.3.

sind, die bei der Frage der verfassungsrechtlich zulässigen Beschränkung und der Einordnung zumindest erwogen werden und Bedeutung erlangen könnten. Der gemeinsame historische Hintergrund führt zur treffenden Bezeichnung als „Bürgerliche Berufe“, bildet jedoch kein Wesensmarkmal. Er deutet eher darauf hin, dass es auch heute keine Wesensmerkmale geben kann, die diese Berufe von anderen Berufen signifikant unterscheiden.

Die speziellen Berufsgesetze gewähren dem Berufsträger einiger „Freier Berufe“ **weitergehende Rechte** als anderen Berufen (eigenes Versorgungswerk als Alternative zur gesetzlichen Rentenversicherung, Schweigerecht, Gewerbesteuerbefreiung). Diesen Rechten korrespondieren **weiterführende Pflichten**, wie Schweigepflicht, Kammerzwang und besonders Einschränkungen hinsichtlich Zulassung und Ausübung der Tätigkeit neben weiteren Tätigkeiten (Parallelberufen). Die sogenannten Freien Berufe sind insgesamt wesentlich **reglementierter** als viele andere Berufe. In einem Beruf ohne Berufsordnung kann sich jeder frei entfalten und hat beispielsweise auch das Recht, diesen Beruf schlecht auszuführen. Berufsordnungen sollen hingegen u.a. die Qualität der Arbeit sichern.

Wie weit sich die als freiberuflich eingeordneten Tätigkeiten und die sonstigen Berufe in der tatsächlichen Ausübung angenähert haben oder sich immer schon ähnelten und inwieweit daher Ungleichbehandlungen dem Art. 3 GG noch standhalten, ist eine regelmäßig wiederkehrende Frage und Anlass von gerichtlichen Auseinandersetzungen vor allem im Steuerrecht. Das niedersächsische Finanzgericht hatte im Jahr 2004 eine Vorlage an des Bundesverfassungsgericht gegeben, in der es die **Gewerbesteuerfreiheit** auch der freien Berufe als nicht mehr zu rechtfertigende Ungleichbehandlung im Verhältnis zu den übrigen der Gewerbesteuer unterliegenden Berufen sah, weil sich die Berufsbilder angeglichen hätten und von einer grundlegenden Verschiedenheit der Produktionsfaktoren (das war üblicherweise die wesentliche Begründung der Steuerfreiheit neben den typischerweise höheren Infrastrukturlasten der Gewerbetreibenden) nicht mehr ausgegangen werden könne.[18] In der darauf folgenden Entscheidung des Bundesverfassungsgerichtes sind wohl alle aktuellen Argumente zur Unterscheidung der freien Berufe von den Gewerbetreibenden untersucht worden, die zumindest bei der grundlegenden Charakterisierung und der Frage, inwieweit wegen vermeintlicher Besonderheiten Eingriffe in die Berufsfreiheit gerechtfertigt wären, Bedeutung erlangen könnten. Das Bundesverfassungsgericht beschränkte sich auf eine Willkürkontrolle und sieht den Gesetzgeber noch befugt, die Gewerbesteuer unterschiedlich zu erheben.[19] Es erkennt folgende Besonderheiten der Freien Berufe heutzutage:

- besondere Stellung im Sozialgefüge,

---

18 Niedersächsisches Finanzgericht Vorlagebeschluss vom 21.04.2004, 4 K 317/91, DStRE 2004, 1161–1172.

19 BVerfG, Beschluss vom 15.01.2008, 1 BvL 2/04.

- unterschiedliche Kombination der Produktionsfaktoren Boden, Arbeit und Kapital: Freiberufler erbringen eher persönliche Dienstleistung mit besonderer Qualifikation (akademisch) oder sind schöpferisch tätig,
- typischerweise geringe Zahl der beschäftigten Arbeitnehmer und weniger produktionsmittelintensiv,
- Erforderlichkeit einer besonderen Ausbildung,
- staatliche und berufsautonome Regelungen der Berufsausübung,
- geringere Infrastrukturlasten als Gewebebetriebe herkömmlicher Art.

Auf diese mehr oder minder für die einzelnen freien Berufe zutreffenden Merkmale dürfe der Gesetzgeber aufsetzen, solange diese nicht völlig verwischt sind und sich die Unterscheidung als willkürlich erweist. Nach Ansicht des BVerfG war ein solches Stadium im Jahr 2008 noch nicht erreicht.[20]

An dieser Stelle muss man aber schon berücksichtigen, dass das Bundesverfassungsgericht lediglich eine Willkürkontrolle vornahm. Ob die Grenze der Willkür nicht doch schon überschritten ist, darf mit dem niedersächsischen Finanzgericht durchaus erwogen werden. Denn eine stärkere Besteuerung erweist sich allenfalls dann willkürfrei, wenn die „Freien Berufe" typischerweise weniger Lasten verursachen. Das Merkmal der typischerweise geringeren Beschäftigtenzahl und der tendenziellen persönlichen Leistungserbringung trifft auf „Freiberufler" und viele andere Berufe gleichermaßen zu. Aus der Menge der gewerblichen Unternehmen mit typischerweise wenigen Beschäftigte und persönlicher Leistungserbringung erhält man die jeweils richtige Vergleichsgruppe. Es sind eben nicht die Industrie, die Banken, die Versicherungen oder das börsennotierte Handelsunternehmen mit den typischen Freiberuflern zu vergleichen, sondern die ähnlich strukturierten Betriebe, wie Unternehmensberater, Bäcker, Metzger, Einzelhändler oder Handwerker. Dabei finden wir überwiegend kleine Einzelunternehmen und kleine Mittelständler, vereinzelt auch regionale oder überregionale Unternehmen – diese durchaus auch mit einhundert und mehr Mitarbeitern. Gleiche Strukturen bestehen bei Anwälten, Steuerberatern, Wirtschaftsprüfern, Ingenieuren oder vereinzelt Ärzten. In den so definierten Vergleichsgruppen darf man unterstellen, dass keiner der Gruppen tatsächlich unterschiedlich hohe Infrastrukturlasten verursacht.

Die vom Verfassungsgericht weiter herausgearbeiteten Merkmale der Freien Berufe sind zudem größtenteils für alle Dienstleistungen zutreffend und können insofern keine Unterscheidungskraft beanspruchen. Freiberufler bieten – wie üblicherweise alle Dienstleister – eine persönliche Leistung an, die zudem einen gewissen Grad an besonderer Fachkenntnis und Qualifikation voraussetzt. Ebenso verhält es sich mit der Feststellung, dass die Freien Berufe meist berufsautonome Regelungen aufweisen. Derartige Regelungen finden sich jedoch auch beispielsweise bei Handwerkern, Banken oder Versicherungen.

20 BVerfG, Beschluss vom 15.01.2008, 1 BvL 2/04, C. I.2.b) aa) (2), juris Rn. 89.

Allenfalls kann man eine in Art und Umfang tatsächlich in der Regel längere und breitere Ausbildung feststellen. Diese führt zur besonderen beruflichen Qualifikation, die wohl eine nicht messbare **besondere Stellung im Sozialgefüge** unterstützt. Das führt unweigerlich zu vielen Folgefragen: Haben Köche, Atomphysiker, Flugzeugbauer oder Profisportler keine besondere Ausbildung genossen? Wer beurteilt das Sozialgefüge? Lassen sich daraus Eingriffe in die Berufsfreiheit oder die zuvor genannten Besserstellungen rechtfertigen? Um Besonderheiten bewerten zu können, müsste man zunächst das Gewöhnliche, den Status quo feststellen. Weil der Erhalt eines Sozialgefüges kein Wert per se ist, dürfen Argumentationen, die auf die besondere Stellung der freien Berufe verweisen, von vorn herein nicht zur Begründung von Freiheitseinschränkungen herangezogen werden.

Auch weitere **soziologische Einordnungsversuche** sind weder überzeugend noch tauglich. Im angloamerikanischen Raum wird zwischen normalen Tätigkeiten und Professionen unterschieden. Die Berufsgruppen der Professionen und der „Freien Berufe" dürften bis auf die künstlerischen Berufe weitgehend übereinstimmen. Kennzeichnend seien jeweils hohes Prestige, hohes Einkommen, autonome Berufsausübung und hohes Fachwissen. Teilweise wird wieder ein Merkmalkatalog gebildet, der jedoch nur dann Geltung beanspruchen kann, wenn die Merkmale nicht im Sinne einer Abgrenzung oder Alleinstellung verstanden werden. Dieser Katalog nennt hohes Wissen aufgrund akademischer Ausbildung, große Autonomie gegenüber Staat und Klienten/Kunden, hohe Bedeutung der Tätigkeit für die Gesellschaft, Gemeinwohlorientierung der Tätigkeit, Organisation in einem Berufsverband, Regulierung des Zugangs zum Beruf sowie Angebotsmonopolstellung für die eigene Dienstleistung.[21] Daraus leiten einige gesellschaftspolitische Legitimationen für Einschränkungen des Berufes ab. Andere versuchen durch die Merkmale der Profession/des „Freien Berufes", ein möglichst attraktives Monopol zu festigen, Wettbewerb zu verhindern und Preise über dem eigentlichen Marktpreis durchzusetzen.[22]

Von einem Freiberufler der Katalogberufe des § 18 EStG wird erwartet, dass dieser nicht ausschließlich wegen des mit der Tätigkeit erzielbaren Gewinns arbeitet, sondern mit seiner Tätigkeit auch einen **Gemeinwohlzweck** verbindet.[23] In Abgrenzung zu anderen Berufen läge ein spezifischer „Berufsethos des freien Berufs in der Nicht-Gewerblichkeit bzw. im **Verzicht auf ein (vorrangiges) Gewinnstreben** begründet".[24] Angehörige der freien Berufe übten nach noch

---

21 *Wolf* in Gaier, Wolf, Göcken, Anwaltliches Berufsrecht, 3. Aufl. 2020, Einleitung Rn. 232.

22 Speziell mit Blick auf die Rechtsanwaltschaft *Wolf* in Gaier, Wolf, Göcken, Anwaltliches Berufsrecht, 3. Aufl. 2020, Einleitung Rn. 238.

23 Der „freie Beruf" sei seinem beruflich-sozialen Selbstverständnis und seiner typischen rechtlichen Ordnung nach gemeinwohlgebunden, *Scholz* in Maunz/Dürig, Kom. zum GG, Juni 2006, Art. 12 GG Rn. 274.

24 *Scholz* in Maunz/Dürig, Kom. zum GG, Juni 2006, Art. 12 GG Rn. 268.

weitergehender Ansicht den Beruf „nicht nur zu Erwerbszwecken“ aus, sondern „in erster Linie als Dienst am Gemeinwohl.“[25]

Historisch lässt sich diese Erwartung überhaupt nicht erklären, denn waren die bürgerlichen Berufe sogar stets mit einer höheren Einkommenserzielung verbunden. Zudem besteht eine Erwartung, dass die Gewinnerzielung nicht alleiniger Maßstab allen unternehmerischen Handelns ist, heutzutage gegenüber allen Unternehmern. Allein das Eigentum (an Produktionsmitteln) verpflichtet und soll auch dem Wohl der Allgemeinheit dienen, wie es schon in Art. 14 II GG niedergelegt worden ist. Das BVerfG stellte zumindest teilweise fest, dass die freien Berufe – also auch Rechtsanwälte, Steuerberater und Wirtschaftsprüfer – sich mit Gewinnerzielungsabsicht am allgemeinen Wirtschaftsverkehr beteiligen.[26] Das kann man heute nicht mehr in Frage stellen. Die Freiberufler sind bei selbständiger Berufsausübung in erster Linie Unternehmer, von denen man – wie von allen anderen Unternehmern auch – erwartet, dass sie sich in ihrem Handeln nicht ausschließlich vom Gewinnstreben leiten lassen. Diese Erwartung wird von Rechtsanwälten oder Steuerberatern ebenso oft wie von formal gewerblichen Unternehmern enttäuscht.

Wesensmerkmale des „freien Berufs“ sei auch „ein Maß besonderer **Verantwortung für die Allgemeinheit**“.[27] Jedoch kann auch dieses vermeintliche Abgrenzungsmerkmal nicht überzeugen, denn auch viele andere Berufe, die man nicht den Katalogberufen aus § 18 I EStG zurechnet, sind in besonderer Weise der Allgemeinheit verantwortlich. Beispielsweise dürfte der Flugzeugbauer oder der Lebensmittelhersteller ebensolche Verantwortung für die Allgemeinheit tragen wie der Arzt – gleichzeitig sogar deutlich mehr als jeder Wirtschaftsanwalt oder Künstler. In der Finanzkrise 2008 wurden Banken als systemrelevant eingestuft. Die politische Diskussion im Rahmen der Coronakrise, welche Berufe als systemrelevant und damit von hoher Bedeutung für die Allgemeinheit einzustufen seien, zeigt die abermals die geringe Tauglichkeit, ein solches Merkmal allein den freien Berufen zuschreiben zu wollen.

Im Rahmen von Erläuterungen zum Prestige und Image der Freien Berufe unterscheidet Oberländer relativ selbstverständlich die freien Berufe von anderen Berufen mit einem besonderen **Vertrauen**, welches den Berufsträgern der Freien

---

25 *Schneider* in Handbuch der Grundrechte, Band V, 2013, § 113 Rn. 63.

26 BVerfG im Beschluss vom 15.01.2008, 1 BvL 2/04, BVerfGE 120, 1–55, C.II.2.a) cc) wörtlich: „Zwar weisen die freien Berufe, die sonstigen Selbständigen und die Land- und Forstwirte zunächst alle Merkmale auf, welche auch die der Gewerbesteuer unterliegenden Gewerbetreibenden kennzeichnen. Sie betätigen sich mit Gewinnerzielungsabsicht selbständig und nachhaltig und beteiligen sich am allgemeinen wirtschaftlichen Verkehr.“

27 *Scholz* in Maunz/Dürig, Kom. zum GG, Juni 2006, Art. 12 GG Rn. 269.

Berufe entgegengebracht werde.[28] Die von ihm genannten Beispielsberufe Ärzte, Rechtsanwälte und Journalisten erbrächten daher Vertrauensdienstleistungen. Damit grenzt er implizit diese Berufe von anderen Dienstleistungserbringern ab, die zumindest weniger oder kein besonderes Vertrauen in Anspruch nehmen würden. Bei genauer Überlegung wird man dem ebenso nicht zustimmen können. Die Autowerkstatt, der Unternehmensberater, der Vermögens- oder Finanzberater, die finanzierende Bank oder der Makler wird nicht weniger Vertrauen in Anspruch nehmen beziehungsweise der Vertragspartner wird nicht weniger Vertrauen in diese Leistungserbringer investieren.

Vertrauen wird somit dann erforderlich, wenn die Leistung vom Empfänger tendenziell nur wenig nachprüfbar ist. Das Vertrauenmüssen auf den dienstleistenden Vertragspartner steht und fällt mit dem eigenen Fachwissen hinsichtlich der erbrachten Leistung. Der Vertragspartner bzw. Leistungsempfänger wird umso höheres Vertrauen in die Dienstleistung oder sonstige Leistung eines Berufsträgers entgegenbringen müssen, je überlegender das Wissen des Leistungserbringers ist. Damit wird nur eine Selbstverständlichkeit für alle hochqualifizierten Berufe (und keine Besonderheit der Freien Berufe) beschrieben, die einerseits teilweise bei den sogenannten „Freien Berufen“ zu finden ist (ausgenommen Künstler), ebenso bei vielen anderen „normalen“ Berufen, wie beispielsweise dem Handwerker, der die Heizung wartet, dem IT-Dienstleister, der die gesamte elektronische Bürotechnik wartet oder dem Kfz-Mechaniker, der die Bremsen eines Fahrzeugs prüft. Einer beratenden Dienstleistung (Beispiel Steuerberatung, Finanzberatung, Energieberatung, Bauberatung etc.) ist gerade immanent, dass die Richtigkeit der Beratung oft nicht sofort nachgeprüft werden kann. Damit ist der Beratung/ Dienstleistung als solcher schon ein Vertrauensvorschuss immanent. Der Versuch, über den Begriff „besonderes Vertrauen“ ein Merkmal – oder man kann auch sagen eine Überhöhung – der sog. Freien Berufe begründen zu wollen, überzeugt daher nicht.

Sowenig wie der Begriff des „Freien Berufes“ selbst definiert ist, so wenig lassen sich greifbare Merkmale in Abgrenzung zu anderen Berufen herausarbeiten. Es bleibt eine vom Steuerrecht geprägte eher willkürliche Zusammenstellung von Fallgruppen. Einfachgesetzliche Beschreibungen nach Fallgruppen (so in § 18 I EStG) oder der Versuch einer Definition der Freien Berufe in § 1 II PartGG fassen bestehende Eigenschaften zusammen, die per se nichts über den Freiheitsstatus aussagen. Eine besondere berufliche Qualifikation oder schöpferische Begabung, persönliche, eigenverantwortliche und fachlich unabhängige Dienstleistung im Interesse der Auftraggeber und der Allgemeinheit bilden nur mehr oder weniger willkürliche gewählte Merkmale (soweit überhaupt sachlich fassbar), die für die typischen Berufe des Bürgertums in den Zeiten seiner Entstehung einmal zutrafen.

---

28 Oberlander, Mitteilungsblatt der Rechtsanwaltskammer Bamberg, Heft September 2013, Seite 9–12; ähnlich *Scholz* in Maunz/Dürig, Kom. zum GG, Juni 2006, Art. 12 GG Rn. 269: „spezifisches Vertrauensverhältnis zum Mandanten“.

Die heute noch vielfach – in fast jeder Diskussion, fast jedem Aufsatz und fast jeder Entscheidung zum Berufsrecht der Rechtsanwälte oder Steuerberater – anzutreffende pathetische Betonung, dass Rechtsanwälte und Steuerberater freie Berufe seien (und ein Wesen hätten, das sich von den Unternehmern deutlich unterscheide), ist missverständlich und ohne Inhalt, wenn man sich vergegenwärtigt, dass der Begriff nur die Berufe der Bürgerlichen im historischen Kontext beschreibt. Die Aussage steht auf einer Stufe mit der Feststellung, dass die Landbevölkerung traditionell überwiegend in der Landwirtschaft arbeitet.

Mangels materiellen Gehalts des Begriffes „Freier Beruf" kann daraus keine Abgrenzung zum gewerblichen Beruf entwickelt werden. Die Begrifflichkeit lässt sich nur historisch erklären, nicht soziologisch. Aus dem Willen, den sogenannten „Freien Berufen" eine **Sonderstellung** einzuräumen (die diese Berufe ebenso wenig beanspruchen können wie der Staat bei denselben generell etwa unter erleichterten Bedingungen in Freiheitsrechte eingreifen kann), erfolgten neben der Gewerbesteuerfreiheit allgemein die folgenden **Privilegierungen**:

- Nach Handelsrecht von der Verpflichtung zur Buchführung und Aufstellung von Abschlüssen befreit; Einnahmen-Überschuss-Rechnung nach § 4 III EStG unabhängig von Rechtsform und Unternehmensgröße stets möglich,
- Umsatzsteuer kann stets nach vereinnahmten Entgelten zu entrichten,[29]
- Möglichkeit, sich nach dem Partnerschaftsgesetz zusammenzuschließen,
- anders als selbst nicht störende Gewerbebetriebe sind in allgemeinen Wohngebieten nach § 13 BauNutzVO Freiberufler nicht gehindert, ihren Betrieb dort zu eröffnen.

Auch diese einfachgesetzlichen Privilegierungen stellen keine Wesensmerkmale der Freien Berufe dar, sondern wären selbst auf ihre Rechtfertigung zu hinterfragen.

Der Hinweis auf die traditionelle Zugehörigkeit der Rechtsanwälte und Steuerberater zu den sogenannten „Freien Berufen" kann in der wertenden Beurteilung einer verfassungsrechtlichen Rechtfertigung insgesamt nicht herangezogen werden.

---

29 Bis 1982 galt sogar für typisch freiberufliche Tätigkeit gemäß § 12 Abs. 2 Nr. 5 UStG ein ermäßigter Steuersatz.

B. Arten der parallelen Betätigung

Die neben, parallel oder gleichzeitig mit dem Beruf Rechtsanwalt oder Steuerberater ausgeübten Tätigkeiten stellen sich in verschiedenen Ausprägungen dar. Zum einem wird der freiberuflich Tätige selbst unmittelbar tätig, indem er parallel Dienstleistungen erbringt, Waren selbst ein- und verkauft oder Produkte herstellt. Zum anderen kann die Betätigung indirekt in einer Beteiligung an derartigen Unternehmungen bestehen – dann stellt sich die Frage der Nähe zum gewerblichen Unternehmensgegenstand und zur Tätigkeit desjenigen, der die Tätigkeiten tatsächlich ausübt. Findet die Paralleltätigkeit aber nur in Funktionsträgerschaft oder wirtschaftlicher Beteiligung statt, entfernt sich die Person vom Unternehmensgegenstand. Die Bandbreite der parallelen Betätigungsformen reicht somit von wirtschaftlicher Beteiligung als Kleinaktionär einer börsennotierten Gesellschaft bis zum Alleingesellschafter einer Kapitalgesellschaft oder Mehrheitsgesellschafter einer Personengesellschaft; von Tätigkeiten als Organ einer Gesellschaft (mit oder ohne wirtschaftliche Beteiligung) bis zur Einzelunternehmerschaft. Zudem kommen Betätigungen als Arbeitnehmer oder als freier Mitarbeiter auf dienstvertraglicher Ebene in Betracht.

I. Wirtschaftliche Beteiligungen

Die Willensbildung der an der Körperschaft kapitalistisch beteiligten Personen erfolgt in den Willensbildungsorganen – Gesellschafterversammlungen. Über diese nehmen die Gesellschafter auf das von der Gesellschaft getragene Unternehmen Einfluss.

Soweit Beteiligungen als Alleingesellschafter, Mehrheits- oder Minderheitsgesellschafter bis zum Fremdkapitalgeber ohne rechtliche Beteiligung (ohne Mitgliedschaftsrechte) betroffen sind, kommt es zur Beurteilung der Vereinbarkeit der Paralleltätigkeit mit dem sog. Freien Beruf auf den Unternehmensgegenstand der **Kapitalgesellschaft** an. Insoweit wird darauf abgestellt, inwieweit der Träger des Freien Berufes die Geschicke der Gesellschaft schon aus seiner Gesellschafterstellung heraus (mit-)bestimmen kann. Den unterschiedlichen Ausgestaltungen der Mitwirkungsrechte der Gesellschafter je nach Gesellschaftstyp folgen entsprechend unterschiedliche Einflussmöglichkeiten. Gesellschafter einer Aktiengesellschaft können nur über die Hauptversammlung Einfluss ausüben und ihre Rechte wahrnehmen. Das Mitgliedschaftsrecht ist jedoch schwächer ausgeprägt als das eines GmbH-Gesellschafters, der jederzeit dem Geschäftsführer Weisungen erteilen kann. Ähnlich wie bei der Aktiengesellschaft verhält es sich bei der Genossenschaft, in der die Mitglieder ihre Rechte hauptsächlich in der Generalversammlung wahrnehmen, § 43 I GenG. Die Vereinsmitglieder können über die Mitgliederversammlung Weisungsrechte gegenüber dem Vorstand ausüben.[30]

---

30 Karsten Schmidt, Gesellschaftsrecht, 4. Aufl. 2002, § 24 III, S. 691.

Die Beteiligung an einer **Personengesellschaft** (GbR, OHG, KG) steht schon wegen der gemeinschaftlichen Vertretungs- und Geschäftsführungsfunktion der Gesellschafter dem Gegenstand des Unternehmens näher. Allerdings verbietet sich auch hier eine schematische Betrachtung. Die Beteiligung an einer Publikumsgesellschaft unterscheidet sich zwar von einer anonymen Kleinaktionärsstellung, entfernt sich aber dennoch vom Leitbild der Personengesellschaft meist so stark, dass die Stellung des Gesellschafters auf elementare Mitbestimmungsrechte und Gewinn/Verlustbezugsrechte beschränkt wird. Die Beteiligung an gewerblichen Personengesellschaften wird bei Steuerberatern beispielsweise nur soweit nicht gewerblich und damit als einfachgesetzlich zulässig angesehen wie es sich um Publikumsgesellschaften ohne Einfluss auf die Geschäftsführung handelt; die Grenzen sind fließend.[31]

II. Funktionsbeteiligung

Die Organfunktion in der juristischen Person oder Personenvereinigung ist abzugrenzen von sonstigen Verflechtungen wie beispielsweise einer nichtselbständigen Beschäftigung als Arbeitnehmer oder einer nur vertraglich gebundenen selbständigen Dauerberatung einerseits und einer zusätzlichen wirtschaftlichen Beteiligung andererseits. Weitere Unterscheidungskriterien ergeben sich aus der Bestellung (und Annahme) und der näheren Ausgestaltung der Organstellung innerhalb eines Anstellungs- oder Dienstvertrages.

Überwiegend werden von Instanzrechtsprechung und Literatur die unterschiedlichen Ausprägungen einer Organstellung bei **juristischen Personen** innerhalb der Diskussion der Inkompatibilitäten ausgeblendet. Die Argumentation erfolgt meist schematisch, wonach die Tätigkeit als Geschäftsführer oder Vorstand per se als gewerblich zu qualifizieren sei, weil die Rechtsform der Anstellungskörperschaft qua Definition gewerblich ist. Auf den Gegenstand des Unternehmens, die Besonderheiten der Organstellung als solcher oder die spezielle vertragliche Ausgestaltung im Einzelfall komme es nicht mehr an.[32] Im Zusammenhang mit dem grundsätzlichen Verbot jeder gewerblichen Paralleltätigkeit bei Steuerberatern (§ 57 IV Nr. 1 StBerG) hat dies zur Folge, dass alle Organstellungen per se als gewerblich qualifiziert werden und grundsätzlich als verboten betrachtet werden.

---

31 *Maxl* in Kuhls, Steuerberatungsgesetz, 2. Aufl. 2004, § 57 StBerG, Rn. 417, nicht mehr explizit erwähnt in der dritten Auflage, aber sachlich ebenso ders. 3. Aufl. 2012, § 57 StBerG, Rn. 358; *Koslowski* in Koslowski, Kom. zum StBerG, 7. Aufl. 2015, § 56 Rn. 91.

32 *Koslowski* in Koslowski, Kom. zum StBerG, 7. Aufl. 2015, § 57 Rn. 90, streng schematisch auch OVG NRW, Urteil vom 20.12.2011, 4 A 1940/10, juris Rn. 22 ff.; BFH, Urteil vom 17.05.2011, VII R 47/10, Vorstandsmitglied Genossenschaftsbank, BFHE 234, 379, II.2.a).

Das BVerfG formulierte im Leitsatz einer Entscheidung aus dem Jahr 1993 hingegen treffend: „*Begründet eine ehrengerichtliche Entscheidung die Rücknahme der Anwaltszulassung allein damit, dass eine erwerbswirtschaftliche Tätigkeit wegen der Identität zwischen Unternehmenszielen und Tätigkeit der Gesellschaftsorgane mit der Stellung eines Rechtsanwalts nicht vereinbar ist, ohne auf die konkrete Aufgabenstellung und die Ausgestaltung der Arbeitsbedingungen des Anwalts in dem Erwerbsunternehmen einzugehen, so ist diese Berufswahlbeschränkung als ein nicht mehr mit dem Grundsatz der Verhältnismäßigkeit zu vereinbarender Verstoß gegen die grundgesetzlich geschützte Berufswahlfreiheit anzusehen.*“[33] Die schematische Betrachtung ist richtigerweise also nicht zulässig.

1. Leitungsorgane

Die Leitungsorgane geben dem Verband die Handlungsfähigkeit. Vorstand (Verein, AG, Genossenschaft) oder Geschäftsführer (GmbH) übernehmen die Geschäftsführung und die Vertretung nach außen. Korrespondierend zur stärkeren Stellung des GmbH-Gesellschafters, ist die Organstellung des GmbH-Geschäftsführers schwächer ausgestaltet als die eines Vorstandes. Der GmbH-Geschäftsführer ist den Weisungen der Gesellschafter unterworfen (§ 46 Nr. 5 und 6 GmbHG), ein Vorstand führt die Geschäfte weisungsfrei und wird nur vom Aufsichtsrat überwacht. Ebenso wie GmbH-Geschäftsführer sind der Vorstände eines Vereines weisungsgebunden, §§ 27 III, 665 BGB.

Der Vorstand einer Genossenschaft agiert wieder grundsätzlich weisungsfrei. Er hat jedoch gemäß § 44 II GenG eine Generalversammlung der Genossen einzuberufen, wenn es im Interesse der Gesellschaft erforderlich erscheint. Für die AG bestimmt § 119 II AktG nur ein Recht des Vorstandes zur Herbeiführung eines Beschlusses der Hauptversammlung. Allerdings hat die Rechtsprechung daraus eine Pflicht zur Vorlage bei Maßnahmen der Geschäftsführung eingeführt, die satzungsnahe Ausnahmekonstellationen mit großer wirtschaftlicher Bedeutung enthalten.[34]

Zumindest im deutschen Personengesellschaftsrecht sind Leitungsfunktionen an die Mitgliedschaft gebunden, Prinzip der Selbstorganschaft. Daher ist ein Leitungsorgan einer Personengesellschaft immer auch Mitglied der Personengesellschaft selbst und steht von vorn herein in einer doppelten Beziehung zum Unternehmensgegenstand. Anders kennt das Personengesellschaftsrecht auch nicht zur Leitung berufene Gesellschafter, wie z.B. den Kommanditisten; ein Gesellschafter kann auch von einer originären Leitungsfunktion im Gesellschaftsvertrag befreit werden.

33 BVerfG, Beschluss vom 18.01.1993, 1 BvR 47/92, BB 1993, 463 f., betreffend die Stellung eines Vorstandsvorsitzenden einer Aktiengesellschaft in Vereinbarkeit mit dem Rechtsanwaltsberuf.

34 BGH, Urteil vom 26.04.2004, II ZR 155/02, BGHZ 159, 30–48.

Gerade in der Krise einer Unternehmung bestehen Bedürfnisse und Erfordernisse, die hier zu untersuchenden Berufsgruppen Steuerberater, Rechtsanwalt oder Wirtschaftsprüfer in die Unternehmensleistung aufzunehmen, sei es, dass sie als Sanierungsinterimsmanager direkt die Leitungsaufgabe wahrnehmen, sei es dass, sie als Abwickler, Liquidator oder Insolvenzverwalter fungieren und im letzten Fall damit innerhalb eines öffentlichen Amtes Leitungsfunktionen übernehmen. Jegliche berufsrechtliche Beschränkung, die zwangsläufig den Kreis der in Betracht kommenden Personen verringert, kann damit die Sanierung beeinträchtigen.

2. Aufsichtsorgane

Der Aufsichtsrat ist als klassisches Aufsichtsorgan beispielsweise für die AG (§§ 95 ff. AktG) und die Genossenschaft (§ 9 GenG) vorgeschrieben. Ansonsten besteht bei größeren Unternehmen außerhalb dieser Gesellschaftsformen die nicht ganz selten vorkommende Möglichkeit, fakultative Aufsichtsgremien zu installieren, die Aufsichtsräte oder Beiräte genannt werden. Wegen der freien Gestaltbarkeit der Aufgaben und Funktionen freiwilliger Aufsichtsorgane kann nur der Normalfall des gesetzlichen Aufsichtsrates und ein typischer Fall eines freiwilligen Beirates untersucht und dargestellt werden.

Es ist beispielsweise in Grenzen möglich, auf einen Beirat Geschäftsführungsaufgaben zu übertragen,[35] womit dieser in sich Leitungsorganen annähert. Letztlich kommt es bei den gesetzlich nicht normierten Organen auf die vertraglichen Handlungskompetenzen an. Normalerweise übernimmt ein Beirat Beratungsleistungen zugunsten der Geschäftsführung. Insoweit steht ein Beirat auf der Stufe zwischen dauerhaften externen Beratern und unternehmenseigenen Abteilungen.

a. Umstritten ist, ob eine Person noch Aufsichtsrat werden kann, die schon eine gleiche oder weitergehende Funktion in einem Konkurrenzunternehmen wahrnimmt und damit potentielle Interessenkonflikte hervorruft. Das Aktiengesetz oder andere Gesetze verbieten derartiges nicht.[36] Der Deutsche Corporate Government Kodex empfiehlt hingegen, dass Aufsichtsratsmitglieder keine Organstellungen oder Beratungsaufgaben bei Konkurrenzunternehmen übernehmen sollen.[37] Für die hier zu untersuchenden Beraterberufe Rechtsanwalt und Steuerberater bestehen bei gleichzeitiger Aussichtsratsfunktion keine Einschränkungen, beispielsweise auch mehrere Konkurrenten der Gesellschaft, dessen Aufsichtsrat sie angehören, dauerhaft zu betraten.

---

35 Huber, Der Beirat, 1. Aufl. 2003, Rn. 25.

36 *Habersack* in MüKoAktG/, 5. Aufl. 2019, AktG § 100 Rn. 89. m.w.N. zum Meinungsstand.

37 Ziffer C.12. des DCGK in der Fassung vom 16.12.2019: „Aufsichtsratsmitglieder sollen keine Organfunktion oder Beratungsaufgaben bei wesentlichen Wettbewerbern des Unternehmens ausüben und nicht in einer persönlichen Beziehung zu einem wesentlichen Wettbewerber stehen."

b. Nach der derzeitigen Gesetzeslage und dem Stand der Rechtsprechung ist die Paralleltätigkeit eines Rechtsanwaltes als Aufsichtsrat generell vereinbar, weil sich die Position des Aufsichtsrats zu weit vom operativen Geschäft entfernt. Anders gestaltet sich die Rechtslage allerdings derzeit immer noch bei Steuerberatern. Dort verbietet § 57 IV StBerG grundsätzlich jede gewerbliche parallele Tätigkeit – und damit auch eine Aufsichtsratstätigkeit, wenn das von der Aktiengesellschaft getragene Unternehmen selbst gewerblich ist. Eine Tätigkeit als Aufsichtsrat oder Beirat kann zwar über § 57 III Nr. 2 StBerG mit 39 I Nr. 4 BOStB im Rahmen der freiberuflichen Wahrnehmung fremder Interessen berufsrechtlich zulässig sein, aber nur soweit keine operativen, geschäftsführenden Kompetenzen übertragen worden sind. Letzteres erfolgt jedoch häufig dadurch, dass Geschäftsordnungen oder Gesellschaftsverträge für bestimmte gewichtige operative Entscheidungen der Geschäftsleitung (Vorstand/Geschäftsführer) interne Zustimmungserfordernisse des Aufsichtsrates statuieren. Damit erhalten diese Gremien partielle Geschäftsführungsaufgaben, die wie Geschäftsführungsorganstellungen grundsätzlich verboten seien.[38]

Die Anforderungen an einen Aufsichtsrat sowie dessen Aufgaben und Kompetenzen haben sich zunehmend verändert. Das MoMiG vom 23.10.2008 führte mit Wirkung vom 01.11.2008 eine Insolvenzantragspflicht für den Aufsichtsrat und entsprechende Haftung bei pflichtwidrigem Unterlassen einer führungslosen Aktiengesellschaft oder Genossenschaft ein, § 15a III InsO. Die Anforderungen, das operative Geschäft zu beobachten, sind damit erhöht worden.

c. Seit Einführung des am 29.05.2009 in Kraft getretene Bilanzrechtsmodernisierungsgesetz (BilMoG) besteht für prüfungspflichtige Aktiengesellschaften[39] gemäß § 100 V AktG die Verpflichtung, mindestens einen Aufsichtsratsposten mit einer von den Organen und Anteilseignern unabhängigen Person zu

38 *Maxl* in Kuhls, Steuerberatungsgesetz, 2. Aufl. 2004, § 57 StBerG, Rn. 426; ders. 3. Aufl. 2012, § 57 StBerG, Rn. 355.; AG Potsdam, Urteil vom 15.02.1996, 22 C 487/95, DStR 1996, 1063 versagte dem Steuerberater die Vergütung seiner Aufsichtsratstätigkeit in einem gewerblichen Unternehmen, weil der anspruchsbegründende die Vergütung beinhaltende Vertrag wegen Verstoßes gegen ein gesetzliches Verbot gemäß §§ 134 BGB, 57 IV Nr. 1 StBerG nichtig sei; offen gelassen von LG Potsdam, Urteil vom 17.01.1997, 1 S 330/96, Stbg 1997, 225, fehlerhaft von *Maxl* in Kuhls-Steuerberatungsgesetz, 2. Aufl. 2004, § 57 StBerG, Rn. 426 sowie 3. Aufl. 2012, Rn. 355 als Bestätigung der Ansicht gewertet, es läge eine verbotene gewerbliche Tätigkeit vor.

39 Gemäß §§ 316, 267 I HGB: alle Kapitalgesellschaften, die die Grenzen Bilanzsumme 6 M€; Umsatz 12 M€ und mehr als 50 Arbeitnehmer in zwei Merkmalen überschreiten.

besetzen, die über Sachverstand auf den Gebieten der Rechnungslegung oder Abschlussprüfung verfügt. Nach der Gesetzesbegründung verfügen über diesen Sachverstand neben Finanzvorständen und leitenden Angestellten aus den Bereichen Rechnungswesen und Controlling insbesondere Wirtschaftsprüfer und Steuerberater.[40] Ein Konflikt zum Berufsrecht der Steuerberater, das, wie oben bereits ausgeführt, oftmals die parallele Betätigung des Steuerberaters als Aufsichtsrat verbietet, wurde vom Gesetzgeber übersehen.

40 Begründung Gesetzentwurf der Bundesregierung zum Bilanzrechtsmodernisierungsgesetz S. 225.

C. Berufsfreiheit, Art. 12 GG, – geschützte Tätigkeiten

Die Berufsgesetze der Rechtsanwälte und Steuerberater beschränken durch Inkompatibilitätsregelungen anderweitige berufliche Tätigkeiten sehr stark. Welche Betätigungen von Art. 12 GG vor diesem speziellen Hintergrund geschützt werden und wie sich der Schutz auf gleichzeitige berufliche Tätigkeiten ausgestaltet, soll im Folgenden vorab untersucht werden.

I. Beruf und Parallelberuf

Der dem Artikel 12 des Grundgesetzes zugrunde liegende Begriff des Berufes wird definiert als eine auf gewisse Dauer angelegte,[41] der Schaffung und Erhaltung einer **Lebensgrundlage** dienende Tätigkeit.[42] Als Beruf im Sinne des Art. 12 GG versteht man nicht lediglich die überkommenen, vorgeprägten oder rechtlich definierten Berufe, sondern auch untypische Betätigungen oder Tätigkeiten.[43] Das Grundrecht sichert die Freiheit, jede **Tätigkeit** als Beruf zu ergreifen und zur Lebensgrundlage zu erheben.[44]

---

41 „jede auf Erwerb gerichtete Beschäftigung, die sich nicht in einem einmaligen Erwerbsakt erschöpft," so BVerfG, Kurzberichterstattung im Fernsehen, Urteil vom 17.02.1998, 1 BvF 1/91, Orientierungssatz 2.a.; gelegentliche oder vorübergehende Tätigkeiten hingegen ausklammernd *Kingreen/Poscher*, 37. Aufl. 2021, Rn. 903; *Mann* in Sachs, Grundgesetz, 9. Aufl. 2021, Art. 12 GG Rn. 46.

42 *Mann* in Sachs, Grundgesetz, 8. Aufl. 2018, Art. 12 GG, Rn. 45 m.w.N.; *Manssen* in v. Mangold/Klein/Stark, GG, 7. Aufl. 2018, Art. 12 Rn. 37; sehr weite Auslegung der Begrifflichkeiten fordernd: *Schneider* in Handbuch der Grundrechte, Band V, 2013, § 113 Rn. 55.

43 *Mann* in Sachs, Grundgesetz, 8. Aufl. 2018, Art. 12, Rn. 43 m.w.N.; BVerfG, Entscheidung vom 11.06.1958, 1 BvR 596/56, Apothekenurteil, BVerfGE 7, 377, B.VI.2 = Rn. 56: „Aus dieser Sicht des Grundrechts ist der Begriff ‚Beruf' weit auszulegen. Er umfaßt nicht nur alle Berufe, die sich in bestimmten, traditionell oder sogar rechtlich fixierten Berufsbildern darstellen, sondern auch die vom Einzelnen frei gewählten untypischen <erlaubten> Betätigungen, aus denen sich dann wieder neue, feste Berufsbilder ergeben mögen <grundsätzlich ebenso BVerwGE 2, 89 <92>; 4, 250 <254 f.>>."

44 „zur Grundlage seiner Lebensführung zu machen und damit seinen Beitrag zur gesellschaftlichen Gesamtleistung selbst zu bestimmen." so BVerfG, Urteil vom 16.03.1971, 1 BvR 52/66, 1 BvR 665/66, 1 BvR 667/66, 1 BvR 754/66, „Erdölbevorratung", BVerfGE 30, 292, C.II.4., juris Rn. 110; es gewährt „Schutz gegen alle berufsbezogenen

Entsprechend der vorgenannten Definition erfordert die Anerkennung einer Tätigkeit im Sinne von Art. 12 des Grundgesetzes ebenso, dass mit den Erträgen dieser Tätigkeit die **Lebensgrundlage** gesichert werden soll – denknotwendig also zunächst einmal, dass die Tätigkeit zumindest in ihrer beabsichtigten Anlage zu einem positiven wirtschaftlichen Ertrag führen müsste. Dieses Merkmal ist missverständlich. Endet der Grundrechtsschutz dann, wenn die Lebensgrundlage anderweitig gesichert ist und die Tätigkeit nur noch zum Übererlös betrieben wird oder ohne Einkommenserzielungsabsicht von vorn herein nur aus reiner Freude erfolgt? Wären demnach Paralleltätigkeiten, die finanziell nicht mehr zur Erhaltung der Lebensgrundlage erforderlich sind, vom vorn herein vom Schutzbereich des Art. 12 GG ausgenommen? Insoweit schränkt die Literatur zutreffend ein, dass die Tätigkeit nur ihrer Art nach geeignet sein muss, zur Existenzsicherung beizutragen, unabhängig von den subjektiven Vorstellungen des Berufsträgers.[45] Dies wird man richtigerweise dann anerkennen, wenn die Tätigkeit als solche prinzipiell geeignet ist, um damit Einkommen zu erzielen.[46] Von diesen Definitionsmerkmalen ausgehend, liegt es nahe, dass alle Berufe per se einen gleichwertigen Grundrechtschutz genießen, auch wenn sie parallel ausgeübt werden[47] und beispielsweise eine untergeordnete berufliche Nebentätigkeit nicht mehr der Sicherung der Lebensgrundlage dient.

Wird zwar überwiegend vertreten, dass eine weitere Tätigkeit nicht aus dem Schutzbereich des Art. 12 herausfällt, wenn der Grundrechtsträger mit einer anderen Tätigkeit seine Lebensgrundlage schon sichern kann, nimmt jedoch das BVerfG eher überraschenderweise für diese sich nur über die Dienlichkeit zur Sicherung der Lebensgrundlage unterscheidenden (Neben)berufe eine geringere Schutzintensität an – dazu näher sogleich bei II.

Unabhängig vom Umfang der weiteren Tätigkeiten und vom Grad der Ertragsfähigkeit der bislang schon ausgeübten Tätigkeit ist jede abstrakt zur Sicherung der Lebensgrundlage geeignete Tätigkeit einer Person vom Schutzbereich des Art. 12 GG erfasst. Die Berufsfreiheit konkretisiert das Grundrecht auf **freie Entfaltung der Persönlichkeit**.[48] Wegen des engem Zusammenhangs mit dem Recht

---

Regelungen“, *J. Wieland* in H. Dreier (Hrsg.), Grundgesetz-Kommentar, Bd. I, 3. Aufl. 2013, Art. 12 Rn. 28.

45 *Scholz* in Maunz/Dürig, Kom. zum GG Juni 2006,Art. 12 GG Rn. 43; *Mann* in Sachs, Grundgesetz, 8. Aufl. 2018, Art. 12 GG, Rn. 48 m.w.N.

46 Fehlt es an der Aussicht, mit der Tätigkeit Einkommen zu erzielen, handle es sich um ein Hobby, nicht um einen Beruf, *Manssen* in v. Mangold/Klein/Stark, GG, 7. Aufl. 2018, Art. 12 Rn. 38; *Jarrass* in Jarrass/Pieroth, GG, 17. Aufl. 2022, Art. 12 Rn. 5. Die Begrifflichkeiten sind unterschiedlich. Nach *Ruffert* in Epping/Hillgruber, Art. 12 GG Rn. 42 käme es allein auf die Gewinnerzielungsabsicht an.

47 *Mann* in Sachs, Grundgesetz, 8. Aufl. 2018, Art. 12 GG, Rn. 48.

48 BVerfG, Urteil vom 30.04.1952, 1 BvR 14/52, 1 BvR 25/52, 1 BvR 167/52, BVerfGE 1, 364, 274, V.1.a), juris Rn. 29; BVerfG, Urteil vom 14.12.1965, 1 BvL 14/60, BVerfGE 19,

auf freie Entfaltung der Persönlichkeit muss das Grundrecht der Berufsfreiheit vor allem persönlichkeitsbezogen verstanden werden und daran anknüpfend zudem „in Bezug auf den allgemeinen Satz zum Schutz der Menschenwürde".[49] Daher kann die Sicherung der mE kein ausschließendes Merkmal darstellen.

Das BVerfG formulierte in einer älteren Entscheidung von 1961 treffend: *„Das Bundesverfassungsgericht hat im Apotheken-Urteil <BVerfGE 7, 377> die Grundsätze dargelegt, von denen es bei der Auslegung des Art. 12 Abs. 1 GG ausgeht. Danach gewährleistet das Grundrecht der Berufsfreiheit dem Einzelnen das Recht, jede Tätigkeit, für die er sich geeignet glaubt, als ‚Beruf' zu ergreifen; er soll die Tätigkeit, zu der er sich ‚berufen' fühlt, frei wählen und auch zur Grundlage seiner Lebensführung machen können. Dieses Grundrecht ist so eine besondere Ausprägung des umfassenderen, in Art. 2 Abs. 1 GG verbürgten Rechts auf freie Entfaltung der Persönlichkeit."*[50] Nur die abstrakte Geeignetheit der Tätigkeit zur Lebensgrundlage beitragen zu können, wäre demnach erforderlich. Der Schutzbereich der Berufsfreiheit wäre nach dieser Definition deutlich weiter.

Streitig sind darüber hinaus einzelne **weitere Merkmale** des Berufes (oder Parallelberufes), wie z.B. ob die Tätigkeit wirtschaftlich sinnvoll[51] sein müsse oder auch sozial unwertige Tätigkeiten dem Berufsbegriff unterfallen. Auf diesen Streit kommt es hier jedoch nicht an. Gleiches gilt für die umstrittene Frage, ob sich der Schutzbereich nur auf erlaubte Tätigkeiten beschränkt. Eine solche Einschränkung ist deutlich abzulehnen, weil andernfalls mangels Schutzbereichseröffnung die Rechtmäßigkeit eines Berufsverbotes oder die einfachgesetzliche Einschränkung der Berufsfreiheit nicht mehr auf die Vereinbarkeit mit dem höherrangigen Recht

---

330, 336 f., IV.1., juris Rn. 21; BVerfG, Urteil vom 16.03.1971, 1 BvR 52/66, 1 BvR 665/66, 1 BvR 667/66, 1 BvR 754/66, „Erdölbevorratung", BVerfGE 30, 292, C.II.4., juris Rn. 110.; *Scholz* in Maunz/Dürig, Kom. zum GG, Juni 2006, Art. 12 Rn. 20; *Hofmann* in Schmidt-Bleibtreu/Klein, GG, 13. Aufl. 2004, Art. 12 Rn. 20.

49 *Scholz* in Maunz/Dürig, Kom. zum GG Juni 2006, Art. 12 Rn. 9; Kritisch zum generellen Persönlichkeitsbezug, weil zu einseitig auf selbständige unternehmerische oder freiberufliche Betätigung abgestellt werde und manche eintönige abhängige Beschäftigung davon weit entfernt sei, *J. Wieland* in H. Dreier (Hrsg.), Grundgesetz-Kommentar, Bd. I, 3. Aufl. 2013, Art. 12 Rn. 21, 22.

50 BVerfG Entscheidung vom 17.07.1961, 1 BvL 44/55, BVerfGE 13, 97, C.I., juris Rn. 17.

51 BVerfG, Beschluss vom 28.11.1984, 1 BvL 13/81, BVerfGE 68, 272, 281, B.I.1.: „umfaßt jede sinnvolle erlaubte Betätigung"; a.A. *Mann* in Sachs, Grundgesetz, 8. Aufl. 2018, Art. 12, Rn. 50 m.w.N.; dagegen auch, weil Beurteilung der wirtschaftliche Sinnhaftigkeit nicht dem Staat unterliegt, *Scholz* in Maunz/Dürig, Kom. zum GG, Juni 2006, Art. 12 Rn. 34; offen gelassen und in der dort gewählten Definition nicht erwähnt: BVerfG, Entscheidung vom 11.06.1958, 1 BvR 596/56, Apothekenurteil, BVerfGE 7, 377, 397, B.IV.1, juris Rn. 55.

aus Art. 12 GG überprüft werden könnte.[52] Es besteht auch kein Bedürfnis, den Schutzbereich zu verengen und gewisse Tätigkeiten von vorn herein auszunehmen, weil beispielsweise gemeinschädliche Berufe mit verfassungsrechtlich einfacher Begründung verboten werden können. Auf die Begründung darf nur nicht von vorn herein durch Verengung des Schutzbereiches verzichtet werden.

Geschützt ist die vom Einzelnen frei wählbare Betätigung, nicht nur der vom Staat definierte Beruf.[53] Dennoch kann der Gesetzgeber Berufsgruppen definieren und diese regeln.[54] Der daraus folgende Vorbehalt einer Tätigkeit für eine Berufsgruppe und der Ausschluss all derjenigen, die nicht dieser Berufsgruppe angehören, müssen ihrerseits wieder eine verfassungsmäßige Rechtfertigung finden. Bei der Ausgestaltung der Berufsbilder ist der Gesetzgeber lediglich dem Grundsatz der Verhältnismäßigkeit unterworfen.[55] Wenn jemand auf Grundlage eines definierten

---

52 Ähnlich im Sinne einer allenfalls „sehr behutsamen Anwendung“ weiterer Merkmale bzw. einer Zurückhaltung bei tatbestandlichen Restriktionen *Scholz* in Maunz/Dürig, Kom. zum GG, Juni 2006, Art. 12 Rn. 29; *Schneider* in Handbuch der Grundrechte, Band V, 2013, § 113 Rn. 58; *Manssen* in v. Mangold/Klein/Stark, GG, 7. Aufl. 2018, Art. 12 Rn. 44; *Breuer* in HdbStR, § 147 Rn. 44.

53 Auf Paralleltätigkeiten von Beamten sei Art. 12 GG allerdings nicht anzuwenden, weil Art. 33 eine Sonderregelung enthalte, BVerwG, Urteil vom 26.06.1980, 2 C 37/78, BVerwGE 60, 254–262 und BVerwG, Urteil vom 30.06.1983, 2 C 57/82, BVerwGE 67, 287–300, offen gelassen in BVerwG, 06.12.1989, 6 C 52/87, BVerwGE 84, 194, juris Rn. 21; kritisch dazu *Mann* in Sachs, Grundgesetz, 8. Aufl. 2018, Art. 12, Rn. 33 m.w.N.; ebenso krit. *Manssen* in v. Mangold/Klein/Stark, GG, Art. 12 Rn. 39.

54 BVerfG, Entscheidung vom 15.02.1967, BvR 569/62, BVerfGE 21, 173, C.1: „Daß der Gesetzgeber befugt ist, Berufe, die sich zunächst den Bedürfnissen des Lebens entsprechend frei entwickelt haben, rechtlich zu ordnen, ihre Berufsbilder rechtlich zu ‚fixieren‘, ist in der Rechtsprechung des Bundesverfassungsgerichts anerkannt (BVerfGE 7, 377 (397, 406); 13, 97 (106)). Dies hat eine doppelte Wirkung: Einmal wird der Beruf ‚monopolisiert‘ (BVerfGE 9,73 (78)), d. h. die Aufgaben dieses Berufs können künftig nur noch von dem wahrgenommen werden, der die Voraussetzungen dieses Berufsbildes erfüllt; andere Bewerber, mögen sie noch so geeignet und leistungsfähig sein, sind ausgeschlossen; andererseits muß, wer diesen Beruf wählt, ihn in der rechtlichen Ausgestaltung wählen, die ihm der Gesetzgeber gegeben hat, d. h. er muß die konkretisierten und formalisierten rechtlichen Voraussetzungen genau erfüllen, um zur Ausübung des Berufs zugelassen zu werden. Insofern wird durch jede rechtliche Festlegung eines Berufsbildes zwangsläufig das Recht der Berufswahl in diesem Bereich verengt, ja teilweise ausgeschlossen (BVerfGE 13, 97 (106)).“

55 BVerfG, Urteil vom 17.07.1961, 1 BvL 44/55 „Befähigungsnachweis für Handwerker“, BverfGE13, 97, 106, C.II., Rn. 20: „Die Befugnis des Gesetzgebers, bestimmte Berufsbilder rechtlich festzulegen und damit die freie Berufswahl in diesem Bereich zu verengen, ja teilweise auszuschließen, wurde nicht geleugnet, sondern vorausgesetzt .... Wo die Grenzen rechtlicher Fixierung von Berufsbildern verlaufen, läßt sich nicht

Berufsbildes eine dauerhafte (abstrakt) zur Schaffung und Erhaltung der Lebensgrundlage dienende Tätigkeit aufgenommen hat und von dieser geschützten Rechtsposition aus Veränderungen der Berufswahlfreiheit, z.B. nachträgliche spezielle Versagungsregelungen, normiert werden, sind diese Betätigungseinschränkungen ebenso am Maßstab des Art. 12 GG zu messen.

II. Schutzintensität bei Parallelberufen

Nach heute absolut herrschender Meinung fällt das Recht, einen bestimmten Beruf auszuüben und zu ergreifen, in den Schutzbereich des Art. 12 I GG, unabhängig davon, ob dieser Beruf der erste oder zweite, Haupt- oder Nebenberuf ist. Die in Art. 12 GG geschützte Berufsfreiheit umfasst grundsätzlich auch das Recht, mehrere Berufe nebeneinander auszuüben. Das Bundesverfassungsgericht hat schon frühzeitig den **Schutzbereich des Art. 12 GG auch auf einen „Zweitberuf"** ausgedehnt. Die überwiegende Literatur schloss sich dem an.

Unbefangen mit Blick auf die heutige Lebenswirklichkeit, wonach vielfach schon mehrere Berufe gleichzeitig allein zur Existenzsicherung ausgeübt werden müssen, könnte man an dieser Stelle zufrieden feststellen, dass gleichfalls für den zeitlich ersten wie für jeden später ergriffen Beruf oder den weniger intensiv ausgeübten weiteren Parallelberuf der Schutzbereich eröffnet ist und dieselbe Schutzintensität gelten müsse – schon weil sich die Intensitäten der Ausübung gleichen oder im Laufe der Zeit ändern können. Ob der „Zweitberuf"[56] wirklich im gleichen Maße wie der Hauptberuf dem Schutz des Art. 12 GG unterliegt, ist alles andere als unbestritten. Mehrheitlich wird vertreten, dass an die Voraussetzungen für den Zugang zum Zweitberuf und für den Verbleib in diesem nicht die gleichen hohen Anforderungen wie für einen Erstberuf zu stellen seien. Die Begründungen für dieses Minus an Schutzintensität bleiben meist aus. Man könnte ausgehend von der Definition eines Berufes zu Beginn der Überlegungen zumindest die Frage stellen, ob die Intensität der Verhältnismäßigkeitsprüfung etwas eingeschränkt ist bzw. der Gesetzgeber einen größeren Spielraum für Beschränkungen hat, wenn der Parallelberuf als Nebenberuf möglicherweise nicht mehr die Existenzgrundlage sichern muss.

---

allgemein sagen; es wird darauf ankommen, ob der Gesetzgeber nur ausspricht, was sich aus einem ohnehin klar zusammenhängenden, von anderen Tätigkeiten deutlich abgegrenzten ‚vorgegebenen' Sachverhalt von selbst ergibt, oder ob er es etwa unternimmt, solchen Vorgegebenheiten ohne hinreichenden Grund eine andersartige Regelung ‚willkürlich' aufzuzwingen."; BVerfG, Nichtannahmebeschluss vom 09.02.2005, 1BVL 271 a 19/04, II.1.a), Rn. 8 = ZInsO 2005, 368–370.

56 Definiert ist dieser Begriff nicht; es kann der zeitlich nachfolgende oder der weniger intensiv betriebene Beruf gemeint sein.

Der BGH führt dazu wörtlich aus: *„Verfassungsrechtliche Bedenken gegen § 7 Nr. 10 BRAO bestehen schon deswegen nicht, weil – wie der Senat bereits mehrfach entschieden hat – an die Zulässigkeit von Zugangsbeschränkungen zu einem Zweitberuf nicht die gleichen hohen Anforderungen wie für einen Erstberuf zu stellen sind (vgl. BGHZ 55, 236, 241; 57, 237, 239 – bestätigt durch BVerfG, Beschluss vom 14.02.1972 – 1 BvR 35/72 = EGE XII 159; BGHZ 71, 23, 27 – bestätigt durch BVerfG, Beschluss vom 28.04.1980 – 1 BvR 400/78; 92, 1, 5; BGH BRAK-Mitt. 2000, 255–256“.*[57]

Die vom BGH zitierten Entscheidungen des BVerfG sind nicht veröffentlicht. Allerdings hat sich das BVerfG in der Tat derartig positioniert, ohne dass es aber entscheidungserheblich darauf ankäme, und urteilte bereits 1967 insoweit restriktiv: *„An objektive, aber immerhin noch übersteigbare Zulassungsvoraussetzungen hat das Bundesverfassungsgericht strenge Anforderungen gestellt (BVerfGE 7, 377 (407 f.)). Doch kann dies nicht in gleichem Maße für objektive Beschränkungen der Zuwahl eines zweiten Berufs gelten. Es ist ein wesentlicher Unterschied, ob eine gesetzliche Regelung den Zugang zu einem bestimmten gewünschten Beruf erheblich beschränkt oder nur den Zugang zu einem zweiten Beruf versperrt. Denn dem Berufsbewerber bleibt jedenfalls die ungehinderte und freie Entscheidung, je nach seiner Neigung den einen der beiden Berufe zu ergreifen.“*[58]

Ebenso meint der BFH in einer Entscheidung vom Juli 1992: *„Wie das FG zutreffend ausgeführt hat, werden aber an objektive Beschränkungen der Zuwahl eines zweiten Berufs nach der Rechtsprechung des BVerfG nicht dieselben strengen Anforderungen gestellt, die sonst für objektive Zulassungsvoraussetzungen gelten. Denn es ist ein wesentlicher Unterschied, ob eine gesetzliche Regelung den Zugang zu einem bestimmten gewünschten Beruf erheblich beschränkt oder nur den Zugang zu einem zweiten Beruf versperrt.“*[59] Solche Aussagen können nur getroffen werden, wenn man die Berufsfreiheit mehr als Erwerbsfreiheit denn als Persönlichkeitsrecht interpretiert.

---

57 BGH, Senat für Anwaltssachen, Beschluss vom 30.10.2006, AnwZ (B) 21/06, II.3., BGH, Senat für Anwaltssachen, Beschluss vom 15.05.2006, Az: AnwZ (B) 43/05, aufgehoben durch BVerfG Kammerbeschluss vom 15.03.2007, 1 BvR 1887/06 ohne allerdings auf die Frage einer ggf. verminderten Schutzintensität im Zweitberuf einzugehen.

58 BVerfG, Urteil vom 15.02.1967, 1 BvR 569/62, BVerfGE 21, 173, NJW 1967, 1317, C.1.; ähnlich BVerfG, Beschluss vom 05.05.1987, 1 BvR 724/81, 1 BvR 1000/81, 1 BvR 1015/81, 1 BvL 16/82, 1 BvL 5/84, BVerfGE 75, 246–283, I.3.; dem folgend BGH, Urteil vom 25.01.1971, AnwZ (B) 10/70, BGHZ 55, 236–244, II.2.e), Rn. 20 f.: „Dem Antragsteller steht es frei, entweder Staatsanwalt oder Rechtsanwalt zu sein. Art. 12 GG garantiert ihm jedoch nicht die Möglichkeit, beide Berufe gleichzeitig und nebeneinander innehaben zu dürfen.“

59 BFH, Urteil vom 28.07.1992, VII R 100/91, BFH/NV 1992, 840, 2.a.

1. Keine verminderte Schutzwürdigkeit der Paralleltätigkeiten

Den vorgenannten Rechtsprechungsbeispielen fehlt sämtlich die Begründung für die Annahme, dass Wahl und Ausübung eines weiteren Berufes neben einem anderen von vorn herein weniger schützenwert und die Inanspruchnahme des Persönlichkeitsrechtes für den weiteren Beruf insoweit weniger wert seien. Denkt man die vorgenannte Argumentation dieser Rechtsprechung zu Ende, wird in den hier zu untersuchenden Konstellationen nicht der Zugang zum „Zweitberuf" gesperrt, sondern die Rechtfertigung zum Verbot des Erstberufes erleichtert. Denn entweder der Berufswerber möchte zum freien Beruf eine weitere „nichtfreie" Tätigkeit aufnehmen und wehrt sich gegen den Entzug der Zulassung des Erstberufes oder der Berufswerber übt bereits einen „nichtfreien" Beruf aus und wehrt sich gegen die Ablehnung seiner Zulassung zum freien Beruf. Es beginnt schon bei der Frage, welcher Beruf der erste, welcher der zweite Beruf sein soll. Soll es dabei auf den Zeitpunkt des Beginns der Tätigkeit ankommen oder auf die aktuelle Intensität der Berufsausübung oder eher rein auf die eher messbare aktuelle zeitliche Beanspruchung durch den einen oder anderen Beruf. Oder ist der erste Beruf derjenige, der eine qualifiziertere Ausbildung erfordert? Das sind alles beliebige Vorfragen, die bei der abzulehnenden Ansicht der geringeren Schutzintensität eines von zwei parallel ausgeübten Berufen vorab zu klären wären. Diese Kriterien würden somit ohne verfassungsrechtliche Grundlage und Verhältnismäßigkeitsprüfung den Grundrechtschutz ohne Notwendigkeit oder Rechtfertigung von vorn herein verengen. Das BVerfG stellte sich diese Fragen bislang nicht. Auch hatte es soweit ersichtlich stets nur zeitlich später ergriffene oder im **Verhältnis zum Hauptberuf** untergeordnete Tätigkeiten zu beurteilen.

Wie sich dieser angeblich verminderte Schutz für den undefinierten „Zweitberuf" konkret ausgestalten soll, wird nirgends ersichtlich. Die Rechtsprechung führt das Argument des vermeintlich verminderten Schutzumfangs oftmals an, ohne dieses mit Leben zu füllen. Namentlich zur Rechtfertigung der Inkompatibilitätsregelungen der Berufsgesetze vor Art. 12 I GG wird der Boden über eine angeblich geringere Schutzintensität gelegt. Zwar wird der Parallelberuf noch als Schutzgut des Art. 12 GG akzeptiert, durch die Formel der geringeren Schutzintensität aber letztlich die Tür für jegliche (unbegründete) Einschränkungen des Berufsrechts geöffnet. Denn im Bedarfsfall könnte man die angeblich verringerte Schutzintensität auch nahe Null ansetzen.

Diese Ansicht wirft weitere Fragen auf. Warum wäre nicht erst der dritte oder vierte Beruf vom angeblich abgeschwächten Schutz betroffen – oder soll sich etwa der Schutz für den dritten und jeden weiteren Beruf noch weiter abschwächen, bis der Gesetzgeber dem Bürger (willkürlich) vorschreiben kann, nur eine bestimmte Anzahl von Tätigkeiten gleichzeitig auszuüben?[60]

---

60 Besonders anscheinend die Abschwächung des Grundrechtschutzes durch Gebrauch

2. Grundrechtliche Gleichwertigkeit des Parallelberufes

Richtigerweise steht **jeder Beruf gleichermaßen und gleichrangig** unter dem **Schutz des Art. 12 GG**, unabhängig davon ob es sich um den fünften neben vier vorhergehenden Berufen handelt, die Berufsausübung nur in einem sehr geringen Umfang stattfindet, ein Beruf nicht zur Erhaltung der Lebensgrundlage beiträgt oder die Berufe eine unterschiedlich umfangreiche Ausbildung erfordern.

Es handelt sich bei Art. 12 GG um ein **Freiheitsgrundrecht** – neben der Eigentumsgarantie um das Hauptfreiheitsrecht des Wirtschaftslebens.[61] Der Grundrechtsschutz kann sich daher nicht allein deshalb abschwächen, weil man diesen mehrmals in Anspruch nimmt. Vergleichend könnte man fragen: Ist etwa die Pressefreiheit nur für die ersten oder die umfangreicheren Publikationen gewährt? Gibt jemand schon eine Zeitung heraus und übernimmt eine weitere, wäre dann in der weiteren und unterstellt kleineren Auflage der Schutz zurückgedrängt und abgeschwächt? Hätte etwa die Reisefreiheit beispielsweise für eine Reise nach Skandinavien von vorn herein eine geringere Schutzintensität, nur weil der Grundrechtsträger regelmäßig ans Mittelmeer reist und somit von seinem Grundrecht auf Reisefreiheit schon regelmäßig Gebrauch macht, oder der Künstler bei Durchführung einer Ausstellung deshalb von vorn herein einen verminderten Schutz der Kunstfreiheit, weil er schon anderweitig eine Dauerausstellung seiner Werke unterhält. Diese Beispiele ließen sich beliebig fortsetzen und verdeutlichen, dass auch im Bereich der Berufsfreiheit derartigen Argumentationen der geringeren Schutzwürdigkeit wegen mehrmaliger und gleichzeitiger Inanspruchnahme eines Grundrechts anzulehnen sind.

Allenfalls könnte ein „Zweitberuf“ im Schutz z.B. dann eingeschränkt sein, wenn die Ausübung des ersten und zweiten Berufes erhebliche staatliche Mittel voraussetzt und diese nicht unbegrenzt zur Verfügung stehen (vgl. Einschränkung des Zugangs zu einem vom Numerus clausus betroffenen Studiengang für Wartezeitbewerber oder zu einem Parkstudium[62]). Die Rechtsprechung will hierbei von

---

anzunehmen: BFH, Urteil vom 09.02.1993, VII R 89/92, BFH/NV 1993, 693, 3.a): „Wie das FG zutreffend ausgeführt hat, werden aber an objektive Beschränkungen der Zuwahl eines zweiten und – wie hier – sogar eines dritten Berufs nach der Rechtsprechung des BVerfG nicht dieselben strengen Anforderungen gestellt, die sonst für objektive Zulassungsvoraussetzungen gelten. Denn es ist ein wesentlicher Unterschied, ob eine gesetzliche Regelung den Zugang zu einem bestimmten gewünschten Beruf erheblich beschränkt oder nur den Zugang zu einem weiteren Beruf versperrt. Dem Berufsbewerber bleibt jedenfalls die ungehinderte und freie Entscheidung, je nach seiner Neigung einen der mehreren Berufe zu ergreifen.“

61 *Scholz* in Maunz/Dürig, Kom. zum GG Juni 2006, Art. 12 Rn. 4; *Schneider* in Handbuch der Grundrechte, Band V, 2013, § 113 Rn. 36; *Ruffert* in Epping/Hillgruber, Art. 12 GG Rn. 1.

62 BVerfG, Urteil vom 08.02.1977, 1 BvF 1/76 u.a., BVerfGE 43, 291.

vorn herein die Schutzintensität einschränken. Dies solle sich aus dem Gedanken rechtfertigen, „dass ein Zweitstudium bzw. die in ihm realisierte Zweitberufswahl keinen vergleichbar hohen Schutzanspruch geltend machen kann wie eine Erstberufs- bzw. Erststudienwahl".[63] Die Einschränkungen rechtfertigen sich jedoch in diesen Fällen nicht deshalb, weil der weitere Beruf bzw. das weitere Studium weniger schützenswert wären oder von vorn herein weniger Schutz durch Art. 12 GG genössen. Sie halten nur – bei gleicher Schutzintensität als Ausgangspunkt – letztlich wegen des begrenzten Angebotes an staatlich zur Verfügung stellbaren Studienplätzen der Verhältnismäßigkeitsprüfung stand.

Die angebliche Abschwächung des Grundrechtsschutzes durch bisherigen Gebrauch findet keine Stütze im Grundgesetz, insbesondere nicht in Art. 12 GG, und wäre in der Grundrechtsdogmatik der Freiheitsgrundrechte ein Fremdkörper. Sie verdeckt die an sich im Rahmen der Verhältnismäßigkeitsprüfung zu begründenden Einschränkungen des Freiheitsrechts mit der Verengung des Schutzbereiches. Richtigerweise ist die Schutzintensität für Erst-, Folge oder Parallelausbildung oder Erst-, Folge- oder Parallelberuf stets gleich – nur die Einschränkungen hinsichtlich des nachfolgenden oder weiteren Berufes (resp. Ausbildung) können im zu begründenden Einzelfall ggf. aus anderen Gründen von hohem Rang gerechtfertigt sein.

Wäre eine Einschränkung der Schutzintensität von Art. 12 GG bei Zuwahl von weiteren Berufen wirklich zulässig und wären die Verfassungsautoren von einem derartigen Bild der Berufsfreiheit ausgegangen, hieße Art. 12 GG nicht **Berufsfreiheit, sondern Erwerbssicherungsfreiheit**. Die Ausübung eines Berufes ist nämlich nicht nur materielles Mittel zum Erwerb sondern in erster Linie ein Recht **persönlichen Entfaltung** Persönlichkeit. Daher darf der Bezug auf die Sicherung der Lebensgrundlagen innerhalb der Definition eines Berufes oder die eingangs verwendete Beschreibung der Berufsfreiheit als Hauptfreiheitsrecht des Wirtschaftslebens nicht zu eng verstanden werden. Der Charakter des Freiheitsrechtes in Form der Persönlichkeitsentfaltung kommt nur dann zur Geltung, wenn alle beruflichen Betätigungen – Beruf als Tätigkeit definiert, die potentiell geeignet sind, einen Beitrag zur Erhaltung der eigenen Lebensgrundlage zu leisten – gleichermaßen in den Schutzbereich des Art. 12 I GG einbezogen werden. Für sämtliche Tätigkeiten – ob neben- oder hauptberuflich ausgeübt, ob der eine oder andere Beruf ertragreicher oder angesehener, sozialnützlicher oder ausbildungsintensiver ist – genießt der Grundrechtsträger denselben qualitativen Schutz des Art. 12 GG.

---

63 *Scholz* in Maunz/Dürig, Kom. zum GG Juni 2006, Art. 12 Rn. 291.

D. Inkompatibilitäten bei Rechtsanwälten

Dem Rechtsanwalt ist es heute einfachgesetzlich grundsätzlich nicht verboten, neben seiner Tätigkeit als solcher in einem ständigen Dienst- oder ähnlichen Beschäftigungsverhältnis zu stehen, weitere selbständige berufsrelevante Tätigkeiten auszuüben oder sich an seinem eigentlichen Beruf fremden Gesellschaften zu beteiligen. Bei einzelnen Bereichen gewerblicher Paralleltätigkeit bestehen allerdings Einschränkungen.

Jede berufsmäßige Tätigkeit unterfällt gleichermaßen dem Schutzbereich des Art. 12 GG (siehe zuvor C.). Eine Paralleltätigkeit ist somit prinzipiell „erlaubt" und von der grundsätzlichen Betätigungsfreiheit erfasst. Soweit der Schutzbereich von Art. 12 GG eröffnet ist, werden Einschränkungen in diese Freiheit legitimierungsbedürftig. Die Ausnahme/Einschränkung der Freiheit muss sich legitimieren, nicht die Freiheitsausübung selbst. Es geht ausschließlich um die Frage, ob überhaupt eine die Grundfreiheit einschränkende Norm existiert und ob diese die Freiheit beschränkende Verbotsnorm auch materiell verfassungskonform ist. Diese grundsätzliche Überlegung wird bei der Diskussion des Einzelfalles häufig übersehen, indem fehlerhaft nach einer Erlaubnisnorm für eine bestimmte Tätigkeit gefragt wird.[64]

I. Der einfachgesetzliche Rahmen der BRAO

Die BRAO regelt als parlamentarisches formelles Gesetz die eventuelle Versagung der Zulassung zum Beruf bzw. den Widerruf der Zulassung bei Inkompatibilitäten des Anwaltsberufes mit parallel ausgeübten Berufen. § 4 BRAO gibt dem Berufswerber in Ausformung der Berufswahlfreiheit einen Anspruch auf Zulassung zur Rechtsanwaltschaft, der bis dahin allein von der Qualifikation der Befähigung zum Richteramt abhängt.

Nach § 6 II BRAO kann der Antrag auf Zulassung insbesondere wegen der in § 7 BRAO geregelten Gründe versagt werden. Diese reichen von konkreten Ausschlussgründen wie Vermögensverfall (Nr. 9) oder nicht nur vorübergehender gesundheitlicher Hinderung (Nr. 7) bis zu Versagungsgründen wegen Verhaltens, welches es unwürdig erscheinen ließe, den Beruf eines Rechtsanwalts auszuüben (Nr. 5). Mit jeweils unterschiedlicher Intensität dienen diese zusätzlichen Zulassungsvoraussetzungen nach allgemeiner Ansicht der Sicherung der Funktionsfähigkeit der

---

64 Insgesamt ebenso Mayen, NJW 1995, 2317, 2318, mit weiteren Nachweisen aus der Rechtswissenschaft und Rechtsprechung.

Rechtspflege, dem Schutz der Rechtsrat Suchenden vor unqualifizierter Beratung sowie der Wahrung der Integrität der Rechtsanwaltschaft.[65]

Bezüglich der Zulassungsversagung heißt es in § 7 Nr. 8 BRAO unter der Überschrift „Versagung der Zulassung zur Rechtsanwaltschaft“: Die **Zulassung** zur Rechtsanwaltschaft **ist zu versagen,**

> *„wenn die antragstellende Person eine Tätigkeit ausübt, die mit dem Beruf des Rechtsanwalts, insbesondere seiner Stellung als unabhängiges Organ der Rechtspflege nicht vereinbar ist oder das Vertrauen in seine Unabhängigkeit gefährden kann;“*[66]

In der bis 08.09.1994 geltenden Fassung hieß es durchweg unter § 7 Nr. 8 BRAO:

> *„wenn der Bewerber eine Tätigkeit ausübt, die mit dem Beruf eines Rechtsanwalts oder mit dem Ansehen der Rechtsanwaltschaft nicht vereinbar ist“.*

Die letztgenannte Fassung war Gegenstand der Leitentscheidung des Bundesverfassungsgerichtes aus 1992.[67] Anhand der vom Bundesverfassungsgericht aufgestellten Kriterien entstand die neue inhaltlich seit 1994 gültige Fassung der BRAO.

Entsprechend dazu findet sich in § 14 Nr. 8 BRAO unter der Überschrift „Rücknahme und Widerruf der Zulassung“ das Postulat, wonach die Zulassung zur Rechtsanwaltschaft zu widerrufen ist, wenn *„der Rechtsanwalt eine Tätigkeit ausübt, die mit seinem Beruf, insbesondere seiner Stellung als unabhängiges Organ der Rechtspflege nicht vereinbar ist oder das Vertrauen in seine Unabhängigkeit gefährden kann; dies gilt nicht, wenn der Widerruf für ihn eine unzumutbare Härte bedeuten würde“.*[68]

Seit der Leitentscheidung des BVerfG von Ende 1992 und der darauf beruhenden Gesetzesreform von 1994 ist es dem Rechtsanwalt nicht mehr grundsätzlich untersagt, eine erwerbswirtschaftliche Paralleltätigkeit auszuüben. Ursprünglich ging die Vorstellung des Gesetzgebers dahin, dass sich ein gewerblicher Parallelberuf mit dem Beruf des Rechtsanwaltes grundsätzlich nicht verträgt – es sei dem Ansehen der Rechtsanwaltschaft – siehe dazu die bis 1994 geltende Fassung von § 7 Nr. 8 BRAO – abträglich, wenn der Parallelberuf keine gehobene Stellung auswies, insbesondere gewerblicher Natur war.[69]

---

65 *Henssler* in Henssler/Prütting, 5. Aufl. 2019, § 7 BRAO Rn. 1.

66 § 7 Nr. 8: IdF d. Art. 1 Nr. 1 nach Maßgabe d. Art. 21 G v. 02.09.1994, I 2278 (Gesetz zur Neuordnung des Berufsrechts der Rechtsanwälte und der Patentanwälte) mWv 09.09.1994 eingeführt und (nicht inhaltlich neugefasst durch Ges. v. 12.05.2017.

67 BVerfG, Beschluss vom 04.11.1992, 1 BvR 79/85 u.a., BVerfGE 87, 287 ff.

68 § 14 Nr. 8: IdF d. Art. 1 Nr. 1 nach Maßgabe d. Art. 21 G v. 02.09.1994, I 2278 (Gesetz zur Neuordnung des Berufsrechts der Rechtsanwälte und der Patentanwälte) mWv 09.09.1994 eingeführt.

69 *Schmidt-Räntsch* in Wolf in Gaier, Wolf, Göcken, Anwaltliches Berufsrecht, 3. Aufl. 2020, § 7 BRAO, Rn. 64.

Der Gesetzgeber begnügt sich in der aktuellen Fassung der BRAO weiterhin mit generalklauselartigen Formulierungen, deren Unbestimmtheit zu erheblichen Unklarheiten führt. Welche Merkmale kennzeichnen den Beruf des Rechtsanwaltes, was verbirgt sich hinter dem Schlagwort „unabhängiges Organ der Rechtspflege", inwieweit ist der Rechtsanwalt von wem unabhängig und worauf begründet sich wessen Vertrauen? In der Literatur wird die verfassungsrechtliche Leitentscheidung dahingehend verstanden und der Gesetzestext etwas zu konkretisieren versucht, dass Parallelberufe grundsätzlich zulässig sind, wenn sie nicht im Widerspruch zur Rechts- oder Sittenordnung stehen.[70] Aber auch diese beiden unbestimmten Rechtsbegriffe helfen nicht weiter, weil die Rechtsordnung die einfachen Gesetze beinhalten würde, die wiederum erst anhand der zu suchenden Maßstäbe auf die Verfassungsmäßigkeit untersucht werden müssten.

Ähnliche Regelungen fanden sich schon in der Reichsrechtsanwaltsordnung vom 01.07.1878, damals noch ohne jegliche weitere inhaltliche Bestimmung und damit in die Beurteilung des Vorsitzenden der Anwaltskammer gelegt – dessen Entscheidung allerdings nach § 16 RAO mit gerichtlicher Überprüfungsmöglichkeit durch ein Ehrengericht. So normierte § 5 der Reichsrechtsanwaltsordnung: Versagt werden „muss" die Zulassung, wenn

> *„der Antragsteller ein Amt bekleidet oder eine Beschäftigung betreibt, welche nach den Gesetzen oder nach dem Gutachten des Vorstandes der Anwaltskammer mit dem Beruf oder der Würde der Rechtsanwaltschaft nicht vereinbar sind;"*

Das Verständnis der BRAO und des nachkonstitutionellen Gesetzgebers geht auf diesen vorgefundenen Rechtszustand zurück. Insgesamt ist die BRAO eng an die RVO angelehnt. Schon bei Einführung der BRAO 1959 (der Gesetzesentwurf basiert auf dem Regierungsentwurf aus der ersten Legislaturperiode, er fiel nur in den ersten beiden Legislaturperioden dem Diskontinuitätsgrundsatz zum Opfer)[71] wurde diese als konservativ kritisiert. Im Anschluss an Heimerich konstatiert Koch schon im Jahr 2000, dass die BRAO zwar einen deutlichen Fortschritt gebracht habe, aber einen „konservativen Charakter" in sich trage und „über die Veränderungen" hinweggleite, „die sich durch die Wandlungen der wirtschaftlichen Verhältnisse im industriellen Massenstaat auch für den Beruf des Rechtsanwalts ergeben haben." Die BRAO habe an einem veralteten, schon damals kaum mehr vorhandenen Bild des Anwalts festgehalten.[72]

---

70 *Schmidt-Räntsch* in Wolf in Gaier, Wolf, Göcken, Anwaltliches Berufsrecht, 3. Aufl. 2020, § 7 BRAO, Rn. 65, m.w.N.

71 *Wolf in* Wolf in Gaier, Wolf, Göcken, Anwaltliches Berufsrecht, 3. Aufl. 2020, Einleitung Rn. 203.

72 Koch, Festschrift zum 120ig jährigen Bestehen des Münchener Anwaltsvereins, 2000, S. 131, 132; ähnlich Rabe, AnwBl. 2004, 65, 65.

II. Zweiteilung der Tätigkeitsfelder des Rechtsanwaltes

Die heute üblichen Tätigkeitsbereiche des Rechtsanwaltes umfassen verschiedenste Tätigkeiten, die teilweise wieder selbst als eigenständiger Beruf hätten definiert werden könnten. Die klassische Tätigkeit des Rechtsanwaltes beschreibt sich relativ einfach mit der forensischen Vertretung einer anderen Person vor Gericht und der außergerichtlichen Rechtsberatung. Dem Rechtsanwalt ist die Rechtsberatung im weiteren Sinne vorbehalten – trotz gesetzgeberischer Öffnungen im Rechtsdienstleistungsgesetz, welches auch anderen Berufen eine spezifische Rechtsberatung erlaubt. Zur Rechtsberatung gehören neben der forensischen Tätigkeit die außergerichtliche Konfliktvertretung, die Mediation und die Gutachtenserstellung in Rechtsfragen. Zunehmend breiten Raum nehmen die strategischen Beratungen in gesellschaftsrechtlichen oder erbrechtlichen Angelegenheiten und in allen Bereichen des Wirtschaftsrechts inkl. Sanierungsrecht ein – je nach struktureller Ausrichtung des Rechtsanwaltes bzw. der Rechtsanwaltsgesellschaft.

Die Bandbreite der Tätigkeitsfelder innerhalb der Rechtsberatung sowie die Komplexität einzelner Rechtsgebiete sind heute derart hoch, dass ein Rechtsanwalt das Spektrum aller möglicher Tätigkeiten nicht mehr in einer Person sinnvoll abbilden kann – ein echter Unterschied zu vielen anderen Berufen. Dennoch wird in der verfassungsrechtlichen Diskussion um die Rechtfertigung von Grundrechtseingriffen das gesamte mögliche Tätigkeitsspektrum im Beruf zusammengefasst und nicht etwa in Unterberufe oder Teilberufsfelder unterschieden. Zwangsläufig beziehen sich Beschränkungen des gesamten Berufes auf alle möglichen Tätigkeitsbereiche innerhalb des Berufes. Ein möglicherweise beachtlicher Grund zur Rechtfertigung beispielsweise einer Reglementierung der gerichtlichen Tätigkeit wird so auf die übrigen Beratungsfelder ausgedehnt.

Unabhängig von einer zu favorisierenden zweiteiligen Aufgliederung des Berufes des Rechtsanwaltes – einerseits in die gerichtliche Tätigkeit und andererseits in die außergerichtliche Beratung – handelt es sich bei der gesetzlichen Konzeption und Berufsdefinition insgesamt um einen **staatlich gebundenen Beruf** – einen Beruf, dem teilweise funktionell die Wahrnehmung öffentlicher Aufgaben übertragen worden ist, die der Gesetzgeber auch dem eigenen Verwaltungsapparat hätte vorbehalten können.[73] Sicher ist mit dieser Feststellung noch keine irgend geartete Befugnis und Rechtfertigung für Eingriffe verbunden, weshalb der Begriff richtig verstanden als Beschreibung des Tätigkeitsfeldes durchaus sinnvoll und verständlich ist, sich damit aber auch erschöpft. Der Begriff verleitet jedoch zu weitergehenden Interpretationen. So formulierte des BVerfG in einer älteren Entscheidung noch etwas pathetisch, der Rechtsanwalt habe einen staatlich gebundenen

---

73 *Mann* in Sachs, Grundgesetz, 8. Aufl. 2018, Art. 12 GG, Rn. 50; gegen diesen Begriff Krämer, NJW 1995, 2313, 2315 m.w.N.

Vertrauensberuf, der eine auf Wahrheit und Gerechtigkeit verpflichtete amtsähnliche Stellung ausweise.[74]

Im Ansatz nachvollziehbar ist die Einordnung des BVerfG für den forensischen Tätigkeitsbereich, der aus einer originär öffentlichen Aufgabe erwachsen ist, nämlich dem Grundrecht auf rechtliches Gehör und effektiven Rechtsschutz Rechnung zu tragen und den jeweiligen diesbezüglichen Grundrechtsträgern auch die Möglichkeit zu geben, diese Grundrechte wahrzunehmen. Ohne qualifizierte rechtliche Vertretung wären die Grundrechte auf rechtliches Gehör und effektiven Rechtschutz Makulatur. Zutreffend werden daher nach der Rechtsprechung des Bundesverfassungsgerichtes Reglementierungen tendenziell eher anerkannt und für gerechtfertigt gehalten, je mehr das Tätigkeitsfeld die Übernahme von derartigen öffentlichen Aufgaben tangiert.[75] Von daher empfiehlt sich die Zweiteilung der Tätigkeitsfelder des Berufes des Rechtsanwalts in eine forensische staatsnähere Tätigkeit und in eine außergerichtliche Tätigkeit. Bei außergerichtlicher beratender Tätigkeit werden staatliche Aufgaben kaum tangiert.

Ansatzweise wurde eine ähnliche Aufteilung innerhalb eines definierten Berufsbildes von der Rechtsprechung bei anderen staatlich gebundenen freien Berufen nachvollzogen. Im Berufsbild des Apothekers beispielsweise differenzierte das Bundesverfassungsgericht 1996 derart innerhalb einer Entscheidung zur Apothekerwerbung.[76] Nach dem althergebrachten ursprünglichen Berufsbild als Hersteller und Verkäufer von teilweise rezeptpflichtigen Arzneimitteln war dem Apotheker die Werbung mit Flugblättern oder Werbebriefen grundsätzlich verboten. Das BVerfG kritisierte schon die mangelnde Erforderlichkeit, einen bestimmten Werbeträger zu verbieten. Es forderte ergänzend im Rahmen der Angemessenheit Regelungen, die auf konkrete Werbung mit Aussage und Bezug abstellen. Für die Apotheker hat das Bundesverfassungsgericht in diesem Zusammenhang zutreffend erkannt, dass diese nicht nur Angehörige eines freien Berufes sind[77], sondern zugleich Kaufleute;[78] letzteres gerade mit dem Sortiment an apothekenfreien Arzneimitteln und dem sonstigen Randsortiment, mit denen der Apotheker im allgemeinen Wettbewerb steht. Neben dem Beitrag zur Volksgesundheit durch Verkauf

---

74 BVerfG, Beschluss vom 08.10.1974, 2 BvR 747/73, BVerfGE 38, 105–120, B.III.2., juris Rn. 31.

75 BVerfG, Beschluss vom 20.04.2004, 1 BvR 838/01, 1 BvR 1303/01, 1 BvR 340/02, 1 BvR 1436/01, 1 BvR 1450/01, BVerfGE 110, 304, 321, C.I., juris Rn. 65, speziell zu Notarberuf.

76 BVerfG, Beschluss „Apothekerwerbung" vom 22.05.1996, 1 BVR 744/88, 1 BVR 60/78, 1 BVR 1519/91, BVerfGE 94, 372–400.

77 Wenngleich das nach dem Vorgesagten – oben A. – ohne inhaltliche Bedeutung bleibt.

78 BVerfG, Beschluss vom 22.05.1996, 1 BVR 744/88, 1 BVR 60/78, 1 BVR 1519/91, BVerfGE 94, 372, B.I.2.c)bb)(3.), juris Rn. 93.

von Arzneimitteln und qualifizierter Beratung zu Arzneimitteln – einem überragenden Belang des Gemeinwohls – finden sich heutzutage fast in jeder Apotheke Randsortimente von freiverkäuflichen Waren (Kosmetika, Nahrungsergänzungsprodukte etc.), welche erfahrungsgemäß erheblich zum Gesamtumsatz beitragen. Einschränkungen der Werbefreiheit müssen sich daher auch daran prüfen lassen, ob sie hinreichend zwischen beiden Betätigungsfeldern innerhalb des Berufes unterscheiden und das Wettbewerbsverhältnis innerhalb der Randsortimente zu den übrigen Marktteilnehmern hinreichend beachten.

Wenn auch das Bundesverfassungsgericht in derselben Entscheidung zur Werbemöglichkeit des Apothekers auf die Berufsordnungen der Apotheker einerseits und vergleichend dazu auf die Berufsordnungen der Ärzte oder Rechtsanwälte andererseits verweist, die insoweit lediglich eine rein sachliche Information über die berufliche Tätigkeit innerhalb der Werbung erlauben und damit nach (vorläufiger) Ansicht des Gerichtes möglicherweise anders zu beurteilen seien, so wäre jedoch der Grundstein dafür gelegt, innerhalb des hergebrachten Berufsbildes des Rechtsanwaltes zwischen den aktuellen Tätigkeiten und Tätigkeitsfeldern zu differenzieren. Ebenso wie der Begriff des Berufes nicht nur vorgeprägte Berufsbilder umfasst und daher ein Beruf durch neue, auch untypische Tätigkeitsformen entstehen[79] oder sich ergänzen kann und weil gerade die berufsmäßige Tätigkeit als solche geschützt ist, muss sich die Betrachtung der hergebrachten Berufsbilder und Begrifflichkeiten an den aktuellen Gegebenheiten messen und nach den verschiedenen Tätigkeitsformen innerhalb eines hergebrachten Berufsbildes unterscheiden. Daran anschließend bleibt für den Rechtsanwaltsberuf zu konstatieren, dass dieser zwei ganz unterschiedliche Schwerpunkte umfasst, zum einen die forensische Tätigkeit, zum anderen die außergerichtliche Beratung. Beide Bereiche werden auch bei der Frage der inkompatiblen Parallelberufe zu unterscheiden sein.

III. Historische Entwicklung des Berufes Rechtsanwalt

Ein Blick auf die Historie des Berufes Rechtsanwalt ist erforderlich, um die Bedeutung der Tätigkeit nachzuvollziehen und die vielfach verwendeten Schlagwörter zur Charakterisierung des Berufes im Rahmen der Legitimierung von Grundrechtseingriffen durch Inkompatibilitäten einordnen und bewerten zu können.

Die **freie Advokatur** geht zurück auf die Reichsanwaltsordnung vom 23.05.1878, verkündet am 01.07.1878, die zusammen mit den anderen Reichsjustizgesetzen wie GVG, ZPO und StPO, am 01.10.1879 in Kraft trat.[80] Mit dem Gesetz erlangten Anwälte die Freiheit von der Ernennung durch die Staatsregierungen, die Freiheit von der richterlichen Disziplinargewalt sowie die Freiheit von den Bindungen der

---

79 *Mann* in Sachs, Grundgesetz Kommentar, 8. Aufl. 2018, Art. 12 Rn. 43 m.w.N.

80 *Busse* in Henssler/Prütting, Bundesrechtsanwaltsordnung, 5. Aufl. 2019, Einleitung, Rn. 1.

beamtenrechtsähnlichen Stellung. Das heutige Anwaltsrecht beruht immer noch auf den Grundentscheidungen des Gesetzgebers von 1878. Die derzeit gültige, am 01.10.1959 in Kraft getretene Bundesrechtsanwaltsordnung geht in ihren Grundzügen auf die Reichsanwaltsordnung von 1878 zurück, wenngleich das Bundesverfassungsgericht in Einzelfragen sukzessive damit einhergehende Reglementierungen aufgehoben hat und somit langsam aber stetig die Restriktionen aufbrechen.

1. In der **Antike** hatte man von Leuten, die für Geld die Interessen anderer wahrnahmen, keine hohe Meinung. Die rechtssuchenden Personen durften sich im antiken Athen bei einem Rechtsstreit nur ausnahmsweise vertreten lassen, wenn der Vertreter (Synegoros) eine Freundschaft mit der Partei oder eine Feindschaft mit der gegnerischen Partei verband. Ansonsten ließen sich die Parteien ihre vorzutragenden Reden von den Logographos schreiben. Das grundsätzliche Verbot der Vertretung resultierte aus der Befürchtung heraus, der bezahlte Vertreter würde nicht die Wahrheit, sondern nur das vortragen, wofür er bezahlt werde.[81] Komplizierte Verfahrensordnungen, die einen in dieser Materie Rechtkundigen erforderten, um überhaupt Zugang zur Institution zu bekommen, gab es damals freilich noch nicht.

Das römische Prozessrecht gab im Laufe des römischen Reiches eine Zweiteilung des Verfahrens auf, wonach der Richter nur über den Sachverhalt zu befinden, der Gerichtsmagistrat aber den Fall rechtlich zu entschieden hatte. Im sich anschließenden Kognitationsverfahren findet sich im Gegensatz dazu eine einheitliche Bearbeitung eines Verfahrens durch einen Kognitionsbeamten.[82] Dadurch erhöhten sich die Anforderungen an die juristische Argumentationsfähigkeit der Anwälte und führten zum Ende des römischen Reiches zu Rechtsschulen sowie zum Stand der Advokaten, deren Honorare gewisse Höchstgrenzen nicht überschreiten durften.

2. Durch die modernisierende Rezeption des römischen Rechts in Kontinentaleuropa waren die Aufgaben der Anwälte insgesamt zweigeteilt – vergleichbar der hier zuvor bei II. empfohlenen Fokussierung. Es gab den Procurator als gerichtlichen Vertreter und den Advocatus als außergerichtlichen Berater und Schriftsatzschreiber. Nach der Kammergerichtsordnung von 1471 und der Reichkammergerichtsordnung von 1495 fungierten die **Prokuratoren** als Hilfskräfte der Rechtspflege und vor Gerichte auftretende Parteivertreter, die Prozesshandlungen vornahmen und Schriftsätze übergaben. Die **Advokaten** hatten (lediglich) die Aufgabe, die Parteien rechtlich zu beraten – zu einem mündlichen Vortrag vor Gericht waren sie nur ausnahmsweise zugelassen.[83] An dieser sich nach dem 16. Jh.

81 *Wolf* in Gaier, Wolf, Göcken, Anwaltliches Berufsrecht, 3. Aufl. 2020, Einleitung, Rn. 76.

82 *Wolf* in Gaier, Wolf, Göcken, Anwaltliches Berufsrecht, 3. Aufl. 2020, Einleitung Rn. 78.

83 Krämer, NJW 1995, 2313, 2313.

schon abschwächenden, in Deutschland spätestens 1878 mit der Reichanwaltsordnung aufgegebenen Unterscheidung halten heute noch einige andere Länder fest (z.B. England mit dem *barrister* als Anwalt, der vor Gericht auftritt, und dem *solicitor*, der im Hintergrund die Vorarbeiten erledigt; in Frankreich wurde die entsprechende Unterscheidung zwischen *avoué* und *avocat* Ende des 20 Jh. aufgegeben).[84]

Eine Unterscheidung zwischen der forensischen und beratenden Tätigkeit zur Beurteilung von verfassungsrechtlich zulässigen Einschränkungen der Berufsfreiheit findet somit weitere Bestätigung mit dem Blick auf die Historie des Rechtsanwaltsberufes.

3. In **Preußen** wurde mit der königlichen Cabinets-Order zur Verbesserung des Justizwesens vom 14.04.1780 unter Friedrich dem Großen die Advokatur, die zu dieser Zeit bereits die Aufgaben der Prokuratur mit übernommen hatte, abgeschafft, weil die Advokaten vielfältig Prozesse nur verzögerten und unnötigen Prozessstoff ansammelten, um dadurch ihr Honorar zu mehren[85] – eine auch heutzutage leider nicht selten zu beobachtende Problematik. Zum Verständnis sei angemerkt, dass Friedrich korrespondierend dazu die Richter für befugt hielt, alle erlaubten und in der Sache gemäßen Mittel zu ergreifen, die Wahrheit zu erforschen, und somit die Gleichheit der Parteien vor Gericht gewahrt sah. Zur Unterstützung des Richters bei den zusätzlichen Aufgaben und für den juristischen Beistand der Parteien wurden staatlich besoldete Assistenzräte[86] berufen. Das mit der königlichen Cabinets-Order verbundene Ziel der Prozessbeschleunigung ist jedoch nicht erreicht worden.

4. In den Nachwirkungen der Entwicklungen in **Europa ab dem 16en bis Ende des 17en Jahrhunderts** veränderte sich das Selbstverständnis der Advokatur. Das Jurastudium wurde zu einem Modestudium für vornehme Leute, die mehrheitlich nur Advokat wurden, nicht um einen Beruf auszuüben, sondern sich „im Glanz einer höheren Weihe“[87] zu schmücken. Die Advokatur veränderte sich vom Beruf zunehmend in einen **Stand**. Die bis 1987 anerkannten Standesregeln verweisen auch sprachlich auf diese Zeit.

---

84 Wesel, Risiko Rechtsanwalt, S. 101.

85 Krämer, NJW 1995, 2313, 2313; siehe auch Fn. 86.

86 Friedrich der II. führte in Preußen 1780 als gerichtliche Vertreter die Assistenzräte ein, staatliche Beamte mit festem Gehalt, die neben den Interessen ihres Mandanten auch der Wahrheit verpflichtet waren. Daneben gab es für den außergerichtlichen Bereich die halbstaatlichen Justizkommissare. Die Zwangsanwälte, Assistenzräte, wurden nach nur wenig mehr als 12 Jahren 1793 wieder abgeschafft. Fortan gab es in Preußen nur noch die den Advokaten ähnlichen Justizkommissare, die fortan auch die gerichtliche Vertretung der Bürger übernehmen konnten. Ab 1849 hießen die Justizkommissare auch offiziell Rechtsanwälte.

87 Wesel, Risiko Rechtsanwalt, S. 102.

Zunächst herrschte vor allem in den deutschen Ländern das Bild der **Amtsprofession**. Der Rechtsanwalt hatte die Aufgabe, den Staat und die Gerichte bei der Erfüllung ihrer Aufgaben zu unterstützen – streng reglementiert über staatliche Aufgabenbegrenzung, Zulassung und ein Tarifsystem. Erst im **19. Jh.** forderten die Anwälte mehr Freiheit, die die Advokaten aus ihrer beamtenähnlichen Stellung und der Disziplinargewalt der Gerichte lösen sollte.[88] Sie forderten also Freiheit und Unabhängigkeit vom Staat. Der heute fast inflationär gebrauchte Begriff der anwaltlichen Unabhängigkeit findet hier also seinen historischen Ursprung und seine eigentliche Bedeutung, nämlich eine gewisse Unabhängigkeit vom Staat. Der Begriff der Unabhängigkeit findet sich gleichermaßen in den Berufsordnungen und Berufsbildbeschreibungen der Rechtsanwälte, Steuerberater und Wirtschaftsprüfer. Unter Ausblendung der Entstehungsgeschichte, die nur auf einer Freiheit vor staatlicher Reglementierung fußt, mutierte die Interpretation einer „Unabhängigkeit des Rechtsanwaltes“ bis heute teilweise zu einer wirtschaftlichen, zu einer solchen vom Mandanten oder zur Unabhängigkeit von der Gesellschaft oder einer Mischung aus allem. In einem zweiten Schritt wird der Mix von angeblichen Unabhängigkeiten zur höchstwichtigen Grundlage der Rechtspflege aufgewertet, um damit anschließend Einschränkungen der Berufsfreiheit rechtfertigen zu können (dazu näher sogleich IV.1).

5. Die sogenannte freie Advokatur – kein völlig freies marktliberales Modell – fand ihre gesetzliche Verankerung erst mit der oben erwähnten **Reichsanwaltsordnung vom 1878**, die auch den Begriff des Rechtsanwaltes statt des Advokaten normierte. Ihr entnahm die Rechtswissenschaft, dass der Rechtsanwalt weder Angestellter des Staates noch Beamter sein könne, betonte aber gleichzeitig seine amtsähnliche Stellung.[89] Ohne sonstige Zulassungsbeschränkung regelte der Staat im Wesentlichen nur noch Qualitätsanforderungen an den Beruf. Die Zahl der Anwälte stieg in der Folgezeit stark an.

6. Nach der Unterbindung jeglicher Freiheit, auch der freien Advokatur, in der nationalsozialistischen Zeit wurde nach zwei vergeblichen Anläufen in den vorherigen Legislaturperioden in der Dritten Legislaturperiode des Bundestages am 08.01.1958 die **Bundesrechtsanwaltsordnung** beschlossen. Sie trat am 01.10.1959 in Kraft. In der Vorstellung des Gesetzgebers werde der Rechtsanwalt nicht vom Gewinnstreben geleitet, sondern von dem Ziel, das Recht zu verwirklichen.[90] Das **Berufsbild** der Reichsanwaltsordnung geht vom rein forensisch tätigen Anwalt aus, ebenso grundsätzlich auch die Bundesrechtsanwaltsordnung. Die beiden Tätigkeitsbereiche der gerichtlichen Vertretung einerseits und der außergerichtlichen

---

88 *Wolf* in Gaier, Wolf, Göcken, Anwaltliches Berufsrecht, 1. Aufl. 2010, Einleitung, Rn. 74.

89 Krämer, NJW 1995, 2313, 2314.

90 *Wolf* in Gaier, Wolf, Göcken, Anwaltliches Berufsrecht, 3. Aufl. 2020, Einleitung, Rn. 204; Begründung zur BRAO, BT-Drs. 3/120, S. 49.

Beratung andererseits waren historisch auch eher formal getrennt. Die historische Unterscheidung kommt der Rechtswirklichkeit unter Geltung der BRAO dennoch näher. Die forensischen Tätigkeiten stellen in der Gesamtmenge der anwaltlichen Tätigkeiten nur einen Teil dar.

Nachdem das BVerfG in den Bastille-Entscheidungen[91] die Standesrichtlinien als nicht dem Gesetzesvorbehalt von Art. 12 GG entsprechend angesehen hatte und die Standesrichtlinien fortan keine Eingriffe in die Berufsfreiheit mehr rechtfertigen konnten, formulierte der Gesetzgeber mit dem am 02.09.1994 in Kraft getretenen Gesetz zur Neuordnung des Berufsrechtes der Rechtsanwälte und Patentanwälte zahlreiche Reformen in Anbetracht der bis dahin erkennbaren zunehmenden Kommerzialisierung des Anwaltsberufes; allerdings weit entfernt davon, den Anwaltsberuf im Grundsatz als „normalen" Dienstleister anzuerkennen. Gab es 1955 in der Entstehungszeit der BRAO auf dem Gebiet der alten Bundesrepublik gerade mal knapp über 17-tausend zugelassene Rechtsanwälte, so waren es 2010 in Deutschland schon weit über 150-tausend mit weiter steigender Tendenz.[92]

Mit dieser quantitativen Steigerung geht die Differenzierung der Betätigungsfelder einher. Heute ist der weniger oder gar nicht forensisch tätige beratende Rechtsanwalt eher die Regel als die Ausnahme. Zudem findet eine innere Differenzierung zu auf bestimmten Rechtsgebieten besonders qualifizierten Anwälten (Fachanwälten) und eine zunehmende Internationalisierung und Konzentration in Großkanzleien statt.[93] Der Zwang zur Spezialisierung[94] wegen zunehmenden Konkurrenzdrucks und der stetig steigenden Normenanzahl und -differenzierung ist nicht zu verkennen.

In der Vergangenheit wurden immer wieder kleinere Lockerungen des anwaltlichen Berufsrechts vorgenommen – meist initiiert durch verfassungsgerichtliche Entscheidungen, so z.B. Aufhebung des Lokalisationsgebotes, Rechtsformzulassung der GmbH, partielle Zulassung des Erfolgshonorars oder die Öffnung von Bürogemeinschaften von Rechtsanwälten mit allen anderen Berufen und Änderungen zu zulässigen Mehrheitsverhältnissen innerhalb von interprofessionellen Gesellschaften.[95] Ein Bekenntnis zur wirklichen Freiheit fand aber bis heute nicht

91 BVerfG, Urteile vom 14.07.1987, 1 BvR 537/81, 1 BvR 195/87, BVerfGE 76, 171 und 76, 191 zu anwaltlichen Standesrichtlinien.

92 Zum 01.01.2020 bestanden rund 167 Rechtanwaltszulassungen; ca. dreimal so viel wie 1990, Quelle. www.brak.de.

93 Koch, Festschrift zum 120ig jährigen Bestehen des Münchener Anwaltsvereins, 2000, S. 131, 133.

94 Rabe, AnwBl. 2004, 65, 66.

95 Regierungsentwurf vom 29.10.2020, aus www.bmjv.de, wieder erst durch Entscheidungen des BVerfG, Beschluss vom 14.01.2014, 1 BvR 2998/11, 1 BvR 236/12, sowie Beschluss vom 12.01.2016, 1 BvL 6/13; 1 BvR 2998/11, 1 BvR 236/12 bewegt, die die Regelungen zu Mehrheitserfordernissen in interprofessionellen

statt. Stets nur scheibchenweise und äußerst zurückhaltend rückte man von überkommenen Vorstellungen ab. Solche Vorstellungen knüpfen an ein traditionelles Berufsbild an, wonach Rechtsanwälte einen herausgehobenen Beruf mit besonderer Stellung bekleiden und einem höheren Stand angehören. Aber mit der heutigen Stellung eines Rechtsanwaltes hat das jedenfalls kaum mehr etwas zu tun; erst recht sind solche Vorstellungen im Rahmen des Art. 12 GG irrelevant. Sie taugen weder zur Beschreibung der geschützten Tätigkeit, erst recht nicht legitimieren sie zu Eingriffen in die Berufsfreiheit.

IV. Wesensmerkmale des Rechtsanwaltsberufes

Die besonderen Merkmale des Berufsbildes Rechtsanwalt werden oft als Rechtfertigung für Eingriffe in die Berufsfreiheit herangezogen, jedoch nur ausschnittsweise mit selektiver historischer Herleitung. Deshalb wird vorab dargestellt, welche Merkmale den Rechtsanwaltsberuf heute kennzeichnen, welche Stellung den Rechtsanwälten im Rechtssystem und innerhalb der Rechtspflege heute zukommt. Erst die Vergegenwärtigung von Aufgaben und Stellung des Rechtsanwaltes bereitet die Grundlage zur Beantwortung der Frage, inwieweit eine mögliche Beeinträchtigung der Aufgabenerfüllung durch Paralleltätigkeiten die Funktionsfähigkeit der Rechtspflege betreffen kann.

1. Unabhängigkeit und unabhängiges Organ der Rechtspflege

Die bekannteste und ebenso unklarste Beschreibung setzt bei der Formulierung an, der Rechtsanwalt sei ein unabhängiges Organ der Rechtspflege, § 1 und § 7 Nr. 8 BRAO. Treffend formulierte schon Redeker 1987, dass kaum ein Begriff der BRAO „schillernder" sei, „der Inhalt dunkel" bliebe und „von jedermann für jede Zweckbestimmung herangezogen" werde.[96] Vermeintlich starke Begriffe, wie Freiheit und Unabhängigkeit sollen eine besondere berufliche Stellung beschreiben, ohne die Begriffe mit Inhalt zu hinterlegen oder nur zu hinterfragen, wer von wem in welchem Grade unabhängig ist, was es mit einer Organstellung auf sich hat und was der Bezug zur Rechtspflege bedeutet sowie welche genaue Funktion dem Rechtsanwalt innerhalb der Rechtspflege zukommt. Ohne den Sinngehalt zu erforschen und vorher zu klären, welche Bedeutung den Worten „unabhängig" oder „frei" oder „unbeeinflusst" zukommen muss, wird diese vermeintliche Organstellung

---

Berufsausübungsgesellschaften unter Beteiligung von Rechtsanwältinnen und Rechtsanwälten für teilweise verfassungswidrig erklärten.

96 Redeker, NJW 1987, 2610, 2612; anders Jaeger, NJW 2004, 1: das Herunterbrechen der Begriffe auf Wertungen und Tatbestände sei unlösbar – ohne „Pathos und beschwörende Formeln" ginge es nicht.

des Rechtsanwaltes zur Rechtfertigung der verschiedensten Einschränkungen der Berufsfreiheit herangezogen.[97]

Die **inhaltsleere Organformel** wird mit oder ohne den Zusatz „unabhängig" verwendet, um Einschränkungen der Berufsausübungsfreiheit zu begründen. Diese jahrzehntelange Praxis der Gerichte, die in den verschiedensten Falleinkleidungen meist nur die Tatsache verdecken soll, dass der Rechtsanwalt im Grundsatz ein Unternehmer ist, bringt Killian folgendermaßen zutreffend auf den Punkt: „*Nicht selten dient die Organformel wohl dazu, die Argumentationslast desjenigen zu verkürzen, der sie verwendet, und mögliche Einwände abzuschneiden, die an die Tatsache geknüpft werden könnten, dass der Rechtsanwalt auf eigenes Risiko wirtschaftender, primär die Interessen eines Auftraggebers vertretender Unternehmer ist.*"[98]

a) Organ der Rechtspflege

(1) Das Reichsgericht verwendete seit 1926 den Organbegriff, um auf die besonderen Pflichten des Rechtsanwalts hinzuweisen.[99] Ab da an diente die Formulierung stets eher dazu, die Rechtsanwälte besonders in die Pflicht zu nehmen.[100] Nachfolgend wurde die Begrifflichkeit „Organ" der Rechtspflege von der Eingliederung der Rechtsanwälte in den NS-Staat geprägt.[101] In einen Gesetzestext fand der Begriff erstmals Einzug 1949 mit § 1 der RAO der britischen Besatzungszone. In nachfolgenden Jahren der Diskussion verschiedener Entwürfe einer Bundesrechtsanwaltsordnung wandten sich einzelne Rechtsanwaltskammern gegen die Formulierung Organ der Rechtspflege, weil sie darin einen Widerspruch zur Unabhängigkeit sahen. Die Diskussion über die Organformel setzte sich in der Folgezeit

---

97 Koch, Festschrift zum 120ig jährigen Bestehen des Münchener Anwaltsvereins, 2000, S. 131, 135 plädiert dafür, den Versuch einer Definition aufzugeben.

98 Killian, AnwBl. 2019, 661, 667.

99 RG JW 1926, 2756, 2757.

100 Kilian, AnwBl. 2019, 662, ebenso S. 664 unter Verweis auf die Rechtsprechung der Strafgerichte in den 1950er Jahren und S. 666 unter Verweis auf die gesamte Instanzrechtsprechung, die den Begriff beliebig verwendet, um Freiheitseingriffe zu rechtfertigen oder auch einzelne Rechte des Anwalts zu begründen.

101 BVerfG, Beschluss vom 08.03.1983, 1 BvR 1078/80, BVerfGE 63, 266–312, B.I.1., juris Rn. 45: „Die von der Rechtsanwaltsordnung durchgesetzte und näher ausgestaltete freie Advokatur blieb im Wesentlichen bis zum Ende der Weimarer Republik unverändert erhalten. Nach dem Versuch der nationalsozialistischen Machthaber, den Rechtsanspruch auf freie Zulassung durch ein Ausleseprinzip zu ersetzen und die ‚individualistisch' ausgerichtete Rechtsanwaltschaft in ein Organ der nationalsozialistisch verstandenen Rechtspflege mit beamtenähnlichen Treuepflichten umzugestalten (vgl. etwa Hanssen, DR 1944, S. 353; EGHfRA XXIX (1935), 88), kehrte der Gesetzgeber nach Ende des Krieges in den Ländern und später im Bund wieder zum Grundsatz der freien Advokatur zurück."

mit dem zusätzlichen Argument, das die Formel inhaltlich bedeutungslos ist, weiter fort,[102] war aber letztlich nicht erfolgreich, so dass die Formulierung Einzug in § 1 und § 7 Nr. 8 BRAO fand und bis heute fortbesteht.

(2) Unter einem **Organ** stellt man sich gemeinhin den Teil einer organisatorischen Einheit vor. Da der Rechtsanwalt die vorgenannten Aufgaben im Rahmen der Rechtspflege übernimmt, ist er insoweit Teil der Rechtspflege und für diese funktionell erforderlich. Richtig verstanden kann die Begrifflichkeit daher lediglich eine eigenständige Funktion innerhalb der Rechtspflege zum Ausdruck bringen[103] – darf aber nicht im Sinne eines (in den Justizapparat teilweise eingegliederten) Arms des Staates verstanden werden.

Die Begrifflichkeit „Organ der Rechtspflege" ist missverständlich und diffus.[104] Eine Rechtspflege als Organträger des Rechtsanwalts gibt es nicht. Zudem zeigen sich schon in der Begrifflichkeit semantische Widersprüche: Ein Organ kann nie unabhängig sein, denn es ist Teil eines Organismus und damit von anderen Organen und der Gesamtheit des Organismus abhängig. Nur der Organismus als solcher könnte unabhängig sein. Das Begriffspaar sollte daher ebenso nicht gebraucht werden.[105] Ein Wert oder eine inhaltliche Aussage erwächst aus dieser vermeintlichen Organstellung nicht.

Zusammen mit dem weiteren für sich höchst offenen Begriff der Unabhängigkeit bildet sich das Begriffspaar „**unabhängiges** Organ der Rechtspflege", das vielfach für Begründungen zu Freiheitseinschränkungen herangezogen wird. Es lassen sich aber keine Wertungen oder Inhalte aus der angeblichen Organstellung ableiten. Lebensmittelhändler oder Bauern wären in dem Sinne „Organ der Volksversorgung" und tragen elementar zur Versorgung der Menschen bei. Auch könnte man geflissentlich formulieren, diese Berufe sind elementar wichtig, um Leben und Geist der Bevölkerung zu erhalten und diese erst in die Lage zu versetzen, ihre demokratischen Rechte wahrzunehmen. Gleiches gilt für den Bekleidungshändler und die Textilindustrie, die das Grundbedürfnis Kleidung sicherstellen.

---

102 Kilian AnwBl. 2019, 662, 663.

103 BVerfG, Beschluss vom 08.03.1983, 1 BvR 1078/80, BVerfGE 63, 266–312, B.I.2.: „Die im ersten Entwurf der Bundesrechtsanwaltsordnung noch nicht vorgesehene Anerkennung als Organ der Rechtspflege bringt zum Ausdruck, daß im freiheitlichen Rechtsstaat die Rechtsanwälte als berufene Berater und Vertreter der Rechtsuchenden neben Richtern und Staatsanwälten eine eigenständige wichtige Funktion im ‚Kampf um das Recht' ausüben und daß ihnen deshalb weitergehende Befugnisse und damit korrespondierende Pflichten als ihren Mandanten zukommen."

104 Kritisch ebenso *Wolf* in Gaier, Wolf, Göcken, Anwaltliches Berufsrecht, 3. Aufl. 2020, § 1 BRAO Rn. 27, 28 m.w.N.; *Herzog* in Maunz/Dürig, Kommentar zum GG, Loseblatt, Stand 1971, Art. 93 Rn. 98; Busse, AnwBl. 1993, 422, 423; Redeker, NJW 1987, 2610, 2612; *Kleine-Cosack*, Kom. zur BRAO, 8. Aufl. 2020, § 1 Rn. 1.

105 Redeker, NJW 1987, 2610, 2612.

Die Bedeutung eines Berufes wird regelmäßig aus den Aufgaben und Tätigkeiten hervorgehen, nicht aus einer vermeintlichen Stellung innerhalb eines wie auch immer definierten Gesamtgebildes.

Zudem wird vielfach versucht, den Begriff der Organstellung pathetisch aufzuwerten anstatt ihn nüchtern als reine Funktionsbeschreibung anzuerkennen. Die Einordnung als Organ der Rechtspflege stelle den Bezug zum institutionellen Gehalt des Rechtsanwaltsberufes dar. Dieser sei kein öffentliches Amt, beinhalte aber gemeinwohlbezogene Tätigkeit.[106] Letztlich resultieren in der Marktwirtschaft die meisten Berufe aus einer Nachfrage der Bevölkerung und sind damit mehr oder weniger gemeinwohlbezogen, so die handwerklichen Berufe, die Autobauer, die zudem die Mobilität sichern, die Unternehmensberater, der Freizeitartikelhersteller etc. Der Rechtsanwalt selbst handelt nur gemeinnützig, wenn er keine Vergütung beanspruchen würde, die auch einen Gewinnanteil enthielte. Ansonsten ist sein Tätigwerden für das Funktionieren der Rechtspflege elementar wichtig und in diesem Kontext schon gemeinnützig, jedoch nicht gemeinnütziger wie die Tätigkeit der Landwirte oder Energieversorger.

Wegen der Inhaltsleere und der Manipulationsmöglichkeiten spräche man statt von einem „Organ der Rechtspflege“ besser von einer **Funktionsvoraussetzung für die Rechtspflege**[107] in ihrer derzeitigen verfassungsmäßigen Ausgestaltung.

(3) **Rechtspflege** bezieht sich in erster Linie auf **Verwirklichung und Vollziehung**[108] **des Rechts** im forensischen Bereich der anwaltlichen Tätigkeit,[109] also innerhalb der Arbeit mit den Gerichten. Das Berufsbild, welches der ursprünglichen Fassung der BRAO, der alten Reichsrechtsanwaltsordnung und allen früheren Normen zugrunde lag, geht vom ausschließlich gerichtlich tätigen Rechtsanwalt aus. Das Berufsbild hat sich heutzutage stark verändert. Die forensische Tätigkeit bildet nur noch einen – oftmals geringen – Teil der gesamten Tätigkeit. Je größer die Zusammenschlüsse der Berufsträger in Sozietäten werden, je mehr tritt die außergerichtliche Beratung der Mandanten in den Vordergrund. Eine Schätzung von 1993 gibt schon den Anteil der forensischen Tätigkeit an der gesamten anwaltlichen Tätigkeit mit nur noch 30 % an.[110] Der Prozentsatz dürfte sich bis heute

---

106 Krämer, NJW 1995, 2313, 2315.

107 ähnlich *Wolf* in Gaier, Wolf, Göcken, Anwaltliches Berufsrecht, 1. Aufl. 2010, § 1 BRAO Rn. 83, der die Stellung des Rechtsanwaltes in der Rechtspflege – Organ der Rechtspflege – als Prinzip verstehet, „welches die Funktion des Rechtsanwalts für die Rechtspflege“ beschreibt und dessen Konturen sich erst durch Aufgabenzuweisungen in den einzelnen Prozessordnungen zeigen; der EUGH formuliert die Stellung des Rechtsanwalts ähnlich als „Mitgestalter der Rechtspflege“ – „in völliger Unabhängigkeit“, NJW 2010, 3557, 3559, Rn. 42.

108 *Brüggemann* in Weyland, Kom. zur BRAO, 10. Aufl. 2020, § 1 BRAO, Rn. 5.

109 Redeker, NJW 1987, 2610, 2612 m.w.N.

110 Busse, AnwBl. 1993, 422, 427.

weiter verringert haben. Jedenfalls sind weite Kreise der Anwaltschaft kaum noch forensisch tätig.[111]

Die Rechtspflege wird zum Teil weiter verstanden als Dienst am Recht allgemein. Damit wäre die beratende Tätigkeit eingeschlossen mit der Begründung, dass auch der außergerichtliche Beratungsmarkt eine den Rechtsanwälten zugewiesene öffentliche Aufgabe sei.[112] Außerhalb des forensischen Bereiches – in dessen Vorstadien, z.B. staatsanwaltliches Ermittlungsverfahren, oder vollständig außerhalb der gerichtlichen Tätigkeit – hätte der Rechtsanwalt zu einer sachgerechten Entscheidung beizutragen und die Rechtsunkundigen vor der Gefahr eines Rechtsverlustes zu schützen.[113] Der Rechtsanwalt hat damit aber nicht die Aufgabe, das Recht im nichtforensischen Bereich zu pflegen oder eine Funktionalität zu bewahren, sondern dort allein entsprechend des Dienstleistungsvertrages den Mandanten zu beraten und ggf. dessen Interessen nach außen zu vertreten. Außergerichtlich kommt es allein maßgeblich auf die vertraglichen Pflichten des Rechtsberatungsvertrages an. Dort ist nicht der Platz der Grundrechtsverwirklichung, der Gewährleistung des rechtlichen Gehörs, der Verfahrensordnungen, die nur der Rechtsanwalt zuverlässig kennt und anwenden kann, oder der Platz für die Fortbildung des Rechts.

Eine hervorgehobene funktionsnotwendige Stellung (Funktionsvoraussetzung) innerhalb der Rechtspflege bedeutet mindestens eine hoheitliche Rechtspflege, die gerade eine hoheitliche Rechtsverwirklichung im Gegensatz zur außergerichtlichen Sphäre voraussetzt[114] und per se nur bei einer gerichtlichen Tätigkeit ansetzen kann. Da der umfassende Justizgewährleistungsanspruch jeden Sachverhalt gerichtlich überprüfbar macht, besteht keine Notwendigkeit, die Rechtspflege auf Bereiche außerhalb der Justiz auszudehnen. Durch den umfassenden Justizgewährungsanspruch und das Recht auf Streitentscheidung durch die rechtsprechende Gewalt wird das Rechts allein dort verwirklicht.[115]

Mit Argumentationen, die an der Notwenigkeit des Schutzes der Funktionsfähigkeit der Rechtspflege ansetzen, lassen sich somit Tätigkeiten außerhalb der Rechtspflege denknotwendig nicht einschränken. Vor dem Hintergrund der quantitativ untergeordneten Bedeutung der forensischen Tätigkeit innerhalb des

---

111 Redeker, NJW 1987, 2610, 2612; Rabe, AnwBl. 2004, 65, 68: „Schwerpunkt anwaltlicher Tätigkeit liegt aber zweifellos auf der Rechtsberatung".

112 *Brüggemann* in Weyland, Kom. zur BRAO, 8. Aufl. 2012, § 1 BRAO, Rn. 6.

113 BVerfG, Kammerbeschluss vom 27.06.1996, 1 BvR 1398/94, NJW 1996, 3267–3268, II.2.a).

114 Redeker, NJW 1987, 2610, 2612, der prägnant darauf hinweist, dass die freien Berufe, die ihre Tätigkeit im Privatverkehr ausüben, keine Organstellung einnehmen, Ärzte keine Organe der Gesundheitspflege oder Architekten keine Organe der Baukultur sind.

115 *Degenhart* in Sachs, Grundgesetz Kommentar, 8. Aufl. 2018, Art. 101, Rn. 2.

Berufes wird es einer besonderen Begründung bedürfen, Einschränkungen für den gesamten Beruf – wie sie gerade durch Inkompatibilitäten bewirkt werden – über Funktionen innerhalb der Rechtspflege zu rechtfertigen, wenn das Schutzziel der einschränkenden Norm nur die Rechtspflege betrifft. Zudem wäre die Pflege des Rechts allgemein oder der „Dienst am Recht" – unabhängig davon, ob dieser sich auch auf einen nichtforensischen Tätigkeitsbereich erstreckt – viel zu unbestimmt und offen,[116] um daraus Wertungen abzuleiten oder Eingriffe zu rechtfertigen.

b) Aufgaben im forensischen Bereich

Innerhalb der auf den forensischen Tätigkeitsbereich begrenzten Rechtspflege fallen dem Rechtsanwalt verschiedene Aufgaben zu, die elementar für das Funktionieren der Rechtspflege sind, wenn man das Funktionieren der Rechtspflege als Streben nach einem Höchstmaß an Gerechtigkeit versteht und definiert.

(1) Grundrechtsschutz

Die Rechtspflege und der **effektive Grundrechtsschutz** sind Aufgaben des Staates, die dieser sicherzustellen hat. Zur Durchsetzung der Grundrechte und der Gewährleistung eines effektiven Grundrechtsschutzes bedarf es bekanntermaßen geeigneter Verfahren, denen sich der Rechtssuchende bedienen kann. Es nutzen niemandem Grundrechte als Abwehrrechte gegen den Staat, wenn keine verfahrensmäßige Ausgestaltung zur Durchsetzung derselben zur Verfügung steht. Die Verfahrensvorschriften wären wiederum oft wirkungslos, wenn ein sachkundiger Helfer fehlt, der das Verfahrensrecht kennt, das Verfahren begleitet und die Möglichkeiten der Rechtswahrnehmung aufzeigt. Das gilt nicht nur bei der Grundrechtsverwirklichung sondern auch in Bezug auf alle anderen Rechtspositionen. Der Rechtsanwalt kennt das Verfahrens- und Prozessrecht und ermöglicht so den effektiven Grundrechtsschutz. Der Rechtsanwalt ist damit ein Teil der Grundrechtspflege und wird damit zu einem bedeutenden Glied der Grundrechtsverwirklichung.

(2) Verwirklichung des einfachen Rechts

Daneben ermöglicht der Rechtsanwalt oftmals erst den **Zugang zum materiellen Recht allgemein** und die Verwirklichung der durch die Rechtsordnung eingeräumten Rechte. Er trägt zur Verwirklichung des Grundrechts auf rechtliches Gehör bei. Aus dem Recht auf rechtliches Gehör in Tatsachen- und Rechtsvortrag folgt der Anspruch auf den Kampf um das Recht mit Sprache. Daraus wiederum resultiert der Anspruch auf einen Rechtsvertreter als Redner und Vortragenden – den

116 Redeker, NJW 1987, 2610, 2616, „jedem Zugriff offen".

heutigen Rechtsanwalt, der den Kampf um das Recht für seinen Mandanten führen kann[117] und somit zum funktionsnotwendigen Teil der Rechtspflege wird.

Ginge man selbst davon aus, dass allein das Gericht das Recht kennt oder selbiges sogar irgendwie objektiv feststünde und nur gefunden werden müsse, wäre der Rechtsanwalt nicht überflüssig. Dieser bliebe bedeutsam, um den relevanten Sachverhalt vorzutragen und prozessual die richtigen Schritte zu empfehlen. Insoweit müsste er ebenso das Recht kennen. Aber richtigerweise existiert nur ein „rechtstaatlich-justizförmig konstruiertes Prozessergebnis“[118] an dessen Erreichung der Rechtanwalt mitwirkt. Unabhängig vom rechtstheoretischen Standpunkt beschreibt die Mitwirkung an der Rechtsfindung durch geeigneten Tatsachenvortrag und geschickte rechtliche Argumentation eine weitere Aufgabe des Rechtsanwaltes innerhalb der Rechtspflege.[119] Insgesamt folgt daraus auch die Aufgabe der **Sicherstellung eines ordentlichen gerichtlichen Verfahrens**, denn größere Zivilprozesse wären ohne anwaltliche Vorbereitung kaum durchführbar.[120]

Wesel fasst diese Aufgaben des Rechtsanwaltes in Bezug auf die Justiz prägnant zusammen. Der Rechtsanwalt müsse den Mandanten schützen vor Vorurteilen der Justiz und vor deren Fehlern; er muss das **Anliegen des Mandanten in die Sprache der Entscheider bei der Justiz übersetzen**.[121]

(3) Wechselwirkung zu Richtern

Die vorgenannten klassischen Aufgaben des Rechtsanwalts als Funktionsglied der (richtig verstandenen) Rechtspflege gehen von einem mehr oder weniger funktionierenden Justizsystem aus, das offen für das Aufzeigen von Fehlern ist und verantwortungsbewusst – natürlich nie fehlerfrei – seine Rolle als Entscheider wahrnimmt sowie die Aufgaben der Rechtsanwälte akzeptiert. Diese Verantwortung für das Recht und in diesem Sinne für Gerechtigkeit als oberste Handlungsmaxime wird von Richtern jedoch zu oft vernachlässigt. Die Rechtspflege ist noch weit entfernt vom angestrebten Ideal der Verwirklichung des Rechts, dem Finden der Wahrheit und des Ausgleichs zwischen Streitenden sowie deren Befriedung, weil die wichtigsten Funktionsteile in ihr – die Gerichte – diesen Aufgaben nicht

---

117 *Wolf* in Gaier, Wolf, Göcken, Anwaltliches Berufsrecht, 3. Aufl. 2020, Einleitung Rn. 74, m.w.N.; BVerfG, Beschluss vom 03.07.2003 – Sozietätswechsel –, 1 BvR 238/01, BVerfGE 108, 150–169 B.3.b)aa): „Als ... Berater und Vertreter der Rechtsuchenden haben Anwälte die Aufgabe, ... vor Gericht zugunsten ihrer Mandanten den Kampf um das Recht zu führen ...“, ähnlich Jaeger, NJW 2004, 1, 2.

118 *Wolf* in Gaier, Wolf, Göcken, Anwaltliches Berufsrecht, 3. Aufl. 2020, § 1 BRAO, Rn. 47.

119 *Wolf* in Gaier, Wolf, Göcken, Anwaltliches Berufsrecht, 3. Aufl. 2020, Einleitung Rn. 76.

120 Redeker, NJW 1987, 2610, 2613.

121 Wesel, Risiko Rechtsanwalt, S. 24.

umfassend gerecht werden. Der Rechtsanwalt, der wohl nur unterstützend zur Rechtspflege betragen kann – die Entscheider bleiben die Richter – steht daher vor diesem Hintergrund vor ganz neuen Herausforderungen im forensischen Bereich.

Richter gelangen regelmäßig recht unvorbereitet in ihren Beruf. Ihre Verantwortung für das Recht und ihre herausragende Stellung im Staat werden kaum gelehrt. Sie lernen lediglich von den anderen, schon länger am Gericht arbeitenden Richterkollegen. Viel zu oft stehen Erledigungszahlen und die daran geknüpften persönlichen Aufstiegschancen im Fokus des Handelns. Würden nur bereits **gefestigte Persönlichkeiten** mit vielseitigen Erfahrungen und **Verantwortungsbewusstsein** ins Richteramt gelangen, würden diese sich eher von den persönlichen (mit besserer Besoldung verbundenen) Aufstiegsaussichten lossagen und sich nur den Zielen – oder besser Visionen – der materiellen Gerechtigkeit, dem Streben nach der richtigen oder gerechten Entscheidung, unterwerfen. Eine solche Vorstellung in Bezug auf Richterpersönlichkeiten wäre ebenso illusorisch wie die Vorstellung, der Rechtanwalt werde ohne Gewinnstreben tätig. Gäbe es vor diesem Hintergrund keine Rechtsanwälte, die **für das Recht des Mandanten kämpfen**, könnten die vorgenannten Neigungen sich innerhalb der Richterschaft eher ausbreiten.

Die Rolle der Advokatur in der Rechtspflege unter Geltung des Grundgesetzes manifestiere sich nach Ansicht des BVerfG in der Aufgabe, bei gerichtlichen Auseinandersetzungen zu einer sachgerechten Entscheidung beizutragen und „das Gericht – und ebenso Staatsanwaltschaft oder Behörde – vor Fehlentscheidungen" zu Lasten des Mandanten zu bewahren und gleichzeitig den Mandanten „vor verfassungswidriger Beeinträchtigung oder staatlicher Machtüberschreitung zu sichern".[122] Ob mit der Formulierung „sachgerechte" Entscheidung eine Entscheidung im Sinne der Zeitersparnis für den Richter oder eine schlicht gerechte Entscheidung als solche gemeint ist, erschließt sich nicht. Die Mitwirkung des Anwaltes geschieht nur im Sinne seines Mandanten. Als Vertreter seines Mandanten hat der Anwalt nur auf eine Entscheidung hinzuarbeiten, die im Interesse seines Mandanten liegt (dies kann durchaus Erwägungen über den Streit hinaus mit einbeziehen). Es kommt nicht darauf an, ob der Rechtsanwalt ein Ergebnis gerecht findet. Der Schutz vor Fehlentscheidungen besteht in erster Linie darin, dass für die Interessen seines Mandanten Erforderliche vorzutragen, Verfahren einzuleiten und Prozesshandlungen vornehmem. Dies sind Handlungen, die der Anwalt in erster Linie aus dem Beratungsvertrag schuldet, die aber nicht seine Aufgaben und seine Stellung innerhalb der Rechtspflege beschreiben. Der Anwalt hat also nicht zu irgendeiner Art „sachgerechter" Entscheidung beizutragen, sondern die Interessen des Mandaten zu vertreten und für dessen Rechte zu kämpfen.

---

122 BVerfG, Beschluss vom 14.07.1987, 1 BvR 537/81, 1 BvR 195/87, Standesrichtlinien, BVerfGE 76, 171, B.II.1., juris Rn. 55; ähnlich BVerfG, Beschluss vom 03.07.2003 – Sozietätswechsel –, 1 BvR 238/01, BVerfGE 108, 150–169 B.3.b)aa).

In der heute vorzufindenden Rechtsvielfalt stehen zudem viele Richter, wenn sie nicht über spezielles Wissen beispielsweise durch eine jahrelange Spezialzuständigkeit verfügen, fachlich vor großen Herausforderungen. Neben der Schwere der rechtlichen Beurteilung kommen mehr als früher komplexere Sachverhalte zu Gericht, die auf eine ganz natürliche Aufnahmeschwelle beim Richter stoßen. Der Zeitaufwand, sich in spezielle Rechtsgebiete vertieft einzuarbeiten (den Anwälten geht es nicht anders, nur sie können innerhalb einer größeren Kanzlei Aufgaben flexibler aufteilen), steht dem Ziel der schnellen Erledigung und des damit verbundenen persönlichen Aufstiegs des Richters entgegen. Es bedarf eines besonderen Verantwortungsbewusstseins und eines besonderen Engagements, dabei nicht den bequemen, auf den ersten Blick dem persönlichen Fortkommen nicht förderlichen Weg einzuschlagen. Der Anwalt muss umso mehr versuchen, das **Gericht zum Tätigwerden zu motivieren**, zur Erfassung des Sachverhalts zu inspirieren und damit dem rechtlichen Gehör seines Mandanten Ausdruck zu verleihen.

Der Anwalt sollte zudem wegen des Auseinanderklaffens von Anspruch (nach Gerechtigkeit strebende, nur dem Recht verpflichtete, ohne Ansehen der Person entscheidende Justiz) und Wirklichkeit (Entscheidungen werden durch Menschen mit alle ihren Schwächen getroffen) den Mandanten und **Rechtssuchenden vor dem Irrtum schützen**, die Justiz fände Wahrheit und Gerechtigkeit. In der Bevölkerung herrschen teilweise idealistische Vorstellungen über die Justiz, solange keine eigenen negativen Erfahrungen gesammelt wurden. Daher wird die Beratung eines verantwortungsbewussten Anwaltes dahin gehen müssen, die Befassung der Gerichte möglichst zu vermeiden und Kompromisse außergerichtlich zu finden, um Rechtsfrieden zu erreichen.[123] Auch diese Aufgabe gehört im weiteren Sinne zur Rechtspflege.

Keine Berufsgruppe verfügt über einen intensiveren Einblick in den für den Rechtsstaat elementaren Justizapparat. Rechtsanwälte können daher Missstände aller Art, insb. Machtmissbrauch und strukturelle Verwerfungen, stets mutig ansprechen. Insoweit haben Anwälte als einzige staatlich unabhängige Berufsgruppe innerhalb der Justiz als Dritter Gewalt im Staate auch die Aufgabe, **Missstände aufzuzeigen** und Unrecht anzuprangern. Denn der gesellschaftliche Zusammenhalt hängt ganz entscheidend von einer funktionierenden Rechtspflege ab.

(4) Rechtsfortbildung

Der gesamten Advokatur kommt weiterhin die Aufgabe der **Fortentwicklung des Rechts und der Rechtsordnung** zu. Sie können diese Entwicklung freilich nicht allein vornehmen, aber den ersten Anstoß dazu geben, indem sie immer wieder

123 Auf die häufig von Mandanten, die Rechte mit Hilfe der Gerichte durchsetzen wollen, gestellte Frage nach ihren Erfolgschancen bei einer gerichtlichen Auseinandersetzung antworte ich oft mit einer Metapher: Wir können die gerichtliche Feststellung beantragen, dass 1 + 1 = 2 ist, ich gebe ihnen eine 80 %ige Erfolgschance.

die Grenzbereiche der Rechtsprobleme aufzeigen und damit Anstoß für neue Entwicklungen geben. Prägnant heißt es dazu in der Stellungnahme des Deutschen Anwaltsvereins von 1983 zur Verfassungsbeschwerde wegen Versagung einer Zulassung zur Rechtsanwaltschaft trotz nicht strafbaren, aber aktiven Eintretens für eine verfassungsfeindliche Partei: Entscheidend sei die Erkenntnis, „*daß der Rechtsanwalt andere Aufgaben und Pflichten habe als der Richter und Staatsanwalt. Während diese unmittelbar dem Staat, seiner verfassungsmäßigen Ordnung und seinen Gesetzen verpflichtet seien und in ihrer Berufstätigkeit darauf bedacht sein müßten, sich im Kernbereich der jeweils anstehenden Rechtsfrage zu bewegen, gehöre es zu den Aufgaben des Rechtsanwalts, im Dienst seines Mandanten die äußersten Grenzen dieses Bereichs auszuloten. Nur mit dieser dem Richter und Staatsanwalt teilweise entgegen gesetzten Aufgabe könnten Recht und verfassungsmäßige Ordnung lebendig und in steter Entwicklung gehalten werden. Im Prozeß des Gegen- und Miteinanders der Rechtsfindung verkörpere der Anwalt das kämpferisch-suchende, das stets die Grenzen der Freiheit ausmessende und damit den vollen Umfang der Freiheit bewahrende Element. Seine Grenze finde er dabei nur im Standesrecht und in den allgemeinen Strafgesetzen.*“[124]

Zustimmung findet diese Ansicht innerhalb einer sog. „abweichenden Meinung“ eines Verfassungsrichters, wobei die Abweichung nicht zum Ergebnis der Entscheidung bestand, sondern lediglich in einer ergänzenden Begründung der Herleitung lag. Die Aufhebung des angefochtenen Beschlusses des BGH sollte danach auch auf eine Verletzung spezifischen Verfassungsrechtes gestützt werden und nicht nur auf eine fehlerhafte verfassungswidrige Auslegung der einfachgesetzlichen Norm. „*Schon bei den Gesetzesberatungen und ebenso in einigen Stellungnahmen ist darauf hingewiesen worden, in einem freiheitlichen Rechtsstaat liege es im Allgemeininteresse an richtigen und möglichst gerechten Entscheidungen, wenn auch Rechtsuchende, welche die verfassungsmäßige Ordnung ablehnen, Anwälte ihres Vertrauens auswählen könnten. Es sei geradezu kennzeichnend für einen solchen Staat, daß dem Bürger auch Rechtsanwälte zur Verfügung stünden, welche im Streit um die richtige Entscheidung keine besondere politische Loyalität schuldeten, sondern das geltende Recht und seine Anwendung durch freie Meinungsäußerungen kritisch in Frage stellten. Dies steht in Einklang mit dem Selbstverständnis der freiheitlichen Demokratie, von dem es schon im KPD-Urteil heißt (BVerfGE 5, 85 (135, 197 f.)), daß die jeweiligen Verhältnisse stets verbesserungsbedürftig, aber auch verbesserungsfähig seien, daß damit eine nie endende Aufgabe gestellt sei, die in Anpassung an die sich wandelnden politischen und sozialen Tatbestände und in ständiger geistiger Auseinandersetzung zwischen den sozialen Kräften, Interessen, politischen Ideen und Parteien zu lösen sei. Diesen Prozeß des trial and error durch vermeidbare Reglementierungen für einen freien Beruf zu behindern, könnte geradezu gefährlich für eine*

124 Zitiert nach BVerfG, Beschluss vom 08.03.1983, 1 BvR 1078/80, BVerfGE 63, 266–312, A.III.4.

Gesellschaft sein, welche mit ihren schwierigen Zukunftsproblemen ohne Fortentwicklungen auch ihrer Rechtsordnung nicht fertig werden wird.“[125]

Der Rechtsanwalt ist bei der gerichtlichen Tätigkeit nur Vertreter des Mandanten – der Richter derjenige, der die Entscheidung trifft und möglichst Gerechtigkeit unter Abwägung der konträren Positionen der Parteien verwirklicht.[126] Nur in dieser Spielart lassen sich die Grenzen des Rechts ausloten und demnach das Recht fortbilden.

(5) Randbereiche

Gelegentlich wird darüber hinausgehend die Aufgabe des Rechtsanwaltes innerhalb der Rechtspflege weiter und unschärfer interpretiert, dass nicht nur Gerichte, sondern auch Behörden auf die Mitwirkung der Anwälte angewiesen seien, weil die Rechtsanwälte auch den dortigen Verwaltungsverfahrensablauf kennen.[127] Das erscheint wenig stichhaltig, da die Beteiligten am Verwaltungsverfahren wegen der Fachbezogenheit meist selbst detailliertere Kenntnisse vom Verfahren haben, z.B. bei Baugenehmigungsverfahren, kassenärztlichen Abrechnungen etc., und auf Rechtsanwälte soweit nicht angewiesen sind. Es wären damit jedenfalls keine Aufgaben des Rechtsanwaltes innerhalb der Rechtspflege betroffen.

c) Unabhängigkeit – bei der Rechtspflege

Der Begriff der **Unabhängigkeit** wird vom Gesetzgeber in verschiedenen Normen der BRAO (§§ 1, 3, 7 Nr. 8, 14 II Nr. 8, 43a) mit und ohne Bezug auf die Rechtspflege verwendet. Damit sehe der Gesetzgeber die „unabhängige Berufsausübung“ als wesentliches Merkmal des Rechtsanwaltsberufes.[128] Insgesamt wird innerhalb der Diskussion um eine Unabhängigkeit der Rechtsanwälte kaum differenziert, wer von wem in welchem Grad nicht abhängig sein soll oder ob innerhalb der forensischen Tätigkeit (Rechtspflege) andere Maßstäbe gelten als innerhalb der außergerichtlichen anwaltlichen Tätigkeit. Es handelt sich, soweit nur das Schlagwort verwendet wird, ebenfalls um einen Begriff ohne inhaltliche Schärfe, mithin um

---

125 BVerfG, Beschluss vom 08.03.1983, 1 BvR 1078/80, BVerfGE 63, 266–312, abw. Meinung II.1., juris Rn. 78.

126 Daher ist es nicht zutreffend, mit blumigen Worten im Zusammenhang mit den Aufgaben innerhalb der Rechtspflege ein Gerechtigkeitsstreben zu fordern, so aber Koch, Festschrift zum 120ig jährigen Bestehen des Münchener Anwaltsvereins, 2000, S. 131, 141.

127 *Schmidt-Räntsch* in Gaier, Wolf, Göcken, Anwaltliches Berufsrecht, 3. Aufl. 2020, § 7 BRAO Rn. 34.

128 Koch, Festschrift zum 120ig jährigen Bestehen des Münchener Anwaltsvereins, 2000, S. 131, 134.

einen fast beliebig substituierbaren Begriff.[129] Es existiert keine abstrakte Unabhängigkeit. Der Begriff lässt sich nur historisch herleiten und reduziert sich dann auf ein sehr einfaches Maß. Als Ziel der bürgerlichen Bewegung des 19. Jahrhunderts bedeutete die Freiheit der Advokatur eine Befreiung von der beamtenrechtlichen Stellung des Rechtsanwaltes.[130] Der Hinweis auf die Unabhängigkeit bei der Aufgabenwahrnehmung innerhalb der Rechtspflege bedeutet daher in erster Linie die **Freiheit vor staatlichem Einfluss** bzw. die Befreiung aus der staatlichen Umklammerung und Aufsicht über diesen Beruf. Historisch ist nur diese Deutung belegbar.

Grundsätzlich könnte der Staat die Aufgaben der Rechtspflege auch vollständig selbst wahrnehmen. Dies stößt aber dann an Grenzen, wenn der Staat auch nur mittelbar an der streitigen Sache beteiligt ist. Staatsbediensteten fehlt dann die erforderliche Unabhängigkeit in Form der Interessenkollisionsfreiheit in der speziellen Sache. In diesen Konstellationen ist der Staat verpflichtet, einen **vom Staat unabhängigen Beruf** zu gewährleisten – nicht nur zu dulden –, der die Vertretung (anders als der staatlich alimentierte Richter ein parteiischer Interessenvertreter) der Rechtssuchenden in streitigen Verfahren mit Staatsbeteiligung übernehmen kann. Weiterhin muss es für die Menschen ohne juristische Vorbildung oder mit nur geringer mündlicher oder schriftlicher Ausdrucksfähigkeit – also für diejenigen, die die komplizierte Rechtsordnung nicht durchschauen und anwenden können, erst recht nicht die Verfahrensordnungen –, ein Rechtsanwalt als Vertreter ohne staatliche Beeinflussung seiner Sacharbeit eine Schutzfunktion zur Grundrechtssicherung übernehmen.

Besonders deutlich wird diese Aufgabe im Strafrecht, wo die Justiz eine besonders scharfe Waffe ist und Lebenswege der Menschen fundamental beeinflussen kann. Der Berliner Strafrechtler Ferdinand von Schirach benutzt die Metapher vom Schachspieler, der gegen sich selbst spielt. Es wird nicht gelingen, am Ende steht immer der Betrug. Um ein „wahrscheinlicheres Bild“ vom Geschehen zu erreichen, muss es einen vom Staat (Richter und Staatsanwaltschaft) unabhängigen Verteidiger geben, der alles in Frage stellt und damit den schnellen Griff zur angeblichen Wahrheit zu verhindern versucht.[131]

---

129 Krämer, NJW 1995, 2313, 2315, mit dem Beispiel der Interpretation im Nationalsozialistischen Deutschland, wonach freier Anwalt nur der sein konnte, „dem durch seine Blutzugehörigkeit zum deutschen Volk die nationalsozialistische Weltanschauung Gewissen geworden ist.“

130 Redeker, NJW 1987, 2610, 2610; oben D.III.

131 Von Schirach, Interview im Tagesspiegel vom 8. August 2010, Sonntagsbeilage S. 1 (www.tagesspiegel.de/zeitung/blut-tropfte-in-eine-bleiwanne/1898610.html) in Anlehnung an den bedeutenden Anwalt der Weimarer Republik Max Alsberg, der 1930 die Aufgabe des Strafverteidigers ähnlich beschrieb, nämlich „den hochgemuten, voreiligen Griff nach der Wahrheit zu hemmen“.

Der Grad und die Art der Unabhängigkeit vor staatlichem Einfluss sind damit noch nicht festgelegt. Ebenso wie Richter zwar staatlich alimentiert, ansonsten gerade in der Sachentscheidung völlig unabhängig sind, würde es im Vergleich dazu möglicherweise auch genügen, zwar staatlich alimentierte, aber sachlich weisungsfreie Rechtsanwälte zu gewährleisten. Die Rechtspflege verlangt nur den in persönlicher Entscheidung und Sacharbeit unabhängigen Rechtsanwalt.

2. Verschwiegenheitspflicht – und Recht zur Verschwiegenheit

Basis der anwaltlichen Tätigkeit ist das besondere **Vertrauensverhältnis** zwischen dem Mandanten und dem Rechtsanwalt. Dieses wird in vielfältiger Weise einfachgesetzlich gesichert, insbesondere durch die strafbewehrte Schweigepflicht, das Zeugnisverweigerungsrecht und das Beschlagnahmeverbot.

Mit der speziellen Funktion des Rechtsanwaltes innerhalb der Rechtspflege aber auch den sonstigen forensischen Tätigkeiten muss eine Pflicht zur Verschwiegenheit und ein ebensolches Recht einhergehen (Vertraulichkeit). Denn nur dann kann der Träger des Grundrechts auf rechtliches Gehör das notwendige Vertrauen in den Vertreter, der diesem Grundrecht zur Geltung verhelfen soll, fassen und diesen umfassend unterrichten, so dass der Rechtsanwalt die geeigneten Schritte unter Abwägung aller Aspekte einleiten oder empfehlen und letztlich Zugang zum Recht ermöglichen kann. Das BVerfG leitet die Notwendigkeit des **Rechts auf Verschwiegenheit** aus der Funktionsträgerschaft innerhalb der Rechtspflege und aus dem Erfordernis der geordneten Rechtspflege als solcher ab. Wenn beispielsweise die Beschlagnahme von vertraulichen Daten beim Rechtsanwalt ohne weitere Einschränkungen zulässig wäre, würden diejenigen, die sich dem Rechtsanwalt in einer Situation zur Sicherung ihrer Rechte anvertrauen müssen (z.B. im Strafverfahren), tendenziell geneigt sein, nicht alles zu offenbaren und daher möglicherweise eine Verkürzung ihrer Grundrechte erfahren.[132] Nur wenn ein Beschuldigter sich auf die Verschwiegenheit seines Verteidigers verlassen darf,

132 Im Beschluss des BVerfG, Beschluss vom 12.04.2005, 2 BvR 1027/02, BVerfGE 113, 29–63, C.I.3.b)aa), Rn. 94, heißt es dazu treffend: „Diese objektiv-rechtliche Bedeutung der anwaltlichen Tätigkeit und des rechtlich geschützten Vertrauensverhältnisses zwischen Rechtsanwalt und Mandant wird jedenfalls dann berührt, wenn wegen der Gefahr eines unbeschränkten Datenzugriffs ein Mandatsverhältnis von Anfang an mit Unsicherheiten hinsichtlich seiner Vertraulichkeit belastet wird. Mit dem Ausmaß potentieller Kenntnis staatlicher Organe von vertraulichen Äußerungen wächst die Gefahr, dass sich auch Unverdächtige nicht mehr den Berufsgeheimnisträgern zur Durchsetzung ihrer Interessen anvertrauen."

kann ein für die wirkungsvolle und sachgerechte Strafverteidigung notweniges Vertrauensverhältnis entstehen.[133]

Vertrauen und Verschwiegenheit hängen daher eng zusammen; Verschwiegenheit ist Voraussetzung zur Vertrauensbildung. Der Anwalt beansprucht insoweit besonderes **Vertrauen im Beruf**[134] und ist daher auf das Recht zur Verschwiegenheit, insbesondere im forensischen Bereich, angewiesen.

Dem Recht zur Verschwiegenheit korrespondiert mit gleicher Wichtigkeit für das Vertrauen des Mandanten und Grundrechtsträgers die **Pflicht zu Verschwiegenheit**. Zumindest muss derjenige, der nicht vorher in der Lage ist, vertraglich diese Pflicht zu vereinbaren, einen Rechtsanwalt finden können, der von Gesetzes wegen zur Verschwiegenheit verpflichtet ist.

Die Verschwiegenheit kennzeichnet den Beruf des Rechtsanwalts in der gesamten Bandbreite seiner Tätigkeit. Die entsprechenden einfachgesetzlichen Normen unterschieden nicht zwischen gerichtlicher und außergerichtlicher Tätigkeit. Im beratenden außergerichtlichen Bereich ist die gesetzliche Normierung der Verschwiegenheit auch nicht zwingend oder gar funktionsnotwendig. Wie bei allen anderen Beratungen durch Nichtrechtsanwälte, z.B. Unternehmensberater, werden aus der vertraglichen Beziehung (Beratungsvertrag) heraus Schweigepflichten folgen. In den Dienstleitungs- bzw. Beratungsverträgen können diese individuell gestaltet und sanktioniert werden.

3. Motivation des Tätigwerdens und Pflicht zur Berufsausübung

a) Altruistisches Handeln?

Im Vergleich zu anderen beratenden Berufen außergewöhnlich ist die Verpflichtung eines zugelassenen Rechtsanwaltes, bestimmte Mandate annehmen und tätig werden zu müssen, §§ 48, 49, 49a BRAO. Darüber hinaus wurde auf einen weitergehenden gesetzlichen Kontrahierungszwang verzichtet. Hintergrund des Verzichtes sei ein anwaltliches Berufsethos, auch ohne Zwang tätig zu werden, auch wenn einzelne Mandate nicht gewinnbringend oder nur kostendeckend bearbeitet werden könnten. **Altruistisches Handeln** entspreche zwar nicht dem Verhalten jedes Rechtsanwaltes, sei aber zumindest „**regulatives Leitmotiv**".[135]

---

133 BVerfG, Geldwäscheurteil vom 30.03.2004, 2 BvR 1520/01, 2 BvR 1521/01BVerfGE 110, 226–274, C.2.a)cc), juris Rn. 103.

134 BVerfG, Beschluss vom 08.10.1974, 2 BvR 747/73, BVerfGE 38, 105–120, B.III.2., juris Rn. 31. im Zusammenhang des Rechts eines Zeugen, auch bei nichtöffentlichen Verhandlungen des Bundesdisziplinargerichtes einen Rechtsbeistand hinzuzuziehen.

135 *Wolf* in Gaier, Wolf, Göcken, Anwaltliches Berufsrecht, 3. Aufl. 2020, Einleitung Rn. 102 mit Berufung auf Taupitz, Die Standesordnung der freien Berufe, 1991, S. 61.

Nicht außer Acht gelassen werden darf an dieser Stelle zunächst, dass die §§ 48, 49, 49a BRAO die Konsequenz aus der Tatsache sind, dass der Gesetzgeber zahlreiche Aufgaben der Rechtspflege auf die Anwaltschaft übertragen hat. Die Verpflichtung des Staates aus Art. 19 IV GG und Art. 6 I EMRK, effektiven Rechtschutz zu gewähren, erfordert dann Regularien eines Kontrahierungszwangs,[136] wenn der Staat die Aufgaben nicht selbst erfüllt. Ob damit altruistisches Handeln abverlangt wird, ist eine Frage der Ausgestaltung der Vergütung dafür, nicht des Kontrahierungszwanges selbst. Selbst die §§ 48, 49, 49a BRAO verpflichten nicht zu altruistischem, d. h. selbstlosem, uneigennützigem Handeln, weil sie weitgehend eine Vergütung gewähren, die auch ohne Kontrahierungszwang gesetzlich in derselben Höhe festgelegt ist. Das Streben, mit der Berufsausübung insgesamt einen Gewinn zu erzielen, wird dadurch nicht angetastet.

(1) Gemäß Abs. 1 Nr. 1 in **§ 48 BRAO** muss ein Rechtsanwalt vorbehaltlich etwaiger Interessenkollisionen im gerichtlichen Verfahren mit **Prozesskostenhilfe** die Vertretung einer Partei oder die Beistandschaft übernehmen, wenn er der Partei nach § 121 ZPO, § 4a InsO oder anderer gesetzlicher Vorschriften „zur vorläufig unentgeltlichen Wahrnehmung ihrer Rechte beigeordnet ist", § 48 I Nr. 1 BRAO. Die Beiordnung als Rechtsanwalt muss grundsätzlich (Ausnahmen bei gewichtigen Gründen nur in § 48 II BRAO) akzeptiert werden. Daraus kann aber keine altruistische Handlungsverpflichtung abgeleitet werden, auch nicht die Behauptung, dem Berufsbild würde – konträr zur grundsätzlichen Entscheidung für die Marktwirtschaft – ein altruistisches Handeln als Leitmotiv voranstehen. Die Beiordnung gemäß § 121 ZPO, 4a InsO und weiterer Vorschriften, die für Prozesskostenhilfe auf § 121 ZPO verweisen, setzt einen **zur Vertretung bereiten** Rechtsanwalt voraus. Die hilfsbedürftige Partei kann nicht etwa einen Rechtsanwalt bestimmen und diesen so einem Kontrahierungszwang unterwerfen. Lediglich für den absoluten Ausnahmefall, dass sich kein zur Vertretung bereiter Rechtsanwalt finden lässt – das dürfte bei der Vielzahl der zugelassenen Rechtsanwälte in der Regel ausgeschlossen sein –, findet eine gerichtlich nach pflichtgemäßem Ermessen bestimmte Beiordnung statt. Nur diese muss der Rechtsanwalt ggf. gegen seinen Willen akzeptieren.[137]

Es handelt sich bei der der Beiordnung im Prozesskostenhilfefällen nach § 48 I Nr. 1 BRAO um keine lediglich vorläufige oder endgültige unentgeltliche Beiordnung des Rechtsanwalts. Nur der Partei wird eine vorläufig unentgeltliche Wahrnehmung ihrer Rechte von Staats wegen gewährt. Der **Rechtsanwalt erhält die Vergütung aus der Staatskasse**. Der Anspruch auf einen angemessenen Vorschuss bei Beiordnung im PKH-Verfahren folgt aus § 47 RVG. Die Vergütung entspricht auch der Höhe nach den sonstigen besonderen Regelungen bei

136 *Vonwerk* in Gaier, Wolf, Göcken, Anwaltliches Berufsrecht, 3. Aufl. 2020, Vor §§ 48,49, 49a BRAO, Rn. 1.

137 *Wache* in Münchener Kommentar zur ZPO, 6. Aufl. 2020, § 121 Rn. 21.

Prozesskostenhilfeverfahren. Sie wird für den Fall des mit Zwang zustande gekommenen Vertrages nicht (nochmals) nach unten abgeändert.

Die weiter in § 48 I Nr. 2 und 3 BRAO genannten Fälle der Beiordnung nach §§ 78b, 78c ZPO (**Notanwalt**) oder § 138 FamFG (**Scheidungsanwalt**), der wiederum auf §§ 78 b und c ZPO verweist, enthalten explizit in § 78c II ZPO den Anspruch auf Vorschuss. Dabei kann der Anwalt auf Basis der Gebührenordnung (RVG) abrechnen, soweit nicht Prozesskostenhilfe zu gewähren ist. Zwischen ihm dem Mandanten wird nach der Beiordnung ein normaler Anwaltsvertrag geschlossen.

Die Tätigkeit des Rechtsanwaltes erfolgt in allen vorgenannten Fällen **nur gegen Vergütung**. Ob diese angemessen ist, kommt auf den Einzelfall an. Das betrifft die Frage des gesetzlichen vom Streitwert abhängigen Vergütungssystems an sich, das auf einer Mischkalkulation aufbaut. Verfahren mit niedrigen Streitwerten an sich oder teilweise die Beiordnung im PKH-Verfahren, bei denen die gesetzlichen Gebühren geringer ausfallen und bei höheren Streitwerten gedeckelt sind, sind teilweise nicht kostendeckend. Jedoch besteht im Obsiegensfalle wieder der Anspruch auf die vollen Gebühren nach RVG, soweit diese vom Prozessgegner zu erstatten und zu erlangen sind.

Rechtsanwälte können auch mit den gesetzlichen PKH-Gebühren leben, weil es sich eben insgesamt um eine Mischkalkulation handelt. Selbst wenn ein Mandat im Einzelfall nicht kostendeckend oder gewinnbringend sein sollte, wird der Rechtsanwalt nur selten aus selbstlosen uneigennützigen Motiven heraus tätig. Denn er wird als wirtschaftlich verantwortungsvoller Unternehmer nie nur das Einzelmandat betrachten, sondern Reputation, Kundenbindung, Weiterempfehlung einbeziehen, die zu einem über die Einzelfallvergütung hinausgehenden Mehrwert führen können. Schon von daher kommt es in der Praxis nur in seltenen krassen Einzelfällen zu der Konstellation, dass jemand keinen zu Übernahme eines Mandates bereiten Rechtsanwalt findet.

(2) Der Rechtsanwalt muss gemäß **§ 49 BRAO** eine Verteidigung oder Beistandsleistung übernehmen, wenn er nach den Vorschriften der Strafprozessordnung, des Gesetzes über Ordnungswidrigkeiten, des Gesetzes über die internationale Rechtshilfe in Strafsachen oder des IStGH-Gesetzes zum Verteidiger oder Beistand bestellt wird. Die **Pflichtverteidigung** geschieht vorrangig im öffentlichen Interesse, um einen ordnungsgemäßen Verfahrensablauf sicherzustellen. Insoweit liegt ein besonderer Fall der Verpflichtung Privater im öffentlichen Interesse vor.[138] Der Rechtsanwalt erhält für seine Tätigkeit eine pauschalierte in der Regel auskömmliche Vergütung und wird mitnichten selbstlos tätig.

(3) **§ 49a BRAO** verpflichtet den Rechtsanwalt, die als Gegenstück zur Prozesskostenhilfe vorgesehene außergerichtliche **Beratungshilfe** nach dem

138 *Vorwerk* in Gaier, Wolf, Göcken, Anwaltliches Berufsrecht, 3. Aufl. 2020, § 49 BRAO, Rn. 1; *Nöker* in Weyland, Kom. zur BRAO, 10. Aufl. 2020, § 49 BRAO, Rn. 1, m.w.N.

Beratungshilfegesetz, BerHG, zu übernehmen und bei Einrichtungen der Rechtsanwaltschaft für die Beratung von Rechtsuchenden mit geringem Einkommen mitzuwirken. Aus wichtigem Grund ist beides ablehnbar.

Der Rechtsanwalt erhält hierfür in der Tat ein geringes Pauschalhonorar. Dennoch kann sich aus der Beratungshilfe ein weitergehendes prozessrechtliches, zumindest über PKH vergütetes Mandat entwickeln. Zudem dürfen nunmehr auch erfolgsabhängige Vergütungen gerade in diesem Bereich, in dem die Kosten der Prozessführung durch den Mandanten kaum aufgebracht werden können, vereinbart werden (§ 4 a RVG). Im Falle einer Erstattungspflicht eines Dritten stehen dem Rechtsanwalt die vollen Gebühren (mit Übergang des Erstattungsanspruches des Mandanten gegen den Gegner) zu. Im Übrigen gilt der oben bei der Prozesskostenhilfe angesprochene sich über die Vergütung des Einzelfalls ergebene Mehrwert zu beachten. Altruistisches Handeln wird bei genauer Betrachtung auch hierbei jedenfalls nicht überwiegend verlangt.

(4) Vergütungen werden nach der Reform des Vergütungsrechtes in allen Beiordnungsfällen seit Mitte der 70iger Jahre als auskömmlich angesehen.[139] Pflichtverteidigerhonorare sind ausreichend; die Beratungshilfe kann nur in der Einzelfallbetrachtung problematisch werden.

Selbst wenn man einen Berufstand zu einer Sonderabgabe verpflichtet, ändert sich nicht zwangsläufig die Motivation der Tätigkeit der Berufsträger. Aus den praktisch wenig bedeutsamen §§ 48, 48a und 49 BRAO kann kein altruistische Handeln, erst recht kein eingangs erwähntes „regulatives Leitmotiv" eines gesamten Berufes hergeleitet werden. Zudem wäre Altruismus eine Verhaltensweise, eine innere Einstellung, die einen freien Willensentschluss voraussetzt. Wäre Altruismus das Selbstverständnis einer Berufsgruppe, bedürfte es keiner der in diesem Abschnitt genannten gesetzlichen Regelungen.

Kontrahierungszwang steht daher per se altruistischem Handeln sogar entgegen. Partieller Kontrahierungszwang ist keine Besonderheit des Rechtsanwaltsberufes, sondern Ausfluss der Auslagerung von staatlichen Aufgaben auf Private, wie z.B. bei Energieversorgern. Allenfalls bei nach unten abweichenden Entgeltregelungen für Verträge, die infolge des Kontrahierungszwangs zustande gekommen sind, könnte man eine Nähe zu altruistischem Handeln andenken, wenn diese Vertragsverhältnisse die gesamte berufliche Tätigkeit des Rechtsanwaltes maßgeblich bestimmen würden.

Ebenso kann ein Beruf selbst nicht altruistisch sein oder einem altruistischen Leitmotiv folgen, höchstens die Gesamtheit seiner Mitglieder. Es ist unwahrscheinlich, dass die Mitglieder des Berufes Rechtsanwalt mehr altruistische Züge in sich trügen als Menschen anderer Berufe. Nicht ein Leitmotiv, aber eine Vision oder ein Wunsch möge bestehen, der Rechtsanwalt würde sich nicht vorwiegend am

---

139 Näher dazu mit statistischen Zahlen *Vorwerk* in Gaier, Wolf, Göcken, Anwaltliches Berufsrecht, 3. Aufl. 2020, Vor §§ 48, 49, 49a BRAO, Rn. 3 f.

Deckungsbeitrag des Einzelfalls oder am Gewinn insgesamt orientieren. Aber dieser moralische Anspruch oder Wunsch bezieht sich dann auch gleichermaßen auf das unternehmerische Handeln aller Menschen in allen Berufen. Die Betrachtung dieser Vision bringt keine Erkenntnis über der Berufsgruppe der Rechtsanwälte immanente Merkmale zur Abgrenzung von anderen Berufen.

b) Verringertes Gewinnstreben?

Die Rechtsanwälte üben ihren Beruf nicht altruistisch aus. Sie prägt auch im Vergleich zu anderen Berufsgruppen kein geringeres Gewinnstreben, wie vielfach behauptet wird. Es wäre unzutreffend, aus den vorgenannten gesetzlichen Verpflichtungen oder anderen Normen herzuleiten, die grundsätzliche Motivlage für das Tätigwerden der Rechtsanwälte sei eine andere als bei anderen berufsmäßigen, unternehmerischen Tätigkeiten. Dies wird aber vielfach behauptet und in § 2 BRAO vom Gesetzgeber vorausgesetzt.[140]

(1) Der Rechtsanwalt würde jedenfalls nicht nur aus Gewinnstreben heraus tätig. Sein Gewinnstreben habe hinter dem Interesse der Rechtspflege, „richtig zu handeln" und **„den Mandanten richtig und angemessen zu beraten und zu vertreten"**, zurückzustehen.[141]

Damit wird behauptet, richtige Beratung oder ordentliche Arbeit des Anwaltes stünden vor dem Streben, mit der Beratung oder gerichtlichen Vertretung eine Vergütung zu generieren. Dieses Interesse des Anwaltes ist wie bei jedem Unternehmer ein nachrangiges – aber durchaus vorhandenes – Interesse. Denn nur bei vertragsgemäßer Leistung lässt sich der Vergütungsanspruch wirtschaftlich durchsetzen und langfristig eine Kundenbindung erreichen. Falschberatung zieht überall in der Wirtschaft Schadensersatzansprüche nach sich oder beseitigt den Vergütungsanspruch im Extremfall. Die bestmögliche Leistungserbringung sichert zudem das Geschäft der Zukunft – der Friseur, der den Kunden gut bedient und fachmännisch schneidet, das Autohaus, welches sich kümmert und betreut und ein gutes Produkt vorhält, der Bäcker, der gute Waren verkauft, etc. – und der Rechtsanwalt oder Steuerberater, der den konkreten Dienstleistungsvertrag zur Zufriedenheit des Mandanten erfüllt. Alle können auf Dauer am Markt besser bestehen, wenn sie gute Arbeit leisten.

Die Motivation bzw. das Interesse zu richtigem Handeln und vertragsgemäßer Bearbeitung steht damit mitnichten im Gegensatz zum Gewinnstreben, sondern ist regelmäßig Voraussetzung, um letztlich einen Gewinn zu erwirtschaften. Das durchaus allgemeine Interesse, dass der Anwalt den Mandanten richtig und angemessen berät und vertritt, wird somit quasi erst durch das Gewinnstreben abgesichert. Alles andere als die maßgebliche Orientierung am unternehmerischen

---

140 Ebenso *Wolf* in Gaier, Wolf, Göcken, Anwaltliches Berufsrecht, 3. Aufl. 2020, § 2 BRAO, Rn. 42.

141 *Brüggemann* in Weyland, 10. Aufl. 2020, § 2 BRAO, Rn. 6, m.w.N. zur Kritik.

Gewinn, insbesondere bei der außergerichtlichen Beratung, wäre reines Wunschdenken und steht auch nicht auf dem Boden der Verfassung, die einerseits die Marktwirtschaft und Gewinnorientierung zulässt und andererseits die Berufsfreiheit garantiert. Die Gewinnorientierung resultiert aus dem ursprünglichen Verständnis zu den Freien Berufen – Berufen der Liberalen –, wobei immer schon der Widerspruch zwischen Anspruch und Wirklichkeit erkannt worden ist.[142]

Das BVerfG meint in einer Entscheidung aus dem Jahr 1992 zu einer von der Rechtsanwaltskammer ausgesprochene Rüge wegen Werbung im Anwaltssuchservice: „*Der Rechtsanwalt unterscheidet sich als ‚Organ der Rechtspflege' dadurch vom Gewerbetreibenden, daß er sich bei seiner Tätigkeit nicht maßgeblich vom Streben nach Gewinn, sondern von der Verwirklichung des Rechts für seine Mandanten leiten läßt.*"[143] Das BVerfG leitet damit zwar den Blick auf das Mandanteninteresse, wünscht sich anscheinend jedoch einen moralischen Anwalt,[144] der sich von den Niederungen der Wirtschaftsverfassung losgelöst, und staatstragend mit der Verwirklichung und Fortbildung des Rechts zum Wohle des Gemeinwesens befasst. Nach Ansicht des BVerfG soll der Rechtsanwalt die geschuldete Leistung nicht in erster Linie um der Gegenleistung wegen erbringen, sondern aus einer moralischen Verantwortung heraus. Das mag auf einige Anwälte als Motiv neben der notwendigen primären Gewinnerzielungsabsicht zutreffen – ebenso auf viele andere Menschen, die Freude an ihrem Beruf haben. Nur als Postulat darf es nicht gelten, schon gar nicht zum Wesensmerkmal eines Berufes erhoben werden, um damit Einschränkungen von Freiheitsrechten rechtfertigen zu wollen.

Mit einer derartigen vermeintlichen Vorgabe des verringerten Gewinnstrebens wird zudem an den Interessen der rechtsuchenden Mandanten vorbei argumentiert. Diese möchten ihre Interessen gewahrt wissen und eine möglichst ganzheitliche Beratung erhalten, nicht unbedingt das Recht verwirklicht sehen und ihre Interessen übergeordneten Gemeinwohlbelangen von vorn herein unterordnen. Einen solchen Ausgleich zu schaffen ist jedenfalls nicht Aufgabe der Anwaltschaft. Jeder verständige Mandant weiß bzw. muss wissen, dass auch der Anwalt Unternehmer ist und entsprechend wirtschaftlich zu denken hat, um den Bestand seines eigenen Unternehmens nicht zu gefährden. Die Einzelinteressen der Mandanten herauszufinden und zu verwirklichen ist Aufgabe des Anwaltes. Dafür erhält er die jeweils vereinbarte Vergütung (RVG, Zeitvergütung, Pauschale oder Erfolg[145]). Der

---

142 *Wolf* in Gaier, Wolf, Göcken, Anwaltliches Berufsrecht, 3. Aufl. 2020, § 2 BRAO, Rn. 10.

143 BVerfG, Kammerbeschluss vom 17.02.1992, 1 BvR 899/90, NJW 1992, 1613–1614, II.2.a).

144 Zutreffend stellt Wesel, Risiko Rechtsanwalt, S. 84 zum zuvor erwähnten Zitat des BVerfG „Anwaltssuchservice" fest: „Schön wär's".

145 Zulässigkeit richtet sich nach § 4 a RVG, nachdem das vormalige grundsätzliche Verbot der Vereinbarung einer erfolgsabhängigen Vergütung vom Verfassungsgericht aufgehoben worden war, BVerfG, Beschluss vom 12.12.2006, BvR 2576/04,

Anwalt hat nicht die vertragliche Verpflichtung im Anwaltsvertrag übernommen, dem Gemeinwesen zu dienen. Eine daran orientierte Beratung wäre regelmäßig eher als Vertragsverletzung einzustufen. Andersartige Vorgaben der Rechtsprechung bringen den Anwalt somit in einen Zielkonflikt. Der Anwalt wird sich gemäß der vereinbarten vertraglichen Leistung der bestmöglichen Bearbeitung widmen – wie jeder andere Dienstleister auch. Ebenso im forensischen Bereich muss der Anwalt in erster Linie die Mandanteninteressen durchzusetzen versuchen, unter Beachtung der wirtschaftlichen und sonstigen Folgen, im Rahmen des Rechtes – nicht primär die Verwirklichung oder Weiterentwicklung des Rechtes. Das geschieht freilich im Rahmen der gesetzlichen Handlungsmöglichkeiten – aber mit Blick auf die Aufgaben der Anwaltschaft (oben IV.1.b) durchaus erwünschter Weise an den Grenzen des rechtlich zulässigen.

(2) Bei der Frage nach der Motivation des Tätigwerdens in Bezug auf ein Gewinnstreben werden die verschiedenen zeitlichen Ebenen nicht hinreichend unterschieden. **Vor Vertragsschluss** besteht primär **Gewinnstreben**, einen guten Preis auszuhandeln, **nach Vertragsschluss** das Streben nach **Gewinnsicherung** durch gute Vertragserfüllung in der Hoffnung auf Zahlung und Behaltendürfen der Vergütung sowie auf ein Folgegeschäft. Das vorvertragliche Stadium ist daher vom Stadium der Vertragserfüllung abzugrenzen. Bei den meisten Unternehmern wandelt sich das Interesse vom bestmöglichen Verkauf der Leistung bis Vertragsschluss hin zur bestmöglichen Vertragserfüllung, um in erster Linie die vereinbarte Vergütung zu erhalten. Der Behauptung, der Rechtsanwalt hätte ein geringes Gewinnstreben, kann möglicherweise der fehlerhafte Vergleich der Ebenen der Erfüllung des Rechtsanwaltsdienstleistungsvertrages mit der allgemeinen Motivation von allen Dienstleistern und Gewerbetreibenden vor Vertragsschluss zu Grunde liegen.

(3) Es besteht kein Konflikt zwischen Gewinnstreben und Verwirklichung des Rechtes, wie ihn das BVerfG postuliert. Auf dem fehlerhaften Ansatz, Motivation des Tätigwerdens sei nicht primär das Gewinnstreben, wie er führend vom BVerfG vertreten wird, basiert auch die gesetzgeberische Intention zum Verbot von **Erfolgshonoraren**, die vom BVerfG 2006 als nicht offensichtlich so fehlerhaft angesehen wurde, als dass die Einschätzung des Gesetzgebers überprüft werden könnte.[146] Der Gesetzgeber dürfe nach Ansicht des BVerfG von der Gefährdung der anwaltlichen Unabhängigkeit (ohne Konkretisierung dieses plakativen Begriffes) durch Vereinbarung von Erfolgshonoraren für die gerichtliche Tätigkeit ausgehen,

BVerfGE 117, 163–202, B.I. bb)(2), juris Rn. 99: Das „strikte, ausnahmslose Verbot einer erfolgsbasierten Vergütung beeinträchtigt nicht nur die Vertragsfreiheit der Rechtsanwälte und ihrer Auftraggeber, es führt auch zu nachteiligen Folgen für die Wahrnehmung und Durchsetzung der Rechte des Einzelnen."

146 BVerfG, Beschluss vom 12.12.2006, BvR 2576/04, BVerfGE 117, 163–202, B.I.2.a)aa)(2), juris Rn. 64.

weil andernfalls bei der Vertretung durch den Rechtsanwalt wirtschaftliche Erwägungen den Ausschlag geben könnten. Das BVerfG führt wörtlich aus:

„So kann die zur Wahrung der Unabhängigkeit gebotene kritische Distanz des Rechtsanwalts zum Anliegen des Auftraggebers (vgl. BVerfGE 110, 226 <258>) Schaden nehmen, wenn sich ein Rechtsanwalt auf eine Teilhabe am Erfolgsrisiko einer Rechtsangelegenheit eingelassen hat. Vor allem aber liegt die Befürchtung nicht völlig fern, dass mit der Vereinbarung einer erfolgsbasierten Vergütung für unredliche Berufsträger ein zusätzlicher Anreiz geschaffen werden kann, den Erfolg ‚um jeden Preis' auch durch Einsatz unlauterer Mittel anzustreben.“[147]

Wenn die Interessen der Mandanten und die Durchsetzung deren Rechte an anderer Stelle zu Recht hervorgehoben werden, fehlt doch mindestens eine Auseinandersetzung mit der Frage, warum eine zu wahrende Unabhängigkeit nun über dieses Interesse gestellt und sogar eine Distanzierung vom Mandanteninteressen verlangt wird. Je näher die Vergütung des Anwalts an die Mandanteninteressen gekoppelt ist, umso besser wird er sich wahrscheinlich für diese einsetzen. Damit könnte mit Blick auf Mandanteninteressen und der Verwirklichung deren Rechte das Erfolgshonorar als probates Mittel. Anreizkriterien für eine Rechtsdurchsetzung sollten nicht vom Gesetzgeber verboten werden – anders jedoch durch das immer noch bestehende grundsätzliche Verbot, Vergütungen nach Erfolg zu vereinbaren.

Die Argumentation des BVerfG auf alle nicht schon unredlichen Rechtsanwälte weitergedacht lautet: der Anwalt könnte bei Erfolgsbeteiligung im Einzelfall – nun also im Stadium der Vertragserfüllung – über die sonstigen in diesem Stadium noch bestehenden wirtschaftlichen Eigeninteressen der Kundenbindung und Reputation hinaus, den Verfahrensgegner oder andere Beteiligte tendenziell eher zu betrügen versuchen (Einsatz „unlauterer Mittel“). Dieser auf den ersten Blick noch stringent erscheinende Rückschluss ist fehlerhaft. Genauso wenig wie der Mandant selbst, dem der komplette wirtschaftliche Erfolg zu Gute kommt, wird der Rechtsanwalt betrügen oder den Boden des Gesetzes bei Erstreben des Erfolges verlassen, wenn er nur teilweise an diesem Erfolg wirtschaftlich beteiligt wird. Anders müsste man unterstellen, der Mandant als Träger des Erfolges handelt tendenziell immer unlauter. Wenn jemand aus seiner Tätigkeit heraus einen wirtschaftlichen Erfolg erreichen kann, verleitet das ihn mitnichten per se zu unsittlichen, unmoralischen oder strafbaren Handlungen. Das gilt gleichermaßen für Rechtsanwälte.

Es erinnert an die Volksweisheit: „Gelegenheit macht Diebe“. **Wirtschaftliche Erfolgsaussichten** wecken Begehrlichkeiten, sind in erster Linie aber **Anreize zum Tätigwerden** und nicht zum Betrug. Warum soll der wirtschaftliche Zusatzanreiz nicht einfach im Regelfall eine besonders gute Arbeit bewirken? Die weitaus positivere Anreizfunktion wird bei der Diskussion um Erfolgshonorare meist

147 BVerfG, Beschluss vom 12.12.2006, BvR 2576/04, BVerfGE 117, 163–202, B.I.2.a), juris Rn. 62 und66.

völlig außer Acht gelassen. Auf dieser Anreizfunktion durch Vergütung/Entgelt basiert unser gesamtes Wirtschaftssystem – sie ist damit gesellschaftlicher Konsens. Nur deshalb funktioniert eine Marktwirtschaft. Das Streben nach Gewinn ist jedem Marktteilnehmer immanent und notwendige Voraussetzung des marktwirtschaftlichen Wirtschaftssystems. Gelegenheit, eine besondere Vergütung – legal vorher vereinbart – zu erhalten, bedingt tendenziell bessere Leistung; die Volksweisheit müsste in diesem Kontext eher heißen: „Gelegenheit bringt Leistung".

Ausgangspunkt dieser ungenauen Argumentation ist die mangelnde Auseinandersetzung mit dem Begriff der Unabhängigkeit, der fast als imaginäre Vorgabe von Verfassungsrang gebraucht wird, die anscheinend selbst keine Begründung mehr erfordert. Die Argumentation reduziert sich damit auf die bloße Behauptung, der Rechtsanwalt müsse sich irgendwie gegenüber Mandanteninteressen distanzieren, weil alles andere negative Anreizfunktionen schaffe. In diesem Zusammenhang darf auch nicht, wie vom BVerfG angedeutet, hilfsweise auf einen von vorn herein (sicher innerhalb jeder Berufsgruppe vorhandenen) unredlichen Berufsträger abgestellt und letztlich zur Begründung der Einschränkung der Freiheit aller Berufsträger herangezogen werden. Denn mit einer solchen Argumentation ließen sich alle Freiheitsgrundrechte willkürlich einschränken, z.B. die Reisefreiheit, weil es immer Personen gibt, die diese zum Schmuggel ausnutzen; die Demonstrationsfreiheit, weil es immer Menschen gibt, die dies zur Verübung von Straftaten ausnutzen, usw.

Dass der Rechtsanwalt konkret bei wirtschaftlicher Beteiligung am Ausgang eines Rechtsstreites oder einer sonstigen näheren Identifizierung mit den Mandanteninteressen möglicherweise die Regeln des Rechtsstaates verlässt und für **unredliche Berufsträger** ein zusätzlicher Anreiz geschaffen wäre, den Erfolg auch durch Einsatz unlauterer Mittel, insbesondere unter Missachtung der prozessualen Wahrheitspflicht herbeiführen zu wollen, lässt sich weder nachvollziehen noch belegen. Es ist ein Paradoxon, Freiheitseingriffe damit rechtfertigen zu wollen, dass ohne solche eingreifenden Regelungen der Rechtsanwalt seine Gesetzestreue aufgäbe. Wenn man schon davon ausgeht, der Rechtsanwalt würde ohne eine gesetzliche Regelung (hier Verbot der Erfolgshonorare) seine Gesetzestreue und beispielsweise seine Wahrheitspflicht im Prozess aufgeben, wäre die Verbotsnorm für Erfolgshonorare selbst wirkungslos. Denn auch diese würde mit der Prämisse gerade nicht eingehalten, insbesondere wenn die (wie vielfach zu beobachten) Mandanten nach der Möglichkeit erfolgsbasierter Vergütungsvereinbarungen nachfragen und damit entsprechende Anreize setzen. Insoweit ist ein Abstellen auf den potenziell schon rechtsuntreuen oder zur Rechtsuntreue neigenden Rechtsanwalt unzulässig und ad adsurdum geführt.

Im Erfolgsfalle besteht auch immer ein über die Vergütung im Einzelfall hinausgehender Mehrwert, gerade bei wichtigen Dauermandaten. Auch das Verfassungsgericht erkennt dieses mittelbare Erfolgsstreben, wonach durch die erfolgreiche Erledigung von Rechtsstreiten die Reputation verbessert und Chancen der Weiterempfehlung aufgetan werden. Wollte man diese mittelbare Erfolgsbeteiligung und das damit verbundene Eigeninteresse des Rechtsanwaltes am für seinen

Mandanten erfolgreichen Ausgang eines Rechtstreites stringent stigmatisieren, müsste die gerichtliche Vertretung bei Dauermandaten bzw. die abermalige Mandatierung durch einen Mandanten, der schon einmal vertreten oder beraten wurde, von vorn herein ausgeschlossen werden. Ebenso müsste auch die Vereinbarung von Stundenhonoraren (Zeitvergütung), in größeren Kanzleien auch für den forensischen Bereich Standard, verboten werden, denn es bestünde – die Argumentation des BVerfG fortgedacht – stets die Gefahr, dass unlautere Berufsträger einen Rechtsstreit unlauter verzögern oder aufblähen, um abrechenbare Arbeitsstunden zu produzieren. Mit der gleichen Argumentation in Bezug auf unredliche Berufsträger könnte ebenso die gesetzliche streitwertabhängige Vergütung nach RVG für unzulässig erklärt werden, denn es besteht die Gefahr, dass die Unredlichen in der Berufsgruppe der Rechtsanwälte in einer Sache den Streitwert einer gerichtlichen Auseinandersetzung trickreich vergrößern oder auch aussichtslose Ansprüche mit einklagen, nur um den Streitwert zu erhöhen, auf dessen Basis ihre Vergütungsberechnung erfolgt. Ein Abstellen auf den unredlichen Berufsträger ist unzulässig.

Das vom BVerfG innerhalb der eingangs zitierten Entscheidung erwähnte Argument, der Rechtsanwalt würde bei einer erfolgsabhängigen Vergütung eher die weitere Bearbeitung aufgeben, wenn der Erfolg in der Sache auszubleiben droht, mag dann zutreffen, wenn man – wohl anders als das BVerfG – dabei keine Vertragsverletzung seitens des Anwaltes unterstellt. Es wäre nämlich gerade im Sinne des Mandanten, wenn der Rechtsanwalt bei Absehen eines Misserfolges die möglichst kostensparende Beendigung der Angelegenheit anstrebt, freilich in Absprache mit dem und nur mit Zustimmung des Mandanten. Damit wiegt dieses vom BVerfG gebrauchte Argument gerade für die Mandanteninteressen, die Prozessökonomie und die Rechtspflege, wenn aussichtslose Rechtstreite beendet werden und nicht im Interesse der Rechtsanwälte, Gebührentatbestände nach dem RVG zu verwirklichen oder abrechenbare Stunden zu produzieren, in die nächste Instanz geschoben oder künstlich verlängert werden.

Eine Unabhängigkeit von Interessen des Mandanten oder eine irgend geartete Distanz zum Mandanteninteresse scheitern schon an der gesetzlichen Konzeption des Anwaltsvertrages (Beratungs- oder Vertretungsvertrag) als Geschäftsbesorgungsvertrag. Damit ist der Mandant/ Auftraggeber gemäß §§ 675, 665 BGB oder § 166 II BGB dem Auftragnehmer/Berater zwar weisungsberechtigt.[148] Selbstverständlich findet aber diese Weisungsunterlegenheit ihre Grenze in den allgemeinen Gesetzen und den speziellen Berufspflichten. Der Mandant kann den Rechtanwalt nicht unter Berufung auf sein Weisungsrecht und die Pflicht des Beraters, die Interessen des Mandanten wahrzunehmen, zu strafbaren Handlungen, Beteiligungen an solchen oder Berufspflichtverletzungen anhalten.

In der Regel wird das Interesse der Mandanten direkt auf einen wirtschaftlichen Erfolg gerichtet sein. Selten geht es nur um immaterielle Angelegenheiten.

148 Ähnlich Thümmel, WPG 1986, 643, 644.

Bei allem sind die Kosten eines Rechtsstreites und die eigenen Aufwendungen mit dem erreichbaren Ziel abzuwägen. Gerade im **Interesse des Mandanten** muss der Rechtsanwalt wirtschaftliche Erwägungen bei der Bearbeitung einer Sache stets mit einfließen lassen. Er kann nicht bei einer geringwertigen Vermögensangelegenheit teure Prozesse empfehlen (für den Mandanten u.U. auch schon kostspielig, wenn dieser an Sitzungen teilnehmen und umfangreiche Vorbereitungen treffen muss). In gleicher Weise wäre ein entsprechendes Tätigwerden auch für den Rechtsanwalt unwirtschaftlich und kann bei Häufung solcher Angelegenheiten zu finanziellen Schwierigkeiten führen. Es ist geradezu eine anwaltliche Pflicht, den Mandanten – freilich vor Vertragsschluss oder bei veränderter Ausgangslage – auf die voraussichtlichen wirtschaftlichen Folgen eines Streites und eines gerichtlichen Vorgehens hinzuweisen und wirtschaftliche Erwägungen den Ausschlag geben zu lassen. Dazu muss der Anwalt die Mandanteninteressen im Einzelnen herausarbeiten.

Die Orientierung am Erfolg der Sache hat bereits sinnvollerweise in vielen Bereichen der anwaltlichen Annextätigkeiten, insbesondere bei der Insolvenz-, Zwangs- oder Nachlassverwaltung, Einzug gehalten, ohne dass dort mehr unredliche Berufsträger ausfindig zu machen wären als bei den Anwälten, die nicht in diesen Bereichen arbeiten.

(4) Der Anwalt muss in der heutigen Dienstleistungsgesellschaft, in der gegebenen Wirtschaftsordnung und dem vorgefundenen wirtschaftspolitischen Rahmen **maßgeblich nach Gewinn Streben**. Andernfalls wird er mit seinem Beruf keine Lebensgrundlage erwirtschaften können. Wie jeder andere Unternehmer auch muss der Rechtsanwalt Betriebsausgaben, insbesondere die Löhne, jenen Monat neu mit entsprechendem Umsatz erwirtschaften, Rücklagen bilden und sein Unternehmen nach den Marktgegebenheiten ausrichten. Er ist geradezu verpflichtet, einen Gewinn zu erwirtschaften, um seine Existenz und die seiner Mitarbeiter (ein Anwalt kommt heute selbst als Einzelkämpfer nicht dauerhaft ohne Personal aus) zu sichern. Das ist alles andere als ehrenrührig oder moralisch anstößig und irgendwie dem Ansehen eines Berufes abträglich.

Der Beruf definiert sich über den Zweck der potentiellen Geeignetheit, damit die Lebensgrundlage zu erwirtschaften.[149] Gewinnstreben wird somit schon bei der Definition des Berufes vorausgesetzt. Denn für die Lebensgrundlage bleibt nur etwas übrig, wenn die Umsatzerlöse den Aufwand übersteigen – also ein Gewinn entsteht. Dass Gewinnstreben ist an sich weder verwerflich noch unmoralisch. Nur das übertriebene totalitäre Gewinnstreben ohne Rücksicht auf natürliche Ressourcen und andere Menschen ist verwerflich. Bis zur Schwelle der Kostendeckung führt das Gewinnstreben lediglich zur Vermeidung von Verlusten aus der Tätigkeit. Eine zweite Schwelle könnte man an der Grenze zu den Grundbedürfnissen, Essen, Kleidung, Wohnung, ziehen. Bis dahin wird man wohl kaum einen

149 Siehe oben C.I.

Ansatz der Verwerflichkeit im Gewinnstreben erblicken dürfen, sondern das normale Erwirtschaften einer Lebensgrundlage. Darüber hinaus ist es noch ein weiter Weg bis zur vom Verfassungsgericht und denjenigen, die Gewinnstreben aus dem Anwaltsberuf fernhalten wollen, möglicherweise vorgestellten unendlichen Gier, die die Nebenzwecke der Arbeit, nämlich die oben herausgearbeitete Grundrechtsschutzfunktion als Funktionselement der Rechtspflege, zwingend beseitigen oder einschränken würden.

Anwälte werden zudem nicht staatlich alimentiert. Auf Basis eines staatlich garantierten Festgehaltes, das dem Anwalt eine Existenz garantiert (feste staatliche Beihilfen), könnte die Diskussion freilich anders geführt und ein sonst notwendiges Gewinnstreben anders beurteilt werden.

4. Soziologischer Stand

Möglicherweise beruhen die Vorstellungen vom verringertem Gewinnstreben und altruistischem Handeln des Rechtsanwalts auf den Gegebenheiten einer Zeit, als die Anwaltstätigkeit einem höheren, vermögenden Stand vorbehalten war, der aus den Einnahmen der Anwaltstätigkeit nicht seine Lebensgrundlage erwirtschaften musste. Diese Zeitspanne prägte den noch heute verwendeten Begriff des Honorars oder Ehrengeldes. Auch wenn dieser Begriff heute noch als Synonym für die Anwaltsvergütung Verwendung findet, sind die Zeiten der Ehrengelder längst vorbei.

Die heute noch in den berufsrechtlichen Diskussionen Rechtsanwälten zugeschriebene Eigenschaften, wonach diese anders als sonstige Dienstleister, ehrenwerter, wichtiger, besser seien gründen sich auf eigenen Standesdünkel oder bestenfalls noch auf unreflektiert übernommen historische Anmerkungen. Die römischen Juristen (Patrizier) waren vornehme Leute, die sich nicht bezahlen ließen. Ihnen ging es mehr um das mit der juristischen Tätigkeit verbundene Sozialprestige. In der Kaiserzeit gab es zwar Anwälte, die mit den Erträgen aus dem Anwaltsberuf ihren Lebensunterhalt verdienen mussten – dennoch stammt aus dieser Zeit der Begriff des Ehrengeldes/ Honorar.

Erst zum Ende des 19en Jahrhunderts erkannte man einen ganz normalen Dienstvertrag zwischen Anwalt und Mandant an. Die selbständige Tätigkeit aufgrund akademischer Ausbildung wurde nicht mehr als ehrenrührig angesehen.[150] Die Vergütung folgt als Gegenleistung für die Beratungsdienste. Einher ging damit eine ganz normale Haftung für fehlerhafte Beratungen ohne Privilegien. Jedenfalls unter Geltung des Grundgesetzes besteht demnach **keine soziologische Besserstellung** des Berufes Rechtsanwalt. Daher kann eine solche weder Begründungen für Grundrechtseinschränkungen liefern, noch ein Abgrenzungsmerkmal des Rechtsanwaltsberufes von anderen Dienstleistern oder ein Wesensmerkmal liefern.

150 Wesel, Risiko Rechtsanwalt, S. 40, 41.

5. Gesetzliche Privilegierung und Restriktion des Rechtsanwaltsberufes

Aus der einfachgesetzlichen Ausgestaltung des Berufes ergeben sich einige Besonderheiten, die an dieser Stelle abschließend zur Beschreibung des Rechtsanwaltsberufes nur aufgezählt werden, weil diese selbst natürlich keine Begründungen für Grundrechtseinschränkungen liefern können:

- Monopol für Rechtsdienstleistungen gemäß RDG,
- Verkammerung und Zwangsmitgliedschaft,
- Werbeeinschränkungen,
- Gebührenordnung und einheitliche Taxierung der Leistungen, verbunden mit Einschränkungen bei abweichenden Vereinbarungen,
- weitgehende Akteneinsichtsrechte als Vertreter eines Mandanten,
- Verteidigerprivilegien.

Als Korrelat zu den verschiedenen besonderen Rechten des Anwalts bei seiner Berufsausübung hat er die anwaltlichen Berufspflichten einzuhalten, die ihm zahlreiche Einschränkungen auferlegen.

V. Inkompatibilitätsregelungen als Grundrechtseingriff

1. Gesetzesvorbehalt

Eingriffe in die Freiheit der Berufsausübung bedürfen nach dem Wortlaut des Art. 12 Abs. 1 Satz 2 GG einer gesetzlichen Grundlage, die den Anforderungen der Verfassung an grundrechtsbeschränkende Gesetze genügen. Mit den Inkompatibilitätsnormen der §§ 7 Nr. 8 und 14 Nr. 7 BRAO wird in den Schutzbereich des Art. 12 I GG, speziell in die Freiheit der Berufswahl, eingegriffen. Einschränkungen der Berufswahlfreiheit stehen unter keinem ausdrücklichen Gesetzesvorbehalt. Nach herrschender Meinung bezieht sich der Gesetzesvorbehalt jedoch auch auf das Recht der Berufswahlfreiheit.[151] „Regelung“ und „Eingriff“ werden synonym behandelt, so dass sich Satz 2 insgesamt als Gesetzesvorbehalt versteht.[152] Hält man Einschränkungen der Berufswahlfreiheit vorbehaltlos gewährleistet, wäre eine Beschränkung durch Gesetz jedoch ebenfalls möglich.

---

151 *Schneider*, HdbGR V, § 113 Rn. 82 und 136, m.w.N.

152 *Manssen* in v. Mangold/Klein/Stark, GG, 7. Aufl. 2018, Art. 12 Rn. 103; *Scholz* in Maunz/Dürig, Kom. zum GG, Stand Juni 2006, Art. 12 Rn. 312; *Ruffert* in Epping/Hillgruber, 3. Aufl. 2020, Art. 12 GG Rn. 18; *Mann* in Sachs, GG, 9. Aufl. Art. 12 Rn. 106; *Jarrass* in Jarrass/Pieroth, 17. Aufl. 2022, Art. 12 GG Rn. 27; *Kämmerer* in v. Münch/Kunig, GG-Kom., 6. Aufl. 2012, Art. 12 Rn. 57.

Die Berufsfreiheit einschränkende Regelungen müssen insgesamt durch demokratische Entscheidungen zustande kommen, entweder durch ein parlamentarisches Gesetz oder durch eine aufgrund einer Ermächtigung innerhalb eines solchen Gesetzes gefasster Satzung, die von einer mit Autonomie ausgestatteten Körperschaft erlassen wurde.[153] Die BRAO ist als förmliches vom Bundestag beschlossenes Gesetz, welches in seiner Grundfassung bereits am 01.10.1959 in Kraft getreten war, grundsätzlich geeignet, dem **Gesetzesvorbehalt** aus Art. 12 Abs. 1 Satz 2 GG zu genügen und Einschränkungen der Berufsfreiheit vorzunehmen.

2. Zitiergebot – einheitliches Grundrecht

Beide genannten die Berufsfreiheit einschränkenden Normen der BRAO zitieren nicht das durch sie (sogar recht stark) eingeschränkte Grundrecht, den Art. 12 GG. Nach Ansicht des BVerfG wäre die Zitierung trotz Art. 19 I Satz 2 GG entbehrlich.

a) Einerseits verlange Art. 19 I Satz 2 GG dem Wortlaut nach nur eine Zitierung des Grundrechtes bei einfachem Gesetzesvorbehalt. Das in Satz 2 von Art. 19 GG enthaltene Zitiergebot knüpft an die in Art. 19 I Satz 1 GG geschriebene Voraussetzung an, wonach „ein Grundrecht durch Gesetz oder aufgrund eines Gesetzes eingeschränkt werden kann“. Nur für diesen Fall werde bestimmt, dass das einfache Gesetz das Grundrecht unter Angabe des Artikels nennen muss.[154] Jedenfalls soll nach dem Stand der derzeit noch geltenden Rechtsprechung des BVerfG die Anwendung des Art. 19 Abs. 1 Satz 2 GG auf **vorbehaltlos gewährte Grundrechte** generell ausscheiden.[155] Wenngleich das BVerfG in jüngeren Entscheidungen sich wieder auf einen funktionellen Zweck des Zitiergebotes besinnt[156] und die darin enthaltende Warn- und Besinnungsfunktion betont, will es bislang weiterhin Art. 19 I Satz 2 GG entgegen berechtigter Kritik des Schrifttums, die jenseits

153 BVerfG, Beschluss vom 14.07.1987, Standesrichtlinien, 1 BvR 537/81, 1 BvR 195/87, BVerfGE 76, 171–196, B.I.1.a).

154 BVerfG, Urteil vom 04.05.1083, Altergrenze Prüfingenieure, 1 BvL 46/80, 1 BvL 47/80, BVerfGE 64, 72, C.I.1.

155 BVerfG, Beschluss vom 27.11.1990, 1 BvR 402/87, Kunstfreiheit und Pornographie, Josefine Mutzenbacher, BVerfGE 83, 130, III.1, mit weiteren Nachweisen zu seiner älteren Rechtsprechung; BVerfG, Nichtannahmebeschluss vom 11.08.1999, 1 BvR 2181/98, 1 BvR 2182/98, 1 BvR 2183/98, NJW 1999, 3399–3403 B.II.1.a).

156 BVerfG, Urteil vom 27.07.2005, 1 BvR 668/04, BVerfGE 113, 348, C.II.2.a) aa): „Das Zitiergebot erfüllt eine Warn- und Besinnungsfunktion (vgl. BVerfGE 64, 72 <79 f.>). Durch die Benennung des Eingriffs im Gesetzeswortlaut soll gesichert werden, dass der Gesetzgeber nur Eingriffe vornimmt, die ihm als solche bewusst sind und über deren Auswirkungen auf die betroffenen Grundrechte er sich Rechenschaft ablegt (vgl. BVerfGE 5, 13 <16>; 85, 386 <404>). Die ausdrückliche Benennung erleichtert es auch, die Notwendigkeit und das Ausmaß des beabsichtigten Grundrechtseingriffs in öffentlicher Debatte zu klären.“

des Wortlautes bei einer sinn- und zweckorientierten Auslegung des Ziergebotes ansetzt,[157] an der Nichtanwendbarkeit für vorbehaltlos gewährte Grundrechte wie gerade die Berufswahlfreiheit aus Art. 12 I GG festhalten.

b) Die Berufsfreiheit wird in der Rechtsprechung des BVerfG zudem als ein einheitliches Grundrecht verstanden.[158] Berufswahlfreiheit und Berufsausübungsfreiheit seien unterschiedliche Facetten, die letztlich nur die Intensität der Beeinträchtigung des Grundrechts auf Berufsfreiheit beschreiben. Die **Regelungsbefugnis** aus Art. 12 I Satz 2 GG beziehe sich damit auf das gesamte Grundrecht, auch auf Einschränkungen deutlich die Berufswahlfreiheit betreffend.[159] Somit kommt das BVerfG insgesamt zum Ergebnis, dass alle Gesetze betreffend Art. 12 I GG lediglich Regelungen darstellen, auf die das Zitiergebot nicht anwendbar sei.[160] Somit verneint das BVerfG schon eine Einschränkung des Grundrechtes im Sinne des Art. 19 I Satz 2 GG, wenn wie vorliegend ein (vorbehaltlos gewährtes) Grundrecht aufgrund einer derart interpretierten Regelungsbefugnis geregelt und ausgestaltet wird – so die Entscheidung zur Handwerkerordnung[161], ausdrücklich bestätigt in der Entscheidung zur Altersgrenze der Prüfingenieure.[162] Das wird aus dem Erfordernis der notwendigen Konkretisierung des Grundrechtes abgeleitet.

---

157 *Sachs* in Sachs, Grundgesetz Kommentar, 8. Aufl. 2018, Art. 19, Rn. 30, 17, m.w.N.; *Remmert* in Maunz/Dürig, Grundgesetz-Kommentar, Stand Mai 2008, Art. 19 Rn. 55 ff.

158 BVerfG, Beschluss vom 21.02.1995, 1 BvR 1397/93, Sonderkündigung, C.I.2., juris Rn. 46.

159 Schneider, HdbGR V, § 113 Rn. 31; Nachweise zur Respr. des BVerfG bei *Mann* in Sachs, Kommentar zum Grundgesetz 8. Aufl. 2018, Art. 12 Rn. 82.

160 BVerfG, Urteil vom 04.05.1983, Altergrenze Prüfingenieure, 1 BvL 46/80, 1 BvL 47/80, BVerfGE 64, 72, C.I.2: „Auch berufsregelnde Gesetze werden nicht als Einschränkungen im Sinne des Art. 19 Abs. 1 GG angesehen und erfordern daher keinen Hinweis auf das betroffene Grundrecht des Art. 12 Abs. 1 GG."; BVerfG, Entscheidung vom 17.07.1961, 1 BvL 44/55, BVerfGE 13, 97; bestätigend BVerfG, Entscheidung vom 18.02.1970, 2 BvR 531/68, BVerfGE 28, 36, B. I. 2. a): Das Zitiergebot sei nur eine Formvorschrift, die einer engen Auslegung bedürfe, „wenn sie nicht zu einer leeren Förmlichkeit erstarren und den die verfassungsmäßige Ordnung konkretisierenden Gesetzgeber in seiner Arbeit unnötig behindern soll. Das Bundesverfassungsgericht hat deshalb entschieden, daß sich Art. 19 Abs. 1 Satz 2 GG weder auf die allgemeine Handlungsfreiheit (Art. 2 Abs. 1 GG) bezieht, die von vornherein nur unter dem Vorbehalt der verfassungsmäßigen Ordnung gewährleistet ist (BVerfGE 10, 89 (99)), noch für Regelungen gilt, die das Grundrecht der Berufsfreiheit (Art. 12 Abs. 1 GG) konkretisieren."

161 BVerfG, Entscheidung vom 17.07.1961, 1 BvL 44/55, BVerfGE 13, 97, B.V.7.

162 BVerfG, Urteil vom 04.05.1083, Altergrenze Prüfingenieure, 1 BvL 46/80, 1 BvL 47/80, BVerfGE 64, 72, C.I.1.

Derartige (Gestaltungs-)Gesetze stellten keine Einschränkungen im Sinne des Art. 19 I Satz 2 GG dar, weil das Freiheitsrecht schon in sich selbst dadurch verkürzt sei.[163]

Rein formal betrachtet das BVerfG somit den Gesetzesvorbehalt in Art. 12 1 Satz 2 GG als **Regelungsvorbehalt**[164], der die Einschränkung und Ausgestaltung des Grundrechtes in sich trägt. Alle Einschränkungen und Regelungen der Berufswahl seien – weil damit der Beginn der Berufsausübung betroffen ist – auch Berufsausübungsregelungen, die einheitlich unter dem Gesetzesvorbehalt des Art. 12 I Satz 2 GG stünden; das gelte insbesondere für die Zulassungsschranken zum Beruf.[165]

Ein Erfordernis, auch bei Ausführung dieses Regelungsauftrages den Gesetzgeber zu einem ausdrücklichen Hinweis auf das Grundrecht zu zwingen, wäre eine durch die Warn- und Besinnungsfunktion des Zitiergebots nicht zu rechtfertigende bloße Förmelei. Weiter meint das BVerfG aber zurückhaltend, dass dies zumindest für Vorschriften der Berufsausübung oder bei subjektiven Zulassungsvoraussetzungen gelte, „die unbestritten Gegenstand des gesetzgeberischen Regelungsauftrags und daher keine ‚Einschränkung' des Grundrechts" seien.[166] Es lässt damit offen, ob deutlich als objektive Zulassungsschranken zu qualifizierende oder andere gewichtige Eingriffe der Berufswahlfreiheit möglicherweise anders zu beurteilen wären.

c) Die Auffassung des BVerfG ist alles andere als zwingend und wird von der Literatur zum Teil deutlich kritisiert.[167] Die Berechtigung dieser Kritik wird bei

163 BVerfG, Entscheidung vom 18.02.1970, 2 BvR 531/68, BVerfGE 28, 36 ff., B.I.2.a), juris Rn. 45: „Die Vorschrift des Art. 19 Abs. 1 Satz 2 GG gilt also nur für Gesetze, die darauf abzielen, ein Grundrecht über die in ihm selbst angelegten Grenzen (vgl. BVerfGE 7, 377 (404)) hinaus einzuschränken."

164 Grundlegend BVerfG, Entscheidung vom 11.06.1958 – Apothekenurteil – BVerfGE 7, 377 ff., Leitsatz 5.

165 BVerfG, Entscheidung vom 11.06.1958 – Apothekenurteil – BVerfGE 7, 377 ff., B.IV.2.b): „Denn die Begriffe ‚Wahl' und ‚Ausübung' des Berufes lassen sich nicht so trennen, daß jeder von ihnen nur eine bestimmte zeitliche Phase des Berufslebens bezeichnete, die sich mit der andern nicht überschnitte; namentlich stellt die Aufnahme der Berufstätigkeit sowohl den Anfang der Berufsausübung dar wie die gerade hierin – und häufig nur hierin – sich äußernde Betätigung der Berufswahl; ebenso sind der in der laufenden Berufsausübung sich ausdrückende Wille zur Beibehaltung des Berufs und schließlich die freiwillige Beendigung der Berufsausübung im Grunde zugleich Akte der Berufswahl. Die beiden Begriffe erfassen den einheitlichen Komplex ‚berufliche Betätigung' von verschiedenen Blickpunkten her."

166 BVerfG, Urteil vom 04.05.1083, Altersgrenze Prüfingenieure, 1 BvL 46/80, 1 BvL 47/80, BVerfGE 64, 72, C.I.2.

167 Schneider, HdbGR V, § 113 Rn. 85; sehr deutlich auch *Huber* in v. Mangold/Klein/Stark, Kom. z. GG, 7. Aufl. 2018, Art. 19 Rn. 88 ff.

den hier zu untersuchenden Beispielen des nachträglichen Verbotes eines Berufes unter bestimmten Voraussetzungen deutlich. Von einem berufsregelnden Charakter kann man bei Inkompatibilitätsregelungen wohl nicht mehr sprechen, weil diese die Ausübung des einen Berufes neben dem anderen komplett verbieten.

Nach zutreffender Auffassung gilt das **Zitiergebot** aus Artikel 19 Abs. 1 Satz 2 Grundgesetz zunächst **auch für Gesetze, die ein vorbehaltlos gewährtes Grundrecht einschränken**, also gerade dann, wenn das Grundrecht der Berufswahlfreiheit betroffen ist.[168] Eine Verpflichtung zum Grundrechtszitat besteht grundsätzlich, „wenn eine gesetzliche Regelung den abwehrrechtlichen Grundrechtsschutz der Freiheitsgrundrechte auslöst".[169] Sicher wirkt sich die Intensität des Eingriffs bei den Anforderungen an die verfassungsrechtliche Rechtfertigung, insbesondere im Rahmen der Angemessenheitsprüfung, aus. Es wäre aber vom Zweck des Zitiergebotes angebracht, gerade bei den bedeutenden vorbehaltlos gewährten Grundrechten in Anbetracht der Funktionen des Zitiergebotes eine Zitierung des betroffenen Grundrechtes zu verlangen.

Die zuvor genannten Inkompatibilitätsregeln greifen evident in den Schutzbereich der Berufswahlfreiheit ein (wenn man nicht nur eine bloße Ausgestaltung oder Regelung des Grundrechts annimmt und somit schon begrifflich zu keinem Eingriff kommen kann). Es wäre daher Aufgabe des Gesetzgebers, der im Zitiergebot verkörperten Wahn- und Besinnungsfunktion[170] gerecht zu werden und auf die Einschränkung der Berufswahlfreiheit in § 7 Nr. 8, § 14 Nr. 7 BRAO hinzuweisen. Nur so lässt sich der **Sinn und Zweck des Zitiergebotes** bewahren. Die Zitierung des Grundrechtes soll gewährleisten, dass nur ausdrücklich von Gesetzgeber gewollte Eingriffe vorgenommen werden und dieser sich die Auswirkungen seiner Regelungen für die betroffenen Grundrechte bewusst macht, Warn- und Besinnungsfunktion.[171] Weiter soll die Funktion des Gesetzesvorbehaltes abgesichert werden, indem die grundrechtseinschränkenden Gesetze aus einem Gesetzgebungsverfahren mit öffentlicher Diskussion hervorgehen.[172] Damit wird die

---

168 *Sachs* in Sachs, Kommentar zum Grundgesetz, 8. Aufl. 2018, Art. 19, Rn. 30; Stern, Das Staatsrecht der Bundesrepublik Deutschland, Bd. III/2, 1994, 75 unter Bezugnahme auf Herzog in Maunz/Dürig, 2. Aufl. 1981, Art. 19 Abs. I GG, Rn. 57 ff.

169 *Remmert* in Maunz/Dürig, Grundgesetz-Kommentar, Stand Mai 2008, Art. 19 Rn. 56.

170 BVerfG, Urteil vom 27.07.2005, Telekommunikationsüberwachung, 1 BvR 668/04, BVerfG 113, 348, C.II.2.a), m.w.N. zur älteren Rechtsprechung.

171 BVerfG, Urteil vom 04.05.1083, Altergrenze Prüfingenieure, 1 BvL 46/80, 1 BvL 47/80, BVerfGE 64, 72, C.I.1.; gegen die restriktive Behandlung insgesamt Huber in v. Mangold/Klein/Stark, GG, Art. 19 Rn. 68.

172 BVerfG, Urteil vom 27.07.2005, Telekommunikationsüberwachung, 1 BvR 668/04, BVerfG 113, 348, C.II.2.a): „Durch die Benennung des Eingriffs im Gesetzeswortlaut soll gesichert werden, dass der Gesetzgeber nur Eingriffe vornimmt, die ihm als solche bewusst sind und über deren Auswirkungen auf die betroffenen Grundrechte er sich Rechenschaft ablegt (vgl. BVerfGE 5, 13 <16>; 85, 386 <404>). Die

Grundrechtseinschränkung dem Bürger kenntlich gemacht und nicht erst möglicherweise später bei der Gesetzesanwendung bemerkt.[173]

Mit der Orientierung an der Warnfunktion kann es für die Frage der Anwendbarkeit des Zitiergebotes nicht auf die formell kaum scharf zu treffende Unterscheidung zwischen Eingriff und Ausgestaltung ankommen, sondern nur darauf, ob der Gesetzgeber einen finalen Eingriff setzen will. Ein solcher liegt vor, wenn die Regelung „bei objektiver ex-ante-Betrachtung notwendig entweder selbst unmittelbar zu Freiheitsverkürzungen führt oder dazu ermächtigt".[174]

Inkompatibilitätsregelungen führen zu intensivsten Eingriffen und Berufsbeschränkungen, die von ihrer Schwere den objektiven Zugangsschranken betreffend die Berufswahl vergleichbar sind. Betrachtet man Art. 12 I GG als einheitliches Grundrecht, ändert sich an der höchsten Intensitätsstufe solcher Eingriffe nichts. Die Einheitlichkeit der Verfassung gebietet es bzw. legt nahe, dass schon die Väter der Verfassung implizit davon ausgingen, dass Eingriffe in besonders wichtige Grundrechte über die Zitierung desselben verdeutlicht werden müssen. Das muss erst recht für solche Grundrechte gelten, die als so wichtig angesehen werden, dass sie vorbehaltlos ausgestaltet sind.

Die **Regelungsbefugnis** und der Ausgestaltungswille des Gesetzgebers mögen in vielen Fällen für die Berufsausübung zutreffen. Sie kommen aber bei Beschränkungen der Berufswahlfreiheit und deutlichen Berufsverboten wie Inkompatibilitätsregelungen nicht zu tragen. Dem Berufsträger wird mit Inkompatibilitäten unter bestimmten Voraussetzungen verboten, einen seiner Berufe weiter auszuüben. Nicht mehr die Ausgestaltung innerhalb eines Berufes ist betroffen, sondern der Verbleib im Beruf. In den vorliegenden Konstellationen, in denen einem Berufsträger nachträglich ein Stück Freiheit – nämlich seinen Beruf weiter auszuüben – weggenommen wird, geht es nicht mehr um die Ausgestaltung eines Zugangs zum Beruf, sondern deutlich um einen Eingriff in bereits bestehende Rechtspositionen. Damit verlässt der Gesetzgeber den Bereich der Ausgestaltung.[175]

d) Mit zutreffender Auslegung wäre die Zitierung des Art. 12 I GG bei (gezielten) Eingriffen in das Grundrecht der Berufsfreiheit allgemein[176] und im Besonderen bei den Inkompatibilitätsregelungen der BRAO erforderlich. Die Normen der BRAO sind daher bereits formell verfassungswidrig.

---

ausdrückliche Benennung erleichtert es auch, die Notwendigkeit und das Ausmaß des beabsichtigten Grundrechtseingriffs in öffentlicher Debatte zu klären."

173 *Huber* in v. Mangold/Klein/Stark, Kom. zum GG, 7. Aufl. 2018, Art. 19 Rn. 69; *Sachs* in Sachs, Kommentar zum Grundgesetz 8. Aufl. 2018, Art. 19 Rn. 26 m.w.N.

174 *Remmert* in Maunz/Dürig, Kom. zum GG, Stand Mai 2008, Art. 19 Rn. 58.

175 Mit guten Gründen darauf hinweisend, dass „geregelt werden" bei Art. 12 GG bzw. das Verb „regeln" in diesem Zusammenhang nichts anderes als „eingreifen" bedeutet: *Manssen* in v. Mangold/Klein/Stark, Kom. zum GG, 7. Aufl. 2018, Art. 12 Rn. 103.

176 *Huber* in v. Mangold/Klein/Stark, 7. Aufl. 2018, GG, Art. 19 Rn. 94.

VI. Bestimmtheit der Tatbestandsmerkmale §§ 7 Nr. 8; 14 II Nr. 8 BRAO

Die Einschränkungen der Berufsfreiheit durch die Inkompatibilitätsregelungen der BRAO müssen zunächst dem verfassungsrechtlichen, aus dem Rechtsstaatsprinzip abgeleiteten[177] **Bestimmtheitsgrundsatz** nach Art. 20 III GG genügen. Die Vorschriften der § 7 Nr. 8 und § 14 Abs. 2 Nr. 8 BRAO genügen dem verfassungsrechtlichen Bestimmtheitsgrundsatz nur, wenn sie hinsichtlich Tatbestand und Rechtsfolge ausreichend konkret gefasst sind. Die Anforderungen an die Bestimmtheit und Klarheit werden bei Eingriffsnormen maßgeblich von der Intensität des Eingriffes geprägt und erhöhen sich, je mehr in grundrechtlich geschützte Bereiche eingegriffen wird.[178] Ein Eingriff in vorbehaltlos gewährte Grundrechte mit einfachem Gesetz muss erst recht den Anforderungen des Bestimmtheitsgrundsatzes genügen. Insoweit sind bei den hier zu untersuchenden Eingriffen in die Berufswahlfreiheit bzw. nur in die Berufsfreiheit hohe Anforderungen zu stellen, da Versagung oder Widerruf der Zulassung tiefgreifend in die Freiheits- und Persönlichkeitssphäre eingreifen. Es genügt dabei aber, wenn der Sinngehalt mit den herkömmlichen juristischen Auslegungsmethoden erschlossen werden kann.[179]

Bei der Frage, ob Tatbestand und Rechtsfolge für den Normadressaten klar und präzise gefasst sind, steht an erster Stelle die Erfassung des **Wort- und Sinngehalts**. Daraus ergeben sich im Wesentlichen drei Tatbestandsvarianten, die die klar bestimmte Rechtsfolge Unvereinbarkeit (Ablehnung bzw. Widerruf der Zulassung) nach sich ziehen, nämlich

1. Unvereinbarkeit des Parallelberufes bei Unvereinbarkeit mit Beruf des Rechtsanwalts allgemein;
2. Regelbeispiel („insbesondere“): Unvereinbarkeit, wenn der Rechtsanwalt eine Tätigkeit ausübt, die mit der Stellung als unabhängiges Organ der Rechtspflege unvereinbar ist;
3. Regelbeispiel („insbesondere“): Unvereinbarkeit, wenn der Rechtsanwalt eine Tätigkeit ausübt, die das Vertrauen in seine Unabhängigkeit gefährden kann.

Dem Wortlaut nach gelten die Beschränkungen für alle im Rahmen des Rechtsanwaltsberufes ausgeübten Tätigkeiten. Es ist von vorn herein vom Gesetzgeber kein

177 *Sachs* in Sachs, Kommentar zum Grundgesetz, 8. Aufl. 2018, Art. 20, Rn. 128.

178 *Mann* in Sachs, Kommentar zum Grundgesetz 8. Aufl. 2018, Art. 12 Rn. 84 m.w.N.

179 BVerfG, Beschluss vom 04.11.1992, 1 BvR 79/85 u.a., BVerfGE 87, 287, C.I.2.: „Der Normadressat muß erkennen können, von welchen Voraussetzungen seine Berufsaufnahme abhängig gemacht wird. Auslegungs- und Anwendungsprobleme müssen zwar nicht völlig ausgeschlossen sein; bei starken Eingriffen in die Freiheit der Berufswahl ist aber zu fordern, daß mit herkömmlichen juristischen Methoden klare Ergebnisse erzielt werden können.“

Raum gelassen, gegebenenfalls nur bestimmte Tätigkeiten parallel zum Einzeltätigkeitsverbot aus § 45 BRAO für unvereinbar zu halten, oder zumindest zwischen forensischen Tätigkeiten und sonstigen Tätigkeiten zu unterscheiden.

1. Die Regelbeispiele

Mit der Gesetzesänderung 1994 wurden die beiden oben unter Ziffer 2 und 3 genannten Regelbeispiele zur Klarstellung aufgenommen. Diese Regenbeispiele bedürfen jedoch selbst weiterer Konkretisierung, da der Sinngehalt nicht hinreichend aus dem Wortlaut hervorgeht. Letzteres würde für sich allein noch kein Scheitern der Norm am Bestimmtheitsgrundsatz nach sich ziehen. Die Auslegung muss nur erkennbar werden lassen – bei der hier vorliegenden Intensität des Eingriffs auch mit hinreichender Deutlichkeit –, welche Regelungen der Gesetzgeber treffen wollte. Zur Bestimmung des Sinngehaltes der vorliegenden Normen kann auch die Gesetzesbegründung herangezogen werden.

Ausweislich der Gesetzesbegründung soll sich ein Verbot anwaltlicher Berufsausübung nur rechtfertigen lassen, wenn andernfalls „die Funktionsfähigkeit der Rechtspflege oder die Stellung das Rechtsanwalts als unabhängiges Rechtspflegeorgan in Gefahr gerieten".[180] Es folgt die Wiederholung des Gesetzeswortlautes, der genau dieses regeln soll. Demzufolge kann sich die Dritte Fallgruppe (Gefährdung des Vertrauens in die Unabhängigkeit) auch nur auf die Rechtspflege beziehen, nicht auf die Tätigkeit außerhalb derselben, wenn man unter der Rechtspflege richtigerweise nur forensische Tätigkeiten subsumiert. Die Regelbeispiele haben als gemeinsamen Hintergrund daher den Ansatz, dass **durch den Parallelberuf die Rechtspflege nicht in Gefahr geraten darf**. Wie konkret eine Gefährdung vorliegen müsste, um die Rechtsfolge auszulösen, lässt sich der Gesetzesbegründung allerdings nicht entnehmen.

Der Begriff der Unabhängigkeit wird nicht nur im Tatbestand der Regelbeispiele, sondern auch in der Gesetzesbegründung inflationär gebraucht, ohne Konkretisierung, wer von wem oder was wie unabhängig sein soll. Es komme darauf an, ob der Rechtsanwalt in der Beratung noch unabhängig und objektiv sein kann. Zudem begegnet uns in diesem Zusammenhang wieder die Assoziation zu den freien Berufen an sich, ohne dass dieser Bezeichnung etwas Konkretes innewohnen würde,[181] oder die Behauptung, die Rechtssuchenden müssten „Vertrauen in eine unabhängige, freie Anwaltschaft" finden können.

Immerhin konkretisiert die Gesetzesbegründung noch so weit, dass die Paralleltätigkeit **bei objektiv vernünftiger Betrachtungsweise nicht die Wahrscheinlichkeit von Pflichtenkollisionen nahelegen** dürfe. Mit dem Vorgesagten heißt das aber, dass diese Pflichtenkollisionen nur dann relevant sein können, wenn Sie negativen Einfluss auf die Rechtspflege befürchten lassen.

---

180 BT-Dr. 12/4993 vom 19.05.1993, S. 24.

181 Dazu siehe oben A.

Die Gesetzesbegründung gibt noch einige weitere konkretisierende Ableitungen:

- **Eigenverantwortlichkeit** des Anwalts in seiner anwaltlichen Berufsausübung muss trotz der anderweitigen Tätigkeit gewahrt bleiben,
- Paralleltätigkeit muss sich mit den **anwaltlichen Privilegien**, z.B. dem Akteneinsichtsrecht, vereinbaren lassen,
- **Umfang** der Paralleltätigkeit darf die Funktionsfähigkeit der Rechtspflege nicht beeinträchtigen. Insoweit wird tatsächlich das Regelbeispiel Ziffer 2 mit seinem Bezug zur Rechtspflege konkretisiert.

Daneben hält der Gesetzgeber eine weisungsgebundene Paralleltätigkeit, die die ganze Arbeitskraft in Anspruch nimmt, so dass für die Beratungs- und Vertretungstätigkeit nicht mehr die Zeit verbliebe, diese im nennenswerten Umfang und nicht nur gelegentlich auszuüben, mit dem Anwaltsberuf für unvereinbar. Insoweit würde die Bezeichnung als Rechtsanwalt zu einem **inhaltsleeren Titel**.[182] Eine Vollerwerbstätigkeit im Parallelberuf soll daher in der Regel – vorbehaltlich der Verhältnismäßigkeitsprüfung im Einzelfall – die Versagung / den Widerruf der Zulassung rechtfertigen, da hierbei kein Freiraum für eine irgendwie nennenswerte und nicht nur gelegentliche Beratungs- und Vertretungstätigkeit bliebe;[183] eine Halbtagstätigkeit dann, wenn die nichtanwaltliche Tätigkeit zu große Beschränkungen auch für die übrige Zeit entfaltet, wobei dabei entscheidend auf die Freiheit dieser Zeitgestaltung abzustellen sei.[184] Diese Fallgruppe fußt auf der bis dahin ständigen Rechtsprechung.

Als weitere Tatbestandsvariante hielten die entsprechenden Bestimmungen der BRAO vor 1994 eine Zulassungsversagung bzw. einen Widerruf der Zulassung ebenso für angezeigt, wenn die weitere Tätigkeit des Rechtsanwaltes mit dem

---

182 BT-Dr. 12/4993 vom 19.05.1993, S. 24.

183 Das Bundesverfassungsgericht, BVerfG, Beschluss vom 04.11.1992, 1 BvR 79/85 u.a., BVerfGE 87, 287, C.II.2. meint zu diesem auf die Rechtsprechung des BGH, z.B. in NJW 1961, 216, zurückgehenden Merkmal, dass sich die Zumutbarkeit der Freiheitseinschränkung regelmäßig dadurch ergebe, dass der Bewerber hierbei einem ausfüllenden und einkommenssichernden Erstberuf nachgeht und somit auch im Einzelfall nicht hart getroffen wird, zustimmend Kleine-Cosack, BRAO, 6. Aufl. 2009, § 7 Rn. 48. Einzelfälle, bei denen dies sich anders beurteilen könnte, sind bislang nicht bekannt. Die Berufsfreiheit wird somit zur Erwerbssicherungsfreiheit verengt (dazu schon oben C.II.).

184 Aufgrund umfangreicher rechtsberatender und sachbearbeitender Tätigkeit in einer Universitätsverwaltung im Anstellungsverhältnis zu 20 Wochenstunden, mit einer eingeschränkten Nebentätigkeitserlaubnis, dass u.a. Gerichtstermine aus dem Aufgabenbereich der universitären Beschäftigung vorrangig wahrzunehmen seinen, kann die Zulassung zum Anwaltsberuf untersagt oder widerrufen werden, BVerfG, Beschluss vom 04.11.1992, 1 BvR 79/85 u.a., BVerfGE 87, 287 ff.

„Ansehen der Rechtsanwaltschaft“ nicht vereinbar wäre. Schon 1992 hatte das BVerfG erhebliche Bedenken hinsichtlich der Bestimmtheit dieses Tatbestandsmerkmals geäußert.[185] In der ab 1994 geltenden Fassung der BRAO ist dieses Merkmal daher gestrichen worden. Die Bedenken gegen die Bestimmtheit hinsichtlich der nunmehrigen Fassung: „eine Tätigkeit..., die mit dem Beruf des Rechtsanwaltes, ... nicht vereinbar ist“, als Grundnorm, die durch die Regelbeispiele auszufüllen versucht werden, bleiben bestehen.

Auch die Herausstellung des Rechtsanwaltes als unabhängiges Organ der Rechtspflege in den genannten Normen (Tatbestandskonkretisierung Ziffer 2) ist auf Grundlage der zitierten Grundsatzentscheidung des BVerfG ergänzt worden. Somit lässt sich dieses mit der Rechtsprechung des BVerfG für eine hinreichende Bestimmtheit wie folgt konkretisieren: Eine Tätigkeit als Rechtsanwalt wäre dann zu beanstanden, wenn die Ausübung eines weiteren Berufes beim rechtssuchenden Publikum begründete **Zweifel an der Unabhängigkeit und Kompetenz** eines Rechtsanwaltes wecken müsste und **dadurch das Ansehen der Rechtsanwaltschaft insgesamt in Mitleidenschaft gezogen würde.**[186] Das sei beispielsweise anzunehmen, wenn die nichtanwaltliche Tätigkeit eine zu große Staatsnähe, insbesondere bei hoheitlichen oder beamtenähnlichen Aufgaben (Angestellte im öffentlichen Dienst)[187], aufweist, die nach Ansicht des BVerfG dann geeignet ist, das Berufsbild der freien Advokatur zu beeinträchtigen,[188] oder wenn nach außen erkennbare Interessenkollisionen zwischen dem freien und unabhängigen Anwaltsberuf einerseits und dem fortwirkenden Abhängigkeitsverhältnis des Parallelberufes andererseits auftreten. Eine Staatsnähe könne generell den Eindruck erwecken, dass der Anwalt mehr zu bewirken in der Lage sei als andere Berufskollegen[189] (Überkompetenz) oder bei der Beratung und Vertretung weiterhin den fortwirkenden Zwängen des Parallelberufes unterworfen werde.

Mit diesen Konkretisierungen der beiden Tatbestandsvarianten Ziffer 2 und 3 (Regelbeispiele) sind seitens des Bestimmtheitsgrundsatzes dem Anwendungsbereich der Normen klare Grenzen gezogen. Letztlich verbietet der auch bei vorbehaltlos gewährten Grundrechten zu fordernde Vorbehalt des Gesetzes Zulassungsversagungen oder Widerrufe wegen einer Paralleltätigkeit auf andere Gründe zu stützen als jene, die wörtlich normiert oder im vorgenannten Sinne zumindest bestimmbar aus dem Wortlaut erkennbar werden. Dies kommt in der

185 BVerfG, Beschluss vom 04.11.1992, 1 BvR 79/85 u.a., BVerfGE 87, 287 ff., C.I.2.a), juris Rn. 104.

186 BVerfG, Beschluss vom 04.11.1992, 1 BvR 79/85 u.a., BVerfGE 87, 287, C.I.

187 BGH, Beschluss vom 14.02.2000, AnwZ (B) 9/99, Geschäftsführer Landesärztekammer, NJW 2000, 3004–3006.

188 BVerfG, Beschluss vom 04.11.1992, 1 BvR 79/85 u.a., BVerfGE 87, 287, C.II.3.

189 BGH, Beschluss vom 14.02.2000, AnwZ (B) 9/99, Geschäftsführer Landesärztekammer, BGH, NJW 2000, 3004–3006, II.1., juris Rn. 4.

Entscheidung des BVerfG[190] deutlich zu Ausdruck, indem verschiedene vom BGH herangezogene Versagungsgründe, wie „fehlende gehobene Stellung im Zweitberuf“ oder „zu umfassende Weisungsabhängigkeit im Zweitberuf“, auf diese Weise verworfen werden. In anderen späteren unten noch näher aufgegriffen Entscheidungen der BVerfG vermisst man diesen deutlichen Gesetzesbezug wieder, vermehrt noch in den Entscheidungen der ordentlichen Gerichte.

2. Unvereinbarkeit mit Beruf des Rechtsanwalts allgemein

Die unter Ziffer 1 beschriebene Grundnorm von §§ 7 Nr. 8, 14 II Nr. 8 BRAO, von der die Regelbeispiele abgeleitet werden, lässt sich plakativ darauf reduzieren, dass Unvereinbarkeit der Berufe dann besteht, wenn die Berufe unvereinbar sind. Durch diesen Zirkelschluss wird die Rechtsfolge zur Voraussetzung erhoben. Ein für den Normadressaten nur im Ansatz erkennbarer Regelungsgehalt an allgemeinen Voraussetzungen des Berufsverbotes lässt sich dem nicht entnehmen. Die übergeordnete Generalklausel verstößt daher gegen den Bestimmtheitsgrundsatz.

Wie bereits oben (D.I) ausgeführt, kam die aktuelle Fassung der BRAO diesbezüglich im Eindruck der Leitentscheidung des Bundesverfassungsgerichtes von 1992[191] zu Stande. Die bis dahin geltende Regelung[192] normierte eine Unvereinbarkeit, „wenn der Bewerber eine Tätigkeit ausübt, die mit dem Beruf eines Rechtsanwalts oder mit dem Ansehen der Rechtsanwaltschaft nicht vereinbar ist“. Das BVerfG monierte daran nicht nur die mangelnde Bestimmbarkeit des Begriffes „Ansehens der Rechtsanwaltschaft“ sondern explizit auch die noch unbestimmtere vorausgehende Leerformel „mit dem Beruf eines Rechtsanwaltes ... unvereinbar“ und führte aus: *„Die genannten Vorschriften umschreiben die tatbestandsmäßigen Voraussetzungen der Unvereinbarkeit eines zweiten Berufs mit der Ausübung des Rechtsanwaltsberufs oder mit dem Ansehen der Rechtsanwaltschaft nicht näher. So ist ihnen nicht unmittelbar zu entnehmen, welches Ziel der Gesetzgeber verfolgt, wenn er von der Unvereinbarkeit bestimmter Zweitberufe mit dem Rechtsanwaltsberuf ausgeht. Ebenso wenig kommt zum Ausdruck, an welche Berufe dabei gedacht ist und worauf die Justizverwaltung und die Ehrengerichte bei ihren Zulassungsentscheidungen abstellen sollen. Diese Unschärfe, die nur historisch zu erklären ist, wäre verfassungsrechtlich zu beanstanden, könnten nicht andere Auslegungsmittel zur Klärung beitragen. Diese Möglichkeit besteht jedoch.“*[193]

Die mangelnde Bestimmtheit der Generalklausel (Ziffer 1) lässt sich jedoch nicht mit einem Rückgriff auf die Gesetzesbegründung[194] aufhellen. Bei einem

190 BVerfG, Beschluss vom 04.11.1992, 1 BvR 79/85 u.a., BVerfGE 87, 287 ff., C.III.1., juris Rn. 123.

191 BVerfG, Beschluss vom 04.11.1992, 1 BvR 79/85 u.a., BVerfGE 87, 287; NJW 1993, 317 ff.

192 § 7 Nr. 8 BRAO in der bis 08.09.1994 geltenden Fassung.

193 BVerfG, Beschluss vom 04.11.1992, 1 BvR 79/85 u.a., BVerfGE 87, 287, C.I.2.a).

194 BT-Dr. 12/4993 vom 19.05.1993, S. 24.

derart intensiven Eingriff in ein Freiheitsgrundrecht – völliger Entzug der Freiheit, einen Beruf auszuüben – darf man die Normierung der Tatbestandsvoraussetzungen im Gesetzeswortlaut erwarten, soll nicht das aus dem Rechtsstaatsprinzip des Art. 20 GG abgeleitete Bestimmtheitsgebot zur Makulatur verkommen.

Somit können grundsätzlich nur die beiden Regelbeispiele zumindest eine hinreichende Bestimmtheit beanspruchen. Die Generalklausel selbst ist wegen Verstoß gegen den Bestimmtheitsgrundsatz verfassungswidrig.

VII. Materielle verfassungsrechtliche Fragen der Inkompatibilitätsregelungen

Die Inkompatibilitätsregelungen der Bundesrechtsanwaltsordnung – in der Ausgestaltung der beiden verbliebenen Regelbeispiele – wären verfassungsrechtlich nicht zu beanstanden und mit Art. 12 I GG vereinbar, wenn die Einschränkungen der Berufsfreiheit durch ausreichende Gründe gerechtfertigt werden können und dem Grundsatz der Verhältnismäßigkeit entsprechen. Das gewählte Mittel – Verbot einen Beruf neben einem anderen Beruf auszuüben – muss zur Erreichung des verfolgten Zwecks geeignet und auch erforderlich sein. Zudem muss bei einer Gesamtabwägung zwischen der Schwere des Eingriffs und dem Gewicht der ihn rechtfertigenden Gründe die Angemessenheit und Zumutbarkeit gewahrt bleiben.

Vom Bundesverfassungsgericht wird dabei der besondere Rang von Art. 12 I GG und dessen enger Zusammenhang mit der freien Entwicklung der menschlichen Persönlichkeit betont. Die aus Gründen des Gemeinwohls unumgänglichen Einschränkungen müssen unter dem Gebot strikter Wahrung des Prinzips der Verhältnismäßigkeit stehen.[195]

Die Anforderungen an das in die Berufswahlfreiheit eingreifende Gesetz richten sich nach der Intensität des Eingriffes. Das BVerfG orientierte sich in der älteren Rechtsprechung an der von ihm begründeten Dreistufeneinteilung, betont jedoch stets zu recht, dass es sich dabei nur um eine Orientierung in Sinne einer gleitenden Linie handelt und die Umstände des Einzelfalls nicht aus den Augen verloren werden dürfen. Mittlerweise dürfte es als geklärt gelten, dass diese schematische Vorgabe nur ein angewandter Fall der Verhältnismäßigkeitsprüfung ist.[196] Soweit ersichtlich wird dieser eine nicht zutreffende schematische Ansatz folgende Einteilung nicht mehr gebraucht.

195 BVerfG, Entscheidung vom 14.12.1965, 1 BvL 14/60, BVerfGE 19, 330, IV.1.

196 Hufen, NJW 1994, 2913, 2917; *Ruffert* in Epping/Hillgruber, Kom. zum GG, 3. Aufl. 2020, Art. 12 Rn. 101 m.w.N.

1. Schutzbereich von Art. 12 GG – Berufswahl, Berufsausübung

Die Unterscheidung zwischen Einschränkungen der Berufswahlfreiheit und der Berufsausübungsfreiheit wird weder bei der Schutzbereichsbestimmung noch der Frage eines Eingriffs in diesen relevant, wenn man das Grundrecht der Berufsfreiheit als ein einheitliches Grundrecht ansieht. Sie dient nur zur Einteilung der verschiedenen Eingriffsintensitäten im Rahmen der Prüfung der verfassungsrechtlichen Rechtfertigung.[197] Die Einteilung bringt zwar nur wenig Hilfestellung im Rahmen der Verhältnismäßigkeitsprüfung, macht aber klar, dass Berufswahleinschränkungen – soweit man diese als solche verifizieren kann – tendenziell als intensiver angesehen werden mit der Folge, dass die Rechtfertigungsanforderungen steigen.

Der Eingriff durch Inkompatibilitätsregelungen lässt sich auf den ersten Blick nicht einer Berufsausübungsschranke oder einer **subjektiven- oder objektiven Zulassungsschranke** – als Unterarten des Eingriffs in die Berufswahlfreiheit verstanden – zuordnen. Gewöhnlich wird von subjektiven Zulassungsschranken gesprochen, wenn die Zulassung zum Beruf von Qualifikationen, Fähigkeiten oder Eignungen des Bewerbers abhängt – dieser also die Hürden der Zulassung theoretisch selbst beeinflussen und überspringen kann. Von intensiver in das Grundrecht eingreifenden objektiven Zulassungsschranken wird ausgegangen, wenn die Voraussetzungen der Zulassung vom Einzelnen nicht beeinflussbar sind und diese sich an allgemeinen Kriterien orientieren.[198] Entscheidend bleibt unabhängig von der begrifflichen Einordnung, die Intensität des Eingriffs deutlich zu analysieren, um dann unter Beachtung aller Aspekte die Abwägung vorzunehmen.

Dass die subjektiven Zulassungsbeschränkungen als Teil der Berufswahl angesehen werden, ist nicht zwingend. Vom Parlamentarischen Rat wurde die Frage nach den Anforderungen an eine fachliche Qualifikation für einen Beruf als Regelung der Berufsausübung verstanden, weil es eine Bestimmung des Inhaltes des Berufes sei, welche fachlichen Voraussetzungen an diesen gestellt werden.[199] Dann stellt sich vermehrt die Frage, ob die Auffassung der Einheitlichkeit des Grundrechts überhaupt haltbar ist. Die Verfassungsgeber haben die Unterscheidung bewusst getroffen und damit für die richtig verstandene Berufswahlfreiheit in Sinne der objektiven Zulassungsschranken in der Konsequenz Einschränkungen nur aus dem Grundgesetz selbst für möglich gehalten. Die Berufswahl bleibt mit

---

197 *Mann* in Sachs, Kommentar zum Grundgesetz, 8. Aufl. 2018, Art. 12 Rn. 55.

198 *Mann* in Sachs, Kommentar zum Grundgesetz, 8. Aufl. 2018, Art. 12 Rn. 103; *Scholz* in Maunz/Dürig, Grundgesetz-Kommentar, Stand Juni 2006, Art. 12 Rn. 351.

199 Hufen, NJW 1994, 2913, 2917 unter Anschluss an die Arbeit von Lücke „Die Berufsfreiheit. Eine Rückbesinnung auf den Text des Art. 12 I GG, 1994“.

diesem Verständnis auf die objektiven Zulassungshürden beschränkt und nur über kollidierendes Verfassungsrecht einschränkbar.

Im Ergebnis relativiert sich diese dogmatische Grundsatzfrage jedoch wieder, weil das BVerfG auf Basis des Verständnisses des Art. 12 I GG als ein einheitliches Grundrecht für die objektiven Berufswahleinschränkungen eine Legitimation durch „**überragend wichtige Gemeinschaftsgüter**" fordert. Dies sind nichts anderes als die Güter der Verfassung,[200] die im Wege der praktischen Konkordanz auch ein vorbehaltlos gewährtes Grundrecht einschränken könnten. Die verschiedenen Ansatzpunkte werden bei ansonsten gleichen Wertungen nicht zu anderen Ergebnissen führen.

2. Tiefgreifender Eingriff in Berufsfreiheit durch Inkompatibilitätsregeln

a) Losgelöst von der begrifflichen Einordnung kommt es auf die Schwere eines Eingriffs durch die Inkompatibilitätsregeln an. In den den Unvereinbarkeitsregeln zu Grunde liegenden Konstellationen kann der Berufswerber grundsätzlich die Zulassung zum versagten Beruf selbst herbeiführen, indem er genau den anderen Beruf aufgibt. Man könnte daraus den vielfach gezogenen vorschnellen Schluss ableiten, dass es sich daher um einen minderen Eingriff im Sinne einer subjektiven Zulassungsschranke (um die Begrifflichkeit nochmals aufzugreifen) handele oder nach anderem Verständnis – wenn die subjektiven Zulassungsschranken nicht zur Berufswahlfreiheit gehören – um eine zumindest nicht nur über kollidierendes Verfassungsrecht zu rechtfertigende Berufsausübungsschranke. Dann käme man im Ergebnis wieder zu der oben (C.II.) schon angesprochenen und abgelehnten vermeintlichen verminderten Schutzintensität des Parallelberufes.

Unbeachtet bliebe auch, dass die gleichzeitige Ausübung beider Berufe nicht zur Disposition des Berufswerbers steht, der Berufswerber den gesamten Eingriff eben doch nicht aus eigener Kraft überwinden kann, ohne teilweise auf sein Grundrecht verzichten zu müssen. Damit kann die Hürde zwar vom Berufswerber selbst überwunden werden, aber nur unter Verzicht auf die Berufsfreiheit an anderer Stelle. Das ist jedenfalls nicht mehr mit Qualifikationen und Eignungen des Bewerbers vergleichbar – er kann die durch das Grundrecht garantierte Freiheit insgesamt eben nicht mehr durch eigene Kraftanstrengung und Fortbildung erleben. Der Berufswerber kann Hürden nicht durch eigene Qualifikationen beseitigen, sondern nur, wenn er den jeweils anderen Beruf aufgibt und entweder hinsichtlich des einen oder des anderen Berufes auf seine Berufsfreiheit verzichtet. Daraus wird die bedeutende Intensität des Eingriffes erkennbar. Inkompatibilitätsregelungen sind somit am Maßstab der objektiven Zugangsregelungen zu messen.[201] Wenn

200 Hufen, NJW 1994, 2913, 2917.

201 Schneider, HdbGR V, § 113 Rn. 101.

die Frage der Ausübung oder Nichtausübung eines Parallelberufes kein Qualifikationsmerkmal darstellt, entfernt man sich von den subjektiven Zulassungsschranken deutlich.

Daher wirken die Inkompatibilitätsregelungen wie ein **Berufsverbot**. Es wird nicht mehr ein Beruf ausgestaltet, sondern ebenso, wie z.B. beim Mühlenerrichtungsverbot,[202] eine konkrete Berufsausübung verboten, allein aus dem Umstand heraus, dass man gleichzeitig einen anderen Beruf ausübt. Die persönliche Beeinträchtigung ist ebenso intensiv, wie wenn die Berufsausübung aufgrund von anderen unbeeinflussbaren Faktoren verboten wird. Da es sich um ein Freiheitsgrundrecht handelt, welches letztlich die persönliche Entfaltung und nicht nur die Möglichkeit, einer Erwerbquelle nachzugehen, sichert, bleibt es irrelevant, ob schon ein Beruf ausgeübt wird und damit eine Erwerbsquelle gesichert ist.

Wenn der Berufswerber einen Beruf nur unter Verzicht auf einen anderen ergreifen kann, wenn also die Inanspruchnahme einer gesicherten Grundfreiheit nur unter Verzicht auf diese Grundfreiheit an anderer Stelle funktioniert, gelangt man relativ zwanglos zur intensivsten Einschränkung der Berufswahlfreiheit. Da mit den Inkompatibilitätsnormen zudem keine berufsspezifischen Ausgestaltungen bzw. Regelungen des Rechtsanwaltsberufes getroffen werden, bleibt es beim schweren Eingriff in die Berufsfreiheit, der nur über kollidierendes Verfassungsrecht bzw. überragend wichtige Gemeinschaftsgüter zu rechtfertigen wäre.

b) Das **BVerfG** will in seiner Grundsatzentscheidung von 1992 eine Einordnung nach dem Grad der Betroffenheit des Schutzbereichs nicht vornehmen, da Unvereinbarkeitsvorschriften den Unterscheidungsmerkmalen von Berufswahlfreiheit und Berufsausübungsfreiheit von vorn herein nicht zugänglich seien.[203] Zwar im Rahmen der Prüfung der Bestimmtheit der Norm, an deren Stelle die Frage der Zumutbarkeit nur am Rande relevant wird, behauptet das BVerfG, dass es bei der Bewertung von Inkompatibilitätsregelungen vor allem darauf ankomme, „welche **wirtschaftlichen Folgen eine Berufssperre** für die Bewerber verursacht und welchen Aufwand es kostet, die Sperre zu übersteigen (BVerfGE 21, 173 <181 f.>).“[204]

Wie die vorstehenden Überlegungen zeigten, kann einerseits der Behauptung, die Inkompatibilitätsregelungen ließen sich nicht nach dem Grad der Intensität des Eingriffs einordnen und mit anderen Fallgruppen vergleichen, nicht gefolgt

202 BVerfG, Beschluss vom 18.12.1968, 1 BvL 5/64, Mühlengesetz, BVerfGE 25, 1 ff.

203 BVerfG, Beschluss vom 04.11.1992, 1 BvR 79/85 u.a., BVerfGE 87, 287 ff., C.I.1.: „Unvereinbarkeitsvorschriften lassen sich jedoch diesen Unterscheidungsmerkmalen jedenfalls nicht generell zuordnen, weil sie sowohl objektive als auch subjektive Elemente enthalten können. Die Unterscheidung besagt auch wenig über die Auswirkung von Unvereinbarkeitsvorschriften für die Berufsbewerber.“

204 BVerfG, Beschluss vom 04.11.1992, 1 BvR 79/85 u.a., BVerfGE 87, 287 ff., C.I.1., juris Rn. 101.

werden. Das Grundrecht der Berufsfreiheit wird mit der Anknüpfung an wirtschaftliche Gesichtspunkte und der Fokussierung auf die wirtschaftlichen Folgen des Eingriffs zudem zu einem reinen **Erwerbssicherungsgrundrecht** degradiert. Freiheitsgrundrechte der Verfassung stehen nicht unter dem Vorbehalt, dass eine Einschränkung wirtschaftlich keine gravierenden Folgen mit sich bringt. Auch bei anderen Freiheitsrechten lässt sich kein Eingriff tendenziell eher rechtfertigen, wenn dieser wirtschaftlich nicht bedeutend ist. Das Grundrecht der Berufsfreiheit basiert auf der Freiheit der **Entfaltung der Persönlichkeit**. Es konkretisiert das Recht auf freie Entwicklung der Persönlichkeit,[205] nicht die Eigentumsgarantie.

Mit gleicher Argumentation könnte man ein pauschales Verbot, Fernreisen zu unternehmen, als geringen Eingriff relativieren, denn wirtschaftlich sinnvoll sind Fernreisen zum Privatvergnügen kaum – ganz im Gegenteil würde der Grundrechtsträger ohne diese Unternehmungen den Aufwand sparen und stünde wirtschaftlich besser. Das Beispiel verdeutlicht die Unzulässigkeit der Argumentation mit wirtschaftlichen Auswirkungen im Rahmen der Freiheitsgrundrechte. Im Vordergrund stehen die Betätigungsfreiheit und die Möglichkeit, sich als Mensch im Beruf zu verwirklichen, die Freiheit, etwas nach Belieben zu tun, und nicht vordergründig um wirtschaftliche Interessen im Sinne des Erwirtschaftens einer Lebensgrundlage. Dem steht auch nicht das Definitionsmerkmal eines Berufes entgegen, wonach dieser der Erhaltung der Lebensgrundlage dienen müsse. Denn damit ist nur die potentielle Geeignetheit der Betätigung angesprochen. Ob die mit den Einschränkungen durch Inkompatibilitätsregelungen verbundenen wirtschaftlichen Auswirkungen eine zusätzliche Beeinträchtigung der Eigentumsgarantie in Form des Rechtes am Gewerbebetrieb[206] darstellen, wäre eine andere Frage. Zur Beurteilung der Berufsfreiheit können derartige Kriterien jedenfalls nicht entscheidend beitragen.

c) Insgesamt sind Einschränkungen durch **Inkompatibilitätsregelungen** daher regelmäßig **schwerste Eingriffe** vergleichbar einem Berufsverbot und nur zu rechtfertigen, wenn sie der Abwehr nachweisbarer oder höchstwahrscheinlich schwerwiegender Gefahren für ein überragend wichtiges Gemeinschaftsgut dienen;[207] oder mit dem anderen Ansatz, wonach die Einschränkungen der

205 Siehe oben C.I.

206 Dazu *Papier/Shirvani* in Maunz/Dürig, Grundgesetz-Kommentar, Stand April 2018, Art. 14 Rn. 205; *Scholz* in Maunz/Dürig, Grundgesetz-Kommentar, Stand Juni 2006, Art. 12 Rn. 130.

207 Schneider, HdbGR V, § 113 Rn. 153; *Mann* in Sachs, Kommentar zum Grundgesetz, 8. Aufl. 2018, Art. 12 Rn. 106, m.w.N.; BVerfG, Beschluss vom 18.12.1968, 1 BvL 5/64, Mühlengesetz, BVerfGE 25, 1 D.I.: „Im allgemeinen wird nur die Abwehr nachweisbarer oder höchst wahrscheinlicher schwerer Gefahren für ein besonders wichtiges Gemeinschaftsgut einen solchen Eingriff in die freie Berufswahl rechtfertigen können."

Berufswahlfreiheit nur durch kollidierendes Verfassungsrecht eingeschränkt werden können, zur Abwehr nachweisbarer oder höchstwahrscheinlich schwerwiegender Gefahren für andere Verfassungsgüter. Im Ergebnis dürften beide Argumentationsstränge zu gleichen Ergebnissen führen.

3. Zweck der Inkompatibilitätsregelungen

a) Die Regelungen der BRAO zu den Inkompatibilitäten dienen nach Ansicht des BVerfG dem **Schutz der Funktionsfähigkeit der Rechtspflege** und damit einem Gemeinwohlbelang von herausragender Bedeutung. Sie verfolgten daher ein im öffentlichen Interesse liegendes **Ziel**. Die Inkompatibilitätsregelungen vermieden nämlich die Gefahr von Interessenkollisionen. Dies sei „im Interesse der Rechtspflege und des Ansehens der Rechtsanwaltschaft geboten und auch erkennbares Ziel der umstrittenen Berufswahlbeschränkungen."[208]

Das Ziel des Schutzes der Funktionsfähigkeit der Rechtspflege erweist sich nach allen Ansichten – einheitliches Grundrecht oder vorbehaltlos gewährte Berufswahlfreiheit – als legitim. Das BVerfG sieht im Ziel der Sicherung der Funktionsfähigkeit der Rechtspflege nur einen „Gemeinwohlbelang von großer Bedeutung".[209] Von dessen Standpunkt aus bleiben einerseits die Intensität des Eingriffs und die Anforderungen an dessen Rechtfertigung unstrukturiert. Die Sicherung der Funktionsfähigkeit der Rechtspflege darf wohl nicht nur als bedeutender Gemeinwohlbelang, sondern als überragend wichtiger bezeichnet werden, der zudem Verfassungsrang genießt, denn ist er doch Grundlage des gesamten Rechtstaates. Damit wäre dieses Ziel grundsätzlich auch zur Einschränkung von vorbehaltlos gewährten Grundrechten bzw. Einschränkungen der Berufswahlfreiheit zulässig.

Ziel sei es weiter, die fachliche **Kompetenz und Integrität** sowie ausreichenden **Handlungsspielraum** der Rechtsanwälte zu sichern, ebenso die **Freiheit und Unabhängigkeit des Anwaltsberufes**.[210] Die Normen schützten zuletzt die notwendige **Vertrauensgrundlage der Rechtsanwaltschaft**.[211] Damit sind fast alle verfügbaren inhaltsleeren Wortgruppen zusammengetragen, die für eine Rechtfertigung ergänzend herangezogen werden. Die Vielzahl der gebrauchten Schlagworte weist auf die Schwierigkeit der Begründung hin.

---

208 BVerfG, Beschluss vom 04.11.1992, 1 BvR 79/85 u.a., BVerfGE 87, 287 ff., C.III.3., juris Rn. 131.

209 BVerfG, Beschluss vom 04.11.1992, 1 BvR 79/85 u.a., BVerfGE 87, 287 ff., C.I.3.a), juris Rn. 112.

210 *Henssler* in Henssler/Prütting, 5. Aufl. 2019, § 7 BRAO, Rn. 78; *Vossbürger* in Weyland, 10. Aufl. 2020, § 7 BRAO, Rn. 91.

211 BVerfG, Beschluss vom 04.11.1992, 1 BvR 79/85 u.a., BVerfGE 87, 287, C.I.3.a), juris Rn. 112; *Henssler* in Henssler/Prütting, 5. Aufl. 2019, § 7 BRAO, Rn. 78; *Vossbürger* in Weyland, 10. Aufl. 2020, § 7 BRAO, Rn. 91, 96; ständ. Rechtspr. zuletzt Hess. AGH, Urteil vom 12.12.2011, 1 AGH 7/11, BRAK-Mitt. 2012, 125, 127.

Sicherung der Freiheit und Unabhängigkeit des Anwaltsberufes ist kein Ziel, welchem per se Verfassungsrang zukommt. Verbindet man damit – die Begriffe sind allen Interpretationen offen – aber nur eine grundsätzliche Freiheit und Unabhängigkeit des Anwaltsberufes vom Staat, soweit eine rechtsstaatliche Rechtspflege dies erfordert, lässt sich dieses Ziel ebenfalls unten den Begriff der Sicherung der Funktionsfähigkeit der Rechtspflege als Subziel oder Teilaspekt subsumieren. Nur in einem solchen Kontext kann ein derartiges Ziel als legitim und ausreichend gewichtig angesehen werden. Ansonsten hat die im Laufe der Geschichte erlangte Freiheit des Anwaltsberufes ebenso wenig irgendeine Gemeinwohlbedeutung wie die historisch schon immer bestehende Freiheit eines jeden anderen Berufes. Sie ist gerade von Art. 12 GG vorausgesetzt und geschützt und kann nicht zur Begründung von dessen Einschränkung herangeführt werden.

Den weiter angeführten vermeintlichen gesetzgeberischen Zielbestimmungen, mit Inkompatibilitäten die fachliche **Kompetenz und Integrität** sowie ausreichenden **Handlungsspielraum** der Rechtsanwälte sichern zu wollen, dürfte, abgesehen von der Frage der Geeignetheit, weder Verfassungsrang noch irgendeine übergeordnete Bedeutung zukommen. Das BVerfG meint zwar, dass genau damit „der Funktionsfähigkeit der Rechtspflege, also einem Gemeinwohlbelang von großer Bedeutung" gedient sei.[212] Die Kriterien dienen aber nicht per se der Funktionsfähigkeit der Rechtspflege, schon gar nicht sichern sie diese. Nur wenn man diese Zielbestimmung einschränkend in der Weise interpretiert, dass letztlich nur ein integrer und fachlich kompetenter Rechtsanwalt die partiellen Funktionen in der Rechtspflege wahrnehmen kann, ließe sich letztlich auch diese Zielbestimmung auf das einzig beachtliche Ziel der Sicherung der Funktionsfähigkeit der Rechtspflege zurückführen und als dessen Subziel definieren. Ob die Inkompatibilitätsregelungen tatsächlich im Entferntesten dazu beitragen können, darf schon an dieser Stelle bezweifelt werden.

Ein ausreichender Handlungsspielraum des Rechtsanwaltes innerhalb seines Berufes ohne Einflüsse aus der Paralleltätigkeit ist ebenfalls nur dann beachtlich, wenn sich ein Zusammenhang mit der Rechtspflege und dessen Funktionsfähigkeit darstellen lässt. Ansonsten liegt der ausreichende Handlungsspielraum innerhalb eines jeden Berufes per se nicht im Interesse der Allgemeinheit.

Isoliert betrachtet, ist eine Förderung der Integrität als Zielbestimmung unzulässig, da es kein besonders wichtiges Gemeingut darstellt, den Rechtsanwaltsberuf moralisch aufzuwerten. Man könnte auch gleich sagen – zugegeben überspitzt –, dass es Ziel des Gesetzgebers sei, bessere Menschen hervorzubringen und zu fördern. Ein solches allgemeines Ziel – so unterschreibenswert es wäre – eignet nicht

---

212 BVerfG, Beschluss vom 04.11.1992, 1 BvR 79/85 u.a., BVerfGE 87, 287 ff., C.I.3.a), juris Rn. 112; ohne Differenzierung und ohne Bezug einfach neben das Ziel der Sicherung der Funktionsfähigkeit der Rechtspflege gesetzt von *Vossbürger* in Weyland, 10. Aufl. 2020, § 7 BRAO, Rn. 96.

zur Einschränkung von Grundrechten, insbesondere nicht zur Legitimierung eines tiefgreifenden Eingriffs in die Berufsfreiheit.

Ebenso wirft die plakative Formel des Schutzes der notwendigen **Vertrauensgrundlage** mehr Fragen auf, als sie Aussagegehalt hätte. Wieso wäre ein grundlegendes Vertrauen in die Rechtsanwälte wertvoll – wertvoller als bei anderen Berufen, wer soll wem vertrauen und warum ist deren Schutz notwendig oder stellt ein überragendes Gemeingut dar? Als Zweckbestimmung ist sie daher schon untauglich.

b) Einig ist man sich heutzutage, dass die Inkompatibilitätsregelungen der BRAO **keine generelle Unvereinbarkeit von anwaltlicher und erwerbswirtschaftlicher Tätigkeit**[213] enthalten bzw. bezwecken – anders aber das StBerG für Steuerberater. Ein solches Verbot ist weder explizit erwähnt noch dem systematischen Zusammenhang zu entnehmen. Dies folgt auch aus der Existenz des § 46 BRAO. Denn bei der dort angesprochenen Gruppe der Syndikusanwälte gehen die Abhängigkeitsverhältnisse noch weit über diejenigen von manchen Junganwälten oder Anwälten mit wenigen Großkunden hinaus. Daher wäre anderen Normen schwerlich ein generelles Verbot einer Paralleltätigkeit oder einer erwerbswirtschaftlichen Tätigkeit zu entnehmen.

c) Die **Rechtsprechung des BGH** hält die Inkompatibilitätsregelungen ausdrücklich für verfassungsrechtlich unbedenklich.[214] Er nennt in diesem Zusammenhang in unterschiedlichen Entscheidungen im Anschluss an die Vorgaben des Bundesverfassungsgerichtes verschiedene Ziele der gesetzlichen Regelung mal mehr, mal weniger vollständig und bescheinigt diesen die Legitimität. Genannt werden meist nur Sicherungen

- der fachlichen Kompetenz,
- der Integrität des Rechtsanwaltes sowie
- eines ausreichenden Handlungsspielraumes der Rechtsanwälte.[215]

Es bleibt stets unklar, ob diese Ziele neben dem Schutz der Rechtspflege bestehen sollen oder als Zwischenziele dem Schutz der Funktionsfähigkeit der Rechtspflege untergeordnet sind. Nur letzteres könnte von vorn herein eine legitime Zielsetzung sein. Die hier vom BGH geäußerten vermeintlichen Zielsetzungen des Gesetzgebers hätten jedenfalls allein keine besondere Wichtigkeit oder gar Verfassungsrang, dass diese bedeutsame Grundrechtseinschränkungen legitimieren könnten. Sie eignen sich daher nicht, die Berufsfreiheit im Sinne des Verbotes von Paralleltätigkeiten einzuschränken.

---

213 BVerfG, Beschluss vom 04.11.1992, 1 BvR 79/85 u.a., BVerfGE 87, 287 ff., C.III.3., juris Rn. 130; BVerfG, Beschluss vom 05.11.2001, 1 BvR 1523/00 AnwBl. 2002, 182–183, II.1., juris Rn. 10.

214 BGH, Beschluss vom 15.05.2006, AnwZ (B) 41/05, NJW 2006, 2488–2490, II.1.

215 BGH, Beschluss vom 15.05.2006, AnwZ (B) 41/05, NJW 2006, 2488–2490, II.1.

Gelegentlich hebt der BGH daneben noch folgende (weitere) Zielsetzungen hervor:

- Sicherung der Anwaltstätigkeit als freier und unabhängiger Beruf,[216]
- Schutz der notwendigen Vertrauensgrundlage der Rechtsanwaltschaft.[217]

Diese behaupteten Zielsetzungen sind allenfalls dem Oberziel des Schutzes der Funktionsfähigkeit der Rechtspflege zuzuordnen. Allein haben diesen, so sie denn überhaupt eine Zielsetzung des Gesetzgebers gewesen sein sollten, keinen eigenen Aussagegehalt.

d) Die **Gesetzesbegründung von 1993** zitiert im Wesentlichen nur die Leitentscheidung des BVerfG von 1992 und die darin getroffenen Feststellungen. Es lässt sich aus dem Gesamtkontext jedoch herauslesen, dass der Gesetzgeber im Grunde nur von einem, dem legitimen Ziel ausgeht, nämlich der **Sicherung der Funktionsfähigkeit der Rechtspflege**. In diesem Zusammenhang gelte es, „die Stellung des Rechtsanwaltes als unabhängiges Rechtspflegeorgan" zu wahren.[218] Mehr lässt sich der Gesetzesbegründung nicht entnehmen; die zweite Variante ordnet sich der Sicherung der Funktionsfähigkeit der Rechtspflege unter.

Die ursprüngliche Intension des Gesetzgebers zur vorhergehenden Gesetzesfassung ging von der Vorstellung aus, dass eine parallele Berufsausübung per se nicht zur gehobenen Stellung des Anwaltsberufes und dessen Ansehen passe.[219] Der Gesetzgeber hatte demnach eine bestimmte Vorstellung vom Beruf des Anwaltes und wollte vornehmlich dessen Status quo erhalten.

Die anderen insbesondere vom BGH oder vom BVerfG genannten angeblichen Ziele des Gesetzgebers sind entweder als Zwischenziele der Rechtspflege untergeordnet oder der freien Interpretation des gesetzgeberischen Willens durch die Gerichte entsprungen. Das wahre Ziel des Gesetzgebers darf auch nur die **Sicherung der Funktionsfähigkeit der Rechtspflege** als legitime, beachtliche sowie nachvollziehbare Zwecksetzung von überragendem Verfassungsrang sein.

4. Konkrete Schutzziele – Erforderlichkeit und Angemessenheit der Inkompatibilitätsregelungen

Die entsprechenden Regelungen der BRAO über den Ausschluss gewisser Paralleltätigkeiten sind grundsätzlich zur Förderung des zuvor dargestellten Zieles der **Sicherung der Funktionsfähigkeit der Rechtspflege geeignet**. Für die

216 BGH, Beschluss vom 15.05.2006, AnwZ (B) 53/05, NJW 2006, 3717–3718, II.1.

217 BGH, Beschluss vom 15.05.2006, AnwZ (B) 41/05, NJW 2006, 2488–2490, II.1.; BGH, Beschluss vom 15.05.2006, AnwZ (B) 53/05, NJW 2006, 3717–3718, II.1.

218 BT-Dr. 12/4993 vom 19.05.1993, S. 24.

219 *Schmidt-Räntsch* in Gaier, Wolf, Göcken, Anwaltliches Berufsrecht, 3. Aufl. 2020, § 7 BRAO, Rn. 64.

Geeignetheit genügt bereits die Möglichkeit einer Zweckerreichung,[220] die vorliegend nicht abzusprechen ist, da zumindest theoretisch mit den Inkompatibilitätsregelungen möglichen abstrakten Interessenkollisionen zu Lasten der Mandanten vorgebeugt werden kann – Interessenkollisionen, die auf der Ebene der Funktion des Rechtsanwaltes innerhalb der Rechtspflege möglicherweise zu Störungen der Rechtspflege führen könnten. Pflichtverletzungen, die möglicherweise aus der parallelen Berufsausübung sich ergeben könnten, werden so von vornherein verhindert. Ob tatsächlich die Funktionsfähigkeit der Rechtspflege negativ beeinflusst wird und bejahendenfalls in welcher Intensität, ist eine Frage der Erforderlichkeit bzw. der Angemessenheit. Die weiteren zuvor dargestellten Zielrichtungen, die den Vorschriften zu geschrieben werden, stoßen schon bei der Frage der Geeignetheit auf Bedenken.

Das vom Gesetzgeber eingesetzte Mittel des Totalverbotes, bestimmte Berufe gleichzeitig auszuüben, erscheint kaum **erforderlich**, zumal die Erforderlichkeit bereits dann zu verneinen ist, wenn ein **milderes Mittel zur Zweckerreichung** genügt (**Ziel-Mittel-Relation**). Der Grundsatz der Verhältnismäßigkeit bindet den Gesetzgeber an das Übermaßverbot. Gibt es ein milderes Mittel zur Erreichung des gleichen legitimerweise definierten Erfolges (in der gleichen Intensität der Förderung der Ziele), ist die Bestimmung verfassungswidrig; wenn also das gesetzgeberische Ziel mit anderen gleich wirksamen, aber weniger belastenden Maßnahmen ebenso erreichbar wäre.

Vor dem Hintergrund des Grundrechtes der Berufsfreiheit ist danach zu fragen, ob die oben dargestellten zulässigen gesetzgeberischen Ziele bzw. Subziele mit weniger einschneidenden Maßnahmen als einer Berufszulassungssperre bzw. einem Berufsverbot zu erreichen wären. Ein milderes Mittel wäre es stets, wenn sich die durch die parallele berufliche Betätigung möglicherweise ergebenden – genau herauszuarbeitenden – Gefahren für die Rechtspflege durch Tätigkeitsverbote nach §§ 45, 46 BRAO mindestens ebenso erfolgreich verhindern ließen.[221]

Das BVerfG äußert sich in seiner Leitentscheidung von 1992 zur Frage der Erforderlichkeit nur vereinzelt, aber nicht vertiefend. Es wird lediglich angerissen, dass das Ziel nicht mit weniger einschneidenden Maßnahmen erreichbar sein darf und sodann zur Prüfung der Angemessenheit übergegangen.[222] Damit geht eine wichtige Kontrollstufe verloren.

Die einzelnen von der Rechtsprechung teilweise neben dem bezweckten Schutz der Funktionsfähigkeit der Rechtspflege erkannten bzw. unterstellten Ziele sind separat in Relation des Mittels Inkompatibilitätserklärung (gleichzusetzten mit

---

220 BVerfG, Beschluss vom 12.12.2006, 1 BvR 2576/04, Erfolgshonorar, B.I.2.b), m.w.N.

221 *Schmidt-Räntsch* in Gaier, Wolf, Göcken, Anwaltliches Berufsrecht, 3. Aufl. 2020, § 7 BRAO, Rn. 68.

222 BVerfG, Beschluss vom 04.11.1992, 1 BvR 79/85 u.a., BVerfGE 87, 287, C.I.3.b) und fortlaufend.

Berufsverbot) zu bewerten. Obwohl allein der Schutz der Rechtspflege legitimes Ziel ist, sollen im Folgenden alle behaupteten Ziele untersucht werden, unabhängig davon ob sie ganz oder wenigstens teilweise auf das legitime Ziel des Schutzes der Rechtspflege zurückführbar sind.

a) Sicherung fachlicher Kompetenz

Soweit allgemein eine ***fachliche Kompetenz*** der Rechtsanwaltschaft mit Inkompatibilitätsregelungen gesichert werden soll, fragt sich über die zuvor dargestellte Nichtlegitimität eines solchen isolierten Zieles für derart gravierende Grundrechtseingriffe hinaus, wie mit Verboten, weitere Tätigkeiten auszuüben, eine Förderung der fachlichen Kompetenz innerhalb des Berufes gelingen soll. Wenn jemand über den eigentlichen Beruf als Anwalt hinaus weitere Tätigkeiten übernimmt, bestehen keine Erfahrungssätze oder Anhaltspunkte, dass dadurch die fachliche Kompetenz des Rechtsanwaltes leiden könnte. Auf den ersten Blick sind weitere Tätigkeiten der Bildung und Kompetenz des Rechtsanwaltes eher förderlich. Denn er bewegt sich mit den ihm beruflich angetragenen Problemfällen in den verschiedensten Lebensbereichen. Hat er über die eigentliche juristische Qualifikation hinaus einen Weitblick und Einblick in andere Fachbereiche, hier gerade Fachwissen aus dem Parallelberuf, fördert das zwar nicht per se die fachliche Kernkompetenz des Rechtsanwaltes, ist ihr aber auch keineswegs abträglich.

Aus der parallelen Betätigung ergeben sich regelmäßig (weitere) wirtschaftliche / unternehmerische Erfahrungen. Diese können wieder bei der Beratung von Mandanten vorwiegend im Wirtschaftsrecht eingesetzt werden. Die Gesamtkompetenz des Rechtsanwaltes erfährt somit durchaus eine Aufwertung. Je mehr Wissen auch in anderen Bereichen und Branchen vorhanden ist, desto besser wird tendenziell die Beratungsleistung, zumal heute zunehmend weniger der beschränkte Falllöser von der rechtsuchenden Bevölkerung nachgefragt wird, sondern der möglichst ganzheitlich denkende und beratende auch wirtschaftlich kompetente Rechtsanwalt. Diese positiven Auswirkungen der parallelen Betätigung wären ebenso einzustellen, wenn man eine Minderung der fachlichen Kernkompetenz schlicht durch die mit der Paralleltätigkeit möglicherweise einhergehende zeitliche Begrenzung der Kerntätigkeit als Rechtsanwalt behaupten wollte.

Die gesetzlichen Inkompatibilitätsregelungen zielen auch nicht darauf ab, gerade den Parallelberuf zu verbieten, sondern den Beruf als Rechtsanwalt, was sicher nicht die Kompetenz des Berufes Rechtsstandes der Rechtsanwälte steigert, weil zumindest ein Rechtsanwalt wegfällt. Letztlich dürfte das Mittel des Berufsverbotes zur Erreichung eines Ziels einer Sicherung der fachlichen Kompetenz schon deshalb ungeeignet sein, weil es selbst die Möglichkeit, den Zweck zu erreichen, ausschließt. Ein Rechtsanwalt verschwindet lediglich vom Markt nebst dessen Kompetenz. Tendenziell werden mit den Inkompatibilitätsregelungen daher die wirtschaftlich denkenden Anwälte aus der Rechtsanwaltschaft verdrängt. Das angebliche Ziel kann daher mit Inkompatibilitätsregelungen jedenfalls nicht erreicht werden.

Letztlich wäre ein milderes – bzw. überhaupt geeignetes – Mittel zur Erreichung eines Ziels der Sicherung fachlicher Kompetenz, besondere Anforderungen an Fortbildung und ggf. Qualifikationsnachweise zu formulieren, falls jemand nicht in Vollzeit den Rechtsanwaltsberuf ausübt. Beispielsweise könnten auch erhöhte Anforderungen an Fortbildungsnachweise gestellt werden. In besonderen Fällen wäre eine Qualitätsprüfung ähnlich den Prüfungen zur Erreichung eines Fachanwaltstitels möglich, die von den Rechtsanwaltskammern organisiert werden. Als milderes Mittel in Abgrenzung zum Totalverbot müsste wie auch immer auf jeden Fall erst einmal dem Berufswerber der tatsächliche Nachweis seiner Kompetenz ermöglicht werden.

b) Ausreichender Handlungsspielraum

Die Rechtsprechung nennt im engen Zusammenhang mit der zuvor erwähnten Kompetenzsteigerung als weitere angeblich vom Gesetzgeber ausgegebene Zielvorgabe die Sicherung eines **ausreichenden Handlungsspielraums**. Es gäbe einen für den Beruf unentbehrlichen rechtlichen und tatsächlichen Handlungsspielraum.[223] Der Rechtsanwalt müsse seinen Beruf verantwortungsvoll ausüben können, um seiner Stellung als Organ der Rechtspflege gerecht werden zu können. Daran fehle es, wenn der Rechtsanwalt durch den Parallelberuf gehindert sei, unabhängig von den sonstigen inhaltlichen Anforderungen an den Rechtsanwaltsberuf die anwaltliche Tätigkeit in einem **hinreichenden Umfang** auszuüben.[224] Inwieweit ein ausreichender Handlungsspielraum irgendwie bedeutsam für die Funktionsfähigkeit der Rechtspflege wäre oder welche Wertigkeit ein derartiges Postulat im Verhältnis zur Berufsfreiheit einnimmt, wird nirgends genauer erläutert.

(1) Hauptsächlich wird diese Zielbestimmung dahingehend weiter interpretiert, den reinen **„Feierabend-Anwalt"** auszuschließen und die Berufsbezeichnung des Rechtsanwalts nicht zu einem bloßen Titel werden zu lassen.[225] Das Problem liegt konkret in der Verfügbarkeit für bei Vertragsschluss und Mandatsübernahme noch nicht vorhersehbare eventuelle Gerichtstermine und die Möglichkeit, eilige Aktionen innerhalb eines bestehenden Mandates schnell bearbeiten zu können. Zwar kommt es im Alltag der isolierten anwaltlichen Berufsausübung immer wieder zu zeitlichen Einschränkungen durch Kollisionen zwischen verschiedenen Aufgaben,

---

223 BVerfG, Beschluss vom 04.11.1992, 1 BvR 79/85 u.a., BVerfGE 87, 287, NJW 1993, 317, 319, C.I.3.a); BGH, Beschluss vom 17.03.2003, (Vereinbarkeit mit Arztberuf), AnwZ (B) 3/02, NJW 2003, 1527–1528, II.2.; BGH, Beschluss vom 14.05.2009, AnwZ (B) 119/08, NJW-RR 2009, 1359–1361, II.3.a).

224 *Schmidt-Räntsch* in Gaier, Wolf, Göcken, Anwaltliches Berufsrecht, 3. Aufl. 2020, § 7 BRAO, Rn. 69.

225 BGH, Beschluss vom 17.03.2003, (Vereinbarkeit mit Arztberuf), AnwZ (B) 3/02, NJW 2003, 1527–1528,II.2.

die nicht zugleich erledigt werden können, oder mehreren Terminen, die auf ein Zeitfenster gesetzt wurden. Derartige Kollisionen sind dem Anwaltsberuf immanent.[226] Allein deshalb dürfen Termine für Besprechungen und partielle Unabkömmlichkeiten innerhalb des Parallelberufes nicht hinderlich sein. Anders läge es jedoch dann, wenn die Paralleltätigkeit den Rechtsanwalt stetig hindert, zu den üblichen Gerichtszeiten Gerichtstermine wahrzunehmen.

aa. Aus dieser Prämisse ergibt sich die immanente Schlussfolgerung, dass regelmäßig von mit dieser Begründung zu rechtfertigen versuchte Unvereinbarkeitsregelungen nur **nicht selbständige Paralleltätigkeiten** betreffen. Selbstständig Tätige sind immer soweit frei und haben die rechtlichen und tatsächlichen Möglichkeiten, die Erfordernisse der parallel ausgeübten Berufe eigenverantwortlich zu organisieren und aufeinander abzustimmen. Soweit Angestelltenverhältnisse im Parallelberuf betroffen sind, wird verlangt, dass diese innerhalb der vertraglichen Gestaltung des Anstellungsverhältnisses die Erlaubnis enthalten, sich um die Anwaltstätigkeit zwischendurch in dringenden, eilbedürftigen Fällen zu kümmern, insbesondere Gerichtstermine wahrnehmen zu können. Nur wenn eine solche Vereinbarung vorliegt, könne der Berufsträger seine anwaltliche Tätigkeit wieder eigenverantwortlich organisieren und die Tätigkeiten wie ein Selbstständiger aufeinander abstimmen.[227]

Mit dieser Auslegung kann **die Rechtspflege** tatsächlich geschützt und gesichert werden – ein solches Ziel wäre daher zumindest geeignet. Damit werden aber auch gleich die Einschränkung und der minimale Grad der Betroffenheit der Rechtspflege sichtbar. Wenn der Anwalt mit mehreren anderen Berufsträgern gemeinsam den Beruf ausübt, können dringende Aufgaben regelmäßig von anderen übernommen werden.[228] Wenn jemand einen Einzelanwalt beauftragt, nimmt er tendenziell eine eingeschränktere Verfügbarkeit in Kauf als bei Vertragsschluss mit einer Gesellschaft von mehreren Rechtsanwälten (der Vertrag wird regelmäßig mit der Gesellschaft geschlossen). Wenn dem Mandanten zusätzlich die Paralleltätigkeit und deren zeitliche Inanspruchnahme bei Vertragsschluss offenbart werden müssen, kann dieser frei und eigenverantwortlich prüfen, ob er kontrahieren möchte. Eine Offenlegungspflicht wäre daher zumindest ein milderes Mittel, das den gleichen Zweck erfüllt und zudem angemessen auch die Freiheit des

226 BGH, Beschluss vom 17.03.2003, (Vereinbarkeit mit Arztberuf), AnwZ (B) 3/02, NJW 2003, 1527–1528, II.3.a).

227 Am Beispiel eines Arztes und Rechtsanwaltes: BGH, Beschluss vom 17.03.2003, (Vereinbarkeit mit Arztberuf), AnwZ (B) 3/02, NJW 2003, 1527–1528, II.3.a); *Vossebürger* in Weyland, 10. Aufl. 2020 § 7 BRAO, Rn. 131.

228 A.A. *Vossebürger* in Weyland, 10. Aufl. 2020, § 7 BRAO, Rn. 132, es käme nur auf die eigenen Möglichkeiten des Berufswerbers an, Vertretung durch Mitgesellschafter nur im Ausnahmefall beachtlich – mit Bezug auf BGH, Beschluss vom 30.11.1992, AnwZ (B) 39/92, BRAK-Mitt 1993, 43–44, juris Rn. 8, jeweils ohne Begründung.

Mandanten berücksichtigt, einen bestimmten Rechtsanwalt wählen zu können, vielleicht gerade einen mit Paralleltätigkeit, weil dieser Rechtsanwalt aus dieser Paralleltätigkeit ganz besondere Kompetenzen und Erfahrungen für den konkreten Fall bereithält.

bb. Der „hinreichende Umfang" wird durch den Bezug, vornehmlich Gerichtstermine im ausreichenden Umfang wahrnehmen zu können, entscheidend von den **individuellen Tätigkeiten** innerhalb der Rechtsanwaltstätigkeit geprägt. Zwar sind Rechtsanwälte für das gesamte Spektrum der Rechtsberatung inklusive forensischer Tätigkeit zugelassen, aber längst sind nicht alle Anwälte auch forensisch tätig. Ein Handlungsspielraum im nicht forensischen Tätigkeitsbereich zu fordern, verlöre den Bezug zur Zielsetzung Schutz der Rechtspflege.

Das Mittel des Berufsverbotes bei Inkompatibilitäten verhindert jedoch, dass bestimmte Beratungsmandate, die von vorn herein ersichtlich völlig frei einteilbar sind, bearbeitet werden können, z.B. Vertragsgestaltungen, Gutachten sowie jede außergerichtliche Beratung, die heute sowieso das Berufsbild des Anwaltes weit mehr prägt als die Tätigkeit bei gerichtlichen Auseinandersetzungen. Dem Mandanten bzw. rechtsuchenden Publikum wäre jedenfalls ausreichend durch Verpflichtung zur Offenlegung der Paralleltätigkeit und der dadurch bedingten zeitlichen Beschränkungen als wesentlich milderes Mittel Rechnung getragen. Eine derartige Information wäre notwendig, soweit der Mandant von einer Vollzeittätigkeit des Anwaltes ausgeht. Insoweit verhält es sich aber nicht anders als bei anderweitigen zeitlichen Machbarkeitsschranken. Der Rechtsanwalt muss vor Abschluss des Rechtsberatungsvertrages stets selbst seine zeitlichen Kapazitäten prüfen, die durch verschiedenste Faktoren beeinflusst werden.

Kaum jemand wird ein Mandat annehmen, das er zeitlich nicht bearbeiten kann, weil kollidierende Gerichtstermine oder Besprechungen – oder auch Urlaubszeiten – eine Bearbeitung der Angelegenheit nicht zulassen. Andernfalls verletzt der Anwalt die Pflichten des Beratungsvertrages und wäre u.U. zum Schadensersatz verpflichtet. Das Problem, das die Rechtsprechung aufmacht, ist daher schon anderweitig gelöst. Dass sich jemand in Anbetracht dessen und mit der Gewissheit, dass er Gerichtstermine gar nicht wahrnehmen kann, dennoch im Rahmen eines Rechtsanwaltsmandates verpflichtet, die gerichtliche Vertretung anzunehmen, mag vereinzelt vorkommen. Ein generelles, vorbeugendes Berufsverbot verbessert diese Situation jedoch nicht, wonach womöglich Rechtsanwälte sehenden Auges wegen fehlender zeitlicher Kapazitäten den Anwaltsvertrag gar nicht pflichtgemäß erfüllen können. Gleiches gilt bei fehlender fachlicher Kompetenz. Man kann doch auch nicht den Umgang mit der Familie gesetzlich einschränken, um einen ausreichenden Handlungsspielraum für den Anwaltsberuf zu schaffen. Letztlich liegt es an jedem Berufsträger, die seine zeitlichen oder fachlichen Möglichkeiten für die Rechtsberatung vorab zu prüfen.

cc. Im Rahmen der Abwägung wird zudem verkannt, dass auch innerhalb der eigentlichen Ausübung des Anwaltsberufes keine Begrenzung der Arbeitszeit oder

der Mandate besteht und daher gleiche zeitliche Engpässe auftreten können;[229] zum anderen, dass gerade Rechtanwälte, die außerhalb der normalen Arbeitszeiten Kontaktmöglichkeiten anbieten, ein besonders gutes Angebot im Sinne der Rechtspflege für tagsüber anderweitig beschäftigte Personen anbieten. Die rein beratenden Tätigkeiten erfordern daher weder eine Verfügbarkeit in der normalen Kernarbeitszeit der Gerichte noch wäre eine solche Verfügbarkeit der Rechtsberatung irgendwie förderlich. Angemessen ist daher ein Berufsverbot wegen einer Schutzrichtung der Sicherung eines ausreichenden Handlungsspielraums erst recht nicht im außergerichtlichen Tätigkeitsbereich – und auch insgesamt nicht, weil nicht zwischen forensischer und rein beratender außergerichtlicher Tätigkeit differenziert wird.

(2) Mit der Zielbestimmung eines ausreichenden Handlungsspielraumes soll, wie teilweise über die Vermeidung des Feierabendanwaltes hinausgehend behauptet wird, auch ein **Mindestmaß an Professionalität** des Rechtsanwalts gesichert werden.[230] Eine derartige Zweckrichtung wäre aber selbst kein zulässiges Ziel, weil sich die Professionalität als solche kaum unter eine Sicherung der Rechtspflege subsumieren lässt.

Wenn die Anwaltstätigkeit im Verhältnis zur gesamten beruflichen Tätigkeit nur noch von untergeordneter Bedeutung ist, könnten Erfahrungen verloren gehen, die durch die tägliche Arbeit permanente Weiterbildung zurückbleiben und die Änderungen der Rechtsentwicklung weniger erfasst werden. Damit wäre im schlimmsten Fall ein langjährig tätiger Rechtsanwalt vielleicht auf den Status eines Berufsanfängers zurückgesetzt. Dasselbe Phänomen begegnet uns auch dann, wenn der Rechtsanwalt erstmals oder nach langer Zeit mit einer im Vergleich zu seiner bisherigen Tätigkeit untypischen Rechtsmaterie berührt wird. Die Fähigkeit, sich in neue Rechtsmaterien einzuarbeiten – sozusagen die Grunddogmatik – sollte im Studium vermittelt worden sein. Da es auch keine zeitliche Geltungsdauer des Examens gibt, wenn jemand nach vielen Jahren des Examens erstmals die Zulassung zur Rechtsanwaltschaft begehrt, darf die nur geringfügige Tätigkeit als Anwalt erst recht kein Argument darstellen, den Anwaltsberuf zu verbieten. Ebenso wenig wird man ein Berufsverbot rechtfertigen wollen, wenn der Anwalt statt wegen eines Parallelberufes wegen übermäßigem Freizeitdrang nur relativ wenig arbeitet.

Die Zielkette – Sicherung der Funktionsfähigkeit der Rechtspflege, ausreichender Handlungsspielraum, Mindestmaß an Professionalität – geht daher ins Leere und ist durch das insoweit ungeeignete Mittel des Berufsverbotes nicht erreichbar.

---

229 *Manssen* in v. Mangold/Klein/Stark, Kom. zum GG, 7. Aufl. 2018, Art. 12 Rn. 246.

230 BGH, Beschluss vom 17.03.2003, (Vereinbarkeit mit Arztberuf), AnwZ (B) 3/02, NJW 2003, 1527–1528, II.2.; ebenso Feuerich/Weyland, 8. Aufl. 2012, § 7 BRAO, Rn. 126.

(3) Möglicherweise wird man die **Kompetenz** und Professionalität der ganzen Anwaltschaft heben, wenn die sogenannten Feierabendanwälte ausgeschlossen werden. Diese anscheinend eingängige Beobachtung wird bei genauerem Hinsehen zweifelhaft. Denn ein Rechtsanwalt kann in der heutigen Vielfalt der Materien sowieso nicht mehr annähernd kompetent das gesamte Spektrum seiner zulässigen Kerntätigkeiten abdecken. Entsprechend seiner individuellen Vorlieben, den speziellen Erfahrungen oder den Erfordernissen in Kanzleien wird er sich auf einzelne Fachgebiete ausrichten müssen. Arbeitet jemand nur halbtags, wird er meist nur wenige Fachgebiete betreuen können.

Warum soll jemand, der noch weniger als halbtags dem Rechtsanwaltsberuf nachgeht, auf einem bestimmten Fachgebiet – das er z.B. ausschließlich bearbeitet – weniger kompetent sein? Die über die juristische universitäre Ausbildung vermittelten und mit Bestehen des Staatsexamens nachgewiesenen Grundfertigkeiten befähigen den Rechtsanwalt, sich die Rechtsfragen zu erschließen. Es ist eine Illusion und ein unzulässiger Ausgangspunkt zu glauben, es gäbe den allseits kompetenten Anwalt. Von solchen Fehlvorstellungen gehen auch die Rechtsuchenden mehrheitlich nicht aus. Erst recht stößt die Argumentation in größeren Kanzleien an ihre Grenzen, in denen die Fachbereiche aufgeteilt werden und die Sachbearbeitung von vorn herein arbeitsteilig erfolgt. Ein nur gelegentlich arbeitender Anwalt kann in dieser Struktur allemal einen bestimmten kleinen Bereich bearbeiten, ohne irgendeine tendenziell mindere Kompetenz aufzuweisen. Der Schluss, bei wenig Beschäftigung im Anwaltsberuf (genannt Feierabendanwalt) wäre die Beratungsqualität geringer, ist keinesfalls zutreffend.

Zudem bleibt in der Diskussion insoweit immer unbeachtet, dass es bei den Paralleltätigkeiten vielfach um juristische Paralleltätigkeiten handelt, z.B. innerhalb eines Mietervereins oder im Bereich der privaten juristischen Fortbildung, bei denen allein vom geringen Umfang der ansonsten ausgeübten anwaltlichen Tätigkeit nicht auf die mangelnde Fachkompetenz geschlossen werden darf.

Ob die Annahme, ein geringer Tätigkeitsumfang behindere die Qualität der Arbeit, wahrlich sinnvoll ist, darf daher bezweifelt werden, läge aber wohl noch im Einschätzungsspielraum des Gesetzgebers. Fragen darf man hierbei aber, warum über ein Berufsverbot die Kompetenz zu fördern gesucht werden soll. Eine solche Begründung der Unvereinbarkeitsregelungen scheint doch sehr konstruiert und lediglich ein untauglicher Versuch der Rechtsprechung zu sein, ein nicht begründbares Ergebnis in den Streitigkeiten um Nichtzulassung oder Widerruf der Zulassung besser zu begründen. Wenn dem Gesetzgeber wirklich an der Förderung der Kompetenz der Rechtsanwälte über die Einstiegsqualifikationen hinaus gelegen wäre, hätte er eine generelle, regelmäßige Qualitätsprüfung beispielsweise über Fortbildungsnachweise von allen Berufsangehörigen verlangt.

(4) Das Kriterium des ausreichenden Handlungsspielraumes wird in eine unzulässige Richtung überspannt, wenn es nicht strikt auf die Erfordernisse der Sicherung der Funktionsfähigkeit der Rechtspflege begrenzt und zurückgeführt wird. Wäre das Ziel nicht schon unzulässig und das Mittel ungeeignet, müsste eine solche Bestimmung spätestens bei der Prüfung der **Erforderlichkeit** scheitern. Bei

der Frage der Erforderlichkeit begegnet man wieder Zirkelschlüssen. Das Erfordernis nach ausreichendem Handlungsspielraum sei geeignet und „erforderlich, um den reinen Feierabendanwalt auszuschließen."[231] Damit werden zwei Ziele miteinander in Relation gesetzt, aber nicht Mittel und Ziel. Umgekehrt könnte man ebenso fälschlich sagen, das Verbot des reinen Feierabendanwalts ist erforderlich, um ausreichenden Handlungsspielraum zu gewährleisten; oder das Mittel des Berufsverbotes ist erforderlich, um einen Beruf zu verbieten.

Die richtige Frage zur Erforderlichkeit lautet, ob das Mittel Berufsverbot in Hinblick auf das Subziel der ausreichenden Erledigungsfähigkeit von Gerichtsterminen und dringenden Eilaufgaben – eingeordnet in den Schutz der Funktionsfähigkeit der Rechtspflege – erforderlich ist. Wie zuvor beschrieben, muss diese Frage verneint werden, weil das Subziel der Sicherung eines ausreichenden Handlungsspielraumes auch milder, aber gleich effektiv durch Informationspflichten – begrenzt auf die forensischen Tätigkeitsbereiche eines Rechtsanwaltes, bei denen es überhaupt relevante zeitliche Konflikte geben kann – zu erreichen wäre.

Wer nur eine geringe berufliche Aktivität entfaltet, soll möglichst gleich ganz vom Beruf ausgeschlossen werden können. Diesen hinter der Argumentation stehenden Mechanismus kann man plakativ und abstrakt auch so formulieren: Wird ein Freiheitsgrundrecht wenig gebraucht, kann die Freiheit sogleich ganz verboten werden. Das dürfte nicht im Sinne der Verfassung sein.

(5) Diese Gesamtbetrachtung gibt einen ersten Hinweis auf die **Unangemessenheit** der Subzielbestimmung eines ausreichenden Handlungsspielraumes. Die Funktionsfähigkeit der Rechtspflege wird durch nur geringfügig arbeitende Rechtsanwälte nicht – schon gar nachhaltig – beeinflusst. Es sind genügend Rechtsanwälte vorhanden, die Gerichtsvertretungen oder eilige Angelegenheiten übernehmen. Auf die geringfügig Tätigen ist also die Rechtspflege gar nicht angewiesen.

Die geringfügig tätigen Rechtsanwälte, die zu üblichen Arbeitszeiten der Gerichte verhindert sind, können – so denn sie überhaupt im forensischen Bereich arbeiten wollen – auch **Vertretungen organisieren**. Damit wäre letztlich dem Anliegen genüge getan. Nur den Nachweis der ausreichenden Vertretungsmöglichkeit eröffnet die Norm bzw. deren Auslegung durch die Rechtsprechung nicht. Stattdessen wird beispielsweise auch dem Anwalt, der eine ganz geringe Tätigkeit innerhalb einer organisierten Kanzlei ausüben will, der Beruf verboten, wenn er einen Parallelberuf zugleich ausüben möchte. Zudem kann man nicht unterstellen, dass Rechtsanwälte im Wissen, die Anforderungen eines Mandates (z.B. Vertretung in Strafsachen) nicht erfüllen zu können, Vertretungen annehmen und sich vertraglich binden. Die Argumentation der Rechtsprechung setzt gedanklich jedoch genau dort – unausgesprochen – an. Andernfalls unterstellte man, Rechtsanwälte hätten systematisch den angeborenen Hang zum vertragswidrigen Handeln. Denn

231 Exemplarisch *Vossebürger* in Weyland, 10. Aufl. 2020, § 7 BRAO, Rn. 127.

sie würden sich im Wissen um die Nichterbringbarkeit der eigenen vertraglichen Leistungen (z.B. Wahrnehmung von Gerichtsterminen) zu ebensolchen verpflichten, um sich die Gegenleistung trotz fehlender oder ordentlicher eigener Leistung zu erschleichen. Man müsste unterstellen, dass das Phänomen so gravierend sei und mit Mitteln des Zivil- und Strafrechtes nicht mehr einfangbar ist, dass vorsorglich das Berufsverbot ausgesprochen werden muss.

Das hohe Gut der Berufsfreiheit kann nicht mit einem Verbot des Berufes eingeschränkt werden, um einen irgend gearteten Handlungsspielraum sicherzustellen, der insgesamt zur Funktionsfähigkeit der Rechtspflege nicht erforderlich ist. Die Reaktion des Gesetzgebers, sollte dieser ein solches Ziel mit den Inkompatibilitätsregelungen bezwecken, wäre mit einem Berufsverbot völlig unangemessen.

(6) Das BVerfG hält diese Fallgruppe hingegen für angemessen. Es sei – so die weitere Begründung – geeignet und erforderlich, um die Berufsbezeichnung des Rechtsanwalts „nicht zu einem **bloßen Titel** werden zu lassen“[232]. Im Übrigen sei das faktische Berufsverbot im Einzelfall auch zumutbar, weil die betroffenen Berufsbewerber in diesen Konstellationen bereits über einen ausfüllenden und zeitlich belastenden Hauptberuf verfügen und daher regelmäßig durch den Ausschluss vom Rechtsanwaltsberuf weniger hart getroffen würden.

Dieser Ansicht kann aus vorbenannten Gründen nicht gefolgt werden. Bei dem Grundrecht der Berufsfreiheit aus Art. 12 GG handelt es sich – um es nochmals zu betonen – um ein Persönlichkeitsgrundrecht und nicht um ein Erwerbssicherungsgrundrecht. Eine bereits existierende anderweitige Beschäftigung oder vielleicht anderweitige Einkommenssicherung, beispielsweise aus Kapitalerträgen, sind von vorn herein für die Bestimmung der Intensität des Eingriffs und der diesen rechtfertigenden Gründe irrelevant. Ein Ziel, dass die Berufsbezeichnung Rechtsanwalt im Einzelfall nicht zum „bloßen Titel“ wird, mag zwar eine legitime Vorstellung eines Gesetzgebers sein; eine hinreichende Wertigkeit zur Grundrechtseinschränkung und Legitimation von Berufsverboten besitzt dieses Ziel aber längst nicht.

(7) Das angebliche Ziel der Wahrung eines ausreichenden Handlungsspielraumes wäre ein allenfalls nachvollziehbares Interesse (kein überragend wichtiges Gemeingut). Es ist weder legitim noch erforderlich oder angemessen. Dennoch stellen Rechtsprechung oder Literatur die Rechtfertigung des Berufsverbotes über diese Zielsetzung nicht in Frage und greifen in bestimmten Fällen auf diese Argumentation zurück. Es ist bemerkenswert, wie weitgehend die **Rechtsprechung** im Einzelfall über dieses schon illegitime Ziel Berufsverbote bejaht.

In einer Entscheidung aus dem Jahre **2003** hatte sich der Senat für Anwaltssachen am **BGH** mit dem Zulassungsversagungsgrund wegen nicht ausreichender Betätigungsmöglichkeit im Beruf auseinandergesetzt.[233] Der seit langem in der Rechtsabteilung eines Unternehmens tätige Berufswerber wollte nunmehr als

232 BVerfG, Beschluss vom 04.11.1992, 1 BvR 79/85 u.a., BVerfGE 87, 287, C.II.2.
233 BGH, Beschluss vom 29.09.2003, AnwZ (B) 64/02, BGH-Report 2004, 203–204.

zweites Standbein eine eigene Anwaltskanzlei eröffnen und – soweit es sich aus dem Sachverhalt entnehmen lässt – sich in Bürogemeinschaft am Sitz der Kanzlei seines Onkels ebenfalls als Rechtsanwalt niederlassen. Die Wegstrecke zwischen der regelmäßigen Arbeitsstelle und dem geplanten Kanzleisitz erforderte einen zeitlichen Aufwand von mehr als 2 Stunden. Deshalb meinte der BGH in Übereinstimmung mit der Vorinstanz, es sei dem Berufswerber nicht möglich, in einem nennenswerten Umfang seine geplante Anwaltstätigkeit auszuüben. Dem Berufswerber bliebe für die Anwaltstätigkeit kein ausreichender und tatsächlicher Handlungsspielraum. Die Versagung der Zulassung und Einschränkung der Berufswahlfreiheit sei erforderlich, weil damit ein „Mindestmaß" an Unabhängigkeit und Professionalität gesichert werden solle.[234]

Demnach wären eine nicht näher definierte Unabhängigkeit – wobei ebenso unklar bleibt, welche Abhängigkeiten überhaupt entstehen sollten – und Professionalität nach Ansicht des BGH Schutzgüter von Verfassungsrang und können als überragend wichtiges Gemeingut Berufsverbote rechtfertigen. Diese Konsequenz wäre nicht haltbar.

Es besteht ebenso kein Erfahrungsgrundsatz, wonach die Arbeit eines nur gelegentlich tätigen Rechtsanwaltes qualitativ schlechter sei als diejenige von vollberuflich tätigen Rechtsanwälten. Der Staat darf zudem nicht generell abstrakt antizipieren, dass eine Anwaltstätigkeit im geringeren Umfang als Vollzeit – angedacht wohl 40 h/Woche – zu unprofessioneller Arbeit führt. Auch dabei wäre schon zu fragen, wie sich denn Professionalität überhaupt definiert. Gerade in dem vom BGH diesbezüglich entschiedenen Fall werden die Schlagworte bei näherer Betrachtung als untaugliche Argumente verdeutlicht. Der abgelehnte Berufswerber war bereits seit langem rechtsberatend für ein Unternehmen tätig. Die nötige Erfahrung in der Tätigkeit als Rechtsberater dürfte daher schon zu unterstellen sein. Im Übrigen wollte er in die Kanzlei seines Onkels mit einziehen und hätte dort die vorhandene Kanzleistruktur mitbenutzen können. Jeder frische Absolvent kann eine Einzelkanzlei gründen und bekommt die Zulassung zur Rechtsanwaltschaft völlig ohne anwaltliche Erfahrung und ohne jegliche Erfahrung mit Kanzleistrukturen. Es ist verfassungsrechtlich ein unzulässiger Eingriff in die Berufswahlfreiheit und wegen des vorgenannten Aspektes auch ein Gleichheitsverstoß, Berufswerbern, die die Tätigkeit als Rechtsanwalt nur in ganz geringem Umfang ausführen wollen, allein deswegen die Zulassung zu versagen.

(8) Der **EuGH** hat zwar namentlich Regelungen eines Mitgliedstaats für unanwendbar erklärt, die eine gleichzeitige Eigenschaft als Mönch und der Ausübung des Rechtsanwaltsberufs verbieten[235], musste dafür aber keine Verhältnismäßigkeitsprüfung vornehmen.

---

234 BGH, Beschluss vom 29.09.2003, AnwZ (B) 64/02, BGH-Report 2004, 203–204, II.2.

235 EuGH (Große Kammer), Urteil vom 07.05.2019 – C-431/17 (Monachos Eirinaios/Dikigorikos Syllogos Athinon), NJW 2019, 2075, unter Bezugnahme auf Art. 3 II

Ein griechischer Mönch begehrte dabei erfolgreich die Zulassung als Rechtsanwalt/die Eintragung in das Verzeichnis der Rechtsanwaltskammer in Athen, welche Voraussetzung für die Berufsausübung dort ist. Unter anderen begegneten uns in der Argumentation der beklagten berufsständischen Vereinigung auch dort die bekannten stereotypen Muster, wonach die Paralleltätigkeit als Mönch es diesem nicht erlaube, die erforderliche Unabhängigkeit von den kirchlichen Stellen zu wahren oder sich vollständig der Ausübung des Rechtsanwaltsberufs zu widmen. Die Frage der Kirchennähe an dieser Stelle einmal vernachlässig, geht die Begründung der Berufskammer dahin, ein Rechtsanwalt dürfe nur mindestens Vollzeit tätig sein.

Die Frage der Zulassung zum Beruf betreffe die grundsätzliche Frage, ob der Berufswerber den Beruf überhaupt ausüben dürfte und nicht die den Mitgliedstaaten autonom obliegenden Berufsregelungen,[236] z.B. innerhalb der BRAO. Die dem nationalen Gesetzgeber eröffneten Möglichkeiten erlauben es nicht, die Zulassung eines schon in einem anderen Mitgliedstaat ebenso zugelassenen Rechtsanwalts an strengere zusätzliche Voraussetzungen zu knüpfen. Denn Art. 3 II der RL 98/5, der die Zulassung vollständig harmonisiert, hält abschließend das Verfahren und die Voraussetzungen für die Berufswahl in weiteren Mitgliedstaaten fest. Damit durfte Griechenland die nationale Regelung, die es einem Mönch verbietet, parallel als Anwalt zu arbeiten, nicht anwenden. Die Prüfung der Frage, ob die nationale Regelung ansonsten unionsrechtskonform ist und insbesondere den Verhältnismäßigkeitsgrundsatz beachtet, war nicht Gegenstand der Vorlagefrage. Nur der eine kleine Hinweis des EuGH in diesem Zusammenhang, nämlich dass insbesondere zu prüfen ist, ob die Regelungen nicht über das zur Erreichung des verfolgten Ziels Erforderliche hinausgehen,[237] könnte auf eine kritische Distanz zu den pauschalen Argumenten der Athener Rechtsanwaltskammer im Übrigen hindeuten.

c) *Sicherung von Freiheit und Unabhängigkeit anwaltlicher Berufsausübung*

Die Tätigkeit der Rechtsanwälte ist – wie die Tätigkeit innerhalb vieler anderer Berufe ebenso – im Wesentlichen **frei von staatlicher Beeinflussung**. Mit der BRAO unterliegt der Rechtsanwalt allerdings einer relativ starken staatlichen Reglementierung im Rahmenbereich, der Organisation seines Berufes (von Verkammerung bis Kanzleipflicht), wohingegen die eigentliche Sacharbeit weitgehend frei

der RL 98/5/EG des Europäischen Parlaments und des Rates vom 16.02.1998 zur Erleichterung der ständigen Ausübung des Rechtsanwaltsberufs.

236 EuGH (Große Kammer), Urteil vom 07.05.2019 – C-431/17 (Monachos Eirinaios/Dikigorikos Syllogos Athinon), NJW 2019, 2075, Rn. 30.

237 EuGH (Große Kammer), Urteil vom 07.05.2019 – C-431/17 (Monachos Eirinaios/Dikigorikos Syllogos Athinon), NJW 2019, 2075, Rn. 35.

ist. Nur wenn man die Berufsausübung auf die reine Sachbearbeitung begrenzt, ist die Aussage der freien oder unabhängigen Tätigkeit nachvollziehbar.

Eine oft zitierte anwaltliche Unabhängigkeit kann nur die Freiheit vor staatlicher Beeinflussung umfassen.[238] Freiheit und Unabhängigkeit der anwaltlichen Berufsausübung sind zudem kein Selbstzweck, sondern nur in diesem Zusammenhang verständlich und schützenswert. Eine allgemeine Unabhängigkeit in der anwaltlichen Berufsausübung gibt es nicht, wenngleich sich wegen der Offenheit des Begriffes in Literatur und Rechtsprechung verschiedenste Interpretationen finden, die allesamt letztlich keine geeigneten Zielinterpretationen darstellen und damit im Ansatz schon keine Rechtfertigungen für tiefgreifende Eingriffe in die Berufsfreiheit bilden können. Zudem bleiben die Definitionsversuche zu oberflächlich und ohne jeglichen Bezug zum erforderlichen Verfassungsrang, wenn festgestellt wird, „Unabhängigkeit bedeutet Freiheit“[239] oder neben der Unabhängigkeit vom Staat seien „wirtschaftliche und Gesellschaftliche Unabhängigkeit sowie die Unabhängigkeit vom eigenen Mandanten von großer Bedeutung“[240].

(1) Keine Interessenkollisionen

Unabhängigkeit, die in Berufsgesetzen der Rechtsanwälte, Steuerberater und Wirtschaftsprüfer gleichermaßen Erwähnung findet, wird in der Literatur teilweise mit dem Nichtvorhandensein bzw. der inneren Freiheit von **Interessenkollisionen** beschrieben.[241] Unabhängigkeit diene zuvorderst dem Mandanten – der Rechtsanwalt müsse die Interessen der Mandanten unabhängig und interessengerecht vertreten.[242]

Mit der Formel „Freiheit von irgendwas“ könnte man jeden beliebigen Begriff unter die Unabhängigkeit gliedern – Freiheit von mangelnder Kompetenz oder begrenztem Handlungsspielraum etc. Der Begriff der Unabhängigkeit der Berufsausübung wäre dann so offen, dass er nicht mehr bestimmbar wäre. Sachlich gehört damit die Frage, wieweit die Vermeidung von Interessenkollisionen durch Inkompatibilitätsregelungen möglich, geeignet und angemessen ist, nicht zum Begriff der Unabhängigkeit, sondern allein zum Schutz der Funktionsfähigkeit der Rechtspflege. Nur unter der Prämisse der Notwendigkeiten einer funktionierenden Rechtspflege lässt sich das Kriterium der Vermeidung oder Zurückdrängung von Interessenkollisionen richtig erfassen.[243]

---

238 Siehe zudem oben D.IV.1.d).

239 *Brüggemann* in Weyland, Kom. zur BRAO, 10. Aufl. 2020, § 1 BRAO, Rn. 14.

240 *Brüggemann* in Weyland, Kom. zur BRAO, 10. Aufl. 2020, § 1 BRAO, Rn. 14.

241 So ersichtlich aus den Eingangsbeispielsfällen, die Thümmel in seinem Aufsatz zur unterschiedlichen Bedeutung des Begriffs der Unabhängigkeit in WPg 1986, 643 bildet.

242 *Schmidt-Räntsch* in Gaier, Wolf, Göcken, Anwaltliches Berufsrecht, 3. Aufl. 2020, § 7 BRAO, Rn. 67.

243 Dieser Aspekt wird daher erst unten bei VII.4.e)(4) – (8) näher untersucht.

(2) Wirtschaftliche Freiheit

Nach weiterer Interpretation bedeute Unabhängigkeit, der Rechtsanwalt könne seine Arbeitszeit frei einteilen und trage ein wirtschaftliches Risiko.[244] Ein solches Verständnis in Richtung einer wirtschaftlichen Freiheit und selbständigen Arbeitsweise bei der Ausgestaltung der Tätigkeit stellt kein besonderes Merkmal des Rechtsanwaltsberufes dar sondern beschreibt die selbstständige Tätigkeit als solche unabhängig vom gewählten Beruf. Würde sich eine Unabhängigkeit auch als wirtschaftliche Freiheit in diesem Sinne verstehen, wären angestellte Rechtsanwälte, die (als Arbeitnehmer) weder die Arbeitszeit frei einteilen können noch ein wirtschaftliches Risiko tragen, vom Beruf des Rechtsanwalts auszuschließen.

Eine **wirtschaftliche oder finanzielle Unabhängigkeit** existiert für Rechtsanwälte ebenso nicht wie nicht wie für alle anderen beruflich Tätigen. Selbständig tätige Rechtsanwälte müssen sich ebenso am Markt behaupten wie alle anderen selbständigen Gewerbetreibenden. Sie können insolvent werden, wenn die Kostenlast die Einnahmen übersteigt und Zahlungsunfähigkeit eintritt. Es bestehen weder besondere Schutzmechanismen für die Berufsgruppe der Rechtsanwälte gegen Insolvenz noch etwa ein gesichertes Grundeinkommen.

Vielfältige wirtschaftliche Abhängigkeiten sind bei allen Rechtsanwälten erkennbar, wenngleich in unterschiedlicher Intensität; so von den größten Mandanten, von den besten Mitarbeitern, von der Konjunktur einer Wirtschaftsbranche oder Beratungsfeldern, auf die gegebenenfalls eine (heute vielfach wirtschaftlich sinnvolle) Spezialisierung erfolgte. Ebenso ist nicht verboten, nur für einen oder wenige Mandanten tätig zu sein und damit den gesamten Geschäftsbetrieb der Rechtsanwaltskanzlei in eine ausgeprägte wirtschaftliche Abhängigkeit von diesen Mandanten zu stellen. Daran erkennt man, wie wenig selbst die Berufsordnung der Rechtsanwälte eine Tendenz zu möglichst wenig wirtschaftlicher Abhängigkeit postuliert. Anderes wäre wohl auch verfassungsrechtlich nicht haltbar. Deshalb darf auch eine Argumentation zur Begründung von Inkompatibilitäten mit Parallelberufen nicht auf eine – nicht vorhandene – wirtschaftliche Unabhängigkeit abstellen. Es wird von der Rechtsordnung nirgends ein wirtschaftlich unabhängiger Rechtsanwalt gefordert.

(3) Parteiunabhängigkeit

Im Versuch, die Sicherung einer Unabhängigkeit als Zielbestimmung zu definieren und zu begründen, um daran ansetzend das Mittel des Berufsverbotes zu rechtfertigen, wird teilweise eine angeblich zu fordernde Unabhängigkeit vom Mandanten angeführt – sogenannte **Parteiunabhängigkeit**. Eine zu deutliche **Identifizierung mit Mandanteninteressen** sei schädlich. Daher sei eine Unabhängigkeit von der eigenen Partei (Mandant) erforderlich, damit der „Rechtsanwalt seiner

---

244 *Brüggemann* in Weyland, Kom. zur BRAO, 10. Aufl. 2020, § 1 BRAO, Rn. 14.

Aufgabe als Organ der Rechtspflege gerecht werden kann"[245] Die Herleitung spannt zwar damit den Bogen zur zulässigen Zielsetzung des Schutzes der Rechtspflege. Eine Parteiabhängigkeit radikal auszuschließen ist jedoch weder förderungswürdig noch eine legitime Zielsetzung.[246]

aa. Das BVerfG unterstellt in den Entscheidungen zu Erfolgshonoraren eine gewisse **Unabhängigkeit von Mandanteninteressen**, die es zu schützen gelte. Behauptet wird dabei, der Gesetzgeber dürfe von der Gefährdung der anwaltlichen Unabhängigkeit durch die Vereinbarungen von Erfolgshonoraren für die gerichtliche Tätigkeit ausgehen, weil andernfalls bei der Vertretung durch den Rechtsanwalt wirtschaftliche Erwägungen den Ausschlag für die Argumentation in der Sache geben könnten.[247]

Das Bundesverfassungsgericht räumt dem Gesetzgeber einen Beurteilungsspielraum ein. Es sei verfassungsrechtlich nicht zu beanstanden, dass der Gesetzgeber die anwaltliche Unabhängigkeit – wohl in Gestalt der Parteiunabhängigkeit – durch Vereinbarung eines Erfolgshonorars als gefährdet ansieht. Es erkennt noch ganz zutreffend, dass kommerzielles Denken mit dem Anwaltsberuf nicht schlechthin unvereinbar ist sowie dass auch auf Basis des geltenden Rechtes eine Abhängigkeit vom Erfolg der Sache wegen der daraus resultierenden Reputation des Anwaltes und der Empfehlungen für weitere wirtschaftlich interessantere Mandate gegeben ist. Die Gefährdung der anwaltlichen Unabhängigkeit soll allerdings dann vorliegen, wenn eine weitgehende Parallelität der wirtschaftlichen Interessen von Rechtsanwalt und Auftraggeber herbeigeführt wird.[248] Die Denkweise setzt voraus, dass der Begriff der Unabhängigkeit die Freiheit von den Interessen des Mandanten/ der Partei einschließt.

---

245 *Brüggemann* in Weyland, Kom. zur BRAO, 10. Aufl. 2020, § 1 BRAO, Rn. 18; ähnlich Krämer, NJW 1995, 2312, 2313, der meint, Unabhängigkeit bedeute neben der Unabhängigkeit vom Staat auch Unabhängigkeit vom Mandanten, weil der Rechtsanwalt auch als Organ der Rechtspflege und nicht nur Vertreter seiner Partei tätig werde. Gemeint ist damit keine Unabhängigkeit vom Mandanten sondern eine geringfügig überlagerte Abhängigkeit vom Mandanten.

246 Zur Distanz von der eigenen Partei siehe ergänzend oben D.IV.3.b.(3).

247 BVerfG, Beschluss vom 12.12.2006, BvR 2576/04, BVerfGE 117, 163–202, B.I.2.a), juris Rn. 62 und 66: „*So kann die zur Wahrung der Unabhängigkeit gebotene kritische Distanz des Rechtsanwalts zum Anliegen des Auftraggebers (vgl. BVerfGE 110, 226 <258>) Schaden nehmen, wenn sich ein Rechtsanwalt auf eine Teilhabe am Erfolgsrisiko einer Rechtsangelegenheit eingelassen hat. Vor allem aber liegt die Befürchtung nicht völlig fern, dass mit der Vereinbarung einer erfolgsbasierten Vergütung für unredliche Berufsträger ein zusätzlicher Anreiz geschaffen werden kann, den Erfolg ‚um jeden Preis' auch durch Einsatz unlauterer Mittel anzustreben.*"; in der Tendenz ebenso BT-Dr. 12/4993 vom 19.05.1993, S. 24: „Unabhängigkeit des Anwalts in seiner Berufsausübung".

248 Beschluss vom 12.12.2006, 1 BVR 2576/04, B.I.2.a. und b.

bb. Das Verbot, das anwaltliche Honorar vom Erfolg der anwaltlichen Tätigkeit abhängig zu machen oder an den erstrittenen Betrag zu binden, findet sich in § 49 b BRAGO.[249] In der Gesetzesbegründung dazu vom 19.05.1993 heißt es: *„Bei dem Verbot, ein Erfolgshonorar oder eine Quotalitis zu vereinbaren, steht die Frage der Unabhängigkeit des Anwalts im Vordergrund. Sie ist gefährdet, wenn bei der Führung der Sache wirtschaftliche Erwägungen den Ausschlag geben könnten.“*[250] Ob damit schon allein die Freiheit/weitgehende Unabhängigkeit von Mandanteninteressen, wie es das BVerfG später formulierte, gemeint war, lässt sich kaum bestätigen. Der beratende Anwalt wird durch eine engere (durchaus vielfach positive) Bindung an das Mandanteninteresse nicht weniger oder mehr vom Mandanten abhängig.

Der Gesetzgeber könnte im Ansatz nachvollziehbar, anstatt ein solches Verbot auf eine nebulöse zu wahrende Unabhängigkeit zu stützen, konkrete Zielsetzungen formulieren und beispielsweise darauf abstellen, dass möglicherweise bezahlte Konfliktvertretungen unverhältnismäßig zunehmen würden, die anwaltliche Tätigkeit im Zeitpunkt, zu dem das Unterliegen in einem bestimmten Fall deutlich wird, bei Vereinbarung einer erfolgsabhängigen Vergütung möglicherweise zum Erliegen käme oder die (ebenfalls nicht belegbare jedoch vertretbare) abstrakte Gefahr entstünde, dass der Rechtsanwalt bei seiner Vertretung der Versuchung erliegen könne, die wirkliche Sach- und Rechtslage außer Acht zu lassen und mit nicht zu billigenden Mitteln einen Erfolg für seine Mandanten anstrebe. All diese ebenfalls in der Verfassungsbeschwerde von den verschiedenen Interessengruppen und dem BMJ vorgetragenen Begründungen erweisen sich am Ende als unhaltbar. Der Gesetzgeber hat sich aber einer derartigen Detaildiskussion von Anfang an verschlossen und argumentiert nur mit dem Blankettbegriff der allgemeinen Unabhängigkeit von der vertretenen Partei.

cc. Die schwammige Formulierung im Zusammenhang mit dem inflationär gebrauchten Begriff der Unabhängigkeit eröffnet den Interpreten bei der Frage der Rechtfertigung eines Verbotes von Erfolgshonoraren ebenso wie bei der Diskussion zur Rechtfertigung der Inkompatibilitätsregelungen breiten Raum für

---

249 Seit 01.07.2008 in Umsetzung des vorgenannten Urteils des BVerfG mit der Erweiterung in § 4a RVG normiert, wonach bei wirtschaftlicher Bedürftigkeit des Mandanten ausnahmsweise ein Erfolgshonorar vereinbart werden darf. Das Bundesverfassungsgericht hatte zuvor das strikte Verbot der Vereinbarung eines Erfolgshonorars als insoweit mit Artikel 12 Grundgesetz nicht vereinbar erklärt, als diese Vorschrift keine Ausnahme für den Fall zulässt, als dass der Rechtsanwalt mit der Vereinbarung einer erfolgsbasierten Vergütung besonderen Umständen in der Person des Auftraggebers Rechnung trägt, ohne die ansonsten Rechtssuchende ihre Rechte möglicherweise nicht verfolgt hätten bzw. verfolgen könnten. Der BRAO vergleichbare Regelungen existieren für Steuerberater und Steuerbevollmächtigte in § 9 Abs. 1 Steuerberatungsgesetz sowie für Wirtschaftsprüfer in § 55 a WPO.

250 Bundestag Drucksache 12/4993, Seite 31.

Spekulationen. Möglicherweise unterstellt der Gesetzgeber ebenso wie das BVerfG zumindest auch, der Anwalt würde bei Abhängigkeit seiner Vergütung vom Erfolg der Sache sich das Mandanteninteresse so zu Eigen machen, dass er **Berufspflichten verletzt** oder tendenziell eher **unlautere Mittel anwendet**. Kurz gesagt: Je mehr sich der Anwalt mit den Mandanteninteressen identifiziere, je verwerflicher und rechtsuntreuer sein Handeln. Diese Denkweise geht implizit von der schon sehr fragwürdigen Prämisse aus, dass der Mandant selbst stets zu unlauteren Mitteln tendiert, weil er das unmittelbare Interesse innehat.

Die Begründungen der der Verfassungsgerichtsentscheidung vom 12.12.2006, Erfolgshonorar, vorausgehenden Instanzen stellten pauschal auf den Rechtsanwalt als unabhängiges Organ der Rechtspflege ab und schlossen daraus die Verfassungsmäßigkeit des Verbotes einer Erfolgsvereinbarung. Das Beschwerdegericht meinte, Ansatzpunkt für die Honorierung solle die **gewissenhafte anwaltliche Arbeit** nicht aber der Ausgang der Sache sein.[251] Solche Ansichten klingen zwar pathetisch, sind aber nicht haltbar. Der Rechtsanwalt ist in erster Linie Dienstleister und wird vom Mandanten für seine Dienstleistung, insbesondere die Vertretung der Mandanteninteressen bezahlt. Gewissenhafte Arbeit bedeutet die Orientierung am Ergebnis und damit am Ausgang der Sache im Interesse des Mandanten. Die anwaltliche Arbeit findet weder im luftleeren Raum statt noch ist sie wissenschaftliche Beschäftigung zur Fortbildung des Rechtes, bezahlt von den Mandanten. Der Erfolg ist entscheidend, nicht eine noch so gewissenhafte Arbeit, wenngleich beides oft parallel läuft.

Der Rechtsanwalt ist von den Mandanteninteressen daher mit Sicherheit nicht unabhängig oder auch nur geringer abhängig als andere Dienstleister. Für alle gelten bei den Beratungen selbstredend als Grenze der Identifizierung mit und der Beteiligung an den Mandanteninteressen die allgemeinen Gesetze und die Strafgesetze, die im Konsens der Mitglieder der Gesellschaft Normen und Grenzen für das Zusammenleben definieren. Damit kann ein Rückgriff auf eine angeblich zu wahrende Unabhängigkeit von der vertretenen Partei weder das Verbot von Erfolgshonoraren rechtfertigen erst recht nicht den schwerwiegenden Eingriff mit Inkompatibilitätsregelungen.

dd. Unabhängig ist der Rechtsanwalt gegenüber seinem Mandanten in aller Regel nicht und schon gar nicht gegenüber den Anliegen, die sein Mandant an ihn heranträgt. Eine Parteiunabhängigkeit existiert nicht und darf auch legitimerweise nicht gefordert werden. Es geht allenfalls möglicherweise um einen kleinen Abstand, der zumindest im Ansatz nach der Meinung des Bundesverfassungsgerichtes noch zu wahren ist. Wenig erhellender wird es, unter Feststellung der Schwierigkeit einer Definition der vom BVerfG eingeführten angeblichen „Unabhängigkeit gegenüber

251 Anwaltsgerichtshof Dresden, Urteil vom 20.06.2003, Az: AGH 25/02 (I), zitiert nach Bundesverfassungsgericht, Beschluss vom 12.12.2006, 1 BVR 2576/04, A.II.2.b., juris Rn. 22.

dem Mandanteninteresse“ das nächste unklare Begriffspaar der „betreuenden Distanz“[252] einzuführen.

Annäherung an das und Identifizierung mit dem Mandanteninteresse fördern mitnichten generell oder tendenziell irgendein unlauteres Handeln. Es ist daher nicht richtig zu sagen, je mehr sich der Anwalt mit den Mandanteninteressen identifizierte, desto verwerflicher und rechtsuntreuer wäre sein Handeln – richtig wäre die Schlussfolgerung: desto besser kann die Mandantenberatung sein. Denn in erster Linie bewirkt die Anknüpfung der Vergütung des Rechtsanwaltes an den Erfolg der Sache einen Anreiz zu bestmöglicher Arbeit des Rechtsanwaltes. Die bestmögliche Vertretung und Beratung des Mandanten und damit die Orientierung am Mandanteninteresse – nicht die Unabhängigkeit bzw. Lossagung vom Mandanteninteresse – sind Verpflichtung aus dem anwaltlichen Dienstvertrag. Erfolgshonorare können dafür eine zusätzliche Unterstützung dieser Verpflichtung geben. Daher wäre die möglichst weitgehende Identifizierung mit den Mandanteninteressen begrüßenswert, um einen Ansporn für bestmögliche Arbeit des Rechtsanwaltes zu bieten. Nur wenn der Rechtsanwalt genau die Interessen des Mandanten bis an die Grenzen des zulässigen vertritt (wozu auch gehört, die Interessen kritisch zu beleuchten, zu hinterfragen und Alternativen aufzuzeigen), kann er seine eingangs beschriebene Funktion innerhalb der Rechtspflege[253] wahrnehmen.

Somit wäre zum Schutz der Funktionsfähigkeit der Rechtspflege als einziger beachtlicher Zweck von Verfassungsrang eher die Parteiabhängigkeit – und nicht die Partei<u>un</u>abhängigkeit – förderungswürdig. Die Annäherung an oder die tendenzielle Abhängigkeit von Mandanteninteressen dürfen aber weder bei den Erfolgshonoraren noch bei der hiesigen Diskussion zu den Inkompatibilitätsregelungen ein zulässiges Argument zur Rechtfertigung von Einschränkungen sein.

(4) Persönliche Unabhängigkeit

Noch weitergehend wird eine Unabhängigkeit des Rechtsanwaltes als imaginäre zu sichernde persönliche Freiheit oder **Persönliche Unabhängigkeit** umschrieben. Dies sei Ausdruck von „Format und Charakterstärke“.[254] Damit offenbart sich wieder, dass unter dem nebulösen Schlagwort der Unabhängigkeit alles verargumentiert werden kann. Dieser Denkansatz basiert im Grundsatz auf der Annahme, der Rechtsanwalt sei ein besserer, irgendwie moralisch überhöhter Mensch. Diese Eigenschaften müssten zum Ausdruck gebracht bzw. gewahrt werden und könnten dann letztlich auch Grundrechtseinschränkungen an anderer Stelle rechtfertigen. Eine so verstandene persönliche Unabhängigkeit über ein Berufsverbot bei bestimmten Paralleltätigkeiten zu erreichen oder auch nur zu fördern, ist kaum

---

252 Diesen Begriff führte Redeker, AnwBl. 1996, 503, 506 ein.

253 Dazu D.IV.1.

254 *Brüggemann* in Weyland, Kom. zur BRAO, 10. Aufl. 2020, § 1 BRAO, Rn. 19.

denkbar. Ein solches Unterziel ist schon kaum fassbar und jedenfalls nicht von einer solchen Wertigkeit, die Berufsfreiheit grundsätzlich einschränken zu können.

Andere verstehen unter persönlicher Freiheit einmal politische Freiheit, zum anderen einen Oberbegriff zur wirtschaftlichen Freiheit.[255] Die Begrifflichkeiten und deren Erklärungen laufen in der Literatur vielschichtig aber wenig ergiebig, als dass sie für die hiesige Diskussion weiter aufgearbeitet werden könnten, zumal keine weiteren Freiheitselemente genannt werden, die für die Rechtpflege und deren Funktionsfähigkeit annähernd bedeutsam und damit legitime Zielbestimmungen wären.

(5) Unabhängigkeit vom Staat innerhalb der Sacharbeit

Die historische Herleitung des Unabhängigkeitsbegriffes verdeutlichte, dass nur eine gewisse Freiheit vor staatlicher Beeinflussung mit dem Begriff der „Unabhängigkeit" traditionell verbunden wurde und verbunden werden darf.[256] Die in § 7 Nr. 8 und § 14 II Nr. 8 BRAO angesprochene Unabhängigkeit darf daher nicht anders interpretiert werden. Gemeint ist lediglich eine sogleich im Einzelnen noch näher zu beschreibende **Staatsferne**. Nach vielfach vertretener Ansicht bildet die Unabhängigkeit vom Staat zumindest den Kern der anwaltlichen Unabhängigkeit.[257] Richtigerweise ist die Staatsunabhängigkeit die einzige der vielen plakativen angeblichen Unabhängigkeiten eines Rechtsanwaltes, die tatsächlich partiell vorhanden ist, wenngleich sie kein Abgrenzungsmerkmal zu den meisten anderen Berufen darstellt – aber wegen der Staatsnähe in Bezug der anwaltlichen Aufgaben innerhalb der Rechtspflege und der historischen Einbindung des Anwaltsberufes in den Staatsapparat dort besonders betont werden darf.

Innerhalb der Terminologie Unabhängigkeit in Bezug auf staatliche Einflüsse ist zu differenzieren. Unabhängig hieße völlig bindungslos und frei. Es gibt jedoch immer mehr oder weniger ausgeprägte Abhängigkeiten vom Mandanten (wirtschaftlich oder wegen der für diesen betreute Rechtsangelegenheiten), vom

255 *Wolf* in Gaier, Wolf, Göcken, Anwaltliches Berufsrecht, 3. Aufl. 2020, § 1 BRAO, Rn. 55 und 58.

256 Dazu ausführlich D.IV.1.c).

257 *Wolf* in Gaier, Wolf, Göcken, Anwaltliches Berufsrecht, 3. Aufl. 2020, § 1 BRAO Rn. 49; Redeker, AnwBl. 1996, 503, 506; Unabhängigkeit bedeutet nach Krämer, NJW 1995, 2313, 2314 Unabhängigkeit vom Staat, daneben auch vom Mandanten; anwaltliche Unabhängigkeit bedeute im Kern die „Staatsunabhängigkeit bei der Berufsausübung" so Koch, Festschrift zum 120ig jährigen Bestehen des Münchener Anwaltsvereins, 2000, S. 131, 135. Den Schutz der Unabhängigkeit gegenüber staatlichen Stellen, die die Arbeit der Rechtsanwälte nicht beeinflussen sollen, als legitimes Schutzziel des nationalen Gesetzgebers betont ebenso EuGH (Große Kammer), Urteil vom 07.05.2019 – C-431/17 (Monachos Eirinaios/Dikigorikos Syllogos Athinon), NJW 2019, 2075 Rn. 33.

Vermieter wegen der angemieteten Räume oder von sonstigen menschlichen Einflüssen aus dem Nichtarbeitsumfeld (Familie, Freunde, Hobbyvereine). Ebenso ist auch der Rechtsanwalt abhängig vom Staat, in dem er lebt und arbeitet, der eine Infrastruktur zur Verfügung stellt, der den wirtschaftlichen Rahmen mit der Wirtschaftsordnung vorgibt und der das Arbeiten tendenziell durch die Rechtsordnung, wenn nicht gerade ermöglicht, auf jeden Fall aber sichert. Deshalb lässt sich auch unter diesem Stichwort nicht pauschal von einer Unabhängigkeit vom Staat, sondern nur von einer geminderten Abhängigkeit sprechen. Das mag zwar banal klingen, entfernt die Diskussion jedoch von vernebelnden Schlagworten und schafft einen klaren Blick auf die tatsächlichen Abhängigkeiten und Bindungen.

Diese geminderte Abhängigkeit vom Staat reflektiert sich im gesicherten fehlenden Einfluss des Staates auf die **Sacharbeit des Anwaltes**. Der Staat darf demzufolge nicht die Art und Weise der Bearbeitung eines Falles beeinflussen, schon gar nicht bei Fällen mit Staatsbeteiligung, wohl aber die Rahmenbedingungen der Berufsausübung gestalten, wovon reichlich Gebrauch gemacht worden ist.

Die Unabhängigkeit vom Staat bei der Sacharbeit ist derjenigen des Richterberufes vergleichbar. Wie bei der richterlichen Unabhängigkeit unterscheidet sich bei den Anwälten ein Kernbereich vom äußeren Ordnungsrahmen.[258] Richter werden vom Staat alimentiert. Sie sind nur im Kernbereich der Tätigkeit, in der Sachbearbeitung, unabhängig. Es wird akzeptiert, dass Richter vom Staat alimentiert werden und gleichzeitig auch Klagen gegen den Dienstherrn im weiteren Sinne entscheiden dürfen. Beim Rechtsanwalt soll hingegen schon die Anstellung innerhalb einer Parallelbeschäftigung beim Staat genügen, um eine Gefährdung der unabhängigen Beratung und Vertretung allgemein zu begründen. Der Grad der Unabhängigkeit, die von Rechtsanwälten damit verlangt wird, steht außer Verhältnis zu jeder realistischen Forderung nach fehlender Abhängigkeit, wie gerade der Vergleich zu den Richtern zeigt. Die Anwälte als Vorbereiter der gerichtlichen Entscheidung unterlägen damit weitaus strengeren Reglementierungen als die Entscheider selbst. Wenn der Anwalt also irgendwo im Parallelberuf staatlich alimentiert wird, ist das allemal unschädlich wie es eine direkte Alimentierung wäre, z.B. im Bereich der Pflichtverteidigung. Schädlich wäre nur die Kontrolle der Sacharbeit durch staatliche Stellen.

aa. Die Sacharbeit des Anwalts kann durch Interessenkollisionen mittelbar beeinflusst werden. Daher wäre es unter Betonung der Staatsferne denkbar, die Beteiligung des Anwalts an Streitigkeiten mit Staatsbeteiligung bei gleichzeitiger Tätigkeit für den Staat innerhalb eines Parallelberufes auszuschließen. Weitergehend als das Tätigkeitsverbot bei unmittelbaren Interessenkollisionen

---

258 *Wolf* in Gaier, Wolf, Göcken, Anwaltliches Berufsrecht, 3. Aufl. 2020, § 1 BRAO Rn. 49.

würde das Mittel der Inkompatibilität des Anwaltsberufes mit Parallelbeschäftigungen beim Staat schon die Gefahr ausschließen, dass ein Anwalt abstrakt in Interessenkollisionen gerät.

Eine solche Zielsetzung wäre nicht generell unzulässig und läge im Beurteilungsspielraum des Gesetzgebers, denn die Vermeidung derartiger Interessenkollisionen liegt per se im Interesse der Rechtspflege. Mit Berufsverboten, wie sie die Inkompatibilitätsregeln enthalten, wäre es möglich, letztlich die Funktionsfähigkeit der Rechtspflege zu befördern, soweit damit die gleichzeitige Berufsausübung als Rechtsanwalt in staatlicher Anstellung bei einem Mandat mit Staatsbeteiligung ausgeschlossen wird. Das Mittel des Berufsverbotes wäre also soweit geeignet. Die Funktionsfähigkeit der Rechtspflege hängt nämlich bei Angelegenheiten mit Staatsbeteiligung entscheidend von der Möglichkeit ab, einen nur dem Mandanteninteresse verpflichteten Rechtsbeistand zu finden. Interessenkollisionen wären von vorn herein insoweit nicht mehr möglich.

Mit dieser eingeschränkten Deutung der Staatunabhängigkeit lässt sich zwar die Geeignetheit der Zielbestimmung noch feststellen, nicht aber die darauf bezogene **Erforderlichkeit und Angemessenheit eines Berufsverbotes**. Nur die Bedrohung der Funktionsfähigkeit der Rechtspflege rechtfertigt unter Umständen die schweren Eingriffe in die Berufsfreiheit durch Inkompatibilitäten mit Parallelberufen beim Staat. Die Freiheit der Sacharbeit des Anwalts wird selbst bei Paralleltätigkeiten im Rahmen von Anstellungsverhältnissen beim Staat nicht annähernd tief beeinflusst, um Berufsverbote zu rechtfertigen. Ebenso wie Richter, die direkt von Staat alimentiert sind, können auch Anwälte mit ausreichend Freiheit für die Aufgabenwahrnehmung innerhalb der Rechtspflege agieren, wenn sie parallel im Parallelberuf nur beim Staat angestellt sind.

bb. Das BVerfG hält die aus den Vorschriften der §§ 7 Nr. 8, 14 Nr. 7 BRAO abgeleitete Unvereinbarkeit des Rechtsanwaltsberufes mit **Anstellungsverhältnissen im öffentlichen Dienst** für verfassungsrechtlich unbedenklich, ohne eine Ableitung aus der Rechtspflege und eine Abwägung der Rechtsgüter der Rechtspflege sowie deren Funktionsfähigkeit mit der Berufsfreiheit vorzunehmen. Verfassungsrechtlich unbedenklich seien insbesondere die Vorschriften der BRAO, die eine Unvereinbarkeit der Rechtsanwaltstätigkeit mit Anstellungsverhältnissen im öffentlichen Dienst statuieren, weil der Gesetzgeber davon ausgehe, dass es dem Grundsatz der freien Advokatur widerspricht, wenn der Rechtsanwalt in irgendeiner Weise vom Staat abhängig ist.[259] Der Grundsatz der freien Advokatur – also die

259 BVerfG, Beschluss vom 04.11.1992, 1 BvR 79/85 u.a., BVerfGE 87, 287, C.I.II.b): „Auch die Begründung des Regierungsentwurfs geht ganz allgemein davon aus, daß es dem Grundsatz der freien Advokatur widerspricht, wenn der Rechtsanwalt in irgendeiner Weise vom Staat abhängig ist (a.a.O., S. 49 zu § 2)." Bestätigt in BVerfG, Kammerbschluss vom 02.12.1994 – wissenschaftlicher Mitarbeiter – 1 BvR 1643/92, NJW 1995, 951–952 III.1.

imaginäre Unabhängigkeit – ist weder Selbstzweck, noch ist die Freiheit der Advokatur per se ein zu schützendes Verfassungsgut oder ein hochwertiges Gemeingut. Eine Rechtfertigung könnte sich nur aus der Funktionsfähigkeit der Rechtspflege ableiten. Was der Gesetzgeber meint, ist zudem Gegenstand der verfassungsrechtlichen Prüfung, nicht deren Maßstab.

Da das BVerfG diese eine Begründung (Widerspruch zur „freien Advokatur2) wohl nicht für recht überzeugend hält, greift das Gericht zur Rechtfertigung zusätzlich noch auf das ‚Ansehen' des Rechtsanwaltsberufes zurück, um das gewünschte Ergebnis der Verfassungsmäßigkeit der Unvereinbarkeitsnormen der BRAO zu bestätigen. Staatsnahe Parallelberufe seien regelmäßig nicht mit dem Rechtsanwaltsberuf vereinbar, weil es „das Ansehen der Rechtsanwaltschaft in der Öffentlichkeit berührt“[260] Ziel der gesetzlichen Regelungen sei nunmehr, dass das Erscheinungsbild einer von staatlichen Einflüssen freien Advokatur nicht beeinträchtigt werde. Deshalb sollen beamtenähnliche Parallelbeschäftigungen ausgeschlossen werden.[261] Weder die freie Advokatur an sich noch das Erscheinungsbild der Advokatur als frei von staatlichen Einflüssen sind ein beachtliches Ziel. Im Erscheinungsbild liegt erst recht kein annähernd ausreichendes Gemeingut von solchem Gewicht, welches die Berufsfreiheit fundamental einschränken könnte. Die Inkompatibilität soll letztlich mit dem (nicht auf einen Schutz der Rechtspflege zurückführbares) Ziel begründet werden, die Berufe auseinanderzuhalten. Es mag zutreffend sein, dass der Gesetzgeber die Berufe, aus welchen überkommenden Vorstellungen auch immer, auseinanderhalten wollte. Nur gerade die Berechtigung zu der damit verbundenen Freiheitseinschränkung steht zur Überprüfung und darf nicht als Begründung derselben herangezogen werden.

Das BVerfG verwirft anschließend innerhalb der Erforderlichkeitsprüfung die Argumentation der damaligen Beschwerdeführer, dass einfache Tätigkeitsverbote genügen würden, mit dem Hinweis, wonach die Standesaufsicht Abhängigkeitsverhältnisse „nicht zuverlässig“ ausschließen könne. Um dieses Argument zu entkräften genügt der Hinweis, dass auch die Paralleltätigkeiten von der „Standesaufsicht“ (Kammer) überwacht werden. Abhängigkeitsverhältnisse oder Parallelberufe erfährt die Kammer nur durch eigene Ermittlungen oder fremde Hinweise. Warum soll die gleiche Institution eine Paralleltätigkeit als solche eher erfahren und damit effektiver überwachen können?

Zudem sei die Auslegung der Inkompatibilitätsnormen zum generellen Ausschluss einer Paralleltätigkeit beim Staat und deren praktische Handhabung deshalb zumutbar, weil als weitere Voraussetzung verlangt werde, dass „aus der Sicht des rechtsuchenden Publikums ... zumindest die Möglichkeit besteht, die

260 BVerfG, Beschluss vom 04.11.1992, 1 BvR 79/85 u.a., BVerfGE 87, 287, C.II.3., juris Rn. 118.

261 BVerfG, Beschluss vom 04.11.1992, 1 BvR 79/85 u.a., BVerfGE 87, 287, C.II.3., juris Rn. 119.

Unabhängigkeit des Rechtsanwalts sei durch Bindungen an den Staat beeinträchtigt."[262] Die Bindungen an den Staat sind – wie bereits aufgezeigt – vielfältig. Sie bestehen auch bei Beratungen oder sonstigen dauerhaften Geschäftsbeziehungen des Anwaltes. Das rechtsuchende Publikum entwickelt keine Vorstellung, wonach der Rechtsanwalt keinen staatlichen Bindungen unterliege. Ein Interesse – soweit wird vielleicht eine Meinungsbildung erfolgen – hat der Rechtssuchende lediglich an tatsächlichen Bindungen, die seinen Streitfall oder seine Beratungsangelegenheit – also die konkrete Angelegenheit – betreffen, und damit zu Interessenkollisionen führen könnten.

Zur Sicherung der staatlichen Nichtbeeinflussung der Sacharbeit wäre auch bei parallelen Beschäftigungsverhältnissen beim Staat damit jedenfalls ein Tätigkeitsverbot ausreichend, welches für Kollisionen im speziellen Einzelfall schon besteht, verbunden mit einer Offenlegungspflicht des Anwaltes bezüglich einer solchen Paralleltätigkeit und einem Wahlrecht des Mandanten, in diesem Wissen dennoch mit dem Anwalt zu kontrahieren. Mit einem Tätigkeitsverbot im Einzelfall ließen sich dann auch die übrigen Interessenkollisionsfälle erfassen. Solche gäbe es nämlich potentiell in gleicher Weise, wenn statt eines Anstellungsverhältnisses ein dauerhaftes Beratungsverhältnis mit Institutionen des Staates bestünde. Diese bewirken regelmäßig gleichgewichtige oder sogar stärkere Abhängigkeiten als eine parallele nichtselbständige Beschäftigung, z.B. bei wirtschaftlicher Abhängigkeit, wenn ein signifikanter Anteil des Umsatzes des Rechtsanwaltes mit diesem Beratungsverhältnis erwirtschaftet wird.

(6) Zusammenfassung Unabhängigkeit

Wie die vorstehenden Ausführungen gezeigt haben, wird der Begriff der Unabhängigkeit fast inflationär gebraucht, vieles unter diesen subsumiert und hinein interpretiert – ohne zunächst zu differenzieren, wer von wem oder was inwieweit unabhängig sein soll. Letztlich sollen angeblich schon bestehende diverse Unabhängigkeiten geschützt werden. Mit einer solchen diffusen Zielauslegung wird versucht, jegliche Einschränkungen von Grundrechten zu legitimieren.

Regelmäßig handelt es sich jedoch bei den dabei angerissenen Konstellationen nicht um Unabhängigkeiten, sondern allenfalls verminderte Abhängigkeiten. Der Bezug auf das einzig relevante Ziel der Sicherung der Funktionsfähigkeit der Rechtspflege wird in der Diskussion kaum beachtet. Denn Unabhängigkeit ist weder Selbstzweck mit Verfassungsrang noch Begründung für Einschränkungen der Grundrechte, sondern selbst im Rahmen der Erfordernisse der Rechtspflege erst einmal begründungsbedürftig dahingehend, wer in welchem Umfang von wem vermindert anhängig sein sollte, um die Funktionsfähigkeit der der Rechtspflege zu gewährleisten.

---

262 BVerfG, Beschluss vom 04.11.1992, 1 BvR 79/85 u.a., BVerfGE 87, 287, C.II.3., juris Rn. 119.

Lediglich eine Unabhängigkeit vom Staat ist relevant – diese auch nur mit der Einschränkung auf die Sacharbeit.[263] Andere Unabhängigkeiten existieren tatsächlich nicht, insbesondere keine wirtschaftliche oder persönliche Unabhängigkeit oder eine solche vom Vertragspartner (Mandanten) bzw. Mandanteninteressen.

Eine weitere ebenso unzutreffende angebliche Unabhängigkeit führte zuletzt Singer mit der „professionellen Unabhängigkeit" ein. Diese und die „Rechtspflege" würden bei der von ihm untersuchten, in Herleitung und Begründung vergleichbaren Problematik des Fremdbesitzes an Anwaltskanzleien schweren Schaden nehmen.[264] Näher wird die anscheinend auf gleicher Stufe mit der Rechtspflege stehende „professionelle Unabhängigkeit" bzw. berufliche Unabhängigkeit als Unterart (oder vielleicht auch gleichlaufend mit) einer allgemeinen anwaltlichen Unabhängigkeit nicht erläutert.

d) Sicherung einer Integrität der Rechtsanwälte, Ansehen und Vertrauensgrundlage

Integrität steht für Korrektheit, Anständigkeit, Aufrichtigkeit, Unbescholtenheit und Unversehrtheit – die Übereinstimmung von inneren Werten und eigenem Handeln. Ein integrer Mensch ist nicht korrumpierbar. Er lässt sich von inneren Werten und Prinzipien leiten, nicht von materiellen oder vergleichbaren Vorteilen für sich.

(1) Die Erhöhung der Integrität der gesamten Rechtsanwaltschaft wäre schon keine zulässige Zielbestimmung. Eine solche Zielbestimmung wäre deutlich zu unbestimmt. Wer dürfte die **Moralvorstellungen** definieren, wessen Moralvorstellungen werden zu Grunde gelegt – die der Allgemeinheit oder die einer bestimmten Gruppe?

Wäre das moralische Ziel der Sicherung oder Erhöhung der Integrität zulässig, so wäre das Mittel der Inkompatibilität eines Parallelberufes **geeignet**, die Integrität – besser den Anschein der Integrität – der ganzen Berufsgruppe Anwaltschaft zu erhöhen, wenn als weitere Voraussetzung die Art des Parallelberufs selbst als unanständig, unaufrichtig oder in der Gesamtheit seiner Berufsangehörigen als weniger integer als die Gesamtheit der Rechtsanwälte anzusehen wäre. Wie soll man aber messen, in welchem Beruf die besseren Menschen arbeiten? Denn darauf

---

263 Weitergehend und vom EUGH (Urteil vom 19.05.2009, C-171/, C-172-07) durch das gehaltene Fremdbesitzverbot für Apotheken aufgeflammt geht die Frage zur Verfassungsmäßigkeit des Fremdbesitzverbots an Anwaltskanzleien. Teilweise wird auch das Fremdbesitzverbot als Unterart der anwaltlichen Unabhängigkeit interpretiert – so *Singer* in FS Czybulka, S. 327, 330 –, was wieder nur die Offenheit, Intransparenz und Unbrauchbarkeit des Begriffes bestätigt.

264 Singer, BRAK-Mitt 2012, 145–152, auch den Stand der Lehre und Rechtsprechung zur anwaltlichen Unabhängigkeit wiedergebend.

liefe eine weitere Prüfung hinaus. Man kann Kenngrößen wie Straftaten innerhalb der Berufsgruppe verwenden oder auf die Meinungsforschung zum Ansehen des Berufsstandes zurückgreifen? Bei Allem wird sich der Anwaltsberuf heutzutage mit Sicherheit nicht von anderen Berufen abheben.[265]

Hinter der Auffassung, die Integritätsförderung sei auch ein Ziel der Inkompatibilitätsregelungen, verbirgt sich der Ausgangspunkt, dass Juristen in Form der Anwälte überwiegend persönlich-moralisch bessere Menschen wären. Dieser merkwürdige, nicht haltbare Ausgangspunkt mag psychologisch dadurch bedingt sein, dass sich ganz überwiegend Juristen in Literatur und Rechtsprechung mit der Deutung der eigenen Berufsgruppe beschäftigen und damit das gesamte Bild der Anwälte (Juristen) von einer verklärten Selbstdarstellung geprägt wird.

Die Frage wer oder welche Berufsgruppe möglicherweise integrer ist als andere, lässt sich nicht wissenschaftlich oder annähernd objektiv beantworten. Es wäre der gesamten Juristengruppe und insbesondere denen der berufsständigen Vereinigungen, die solche imaginären Überhöhungen des eigenen Berufsstandes gerne anführen, zu empfehlen, sich genau mit der tatsächlichen Arbeitsweise vieler Rechtsanwälte zu beschäftigen. Dann müsste man nämlich eine solche Auffassung negieren und konstatieren, dass die Rechtsanwälte auch keine Gruppe besonders integrer Menschen darstellen – und auch nicht darstellen müssen. Tatsächlich problematisch nämlich ist das mangelnde Engagement vieler Anwälte, die nach Mandatsannahme entweder an ihre fachlichen Grenzen stoßen oder sich der Verantwortung innerhalb des Rechtstaates nicht bewusst sind. Das Erste und leider oft Einzige, dass viele Anwälte von Beginn ihrer Berufstätigkeit an sukzessive verinnerlichen, sind Phrasen und antiquierte Sprache. Man kann heute noch eine hochgradig gestelzte und weitgehend für den Empfänger nur schwer verständliche Sprache in vielen anwaltlichen Schriftsätzen beobachten. Umgekehrt proportional dazu stehen meist die inhaltliche Qualität und die Bereitschaft, Konflikte im Mandanteninteresse zu lösen. Oftmals offenbart sich, dass die Optimierung der eigenen Abrechnungsmöglichkeiten die Ausrichtung des Handelns innerhalb eines Mandates (Beratung und Vertretung) bestimmt – befördert sogar durch gesetzliche Anreize wie die zusätzlichen Vergleichsgebühren. Diese Anwälte befinden sich insoweit im Bunde mit einigen Richtern, die eine Verantwortungslosigkeit in der Sachbehandlung der gerichtlichen Rechtstreite vorleben.[266] Die Berufsgruppe der Anwälte ist weit davon entfernt, ein gesellschaftliches Vorbild zu sein oder auch nur den Anschein zu setzen, integrer als viele andere Menschen zu sein.

---

265 A.A. *Brüggemann* in Weyland, Kom. zur BRAO, 10. Aufl. 2020, § 1 BRAO, Rn. 13, der unter Berufung auf BVerfG (BVerfGE 110, 226) meint, dass Treuepflichten, Zulassungsverfahren und Überwachung zu mehr Rechtstreue, zur Entwicklung eines „Berufsethos“ und Wahrhaftigkeit führten bzw. schon geführt haben.

266 Vgl. dazu schon oben D.IV.1.b)(3).

Mit dieser Bestandsaufnahme wäre es noch schwieriger, Parallelberufe zu finden, die weniger integre Mitglieder haben (theoretische Messbarkeit unterstellt), um insoweit mit der angeblichen Schutzzielrichtung der Sicherung der Integrität der Anwaltsgruppe die parallele Berufsausübung zu untersagen.

Dass derartige pauschale und unkonkrete Zielsetzungen weder handhabbar noch bestimmbar sind, offenbart sich deutlich, wenn man die Argumentation überspitzt weiter ausbaut: Um die Anwälte zu integren Menschen zu erziehen, muss die parallele Ausübung anderer Berufe, die nicht auf höchster moralischer Stufe stehen – lassen wir dahingestellt, welche Berufe das sein sollen – ausgeschlossen werden. Ließe man eine solche Diskussion um die Integrität zu, wäre dem Gesetzgeber eine Tür geöffnet, über die nicht nachprüfbare Integritätsabstufungen willkürlich Grundrechte einzuschränken, soweit man die Begrenzung nicht noch in der Angemessenheitsprüfung findet.

(2) Die Argumentation von einer zu steigernden Integrität wird nicht nachvollziehbarer, wenn auf ein letztlich aus der Integrität herrührendes angeblich entstehendes **Ansehen** der Anwaltschaft abgestellt wird. Zumindest als Tatbestandsalternative innerhalb der Inkompatibilitätsnormen der BRAO hatte das BVerfG in seiner Leitentscheidung von 1992 das imaginäre Ansehen als noch bestimmbar angesehen, wenn dieses letztlich auf das einzig relevante Ziel der Sicherung der Funktionsfähigkeit der Rechtspflege zurückgeführt wird – dies über die Brücke der Unabhängigkeit von staatlichen Einflüssen.[267] Das BVerfG verwendet anschließend jedoch die Vielzahl an Schlagwörtern, wonach unabhängig von der persönlichen Integrität des Einzelnen in die Beurteilung der Rechtfertigung des Verbotes eines Parallelberufes ebenso eingestellt werden dürfe, „*ob die Ausübung des zweiten Berufs beim rechtsuchenden Publikum begründete Zweifel an der Unabhängigkeit und Kompetenz eines Rechtsanwalts wecken müsste und dadurch das Ansehen der Rechtsanwaltschaft insgesamt in Mitleidenschaft gezogen würde.*“ Einzelne Rechtsanwälte beeinflussten das Gesamtbild des Berufes in der Öffentlichkeit. Ein reduziertes Ansehen berühre auch die Vertrauensgrundlage, die die Rechtsanwaltschaft im Interesse einer funktionierenden Rechtspflege benötigt.[268]

267 BVerfG, Beschluss vom 04.11.1992, 1 BvR 79/85 u.a., BVerfGE 87, 287, C.I.2.b), juris Rn. 110: „Eine bedeutsame Fallgruppe, die von der Rechtsprechung in diesen Zusammenhang gestellt wird, bilden Anstellungsverhältnisse im öffentlichen Dienst…“.

268 BVerfG, Beschluss vom 04.11.1992, 1 BvR 79/85 u.a., BVerfGE 87, 287, NJW 1993, 317, 319, C.I.2.b), juris Rn. 109 wörtlich: „Dennoch hat das Tatbestandsmerkmal eine hinreichend bestimmbare Bedeutung, wenn man es nicht isoliert betrachtet, sondern als Ergänzung und Verstärkung der vorangehenden Tatbestandsalternative versteht. Die Frage der Kompetenz und Integrität stellt sich nämlich nicht nur für den einzelnen Berufsbewerber und seine künftigen Mandanten, sondern auch für die Rechtsanwaltschaft insgesamt. Deren Ansehen in der Öffentlichkeit kann durch das berufliche Erscheinungsbild einzelner Rechtsanwälte beeinflußt werden. Das

Die **Vertrauensgrundlage** knüpfe damit an imaginäres Ansehen an, das auf irgendeine Integrität zurückgehe. Nur worauf wird vertraut – möglicherweise auf Fachwissen im Einzelfall oder eine gute Ausbildung, sicher aber nicht auf die Integrität der Anwälte. Die Bevölkerung nimmt den Berufsstand der Anwälte schon lange nicht mehr – wenn es überhaupt einmal anders gewesen sein sollte – als besonders integer wahr oder knüpft daran Ansehen und Vertrauen. Viele Anwälte gelten als rechthaberisch, überheblich und korrupt, vor allem aber maßgeblich von materiellen Werten beeinflusst, die sie mindestens genauso oft wie andere Teile der Bevölkerung zur Schau stellen.

Damit sich der Mandant dem Rechtsanwalt anvertrauen könne, müsse die Öffentlichkeit schon in eine Unabhängigkeit vertrauen können.[269] Wenn nach dem Vorgesagten lediglich die weitgehende Unabhängigkeit des Rechtsanwaltes vom Staat im Rahmen der Sacharbeit besteht und schützenswert ist, kann ein Vertrauen richtigerweise nur daran anknüpfen und nicht an eine anders verstandene Unabhängigkeit oder gar an eine nicht vorhandene Integrität. Der Ansatzpunkt der bisherigen Argumentation der Rechtsprechung ist also verfehlt.

(3) Die Frage, ob bei unterstellter legitimer Zielsetzung ein milderes Mittel als ein Berufsverbot zur Verfügung steht, um irgendeine Integrität der Rechtsanwaltschaft zu sichern oder zu befördern, lässt sich wegen der Globalität einer Zielformulierung über Integrität, Ansehen und Vertrauen, wie sie das BVerfG vornimmt, kaum beantworten. Bei derart abstrakten Zielen und verschwommenen unklaren Begriffen, werden sich immer ebensolche Einwände finden, warum das eine Mittel unterhalb des Berufsverbotes nicht ebenso effektiv sei.

Eine sachliche Begründung kann aber folgendermaßen geführt werden: Nach Ansicht des BVerfG beruhe ein Vertrauen in die Anwaltschaft und dessen Ansehen maßgeblich auf der Unabhängigkeit der Rechtsanwälte.[270] Unabhängigkeit bedeutet in diesem Zusammenhang, wie zuvor aufgezeigt, allein die Freiheit von staatlichem Einfluss auf die Sacharbeit. Ebenso wie schon Inkompatibilitätsregelungen zum Schutz einer so verstandenen Unabhängigkeit vom Staat nicht erforderlich sind, verhält es sich auf der darüber gelagerten Abstraktionsebene. Um ein imaginäres Ansehen oder Vertrauen der Menschen in die Anwaltschaft allgemein zu befördern, die wiederum allenfalls dem Schutz der Freiheit vor staatlichem Einfluss auf die Sacharbeit dienen, können keine weitergehenden Mittel erforderlich sein als für den Schutz vor staatlicher Beeinflussung selbst.

---

berührt auch die Vertrauensgrundlage, die die Rechtsanwaltschaft im Interesse einer funktionierenden Rechtspflege benötigt."

269 *Schmidt-Räntsch* in Gaier, Wolf, Göcken, Anwaltliches Berufsrecht, 3. Aufl. 2020, § 7 BRAO, Rn. 67.

270 BVerfG, Beschluss vom 04.11.1992, 1 BvR 79/85 u.a., BVerfGE 87, 287, C.I.2.b), juris Rn. 110.

Das Vertrauen der rechtsuchenden Bevölkerung auf die Freiheit der Sacharbeit des Rechtsanwaltes vor staatlicher Beeinflussung wird durch **Parallelberufe eines Rechtsanwaltes im öffentlichen Sektor** keinen negativen Einfluss erfahren. Denn verlangen die Tätigkeiten für den Staat meist eine weitergehende oder zumindest ähnliche Aussage des Berufswerbers zur Treue auf die Verfassung. Ebenso besteht kein geringes Vertrauen beispielsweise in Verwaltungsrichter, die regelmäßig in Angelegenheiten zwischen Bürger und Staat entscheiden, nur weil diese Richter auch staatlich alimentiert werden.

Bedeutung erlangt ein Vertrauen auf fehlenden Einfluss des Staates auf die Sacharbeit des Anwaltes, welches durch mögliche Interessenkollisionen betroffen wäre, bei Rechtstreitigkeiten mit Staatsbeteiligung, insbesondere im Strafrecht oder Verwaltungsrecht. Für die zivilrechtliche Wirtschaftsberatung wird niemand ein beachtliches Vertrauen in den Anwalt setzen, dass er keinen Parallelberuf mit Staatsnähe ausübt. Aber auch bei den vorgenannten Streitigkeiten mit Staatsbeteiligung wird sich ein Vertrauen wieder nur auf den Einzelfall beziehen, wonach gerade die Vertretung in diesem speziellen Einzelfall **frei von widerstreitenden Interessen** gewährleistet sein muss.

Das Vertrauen wäre auch bei Staatsbeteiligung stets einzelfallbezogen. Ein Rechtsanwalt, der beispielsweise parallel für die örtliche Baubehörde arbeitet – sei es im Anstellungsverhältnis oder sei es innerhalb eines ständigen Beratungsverhältnisses –, kann jeden Mandanten beraten und vertreten, außer in den Fällen, die gerade Bausachen verbunden mit der Anstellungskörperschaft betreffen. Ein vorhergehendes Berufsverbot erschiene stark übertrieben. Alle mündigen Mandanten wissen, dass Rechtsanwälte auch im ihrem Kerngeschäft für den Staat arbeiten können, Bund, Länder, Gemeinden oder staatliche Institutionen beraten oder vor Gericht vertreten. Niemand vertraut auf völlige Beziehungsfreiheit des Anwalts zum Staat oder staatlichen Institutionen, sondern nur darauf, dass eventuelle den Einzelfall betreffende Beziehungen offen gelegt werden. Zur Erreichung dieses Ziels wären Sanktionen bzw. vorbeugende Maßnahmen im Einzelfall denkbar, bei ständiger Wiederholung u.U. der Ausschluss aus dem Beruf. Ein Parallelberufsverbot verhindert nur das Entstehen potentieller Interessenkollisionen, hat aber auf das Vertrauen in Bezug auf interessenkollisionsfreie Arbeit in Anbetracht der vielen weiteren Kollisionsmöglichkeiten keine Bedeutung.

Die Vertrauensbildung in diesem Teilbereich gelingt durch Tätigkeitsverbote im Einzelfall und vorgelagerte Offenlegungspflichten. Um die strukturellen Interessenkollisionen im Bereich der staatsnahen Parallelberufe zu vermeiden, genügt es einerseits, ein Vertretungs- bzw. Tätigkeitsverbot zu installieren, soweit Interessenkollisionen tatsächlich auftreten. Zum Anderen wäre die selbst vor Vertragsschluss offengelegte (nicht nur staatsnahe) Paralleltätigkeit gerade ein vertrauensbildender Aspekt, denn die sonstigen Verflechtungen des Rechtsanwaltes im Privaten, in seinen sonstigen geschäftlichen Aktivitäten und mögliche Kollisionen zu bereits bestehenden Mandanten erkennt der rechtsuchende Mandant ansonsten regelmäßig nicht. Dabei müsste es zunächst bei einer Hinweispflicht vor Vertragsschluss auf den Parallelberuf bleiben. Zwingende Tätigkeitsverbote wären tendenziell unverhältnismäßig, weil sie dem Mandanten und damit der rechtsuchenden Bevölkerung, die das Schutzobjekt darstellt, die Möglichkeit versperren würden, in Kenntnis der potentiellen Interessenkollision dennoch mit dem Anwalt zu kontrahieren, weil im Einzelfall das persönliche Vertrauen in den Anwalt womöglich überwiegt oder andere besondere Gründe vorliegen.

Jeder Mandant weiß zudem, dass ein Rechtsanwalt nicht nur seine Angelegenheit bearbeitet, sondern eine Vielzahl anderer Fälle. Vertrauen läuft nur darauf hinaus, dass der Rechtsanwalt Interessenkollisionen oder den Anschein von Interessenkollisionen offenbart, z.B. dass er mit dem Gegner befreundet ist oder mit ihm geschäftliche Beziehungen unterhält (langfristige Verträge wie z.B. Darlehen, laufende oder abgeschlossene Anwaltsverträge) oder ohne nähere Begründung den Abschluss eines Beratungsvertrages ablehnt.

(4) Vertrauen wird dadurch bewirkt, dass der Rechtsanwalt der Verschwiegenheit unterliegt und ein Verschwiegenheitsrecht besteht.[271] Im Übrigen kann Vertrauen **nur an Vorhandenes anknüpfen**. Man vertraut und darf vertrauen, dass von vorn herein keine Abhängigkeiten beim Anwalt bestehen, die die Bearbeitung eines Mandates, insbesondere die Vertretung vor Gericht, für den Mandanten nachteilig beeinflussen könnten. Die Rechtsuchenden müssen darauf vertrauen können, dass der Rechtsanwalt möglichst frei von widerstreitenden Interessen arbeitet und somit eine Grundlage für vernünftige, dem Mandanteninteresse dienende Arbeit findet. Das Vertrauen knüpft also weder an imaginäre Unabhängigkeiten oder an eine nicht bestimmbare Integrität an, sondern an das gesetzlich im Ansatz schon verankerte **Verbot der Vertretung widerstreitender Interessen** bzw. an eine der vorausgehenden Offenlegung von möglichen Interessenkollisionen.

Zwar wird man die Freiheit von Interessenkollisionen zur Geschäftsgrundlage jedes Dienstleistungsvertrages erheben. Die BRAO unterstreicht die Bedeutung dieser Geschäftsgrundlage teilweise zusätzlich durch ein berufsrechtliches Tätigkeitsverbot. Zum Vertrauen auf die weitgehende Freiheit von widerstreitenden Interessen im Einzelfall trägt ein Verbot, einen Beruf parallel zu einem anderen auszuüben, jedoch kaum etwas bei. Jedenfalls wäre der ganz geringe Effekt des Ausschlusses jeglicher potentieller Interessenkollisionen, der durch den Ausschluss bestimmter Paralleltätigkeiten in radikaler Weise bewirkt wird, in Anbetracht der sonstigen vertrauensbildenden Faktoren, der sonstigen möglichen und relevanten Interessenkollisionen und der schon bestehenden einfachgesetzlichen Regelung zum Verbot des Tätigwerdens bei widerstreitenden Interessen in Relation zum tiefgreifenden Grundrechtseingriff durch die Inkompatibilitätsregelungen **insgesamt und unangemessen** bzw. schon **nicht erforderlich**.

271 Grundsätzlich dazu schon D.IV.2.

e) Schutz der Funktionsfähigkeit der Rechtspflege

Das Rechtsstaatsprinzip enthält die Idee/Vision der Gerechtigkeit und fordert damit als Basis für die Möglichkeit, Gerechtigkeit zu schaffen, eine funktionierende Rechtspflege.[272] Die Rechtspflege erlangt damit herausgehobene Bedeutung für den Zusammenhalt der Gesellschaft. Der Bezug zur Sicherung der Funktionsfähigkeit der Rechtspflege musste schon bei den zuvor diskutierten angeblichen weiteren Zielsetzungen immer wieder hergestellt werden, weil letztlich nur die herausragende Bedeutung einer funktionierenden Rechtspflege ein verfassungsrechtliches Schutzgut bildet, dass grundsätzlich die Berufsfreiheit derart stark einschränken kann.

Man sollte auf die konstruierten Unterziele von diffusen Unabhängigkeiten verzichten, um Missverständnisse zu vermeiden und die Diskussion auf den einzig legitimen **Schutzzweck der Sicherung der Funktionsfähigkeit der Rechtspflege** fokussieren.[273] Vor allem bildet die Herleitung möglicher rechtfertigender Aspekte allein aus den Erfordernissen der Funktionsfähigkeit der Rechtspflege heraus einen vollständigen, abschließenden Ansatz zur Beurteilung am Maßstab der Verfassung. Da die Rechtspflege nach zutreffender Ansicht nur den forensischen Bereich betrifft, wäre die etwaige Sicherung einer Funktionsfähigkeit des außergerichtlichen Rechtsberatungsbereichs von vorn herein kein taugliches Ziel, um damit die Berufsfreiheit in einem derart starken Maße wie bei Inkompatibilitätsregelungen einzuschränken.

Werden die Aufgaben der Rechtsanwälte innerhalb der Rechtspflege oder Voraussetzungen, die die Aufgabenerfüllung sichern sollen, durch eine parallele berufliche Tätigkeit tangiert, besteht zumindest eine **Möglichkeit der Betroffenheit der Rechtspflege** und damit die Möglichkeit, das Ziel des Schutzes der Funktionsfähigkeit der Rechtspflege zu erreichen. Diese Möglichkeit kann man unterstellen, weil zumindest die potentielle Gefahr von Interessenkollisionen durch Eröffnung eines zusätzlichen Konfliktfeldes mit dem Parallelberuf zunimmt (die schon angesprochen positiven Aspekte werden an dieser Stelle nicht saldiert). Insoweit könnte auch das Mittel in Form des Berufsverbotes über Inkompatibilitätsregelungen geeignet sein. Zum Schutz der Rechtspflege sind Berufsverbotsregelungen aber nur erforderlich, wenn es keine milderen Mittel gibt, die eine ebensolche

272 BVerfG, Beschluss vom 08.10.1974, 2 BvR 747/73, Vertretung von Zeugen, BVerfGE 38, 105, 115, juris Rn. 23: „Soweit der Grundsatz der Rechtsstaatlichkeit die Idee der Gerechtigkeit als wesentlichen Bestandteil enthält, verlangt er auch die Aufrechterhaltung einer funktionstüchtigen Rechtspflege, ohne die der Gerechtigkeit nicht zum Durchbruch verholfen werden kann".

273 Ähnlich *Wolf* in Gaier, Wolf, Göcken, Anwaltliches Berufsrecht, 3. Aufl. 2020, § 1 BRAO, Rn. 47 a.E.: „Wird die anwaltliche Unabhängigkeit auf dessen Funktion im Rahmen der Rechtsfindung bezogen, ist zugleich der Maßstab geschaffen für einen differenzierten Umgang mit der Unabhängigkeit".

Schutzintensität erreichen. Zu Recht knüpft man an die **Funktionsfähigkeit** der Rechtspflege an – nicht etwa nur an eine darunterliegende irgendwie geartete Einschränkung oder Betroffenheit der Rechtspflege. Nur eine signifikante Bedrohung der Rechtspflege wäre damit von solchem Gewicht, dass sie grundsätzlich das Individualgrundrecht der Berufsfreiheit in seinem Kernbereich, wie mit den Inkompatibilitätsregelungen vorgenommen, einschränken kann.

(1) Aufgaben des Rechtsanwaltes in der Rechtspflege

Wenn letztlich mit dem erforderlichen Schutz der Funktionsfähigkeit der Rechtspflege tiefgreifende Eingriffe in die Berufsfreiheit der Rechtsanwälte gerechtfertigt werden sollen, müssten durch die parallele Tätigkeit derartig gravierende Beschneidungen der **Aufgaben des Rechtsanwaltes** innerhalb der Rechtspflege drohen, die die Funktionsfähigkeit der Rechtspflege signifikant beeinträchtigten.

Die Aufgaben des Rechtsanwaltes innerhalb der Rechtspflege wurden bereits oben bei D.IV.1.b) beschrieben. Es handelt sich zusammengefasst um die folgenden:

- Mitgewährleistung eines effektiven Grundrechtsschutzes,
- Sicherung des Zugangs zum materiellen Recht und des rechtlichen Gehörs, Übersetzung des Prozessstoffes in die Sprache der Entscheider, Motivation der Gerichte,
- Schutz und Aufklärung des Mandanten vor zu hohen Erwartungen an die Justiz, Aufzeigen von Missständen in der Justiz,
- Fortentwicklung des Rechts.

(2) Existenz der Rechtsanwälte

Die Erfüllung von Aufgaben innerhalb der Rechtspflege verlangt zunächst die **Existenz der Rechtsanwälte schlechthin** in ausreichender Anzahl, so dass jeder Rechtssuchende einen zur Vertretung bereiten Anwalt finden kann. Bei der großen Anzahl der Anwälte in Deutschland stellt dies derzeit kein Problem dar. Andernfalls wären zur Sicherung der Rechtspflege als hohes verfassungsrechtliches Gut Einschränkungen von Freiheitsrechten – freilich nur im erforderlichen Maß – möglich, z.B. solche zur Vermeidung eines ruinösen Wettbewerbs. Die Funktionsfähigkeit der Rechtspflege könnte nicht nur dann tangiert sein, wenn keine ausreichende Anzahl an Rechtsanwälten zur Verfügung stünde, sondern auch wenn solche Anwälte fehlten, die im Einzelfall die erforderliche Freiheit von Interessenkollisionen aufweisen. Denn dann könnte letztlich der Justizgewährungsanspruch, der vom Staat die Sicherstellung des Zugangs zu den Gerichten verlangt, nicht mehr ausreichend gewährleistet werden. Aber auch dafür gibt es derzeit keine Anhaltspunkte.

Die schlichte Existenz der Rechtsanwälte und damit ein Baustein für eine funktionierende Rechtspflege kann nicht mit einem Berufsverbot bei bestimmter Paralleltätigkeit befördert werden. Berufsverbote bei Paralleltätigkeiten liefen dem gerade zuwider, weil sie tendenziell die Zahl der Anwälte reduzieren, denn zumindest einige Berufsträger werden sich bei der Frage Anwaltsberuf oder anderen Beruf für die nichtanwaltliche Tätigkeit unter Aufgabe des Anwaltsberufes entscheiden. Inkompatibilitäten sind insoweit nicht geeignet, eine genügende Anzahl von Anwälten zu sichern oder zu fördern und insoweit die Aufgabenerfüllung der Anwälte innerhalb der Rechtspflege zu sichern oder der Rechtspflege zumindest zu dienen.

(3) Vertraulichkeit durch Freiheit von Interessenkollisionen

Ein Vertrauensverhältnis zwischen Anwalt und Rechtsuchenden oder eine Vertrauensgrundlage sind kein Selbstzweck bzw. keine selbstständigen Verfassungsgüter, sondern nur im Rahmen der Aufgaben der Anwälte innerhalb der Rechtspflege beachtlich. Die Rechtspflege erfordert Vertraulichkeit – nicht in eine imaginäre nicht vorhandene Unabhängigkeit oder gar Integrität sondern in eine Tätigkeit frei von Interessenkollisionen –, die durch Verschwiegenheitspflicht und Verschwiegenheitsrecht gesichert wird.

aa. Damit der Rechtsanwalt die Aufgaben innerhalb der Rechtspflege wahrnehmen kann, hat sein Beruf einige besondere Rechte und Pflichten erhalten, die letztlich der Funktion für die Rechtspflege geschuldet sind, wie beispielsweise erweiterte Akteneinsichtsrechte, größere Freiheiten im Prozessvortrag für Schlussfolgerungen (kein Anspruch des Prozessgegners auf Widerruf und Unterlassung), größere Freiheit bei Strafverteidigung hinsichtlich eigener Verwirklichung von Straftatbeständen etc. Die Aufgabenerfüllung des Rechtsanwaltes innerhalb der Rechtspflege erfordert aber deutlich mehr. Sie setzt die sicherzustellende Möglichkeit voraus, dass der Rechtssuchende einen Anwalt als absolute **Vertrauensperson** finden kann. Daher haben Rechtsanwälte einerseits umfassende Verschwiegenheitspflichten und korrespondierend dazu umfassende Verschwiegenheitsrechte.[274] Voraussetzung der Möglichkeit einer Vertrauensbildung wiederum ist die **Verschwiegenheit des Anwaltes**[275] – das Recht und die Pflicht zur Verschwiegenheit. Die Vertraulichkeit verlangt die Sicherheit, dass die Daten aus einem Mandat nicht dem Zugriff des Staates unterliegen. Denn beispielsweise mit „dem Ausmaß potentieller Kenntnis staatlicher Organe von vertraulichen Äußerungen wächst die Gefahr, dass sich auch Unverdächtige nicht mehr den Berufsgeheimnisträgern zur Durchsetzung ihrer Interessen anvertrauen."[276] Bestünden keine umfassenden Verschwiegenheitsrechte und -pflichten des Anwalts, würden Menschen weniger den Weg zum Anwalt suchen, der ihnen die Durchsetzung

274 Vgl. dazu D.IV.2.

275 Gurlit/Zander, BRAK-Mitt 2012, 4, 5.

276 BVerfG, Beschluss vom 12.04.2005, 2 BvR 1027/02, Beschlagnahme von Datenträgern, BVerfGE 113, 29–63, C.I.3.a)aa), juris Rn. 94; ebenso BVerfG, Beschluss vom 18.04.2007, 2 BvR 2094/05, Mobiltelefonüberwachung, NJW 2007, 2749–2752, IV.2.a), juris Rn. 42.

ihrer Rechte vielfach erst möglich macht. Dies liefe dem Gedanken der Gerechtigkeit und Rechtsstaatlichkeit zuwider. Der Staat darf sich nicht Informationen über die Sacharbeit holen. Eine ohne dieses Grundelement ausgestatte Rechtspflege funktioniert nicht bzw. wäre nicht zielführend – immer vorausgesetzt, das Ziel heißt, größtmögliche Gerechtigkeit zu erreichen.

Beide Elemente der Vertraulichkeit werden durch Paralleltätigkeiten nicht tangiert, auch nicht durch Paralleltätigkeiten beim Staat. Es verbleibt damit nur ein weiterer im Grundsatz aus den Erfordernissen der Rechtspflege ableitbarer Aspekt: Die Vertraulichkeit erfordert die **Freiheit von widerstreitenden Interessen** bei der Sacharbeit. Denn andernfalls könnten die oben beschriebenen Aufgaben des Rechtsanwaltes innerhalb der Rechtspflege schlechter wahrgenommen werden. Deshalb werden insbesondere Vertretungen bei Interessenkollisionen einfachgesetzlich über die Geschäftsgrundlage des Anwaltsvertrages hinausgehend untersagt und sanktioniert, so § 43a IV, § 45 BRAO. Danach darf ein Rechtsanwalt keine widerstreitenden Interessen in derselben Rechtssache vertreten. Ein Anwalt muss eine Mandatierung (Vertragsschluss) wegen bestehender oder zu befürchtender Interessenkollision ablehnen. Treten nach Vertragsschluss Interessenkollisionen auf, sind alle kollidierenden Mandate niederzulegen.

Eine derartige Korrelation beschränkt sich nicht auf den Rechtsanwaltsberuf. Bei allen Beratungsverträgen wird man die Freiheit von widerstreitenden Interessen als **Geschäftsgrundlage** und **immanente Basispflicht des Beraters** voraussetzen. Nur bei Rechtsanwaltsverträgen ist dem Rechtsanwalt darüber hinaus gesetzlich (berufsrechtlich) die Beratung bei widerstreitenden Interessen verboten und das Verbot nachhaltig nochmals in einer Berufsordnung sanktioniert. Der Schutz der Funktionsfähigkeit der bedeutsamen Rechtspflege rechtfertigt diesen Zusatz. Dadurch wird die Gefahr von Verträgen mit Interessenkollisionen zumindest tendenziell weiter reduziert und ein generelles Vertrauen in eine interessenkollisionsfreie Arbeit des Anwaltes gestärkt.

Unvereinbarkeitsregelungen hinsichtlich der Berufe setzen an einer sehr frühen Stufe an und lassen schon die abstrakte Gefahr der Möglichkeit des Bestehens von Interessenkollisionen bei Vertragsschluss (also bei Bildung der konkreten möglicherweise kollidierenden Interessen) soweit nicht entstehen, wie diese aus der parallelberuflichen Betätigung hervorgehen könnten. Wie bei jeder anderen Beziehung (soziales Umfeld, Hobby, politisches Engagement, etc.) entstehen auch bei einer parallelberuflichen Tätigkeit Wechselwirkungen und Interessen, die später mit Interessen eines Mandanten bei einer speziellen Rechtssache kollidieren könnten. Somit ist der Ansatz verständlich und nachvollziehbar: wer weniger oder keine anderen Interessen neben dem Interesse an der Berufsausübung als Rechtsanwalt hat, kann mit den Interessen des Mandanten von vorn herein weniger kollidieren. Die Tendenz einer solchen Argumentation ist jedoch bedenklich. Denn gerade der vielseitig interessierte und erfahrene Berater ist begehrt und liegt deshalb im grundsätzlichen Interesse der Rechtsuchenden. Natürlich steigen mit jeder zusätzlichen Betätigung – sei es im privaten Bereich, in einer weiteren beruflichen Tätigkeit oder beispielsweise durch ehrenamtliches Engagement – die potentiellen

Gefahren, dass irgendwann gerade daraus Interessenkollisionsfälle auftreten. Die Rechtsuchenden wissen, dass Kollisionen potentiell umso häufiger bei denjenigen auftreten können, die vielseitig aktiv sind. Dieser Anwalt unterliegt zwangsläufig diversen Abhängigkeiten – am stärksten und regelmäßig bei Dauermandaten. Die Rechtssuchenden erwarten jedoch nur, dass mögliche Kollisionen angesprochen und aufgezeigt werden. Eine weitergehende Erwartung, schon die Quelle potentieller Interessenkollisionen auszuschließen, wäre unrealistisch und nicht schützenswert. Der Qualität der anwaltlichen Beratung sind vielfältige Interessen des Anwalts zudem förderlich, wie bereits herausgearbeitet wurde. Eine solche Vielfalt fördert somit tendenziell auch das Vertrauen in die Beratungskompetenz des Anwaltes.

bb. Berufsrechtlich zulässig und selbst vom Tätigkeitsverbot § 43a IV BRAO, § 3 BORA nicht erfasst soll die Vertretung gegen einen **Dauermandanten** sein, wenn nur die einzelne Sache keinen rechtlichen oder tatsächlichen Bezug zu bestehenden Angelegenheiten des Dauermandanten hat.[277] Es handelt sich dann nicht mehr um „dieselbe Rechtssache" im Sinne von § 3 BORA. Dies passt mit der übermäßigen Sanktion, die Unvereinbarkeit bestimmter Berufe wegen potentieller Gefahren von Interessenkollisionen zu verlangen, nicht zusammen. Die Rechtsordnung bzw. die Auslegung der Rechtsprechung wäre inkonsequent, wenn für die Fälle der Interessenkollision über ein Dauermandat nicht einmal ein Tätigkeitsverbot besteht, für die ganz abstrakten Gefahren von Interessenkollisionen bei Parallelberufen jedoch ein Berufsverbot gerechtfertigt sein soll.

Die Problematik von Abhängigkeiten durch Dauermandanten und dadurch begründeter Interessenkollisionen für den Fall, dass ein anderer neuer Mandant wegen einer Vertretung gegen den Dauermandanten anfragt, ist von der Intensität der Interessenkollision wesentlich höher zu bewerten. Denn der Dauermandant hat regelmäßig eine gewisse wirtschaftliche Bedeutung für den Anwalt. Der Rechtsanwalt kann den Einzelmandanten nie wirklich frei in der Sachentscheidung beraten, weil ihn die wirtschaftliche Abhängigkeit vom Gegner über das Dauermandat bindet. Der Grad der wirtschaftlichen Abhängigkeit von der Geschäftsbeziehung zum Dauermandanten hängt natürlich davon ab, wie viel Umsatz oder Deckungsbeitrag der Rechtsanwalt mit diesem Mandanten erwirtschaftet. Potentielle Gefahren durch mögliche Interessenkollisionen können über eine dauerhafte anwaltliche Geschäftsbeziehung in ähnlichem Umfang entstehen wie bei paralleler Anstellung des Rechtsanwalts. Es bleibt zu befürchten (vergleichbar der Besorgnis der Befangenheit), dass der Rechtsanwalt auch außerhalb derselben Rechtssache nicht mit aller Konsequenz die Interessen des (neuen) Einzelmandanten vertritt. Man denke

277 *Zuck* in Gaier, Wolf, Göcken, Anwaltliches Berufsrecht, 3. Aufl. 2020, § 43a BRAO/ § 3 BORA, Rn. 5; Heussen, Anm. zu BGH, Urteil vom 08.11.2007, IX ZR 5/06, BGHZ 174, 186–195, BGH-Report 2008, 423–424.

nur an einen Rechtsstreit, der den Dauermandanten (oder den Arbeitgeber) bei Unterliegen in größere wirtschaftliche Schwierigkeiten bringen könnte.

Ein Pflicht zur Offenlegung von allen bedeutenden Quellen für potentielle Interessenkollisionen würde als minderes Mittel im Vergleich zu Berufsverboten ausreichen und sollte sinnvollerweise eben nicht nur die Gefahrenquellen Paralleltätigkeiten umfassen sondern auch dauerhafte Geschäftsbeziehungen oder beispielsweise Mitgliedschaften in politischen Parteien oder gesellschaftlich aktiven Vereinen.

Neben der durchaus zu erwägenden erweiternden Auslegung des Tätigkeitsverbotes im Einzelfall auf Dauermandatsbeziehungen vor dem Hintergrund von Sinn und Zweck der Norm (§ 43a BRAO wäre vom Wortlaut dafür offen) bleibt immer noch die **Vertragswidrigkeit** des Verhaltens des Rechtsanwaltes bzw. ein Verstoß gegen vorvertragliche Aufklärungspflichten,[278] wenn er vor Vertragsschluss derartige mögliche Interessenkollisionen nicht anspricht. Der BGH verlangt innerhalb eines nur selten zitierten Urteils aus dem Jahr 2007 richtigerweise die Offenlegung von Interessenkollisionen – konkret, wenn eine Anwaltssozietät in häufiger anwaltlicher Geschäftsbeziehung zum Gegner der Partei steht, die ein neues Mandat anträgt, auch wenn ein tatsächlicher oder rechtlicher Zusammenhang des neuen Mandates mit den Angelegenheiten des Dauermandanten nicht besteht.[279] Eine Kollision mit der Verschwiegenheitspflicht liegt nicht vor, denn der Anwalt muss nicht begründen oder dem Rechtssuchen näher erläutern, warum er einen Vertrag nicht schließt.[280] Er kann höflicherweise auf Interessenkollisionen allgemein verweisen, ohne den Namen des Dauermandanten zu nennen. Will er jedoch – den Fall weiter gedacht –, keinen Mandanten verprellen, weil beispielsweise der anfragende Mandant auch schon ein Dauermandant ist, so kann er sich vor Vertragsschluss das Einverständnis des ersten Dauermandanten einholen, die Vertragsbeziehung insoweit offenlegen und mit dem neuen Mandanten besprechen. Wollen alle Beteiligten in Kenntnis der möglichen Interessenkollisionen dennoch eine Vertretung des einen Rechtsanwaltes gegen den ersten Dauermandanten, der

278 *Lapp* in Herberger/Martinek/Rüßmann/Weth/Würdinger, jurisPK-BGB, 9. Aufl., § 311 BGB (Stand: 16.09.2020), Rn. 85.

279 BGH, Urteil vom 08.11.2007, IX ZR 5/06, BGHZ 174, 186–195; zustimmend Posegga, EWiR 2008, 237–238.

280 Die Diskussion, wie weit von dem Urteil – siehe vorherige Fn. – die Verschwiegenheitspflicht, die sich schon auf den Namen des Mandanten bezieht, übersehen worden sei (dazu *Zuck* in Gaier, Wolf, Göcken, Anwaltliches Berufsrecht, 3. Aufl. 2020, § 43a BRAO/ § 3 BORA, Rn. 5, Fn. 6), gründet auf der besonderen Fallkonstellation, dass der Rechtsanwalt nach außergerichtlicher Tätigkeit erst die gerichtliche Tätigkeit ablehnte und dabei in Begründungszwang kam. Die Verpflichtung zur Offenlegung bestand aber schon bei Vertragsschluss. Anders als bei späterer Kündigung muss die Nichtkontrahierung nicht begründet werden.

dann natürlich nur von einem anderen Anwalt in diesem Einzelfall vertreten werden kann, weil es sich vielleicht nur um eine wirtschaftlich unbedeutende Sache handelt, wären alle Interessen gewahrt.

cc. Ebenso wie die Inkompatibilitäten wird das Verbot des Fremdbesitzes an Anwaltskanzleien damit begründet, dass die Rechtspflege schon durch abstrakte Gefahren beschädigt werde, indem das rechtsuchende Publikum beispielsweise bei Beteiligung von „Versicherungen, Banken oder Lebensmittelkonzernen" an Anwaltskanzleien befürchten müsse, dass der Rechtsanwalt „gegen das Interesse" des Mandanten und für das Interesse des Anteilseigners agiere.[281] Möglich wäre dies freilich nur bei einer Betroffenheit des Anteilseignes in Bezug auf den konkreten Beratungsgegenstand, denn andernfalls wird der Anteilseigner kein Interesse bilden, das mit einem Mandanteninteresse kollidieren könnte. Mögliche Interessenkollisionen werden in diesen Konstellationen sehr selten vorkommen – andernfalls bestünde mit einer Offenlegungspflicht ein deutlich milderes Mittel. Bei eigener Betroffenheit des Anteilseigners bestünde zudem schon ein Tätigkeitsverbot. Ansonsten ist das legitime Gewinnerzielungsinteresse des Anteilseigners gleichlaufend mit dem eines Einzelrechtsanwaltes oder einer Gesellschaft von Rechtsanwälten. Das in Parallele zum Fremdbesitzverbot bei Apotheken angeführte angebliche „zusätzliche Gefährdungspotential"[282] wird auch in der dortigen Diskussion nur unterstellt, aber nicht begründet. Eine Einflussnahme auf die anwaltliche Arbeit abstrakt und erst recht im konkreten Fall ist fernliegend. Daher erklärte das Bundesverfassungsgericht im Jahr 2016 § 59a I (1) BRAO mit Art. 12 GGG unvereinbar, soweit die Vorschrift aus der BRAO die gemeinschaftliche Berufsausübung von Rechtsanwälten mit Ärzten und Apothekern untersagt.[283]

dd. Die Beurteilung von Interessenkollisionen setzt stets den **Einzelfall** und von dem ausgehend mindestens ein kollidierendes Interesse voraus. Das Mandanteninteresse besteht nicht abstrakt – es wird jeweils neu im Beratungsfall oder Streitfall gebildet. Relevant sind daher nur die nicht zu tolerierenden Abhängigkeiten bei der einzelnen Mandatsbearbeitung. Dabei sollen keine Bindungen bestehen, die die einzelne Mandatsbearbeitung in der Sache zu Lasten des Mandanten beeinflusst oder beeinflussen könnte.

Um eine Kollision von Interessen für die Zukunft vermuten zu können, müsste man schon den künftigen Beratungs- oder Streitfall antizipieren. Die Vielfältigkeit der Rechtsmaterien und Sachverhalte lässt eine solche Vorhersage nicht zu. Beispiel: Ein Anwalt ist mit dem Bürgermeister einer Gemeinde liiert oder in leitender Funktion dort angestellt. Ob an diesen Rechtsanwalt jemals ein Rechtssuchender herantritt, der einen Streitfall gegen die Gemeinde hat, ist absolut spekulativ und

---

281 Singer, FS Czybulka, S. 327,331.
282 Singer, FS Czybulka, S. 327,333.
283 BVerfG, Urteil vom 12.01.2016,1 BVM 6/13.

ungewiss. Bei Eintritt eines solchen Falles müsste der Anwalt die potentielle Interessenkollision offenbaren.

ee. Somit ist allein noch fraglich, ob bereits ganz abstrakte **Gefahren von Interessenkollisionen** durch einige spezielle parallelberufliche Betätigungen die Aufgabenerfüllung des Rechtsanwaltes innerhalb der Rechtspflege (zunächst einmal überhaupt) beeinträchtigen könnten. Der Eintritt von durch den Parallelberuf bedingten Interessenkollisionen ist genau so unwahrscheinlich oder wahrscheinlich, wie Interessenkollisionen, bedingt aus persönlichen Beziehungen oder anderen Mandaten des Rechtsanwalts. Insoweit ist es auch bei Parallelberufen ausreichend, den konkreten Interessenkollisionen mit einem Tätigkeitsverbot zu begegnen. Ebenso wenig wie die Normierung einer Inkompatibilität bei anderen zu potentiellen Interessenkollisionen führenden Tatsachen, z.B. die Ehe zu schließen oder Mitglied einer politischen Parteien zu werden, kann ein Verbot der parallelberuflichen Betätigung Vertrauen bilden, dass keine Interessenkollisionen auftreten, weil der Einzelfall gar nicht erfasst wird.

Ein Verbot, bestimmte Berufe wegen fernliegender ggf. in Zukunft möglicherweise einmal eintretender Interessenkollisionen nicht neben dem Rechtsanwaltsberuf ausüben zu dürfen, ist vor dem Hintergrund des Schutzes der Funktionsfähigkeit der Rechtspflege in Form der Vermeidung von Interessenkollisionen oder des Anscheins von Interessenkollisionen und der damit verbundenen Berührung der Vertraulichkeit letztlich auch **unverhältnismäßig.**[284] Interessenkollisionen werden ebenso abstrakt vermieden, wenn parallel zum Anwaltsberuf verboten wäre, zu bestimmten Personen persönliche Beziehungen einzugehen, einem bestimmten Verein oder einer politischen Partei anzugehören, oder die Ehe zu schließen. Abstrakt wird durch die vorgenannten Aktivitäten die Gefahr von Interessenkollisionen im Einzelfall erhöht. Niemand kam aber glücklicherweise bislang auf die Idee, die Inkompatibilität des Rechtsanwaltsberufes mit der Ehe, der Mitgliedschaft in Vereinen oder politischen Parteien zu fordern. Wer jedoch ein Verbot der parallelberuflichen Tätigkeit über mögliche abstrakte Interessenkollisionen als angemessen betrachtet, müsste mit gleicher Begründung auch derartige Verbote von persönlichen Beziehungen rechtfertigen.

Zur effektiven Bekämpfung von Interessenkollisionen bestehen bereits die gesetzlichen Verbote des Tätigwerdens bei widerstreitenden Interessen. Zumindest ein weiterer positiver Beitrag zur Rechtspflege (wenngleich dabei noch nicht gesagt ist, dass andernfalls die Funktionsfähigkeit der Rechtspflege bedroht wäre)

---

284 Zutreffend sah der BGH, Urteil vom 23.04.2012, AnwZ (Brfg) 35/11, AnwBl. 2012, 769–771 in einem belehrenden Hinweis der Kammer wegen angeblichen Verstoßes gegen das Verbot widerstreitender Interessen einen Eingriff in die Berufsausübungsfreiheit und erkannte zugleich einen Verstoß gegen den verfassungsrechtlichen Grundsatz der Verhältnismäßigkeit, wenn nur an einen möglichen Interessenkonflikt angeknüpft wird.

kann durch eine zusätzliche Offenlegungspflicht neben dem Vertretungsverbot im Einzelfall erreicht werden. Denn wenn die Gefahr von Interessenkollisionen offengelegt werden muss, bleibt kein Raum mehr, einen negativen Einfluss auf die Vertraulichkeit zu vermuten. Ein striktes Verbot von Paralleltätigkeiten, um potentielle Gefährdungen der Vertraulichkeit von vorn herein zu unterbinden, ist weder erforderlich noch angemessen. Es handelt sich stets um fern liegende ungewisse künftige Ereignisse, die immer eintreten können, aber eher unwahrscheinlich sind. Die verschiedensten außerberuflichen oder parallelberuflichen Bindungen können zwar tendenziell eher zu künftigen Interessenkollisionen führen. Die Rechtspflege wird dadurch zwar negativ tangiert, aber auch positiv, weil die Beratungsqualität tendenziell zunimmt. Eine Beeinträchtigung von deren Funktionsfähigkeit liegt nicht vor. Die geringe Betroffenheit der Rechtspflege reicht nicht aus, um damit die fraglichen Berufsverbote zu rechtfertigen.

Allein die Pflicht zur Offenlegung vor Vertragsschluss bzw. ein Kontrahierungsverbot bei Eintritt einer Interessenkollision während der Durchführung eines Anwaltsvertrages (vorbehaltlich einer anderen Entscheidung des Mandanten) wären zielgerechte Maßnahmen – legitime Mittel und **wesentlich mildere Mittel**. Diese wesentlich weniger gravierend in die Berufsfreiheit eingreifenden Mittel wären letztlich auch verhältnismäßig. Die umgekehrte Konstellation, wenn die geplante Aufnahme eines Parallelberufes mit einem aktuellen Mandat kollidiert, z.B. Rechtsanwalt vertritt Bank A und strebt ein Angestelltenverhältnis bei der Bank B oder den Erwerb einer eigenen Banklizenz an, wäre ebenso ohne Inkompatibilitätsregelungen lösbar. In diesen Fällen darf der Rechtsanwalt nach der hier vertretenen Ansicht keinen die Interessenkollision begründenden Parallelberuf aufnehmen, ohne die Absicht dem bestehenden Mandanten (A) anzuzeigen, dessen Entscheidung abzuwarten und ggf. vorher die Interessenkollisionen auszuräumen.

ff. Teilweise wird das Erfordernis nach interessenkollisionsfreier Arbeit des Rechtsanwaltes und damit die Vertrauensbasis aus der imaginären angeblichen Unabhängig des Rechtsanwaltes abgeleitet. Die **Öffentlichkeit** müsse in die Unabhängigkeit des Rechtsanwaltes, die Interessen der Mandanten unabhängig und interessengerecht zu vertreten, vertrauen können.[285] Das rechtsuchende Publikum soll **Vertrauen in eine frei von Interessenkollisionen arbeitende Anwaltschaft** haben dürfen. Eine „unabhängige, freie Anwaltschaft“ sei betroffen, wenn „die Wahrscheinlichkeit von Pflichtenkollisionen“ naheliege.[286]

Natürlich gibt es immer Rechtsanwälte mit Interessenkonflikten im Einzelfall – aber eben stets auch eine genügende Anzahl ohne. Das Vertrauen der Öffentlichkeit zielt folglich nicht auf eine allgemeine Freiheit von widerstreitenden Interessen, sondern auf eine Offenlegung solcher im Einzelfall. Es geht nur – ohne

---

285 *Schmidt-Räntsch* in Gaier, Wolf, Göcken, Anwaltliches Berufsrecht, 3. Aufl. 2020, § 7 BRAO, Rn. 67.

286 *Vossebürger* in Weyland, 10. Aufl. 2020, § 7 BRAO, Rn. 97.

unklare Begriffe von Unabhängigkeit oder freier Anwaltschaft zu verwenden – um das Vertrauen, dass die Anwaltschaft möglichst frei von Interessenkollisionen im Einzelfall arbeitet (nicht per se für alle möglichen Fälle bereits ist) und mögliche Kollisionen vor Vertragsschluss aufzeigt. Dies wird durch das gesetzliche Tätigkeitsverbot aus der BRAO und dessen Sanktionierung erreicht. Das Vertrauen ist zudem kein Selbstzweck, sondern muss sich auf die Erfordernisse der Rechtspflege zurückführen lassen. Diese erfordert aber nur Vertraulichkeit oder die Freiheit von Kollisionen im Einzelfall.

(4) Abstrakte Interessenkollisionen bei gewerblichen Berufen?

Es soll Parallelberufe geben, bei denen die Interessen des Parallelberufes mit denen der Mandanten grundsätzlich kollidieren. Einerseits wird konstatiert, dass manche Berufe keine inhaltlichen Bezüge zum Rechtsanwaltsberuf aufweisen und diese daher von vorn herein die Stellung des Rechtsanwaltes nicht beeinträchtigen, z.B. das Taxifahren. Bei anderen kritischen Berufen bestünde eine wie auch immer graduierte Gefahr, dass der Rechtsanwalt „seinen Pflichten gegenüber dem Mandanten zur unabhängigen, allein an den Mandanteninteressen ausgerichteten Beratung und Interessenvertretung nicht mehr genügt."[287] Dem dürfe man mit einem Berufsverbot in Form der Inkompatibilitätsregelungen begegnen.

Ebenso wie keine generellen Interessenkollisionen bestehen können und immer auf den einzelnen Konfliktfall ausgehend vom speziellen Mandanteninteresse abzustellen ist, wäre bestimmte Parallelberuf besonders kritisch zu beurteilen. Denn Gefahren von Interessenkollisionen können nur dann ermittelt werden, wenn kollidierende Interessen aus einem Einzelfall bekannt sind. Mandanten bilden keine generellen Interessen, sondern nur am konkreten Fall ausgerichtete Einzelinteressen.

aa. Die **Rechtsprechung des Bundesverfassungsgerichtes** sieht hingegen ausreichende abstrakte Interessenkollisionen bei bestimmten Parallelberufen, die die Rechtspflege in relevanter Weise tangieren. Interessenkollisionen, so heißt es in der Leitentscheidung des BVerfG von 1992, lägen „*vor allem dann nahe, wenn ein kaufmännischer Beruf die **Möglichkeit** bietet, **Informationen zu nutzen**, die aus der rechtsberatenden Tätigkeit stammen (für Steuerberater vgl. BVerfGE 21, 173 <182>). Solchen Gefahren zu wehren, ist im Interesse der Rechtspflege und des Ansehens der Rechtsanwaltschaft geboten und auch erkennbares Ziel der umstrittenen Berufswahlbeschränkungen.*"[288] Die noch vor der Reform von 1994 im Gesetz angelegte Zielbestimmung stellte auch auf das zu mehrende Ansehen und Sozialprestige

---

287 *Schmidt-Räntsch* in Gaier, Wolf, Göcken, Anwaltliches Berufsrecht, 3. Aufl. 2020, § 7 Rn. 66.

288 BVerfG, Beschluss vom 04.11.1992, 1 BvR 79/85 u.a., BVerfGE 87, 287 C.III.3., bestätigend zuletzt BVerfG, Nichtannahmebeschluss vom 06.12.2011, 1 BvR 2280/11, NJW 2012, 993–995.

der Rechtsanwaltschaft ab. Das BVerfG hält ein solches Ziel richtigerweise für illegitim.[289] Dennoch greift es – insoweit nicht konsequent – wieder auf diesen Begründungsstrang als Rechtfertigung zurück, wenn es um mögliche Interessenkollisionen geht.[290] Anscheinend gleichwertig neben der Rechtspflege soll wieder ein Ansehen der Rechtsanwaltschaft zur Begründung herhalten.

Zudem wandelt sich im Laufe der Argumentation die Anforderung an die Betroffenheit der Rechtspflege: nicht mehr Sicherung der Funktionsfähigkeit, sondern nur noch ein Gebotensein für die Rechtspflege soll zur Rechtfertigung des Grundrechtseingriffs Berufsverbot anscheinend ausreichen. Fehlt der Regelung aber der Bezug zur Funktionsfähigkeit der Rechtspflege lässt sich ein schwerwiegender Eingriff mit Inkompatibilitäten nicht mehr rechtfertigen. Der Grund für diesen Maßstabwechsel kann nur darin liegen, dass man mit einer konsequent von der Funktionsfähigkeit der Rechtspflege ausgehenden Argumentation das gewünschte und historisch determinierte Ergebnis nicht erreichen kann. Neben dem Maßstabwechsel beim Grad der Betroffenheit der Rechtspflege wird zusätzlich auf ein angeblich berechtigtes Ziel der Mehrung oder Wahrung eines Ansehens des Berufes abgestellt.

Das BVerfG sieht jedoch auch die durch die Offenheit der Generalklauseln (dazu oben D.VI.) bedingte Gefahr für die Berufsfreiheit. Statt aber stringent die Verfassungswidrigkeit insoweit festzustellen, begnügt es sich mit einem Appell an die Rechtsanwender: *„Ob sich die Regelung auf diese Freiheit übermäßig auswirkt, hängt jedoch davon ab, wie die Generalklauseln durch die Rechtsprechung konkretisiert werden. Es ist deshalb besonders wichtig, daß bei deren Auslegung und Anwendung der Grundsatz der Verhältnismäßigkeit beachtet wird. Er gebietet im Hinblick auf die grundrechtlich gewährleistete Freiheit der Berufswahl Zurückhaltung bei der Entwicklung typisierender Unvereinbarkeitsregeln.“*[291] Dieser Maßstab verkommt jedoch in der weiteren Rechtsprechung zum reinen Platzhalter.

bb. Bei **kaufmännisch-erwerbswirtschaftlicher Betätigung** soll nach Ansicht des BVerfG eine Einschränkung der Berufsfreiheit mit Inkompatibilitätsregelugen dann gerechtfertigt sein, wenn sich die Gefahr einer Interessenkollision zwischen zu wahrender Unabhängigkeit der Anwaltschaft und damit den Interessen der Rechtssuchenden sowie den spezifischen Eigenheiten des Parallelberufes deutlich abzeichnet[292] und ihr in geeigneter Weise nur mit einer Berufswahlschranke begegnet werden kann (Grundsatz der

289 BVerfG, Beschluss vom 04.11.1992, 1 BvR 79/85 u.a., BVerfGE 87, 287, C.III.1.; BVerfGE, Beschluss vom 14.07.1987, 1 BvR 537/81, 1 BvR 195/87, Standesrichtlinien, BVerfGE 76, 171.

290 Ähnlich Hoor, AnwBl. 2000, 83, 85.

291 BVerfG, Beschluss vom 04.11.1992, 1 BvR 79/85 u.a., BVerfGE 87, 287, C.I.3.b).

292 BVerfG, Beschluss vom 04.11.1992, 1 BvR 79/85 u.a., BVerfGE 87, 287–331, Leitsatz 5.

Erforderlichkeit). Es sei darauf abzustellen, ob die parallele berufliche Tätigkeit bei objektiv vernünftiger Betrachtungsweise die Wahrscheinlichkeit einer derartigen Pflichtenkollision abstrakt erwarten lässt.[293] Der bis zur Bundesverfassungsgerichtsentscheidung von Ende 1992 normgleich angewendete Grundsatz des BGH, dass jedes Organ einer erwerbswirtschaftlich tätigen Kapitalgesellschaft per se von der Rechtsanwaltschaft ausgeschlossen ist, weil kommerzielles Denken vom Anwaltsberuf ferngehalten werden soll, wurde vom BVerfG als unverhältnismäßig verworfen. Deutlich betont das BVerfG dabei, dass ein Gewinnerstrebungsverbot – das nach der hier vertretenen Ansicht nicht existiert[294] – sich nur auf den Bereich der rechtsanwaltlichen Tätigkeit erstrecke und nicht die erwerbswirtschaftliche Paralleltätigkeit betrifft.[295]

Diese Rechtsprechung kreiert dennoch eine Interessenkollision nicht mehr zwischen den Einzelinteressen des Mandanten bezogen auf den konkreten Fall, sondern zwischen einer im Interesse der Rechtsuchenden zu wahrenden unspezifizierten Unabhängigkeit des Rechtsanwaltes und spezifischen Eigenheiten eines anderen Berufes. Wie bereits aufgezeigt, gibt es weder eine allgemeine Unabhängigkeit des Rechtsanwaltes, die zudem noch im Interesse der Rechtsuchen läge, noch generelle Interessen der Mandanten. Eine Gefahr von Interessenkollisionen kann sich nur abzeichnen, wenn die Mandatsinteressen bekannt sind. Dafür bedarf es eines Einzelfalls. Erst dann kann überhaupt der Grad möglicher Interessenkollisionen bewertet werden.

cc. Es existiert **kein Abstandsgebot**, schon gar nicht ein aus der Verfassung ableitbares, wonach sich irgendwelche parallelen Tätigkeiten vom Rechtsanwaltsberuf hinreichend trennen lassen oder einen gewissen Abstand aufweisen müssten. Das BVerfG lässt in seiner Argumentation aber durchblicken, dass ein solches durchaus in der Begründung mitspielt und offenbart damit wieder den Begründungsansatz, der Anwaltsberuf sei irgendwie höherwertiger und angesehener und dieser Zustand solle erhalten bleiben. Wörtlich heißt es in der Leitentscheidung von 1992: *„Innerhalb der kaum übersehbaren Vielfalt kaufmännischer Betätigungen gibt es viele Berufe, die sich unschwer vom Tätigkeitsfeld eines Rechtsanwalts trennen lassen, zumindest mit Hilfe von Berufsausübungsregeln. Aufgabe der Rechtsprechung ist es, die denkbaren Gefahren für die Rechtspflege, die von einer erwerbswirtschaftlichen*

---

293 BGH, Beschluss von 18.10.1999, AnwZ (B) 97/98, NJW-RR 2000, 437–238, II.1., juris Rn. 6.

294 Dazu oben D.IV.3.

295 Insoweit wäre für Rechtsanwälte jede Organisationsform, die auf ein Gewerbe hindeutet, dem Berufsbild schädlich, beispielsweise die Rechtsanwalts GmbH & Co. KG, die als unzulässige Rechtsform angesehen wird, bestätigt durch BVerfG, Nichtannahmebeschluss vom 06.12.2011, 1 BvR 2280/11, NJW 2012, 993–995. Bezeichnenderweise lässt der Gesetzgeber im StBerG (dazu sogleich) eine Organisation in einer solchen Form ausdrücklich zu.

Tätigkeit ausgehen können, zu erfassen und je nach ihrer Wahrscheinlichkeit den verschiedenen Berufsgruppen zuzuordnen."[296]

Berufe, die per se einen ständigen oder regelmäßigen Interessenkonflikt (der ggf. die Rechtspflege signifikant betreffen könnte) bei allen Mandaten oder einer Vielzahl von Einzelfällen hervorrufen, sind nicht vorhanden. Zudem lassen sich die Freiheit von Interessenkollisionen und das damit umschriebene Postulat einer interessengerechten, von gegenläufigen Interessen freien Vertretung über Tätigkeitsverbote im Einzelfall sicher und zielgerichtet erreichen. Diese stellen ein wesentlich milderes Mittel dar; Berufsverbote sind dafür weder erforderlich noch angemessen. Sie lassen sich auch nicht für bestimmte Parallelberufe im Voraus bestimmen.

(5) Interessenkollisionen bei Maklern und Händlern

Dennoch werden mehrheitlich die Berufe von Maklern und Händlern zumindest als sehr kritisch und meist inkompatibel mit dem Rechtsanwaltsberuf angesehen. Unter dem Stichwort Interessenkollisionen wird dabei auf die Problematik der Nutzung von Informationen zwischen den Parallelberufen abgestellt, so vor allem die Möglichkeit, Informationen aus der Rechtsanwaltstätigkeit generell für den kaufmännischen Parallelberuf als **Makler**[297], insbesondere **Versicherungsvermittler**[298], **Finanzdienstleister**[299] oder **Immobilienmakler**[300] nutzen zu können. Denn gerade diese Berufsgruppen seien typischerweise auf Informationen für

296 BVerfG, Beschluss vom 04.11.1992, 1 BvR 79/85 u.a., BVerfGE 87, 287 C.III.3. a.E.

297 BGH, Beschluss von 18.10.1999, AnwZ (B) 97/98, NJW-RR 2000, 437–238, gilt ebenso für Organe solcherart Unternehmen. Nach BGH, Beschluss vom 11.10.2000, AnwZ (B) 54/99, AnwBl. 2001, 115 sei jedoch eine Tätigkeit als Syndikusanwalt noch unschädlich, wenn dieser trotz Prokura keine maklerische Tätigkeit ausübt; zuletzt die bisherige eigene Rechtsprechung zusammenfassend und bestätigend BGH, Beschluss (Nichtzul. Berufung) vom 29.07.2020, AnwZ (Brfg) 7/20.

298 BGH, Beschluss vom 14.06.1993, AnwZ (B) 15/93, BRAK-Mitt. 1994, 43–45, Geschäftsführer einer Versicherungsmakler GmbH sei inkompatibel mit Rechtsanwaltsberuf; BGH, Beschluss vom 21.07.1997, AnwZ (B) 15/97, veröffentlicht nur bei juris, Inkompatibilität angestellter Niederlassungsleiter eines Versicherungsmaklerunternehmens; BGH, Beschluss vom 13.02.1995 AnwZ (B) 71/94, NJW 1995, 2357–2358, Handlungsbevollmächtigter eines Versicherungsmaklers unvereinbar mit Anwaltsberuf.

299 BGH, Beschluss vom 18.10.1999, AnwZ (B) 97/98, NJW-RR 2000, 437–438, Geschäftsführer in einem Finanz- und Versicherungsmaklerunternehmen.

300 BGH, Beschluss vom 08.10.2007, AnwZ (B) 92/06, NJW 2008, 517–519 II.2.a.; BGH, Beschluss vom 13.10.2003, AnwZ (B) 79/02, NJW 2004, 212–213, Leitsatz, Unvereinbarkeit Grundstücksmakler oder Vermittler von Finanzdienstleistungen mit Anwaltsberuf.

die Vermittlung von Geschäftsabschlüssen angewiesen, die bei der Rechtsberatung ebenso typisch anfallen. Rechtsanwälte haben vielfach mit der Abwägung von Risiken zu tun, die andererseits auch versichert oder die durch Finanzgeschäfte abgesichert werden können.[301] Interessenkollisionen lägen somit dann nahe, „wenn ein kaufmännischer Beruf die Möglichkeit bietet, **Informationen zu nutzen**, die aus der rechtsberatenden Tätigkeit stammen";[302] seien jedoch nicht bereits schon dann anzunehmen, wenn das Wissen aus der einen oder anderen Tätigkeit für die jeweils andere von Interesse und ihr vorteilhaft ist.[303] Entgegenzuwirken sei in erster Linie der typischen Möglichkeit, die Kenntnisse über „Vermögensverhältnisse und finanzielle Interessen von Mandanten"[304] im Parallelberuf akquisitorisch zu nutzen. Es bestehe die Gefahr, dass die im Rahmen der Anwaltstätigkeit erworbenen Informationen über die **Vermögensverhältnisse der Mandanten** im Rahmen des Parallelberufes Verwendung finden könnten.[305] Die dadurch offenbar werdende hohe **Gefahr von Interessenkollisionen** – Wissensnutzung soll also per se zu Interessenkollisionen führen – rechtfertige die tiefen Einschnitte in die Berufsfreiheit mittels der Inkompatibilitätsregelungen. Insgesamt sei die Verhältnismäßigkeit gewahrt, wenn sich die Gefahr einer Interessenkollision insoweit „deutlich abzeichnet und nicht mit Hilfe von Berufsausübungsregeln beseitigt werden kann."[306] Die Schwelle sei dann überschritten, wenn mit „objektiv vernünftiger Betrachtungsweise von Seiten der Mandanten die Wahrscheinlichkeit von Pflichten- und Interessenkollisionen nahe" liege.[307] Dies sei insbesondere bei den vorgenannten Berufen typischerweise der Fall.

---

301 BGH, Beschluss vom 18.10.1999, AnwZ (B) 97/98, NJW-RR 2000, 437, 438; BGH, Beschluss vom 08.10.2007, AnwZ (B) 92/06, NJW 2008, 517–519 II.1.d.

302 BVerfG, Beschluss vom 04.11.1992, 1 BvR 79/85 u.a., BVerfGE 87, 287–331, C.III.3., juris Rn. 131.

303 BGH, Beschluss 11.12.1995, AnwZ (B) 29/95 NJW 1996, 2377, II.1.b), Geschäftsführer eines örtlichen Arbeitgeberverbandes; BGH, Beschluss vom 08.10.2007, AnwZ (B) 92/06, NJW 2008, 517–519 II.1.c. mit zahlreichen weiteren Nachweisen.

304 *Schmidt-Räntsch* in Gaier, Wolf, Göcken, Anwaltliches Berufsrecht, 3. Aufl. 2020, § 7 BRAO Rn. 75.

305 BGH, Beschluss vom 152006, AnwZ (B) 41/05, Angestelltentätigkeit im Geschäftsbereich Vermögensberatung (Private Banking) einer Bank, NJW 2006, 2488–2490, II.2.b)bb), juris Rn. 13, zustimmend Killian, WuB VIII B § 7 BRAO 1.07, (Anmerkung); ständ. Rechtspr. zuletzt Hess. AGH, Urteil vom 12.12.2011, 1 AGH 7/11, BRAK-Mitt. 2012, 125, 127 f.

306 BVerfG Beschluss vom 04.11.1992, 1 BvR 79/85 u.a., BVerfGE 87, 287–331, Leitsatz Nr. 5; BGH, Beschluss vom 14.06.1993, AnwZ (B) 15/93, BRAK-Mitt. 1994, 43–45, II.1. juris Rn. 6; *Vossebürger* in Weyland, Kom. zur BRAO, 10. Aufl. 2020, § 7 BRAO, Rn. 117.

307 BGH, Beschluss vom 08.10.2007, AnwZ (B) 92/06, NJW 2008, 517–519 II.1.c.

Die Folgefragen daraus gehen dahin, warum die akquisitorische Nutzung bzw. die sonstige Nutzung von Rahmeninformationen der anwaltlichen Tätigkeit die Funktionsfähigkeit der Rechtspflege bedrohen sollen und wie die Informationsnutzung vorab zu Interessenkollisionen führt. In der Tat stellen die weiteren Begründungen der Rechtsprechung nicht auf konkrete Interessenkollisionen ab sondern allein auf die **eigennützliche Verwendung von Informationen** aus der Rechtsanwaltstätigkeit für die andere Tätigkeit. Die Informationsnutzung ist für sich genommen ein beachtenswerter Aspekt, der eine genauere Betrachtung verdient. Statt jedoch diesen Ansatz konsequent weiter zu verfolgen, schwenkt die Begründung der Rechtsprechung wieder auf unklare imaginäre abstrakte Interessenkollisionen um, wonach bestimmte Parallelberufe immer zu Interessenkollisionen im konkreten Mandat führten. Dabei handelt es sich aber tatsächlich um die Problematik, inwieweit die Arbeit des Rechtsanwaltes (rechtspflegerelevant) beeinflusst werden kann, wenn dieser Gelegenheit hat, Informationen und Daten aus der Anwaltstätigkeit nicht nur für die Anwaltstätigkeit, sondern auch für weitere Tätigkeiten zu nutzen.

In ganz wenigen Entscheidungen der Rechtsprechung werden konkrete Beispiele genannt, welche Situationen von Informationsnutzung tatsächlich entstehen könnten. Meist heißt es allgemein zur Begründung, Geschäftschancen dürften einem Rechtsanwalt nicht zustehen, weil diese Gewinnstreben beinhalteten. Gewinnstreben wird als Makel und Übel verstanden, das zum heroischen Beruf des Rechtsanwaltes nicht passe. Letztlich werden damit auch nur die gleichen Schlagwörter genannt, die schon allgemein die Inkompatibilitätsregelungen rechtfertigen sollten.

aa. Der BGH behauptet, es bestünde die Gefahr, dass ein Rechtsanwalt mit Parallelberuf **Versicherungsmakler** im eigenen **Courtage-Interesse** dem Mandanten empfiehlt, bestehende Versicherungsverträge zu kündigen und vom Rechtsanwalt vermittelte „bessere“ Verträge neu abzuschließen. Der darin erkennbare Makel sei auch ein Verstoß gegen die Pflicht, nur gegen das in der damaligen Bundesrechtsanwaltsgebührenordnung (jetzt RVG) geregelte Honorar tätig zu werden.[308]

Diese Ansicht ist weder in Bezug auf einen Verstoß gegen ein partielles Gebot, mindestens die gesetzlichen Gebühren für die Tätigkeit als Rechtsanwalt zu verlangen, noch in Bezug auf den Umstand der Vermittlung vermeintlich besserer Verträge haltbar. Der Anwalt müsste demnach im konkreten Rechtsberatungsmandat gegen eine Pflicht, nur nach RVG (früher BRAGO) tätig zu werden, verstoßen. Im außergerichtlichen Bereich bestehen jedoch keine vorgeschriebenen Gebührensätze oder Pflichten, als Rechtsanwalt nur gegen bestimmte, gesetzlich festgelegte Honorare tätig zu werden, § 49 b I BRAO, § 4 I Satz 1 RVG. Die vom BGH skizzierten Fälle spielen jedoch ausschließlich im außergerichtlichen Bereich, so dass der

308 BGH, Beschluss vom 13.10.2003, AnwZ (B) 79/02, NJW 2004, 212–213, II.1., juris Rn. 6.

Argumentation in Bezug auf gesetzliche Mindestgebühren und die Rechtspflege schon von daher der Boden entzogen ist.

Wenn man eine Gefahr der unsachgemäßen, überzogenen oder übertriebenen Beratung des Rechtsanwaltes unterstellen wollte, bestünde genau die gleiche Gefahr bei jedem anderen Tätigwerden, insbesondere innerhalb der rechtsberatenden Tätigkeit als solcher – nämlich dass der Rechtsanwalt im eigenen Gebühreninteresse dem Mandanten nahelegt, er bräuchte eine Beratung bezüglich Risiken oder Chancen in Gebieten, die ihm bei der Bearbeitung eines Falles bekannt geworden sind. Der Rechtsanwalt kann seine Leistungen als Rechtsanwalt anbieten, ebenso kann er andere Leistungen anbieten. Der potentielle Vertragspartner entscheidet jedoch dann immer noch autonom, ob er derartige Beratungsleistungen in Anspruch nehmen möchte. Es ist doch keineswegs so, dass ein Rechtsanwalt nur sagen muss, auf dem Gebiet X bestehen Risiken oder Beratungsbedarf und der Mandant stimmt sofort einem weiteren Beratungsvertrag zu oder schließt beim Rechtsanwalt Versicherungen ab.

Die Beratung kann im konkreten Fall sicher auch darauf gerichtet sein, Verträge zu ändern, Versicherungen abschließen oder zu kündigen, wenngleich derartige Beratungsverträge schon äußert selten wären. Letztlich entscheidet aber der Mandant, ob er sich dabei vom Rechtanwalt und wenn ja von welchem beraten lassen will. Der Mandant ist frei, einen Beratungsvertrag zu schließen – ebenso ist er frei, angebotene Versicherungen, Finanzprodukte, Autos, Reisen, Obstkisten, Taxifahrten einzukaufen, gleichfalls weitere rechtsanwaltliche Dienstleistungen anzunehmen. Wenn der Mandant das für sich wirtschaftlich sinnvoll hält, wird er abschließen. Der Rechtsanwalt ist mitnichten der allwissende **„Vormund" des Mandanten**, dessen Empfehlungen dieser – selbst unwissend – in allen Bereichen folgt. Aber ein solcher Ansatz scheint jedoch tendenziell hinter der Ansicht des BGH zu liegen. Es besteht demnach keine Gefahr für die Funktionsfähigkeit der Rechtspflege.

Wenn der Rechtsanwalt im Parallelberuf als Versicherungsmakler fungiert und dies dem Mandanten offenlegt, wird jeder Mandant einerseits eine besondere Fachkunde hinsichtlich des Versicherungsmarktes annehmen, aber auch ein Eigeninteresse aus dem Geschäft des Parallelberufes heraus erkennen, umso mehr, wenn der Rechtsanwalt im Parallelberuf nur eine Versicherung vertritt. Niemand ist gezwungen, diesen Rechtsanwalt für Beratungen über seine Versicherungsrisiken zu beauftragen oder Versicherungen von ihm vermitteln zu lassen. Die hier vertretene Verpflichtung zur Offenlegung der Paralleltätigkeit vor Vertragsschluss wäre freilich Voraussetzung. Wenn jemand etwas weniger wirtschaftlich bewandert ist, um das einmal vorsichtig auszudrücken, wird er sich vom Rechtsanwalt, der eine solche Situation auszunutzen versucht, möglicherweise sinnlose Rechtsberatungen ebenso wie sinnlose Versicherungen oder sinnlose Warenbestellungen einreden lassen. Das sind aber Extremfälle, bei denen auch kein Verbot der Paralleltätigkeit hilft.

bb. Bei der Tätigkeit als **Grundstücksmakler** oder **Vermittler von Finanzdienstleistungen** zeichne sich nach Ansicht des BGH deutlich die Gefahr von

Interessenkollisionen ab, weil vielfach die Kenntnis von Geld- oder Immobilienvermögen des Mandanten besteht und somit der Rechtsanwalt an der **Umschichtung** dieses **Vermögens** nicht nur als Beratungsmandat, sondern auch über den Parallelberuf „verdienen" könne. *„Deshalb besteht auch hier die Gefahr, daß er im eigenen Courtage-Interesse dem Mandanten eine derartige Umschichtung empfiehlt, die er als unabhängiger Rechtsanwalt nicht empfehlen dürfte.*"[309]

Wenn der Rechtsanwalt „Dispositionen über Geld- oder Immobilienvermögen zu prüfen und durchzuführen" hätte – das aber von vornherein nur den Beratungsbereich außerhalb der Rechtspflege beträfe und somit für die richtig verstandene Rechtspflege ohne Belang ist –, wäre die Gefahr von Interessenkollisionen deutlich erkennbar. Als Beispiel wird die wirtschaftliche Beratung der Mandanten im Rahmen der Rechtsanwaltstätigkeit dahingehend genannt, ob es sinnvoll wäre, „eine Immobilie zu veräußern oder ein Mietverhältnis mit einem Mieter zu beenden." Dann könnte der Rechtsanwalt, der gleichzeitig als Immobilienmakler fungiert, „durch die Vermittlung eines Käufers oder eines neuen Mieters eine Provision verdienen". Das **Provisionsinteresse** aus dem Parallelberuf – genau genommen das **Verdienstinteresse** – könnte die anwaltliche Beratung negativ beeinflussen.[310] In der Sache fokussiert sich alles wieder auf den Ansatz, dass dem vermeintlich altruistisch tätig sein müssen den Rechtsanwalt auch im Parallelberuf kein Gewinnstreben erlaubt sein kann. Die Rechtsprechung sieht es anscheinend als verwerflich an, wenn der Rechtsanwalt Geld **„verdienen"** könne. Dass eine Gewinnerzielungsabsicht erstens nicht verwerflich, sondern notwendig ist, um den Beruf des Rechtsanwaltes und damit dessen Aufgabenerfüllung innerhalb der Rechtspflege zu sichern, und zudem insgesamt auf der marktwirtschaftlichen Wirtschaftsordnung beruht, wurde schon dargelegt (D.IV.3). Das **Vergütungsinteresse** als Gegenleistung für eine rechtsberatende Dienstleistung ist genauso legitim wie das Vergütungsinteresse bei jeder anderen Dienstleistung oder das Interesse an einem Rohertrag (Umsatzerlöse minus Wareneinsatz) im Handel oder an einem Deckungsbeitrag (Umsatz abzüglich Wareneinsatz, direkte Personalkosten und Fremdleistungen) in der Industrie. Zudem wäre das „Verdienenkönnen" kein die Rechtspflege auch nur im Ansatz negativ tangierender Umstand, der einen Eingriff in die Berufsfreiheit rechtfertigen könnte. Die Argumentation lässt sich folgendermaßen herunterbrechen, wobei dessen Unhaltbarkeit deutlich wird: Weil der Anwalt infolge seiner Tätigkeit dem Mandanten eine Zusatzleistung anbietet – die freilich für den Mandanten nicht schädlich ist und bei der von einer Gleichwertigkeit von Leistung und Gegenleistung auszugehen ist – und eine Vergütung mit Gewinnanteil verdienen

---

309 BGH, Beschluss vom 13.10.2003, AnwZ (B) 79/02, NJW 2004, 212–213, II. 2., juris Rn. 9.

310 BGH, Beschluss vom 13.10.2003, AnwZ (B) 79/02, NJW 2004, 212–213, II. 2.a), juris Rn. 11.

könnte, muss diese Möglichkeit im Vorfeld über ein Verbot der parallelen Berufsausübung verhindert werden.

Der BGH **unterstellt** damit ein **Tätigwerden** des Rechtsanwaltes **im konkreten Interessenkonflikt** (ein konkreter Beratungsfall) und damit einen Verstoß gegen die BRAO. Wenn ein Beratungsvertrag über die Prüfung von „Dispositionen über Geld und Immobilienvermögen" geschlossen wäre – der in dieser Form sehr selten sein dürfte, aber als Prämisse vom BGH gewählt wird –, dann muss der Rechtsanwalt vorher mögliche Interessenkollisionen prüfen. Solche Interessenkollisionen sind in dem konstruierten Beispiel offensichtlich vorhanden. Würde ein Rechtsanwalt mit diesem speziellen Parallelberuf trotz der Interessenkollision beraten, verstieße er damit gegen die Grundpflicht aus § 43 a IV BRAO ggf. iVm § 45 I Nr. 4 BRAO. Wegen der regelmäßig bestehenden Interessenkollision, wenn der Rechtsanwalt in Bezug auf Vermögensoptimierung, Versicherungsrisiko oder Immobilienanlage tätig werden soll, er aber gleichzeitig selbst als Versicherer/ Versicherungsmakler, Anlageproduktaufleger/ Finanzdienstleister/Anlagevermittler oder Immobilienanbieter bzw. -makler arbeitet, darf der Rechtsanwalt in diesem schmalen Bereich der außergerichtlichen Beratungstätigkeit nach den schon geltenden gesetzlichen Regelungen nicht tätig werden; außer der Mandant möchte nach nachgewiesener Inkenntnissetzung über die speziellen Paralleltätigkeiten dennoch genau mit diesem Rechtsanwalt kontrahieren. Zu dem vom BGH konstruierten Fall kann es daher nur bei schon unterstelltem Berufsrechtsverstoß kommen. Die für diese Konstellation bestehenden Tätigkeitsverbote sind zudem als milderes Mittel auch ausreichend, um den Gefahren der Interessenkollision zu begegnen.

Das gleiche Ergebnis lässt sich aus § 4 RDG ableiten. Danach darf eine Rechtsberatung nicht erfolgen, wenn diese unmittelbaren Einfluss auf die Erfüllung einer anderen, eigenen, nicht in der Rechtsberatung liegenden Leistungspflicht des Rechtsanwaltes hat und dadurch die ordnungsgemäße Erbringung der Rechtsdienstleistung gefährdet wird. Diese Norm zielt gerade darauf ab, Interessenkollisionen mit eigenen anderweitigen Leistungspflichten des Rechtsanwaltes zu vermeiden.[311] Wegen der vorhandenen zielgenauen gesetzlichen Regelungen zur Vermeidung eines Interessenkonfliktes im Einzelfall erscheint ein zusätzlicher tiefgreifender präventiver Eingriff über ein Berufsverbot nicht erforderlich und jedenfalls unangemessen.

Nicht nur dass der BGH für seine Argumentation exemplarisch einen Rechtsanwalt vor Augen hat, der permanent gegen seine Berufspflichten verstößt, behauptet er mit der Argumentation, der Anwalt könne entgegen den Erkenntnissen aus der rechtsberatenden Tätigkeit unrichtige Versicherungen oder nachteilige

---

311 *Johnigk* in Gaier, Wolf, Göcken, Anwaltliches Berufsrecht, 3. Aufl. 2020, § 4 RDG, Rn. 1, 2: beispielsweise nicht möglich, dass Rechtschutzversicherer die eigenen Versicherten rechtlich beraten.

Vermögensumschichtungen empfehlen, inzident, dass alle Anwälte mit Parallelberufen den Mandanten betrügen, wenn sich nur die Gelegenheit dazu böte. Denn etwas anderes wäre die bewusste Falschberatung des Mandanten, die dadurch bedingte Irrtumserregung und Vermögensverfügung im eigenen Vermögensinteresse nicht. Der Rechtsanwalt – der die erste Hürde der Berufspflichtverletzung nimmt und keine Paralleltätigkeit und keine Interessenkollision offenlegt – erkennt beispielsweise innerhalb seiner Beratung (den schon abseitigen Beratungsvertrag voraussetzt, die beste Versicherung zu suchen oder Vermögensumschichtungen vorzunehmen), dass die Versicherung A für den Mandanten sehr geeignet ist, empfiehlt jedoch die wesentlich teurere und ungeeignete Versicherung B, weil er dadurch einen Vermögensvorteil in Form von Provision oder direktem Zufluss der Prämien hat; oder er empfiehlt aus Eigeninteresse die schlechtere Vermögensumschichtung. Der getäuschte Mandant setzt die Empfehlung um und trifft die ihm objektiv nachteilige Vermögensverfügung. Der Betrug wäre vollendet. In Fortführung des Gedankenansatzes des BGH beschreibt auch Haack einen Beispielsfall von grober Täuschung des Mandanten mit schon krimineller Energie; stimmt aber der Ansicht des BGH dennoch zu.[312]

Mit Unterstellung krimineller Energie und potentieller Straftaten lassen sich immer allerhand Extremsituationen darstellen, deren Vermeidung aber nicht dadurch erreicht werden kann, die Freiheitsausübung soweit einzuschränken, dass derartige Situationen, in denen betrogen werden kann, von vorn herein nicht mehr entstehen. Oder wollte man kleine Autohändler und kleine Werkstätten verbieten, weil dort zumindest mehr als in großen markengebundenen Autohäusern Steuerdelikte begangen werden, oder Diskotheken verbieten, weil dort erfahrungsgemäß vermehrt Betäubungsmitteldelikte auftreten, oder Juweliere, weil diese durch ihre Schaufensterauslagen einen Anreiz für schwere Einbruchsdiebstähle schaffen. Jede Freiheitsausübung – so auch die Berufsfreiheit – trägt die Gefahr in sich, einen Raum zu schaffen, in dem Straftaten und Verletzungen von Rechten anderer vorkommen. Die Reisefreiheit beispielsweise eröffnet weitere Möglichkeiten von Schmuggel oder die Meinungsfreiheit weitere Gelegenheiten für Beleidigung und Verleumdung. Unsere im Grundgesetz determinierte freiheitliche Grundordnung verbietet es, auf derartige Phänomene mit der Einschränkung der Freiheit an sich zu reagieren. Die Überschreitungen der Freiheit sind also systemimmanent und geben schon im Ansatz keine Rechtfertigung, die Freiheit an sich abzuschaffen. Daher kann die Reisefreiheit nicht etwa mit der Begründung der dadurch bedingten vermehrten Zollverstöße, die Meinungsfreiheit nicht etwa wegen dadurch entstehender vermehrter Gelegenheiten zu Beleidigung und Verleumdung und ebenso wenig die Berufsfreiheit von vorn herein mit der Begründung, die Ausübung könnte die Gefahr von Betrugsstraftaten etwas erhöhen, im Kernbereich eingeschränkt werden. Das zum Schutz des Vermögens geeignete und zugeschnittene

312 Haack, BRAK-Mitt. 2011, 267, 269, li. Sp.

Mittel ist das Strafrecht. Wird befürchtet, dass Gesetze – hier das Verbot bei Interessenkollisionen tätig zu werden –, nicht eingehalten werden, können Sanktionen oder Überwachungen normiert werden. Alles andere steht, wie die Beispiele zeigen, außer Verhältnis, so auch das Verbieten der parallelen Berufsausübung und der damit verbundene tiefe Eingriff in die Berufsfreiheit zur Vermeidung letztlich von Betrugsstraftaten.

Die vom BGH dargestellten Beispiele könnten nach dessen Ansicht zudem die anwaltliche Beratung **negativ beeinflussen**.[313] Unabhängig vom Wahrheitsgehalt der Unterstellungen wird jedenfalls nicht einmal die Berührung der Rechtspflege behauptet. Selbiges wäre jedoch für einen Eingriff, wie ihn die Inkompatibilitätsnormen darstellen, mindestens erforderlich. Die Aussage, dass durch Parallelberufe irgendwie die außergerichtliche Beratung negativ beeinflusst sein könnte, ist genauso richtig oder falsch und nicht nachprüfbar wie die Behauptung, dass vielleicht Regenwetter die Stimmung des Anwaltes negativ beeinflussen und zu schlechteren Arbeitsergebnissen führen könnte. Beides kann aber auch durchaus positiv auf die Rechtsanwaltstätigkeit wirken – den einen beflügelt Regenwetter, der andere weiß die zusätzlichen Erfahrungen aus dem Parallelberuf – die ggf. eigene unternehmerische Tätigkeit als solche oder die besonderen Kenntnisse der Versicherungsangebote oder des Immobilienmarktes – zu Gunsten der Qualität der Beratung einzusetzen. Jedenfalls treten die Fälle, in denen das parallelberuflich erworbene derartige Spezialwissen bei der Rechtsberatung eingesetzt werden kann, mit Sicherheit signifikant häufiger auf als die eher abseitigen vom BGH gebildeten Beispielsfälle, in denen der Anwalt mit der Suche einer konkret geeigneten Versicherung, Vermögensanlage oder Immobilie betraut wird. Diese die Beratungsqualität tendenziell verbessernden Aspekte wären in die Abwägung der allgemeinen Beeinflussung der anwaltlichen Beratung ebenso einzustellen, wenn man sich auf diese Diskussion, dass manche Berufe per se als Parallelberufe ausgeschlossen seien, überhaupt einlässt.

cc. Mit dem Grundansatz der Argumentation des BGH zu den Makler- und Vermittlungstätigkeiten über die Verwerflichkeit des Gewinnstrebens könnte zudem jede andere gewerbliche Paralleltätigkeit verboten werden. Denn es macht für die Begründung des BGH keinen Unterschied, ob der Rechtsanwalt im Parallelberuf als Vermittler/Makler auftritt oder selbst das ansonsten zu vermittelnde Produkt/ die zu vermittelnde Dienstleistung anbietet. Daher ist es insoweit folgerichtig, wenn Instanzgerichte, die die Rechtsprechung des BGH als Leitschnur begreifen, auch die Tätigkeiten als **Immobilienanbieter (Immobilienhändler oder -entwickler)** mit ähnlicher Begründung als unvereinbar mit dem Rechtsanwaltsberuf ansehen. Diesen Zusammenhang hat der Anwaltsgerichtshof Berlin

---

313 BGH, Beschluss vom 13.10.2003, AnwZ (B) 79/02, NJW 2004, 212–213, II. 2.a), juris Rn. 11: es bestünde „die Gefahr, daß er sich bei der anwaltlichen Beratung von diesem Provisionsinteresse nicht ganz freimachen kann.“

nach Zusammenfassung der Kernaussagen des BGH, wonach Immobilienmakler bei Vermögensumschichtungen verdienen könnten und das Verdienstinteresse die Rechtsberatung negativ beeinflussen könnte, herausgestellt und – soweit folgerichtig – ausgeführt:

„... Die Erwägungen des Bundesgerichtshofes treffen auf den Immobilienhändler und -entwickler genauso zu wie auf den Immobilienmakler. Beide haben ein erhebliches Verdienstinteresse daran, dass der Mandant mit ihnen ein Immobiliengeschäft tätigt. Im Falle des Immobilienhändlers und -entwicklers fällt die Interessenkollision sogar noch schärfer aus als im Falle des Immobilienmaklers. Denn das Volumen eines Grundstücksvertrages und damit das Abschlussinteresse an einem solchen Vertrag übersteigt in aller Regel das Volumen und das Abschlussinteresse bei einem Maklervertrag um ein Vielfaches. Auch die Möglichkeit, Informationen zu nutzen, die aus der rechtsberatenden Tätigkeit stammen, bietet sich sowohl beim Immobilienmakler als auch beim Immobilienhändler und -entwickler.“[314]

Die Ansicht, dass die maklerspezifische Argumentation des BGH in der Sache nicht haltbar ist, weil damit letztlich alle erwerbswirtschaftlichen Paralleltätigkeiten verboten werden könnten,[315] vertrat der antragstellende Rechtsanwalt in dem bereits mehrfach zitierten Fall des BGH vom 13.10.2003. Diesem zutreffenden und im Ansatz auch vom AGH Berlin im soeben zitierten Urteil geteilten Einwand begegnete der BGH jedoch mit weiteren fragwürdigen Behauptungen, die sich immer weiter von der sowieso schon aus den Augen verlorenen Rechtspflege als relevantem Schutzgut und Rechtfertigungsmaßstab entfernen:

„Ein Rechtsanwalt, der im Zweitberuf Taxifahrer ist, mag hin und wieder auch Fahrgäste zu einem Gerichtstermin befördern und dabei von dem Fahrtziel Kenntnis erhalten. Wenn er daraufhin seine Dienste als Rechtsanwalt anbietet, besteht keine Gefahr, daß die Tätigkeiten des Rechtsanwalts und des Taxifahrers miteinander verquickt werden. Denkbar ist ferner, daß ein Rechtsanwalt, der im Zweitberuf Kraftfahrzeughändler ist, am Rande eines Mandantengesprächs auf eine besonders günstige Kaufgelegenheit aufmerksam macht. Ist er im Zweitberuf Banksyndikus, mag er auf die angeblich besonders vorteilhaften Kredite seiner Bank hinweisen. Regelmäßig ist allen diesen Fällen gemeinsam, daß die ‚nebenbei‘ erfolgte Werbung nur den Zweitberuf, nicht aber die Anwaltstätigkeit berührt. Die zweitberufliche Tätigkeit des Rechtsanwalts legt hier bei objektiv vernünftiger Betrachtungsweise von Seiten des Mandanten die Wahrscheinlichkeit von Pflichten- und Interessenkollisionen nicht nahe. Daß die angepriesenen Leistungen mit dem Inhalt des Mandats etwas zu tun haben, ist eher untypisch. Solchen Ausnahmesituationen kann durch Tätigkeitsverbote Rechnung getragen werden. Für einen Widerruf der Anwaltszulassung wegen der Gefahr der Interessenkollision besteht deshalb kein hinreichender Anlaß.

---

314 AGH Berlin, Beschluss vom 06.04.2009, I AGH 6/08, NJW-RR 2009, 1581–1582, II.1., juris Rn. 5.

315 Ebenso Haack, BRAK-Mitt. 2011, 267, 268.

Demgegenüber ist – wie oben unter a) ausgeführt – die Gefahr der Interessenkollision typischerweise gegeben, wenn der Rechtsanwalt zugleich Makler ist.“[316]

Die Werbung für Produkte und Dienstleistungen aus dem Parallelberuf, z.B. für Taxifahrten, Kraftfahrzeuge oder Bankprodukte erfolge nebenbei und betreffe nicht die Anwaltstätigkeit und führe wahrscheinlich nicht zu Interessenkollisionen. Es handle sich nur um Werbung für Leistungen aus dem Parallelberuf. Dem ist im Grundsatz zuzustimmen, weil Interessenkollisionen erst einmal ein weiteres Mandat voraussetzen, in dem sich kollidierende Interessen bilden können.

Sicher sind auch die Fälle selten und „untypisch“, in denen die Leistungen einer Bank, eines Kfz-Händlers oder eines Taxifahrers eine Berührung mit einem konkreten Mandat aufweisen. Jedoch der Fall, dass ein Mandant seine Bankverträge prüfen lässt oder für den Kauf von Kraftfahrzeugen einen Rechtsanwalt einschaltet ist genauso wahrscheinlich oder unwahrscheinlich wie der Beratungsvertrag zur Versicherungsprüfung oder zur Umschichtung von Vermögen. Interessenkollisionen können zudem auch dann entstehen, wenn der Mandant selbst Taxiunternehmer, Bank oder Kraftfahrzeughändler ist. Die Mandanten haben sicher ähnlich häufig Rechtsfragen zu Versicherungen oder Vermögen an sich wie zu Kraftfahrzeugen oder Bankverträgen. Der Parallelberuf als Mietwagen- und Taxiunternehmer könnte zu Zusatzgeschäften bei Verkehrsrechtsanwälten führen; der Parallelberuf als Landwirt wird wahrscheinlich häufiger zu Interessenkollisionen bei einzelnen Mandaten führen, wenn der Anwalt zugleich Fachanwalt für Agrarrecht ist, weil dieser Fachanwalt eben häufig Mandate aus der Landwirtschaft bearbeitet, die in Konkurrenz zum eigenen Landwirtschaftsgeschäft stehen könnten. Ähnlich zeigt sich das Problem beim auf Reiserecht spezialisierten Rechtsanwalt, der parallelberuflich ein Reisebüro betreibt. Der Eintritt von Interessenkollisionen beim konkreten späteren Mandat ist also genauso wahrscheinlich oder unwahrscheinlich wie bei Versicherungen und Vermögensangelegenheiten. Die Argumentation des BGH ist daher in sich auch nicht schlüssig.

Die Versuche der Vorhersage, wann mit welcher Häufigkeit in welcher Konstellation auch immer womöglich mal eine Interessenkollision entstehen könnte, führen nicht weiter. Da alle Lebensbereiche verrechtlicht sind, können überall Interessenkollisionen auftreten. Statt aber alle gewerblichen Parallelberufe zu verbieten (so aber noch grundsätzlich bei den Steuerberatern, dazu sogleich unter E.) oder bestimmte, insbesondere die vorgenannten Makler- und Versicherungstätigkeiten, muss man verhältnismäßig die Tätigkeitsverbote im Einzelfall bei Interessenkollisionen ausreichen lassen, zumal sich eine Interessenkollision nur im konkreten Einzelfall bestimmen lässt.

Neben der Fragwürdigkeit der Grundannahme treten die im Einzelfall möglichen Kollisionen nicht dann häufiger auf, wenn der Rechtsanwalt statt Direktanbieter

316 BGH, Beschluss vom 13.10.2003, AnwZ (B) 79/02, NJW 2004, 212–213, II. 2.a), juris Rn. 12.

nur Makler ist. Ein Makler ist eine Verkaufshilfe für das eigentliche Produkt oder die eigentliche Dienstleistung. Ein Unterschied zwischen demjenigen, der eine Leistung im Interesse der Gegenleistung oder im Interesse einer Verkaufsprovision vertreibt, lässt sich nicht erkennen. Die Maklertätigkeit für Taxidienstleistungen, Finanzprodukte oder Kraftfahrzeuge soll wohl regelmäßig zu Interessenkonflikten führen, das marktmäßige Anbieten der Leistung selbst anscheinend nicht (anders und die BGH-Rechtsprechung folgerichtig weiterentwickelt der AGH Berlin[317]). Das Provisionsinteresse sei nach einer in der Literatur vorgenommenen Interpretation gefährlicher einzuschätzen als das unmittelbare Interesse am Vertragsschluss, weil die Maklertätigkeit verheimlicht werden könne.[318] Die damit wieder unterstellte kriminelle Energie ist schon weit hergeholt und ein extremer Ausnahmefall, der kein grundsätzliches Berufsverbot rechtfertigen kann. Das Wissen des Mandanten um die kollidierenden Interessen schließt nicht die Interessenkollision aus oder beeinflusst deren Intensität,[319] sondern bewirkt nur die Reaktionsmöglichkeit des Mandanten. Mit einer Offenlegungspflicht und einem Tätigkeitsverbot im Einzelfall wären diese Fälle angemessen zu lösen, soweit tatsächlich im Einzelfall Interessenkollisionen auftreten.

Die Argumentation des BGH geht noch weiter, indem dieser meint, der Makler könne von einem Beteiligten des abzuschließenden Vertrages „gebeten werden, ihn auch anwaltlich über die Vor- und Nachteile" des Hauptvertrages zu beraten. Die anwaltlichen Leistungen wären dann vom Provisionsinteresse überlagert und würden in der Tendenz darauf ausgerichtet sein zu empfehlen, den Vertrag abzuschließen, auch wenn das eine Falschberatung wäre.[320] Der Mandant müsste schon sehr beschränkt sein, in Konstellationen den Rechtsanwalt um eine Beratung zu bitten, wenn dieser als Makler offensichtlich ein Eigeninteresse am Zustandekommen des Vertrages hat, weil eine Provision für den Abschluss des Vertrages vereinbart worden ist. Ebenso wenig, wie sich der Rechtsuchende regelmäßig vom Vertragspartner des Hauptvertrages beraten lassen will, auch wenn dieser als Rechtsanwalt arbeitet, wird er den Rechtsanwalt um eine Vertretung bitten, wenn dieser gleichzeitig der Makler des Hauptvertrages war. Der Rechtsanwalt müsste nach geltendem Recht ein derartiges schon höchst unwahrscheinliches Angebot eines potentiellen Mandanten zudem ablehnen. Denn es liegt stets eine Interessenkollision vor, die zum Tätigkeitsverbot führt. Dieses Beispiel zeigt nicht nur die schon weit hergeholten Argumentationsmuster des BGH, sondern es wird besonders deutlich, dass jedenfalls stets schon das Tätigkeitsverbot im Einzelfall eingreift und darüber weit hinausgehende Berufsverbote nicht erforderlich sind.

317 AGH Berlin, Beschluss vom 06.04.2009, I AGH 6/08, NJW-RR 2009, 1581–1582.

318 Haack, BRAK-Mitt. 2011, 267, 269.

319 So jedoch Haack, BRAK-Mitt. 2011, 267, 269.

320 BGH, Beschluss vom 13.10.2003, AnwZ (B) 79/02, NJW 2004, 212–213, II.2.a)aa), juris Rn. 14.

Um eine Unterscheidung zwischen Makler und unmittelbaren Anbieter zu begründen, erscheint die Feststellung alles andere als stringent, wonach es „nicht fern“ läge, dass eine Partei des Hauptvertrages den Makler nunmehr nicht nur bei Vertragsschluss sondern auch danach als Rechtsanwalt bei Leistungsstörungen, inklusive Gewährleistungsfragen, des Hauptvertrages „beauftragt“.[321] Der BGH unterstellt mit seiner Ansicht nahezu, dem Rechtsanwalt könnte ein Vertragsschluss mit einem Mandanten aufoktroyiert werden. Der Rechtsanwalt werde „beauftragt“ und könne sich der Beauftragung wohl nicht entziehen. Die Terminologie einer Beauftragung entspringt der juristischen Laiensphäre. Juristisch übersetzt ist damit grundsätzlich die Annahme eines schon vorliegenden Antrages gemeint. Wie zuvor benannt, darf der Rechtsanwalt wegen offensichtlicher Interessenkollision keinen Beratungsvertrag schließen und natürlich auch keine bindenden Angebote in dieser Richtung vorher abgeben oder annehmen, ohne auf die Interessenkollision hinzuweisen. Dies wäre – nebenbei bemerkt – sicher eine Konstellation, in der trotz Kenntnis des potentiellen Mandanten von der Paralleltätigkeit und der im konkreten Fall möglicherweise bestehenden Interessenkollision sowie dem Wunsch, dennoch genau mit diesem Rechtsanwalt zu kontrahieren, ein Vertretungsverbot weiter bestehen dürfte, weil meist Ansprüche gegen den Makler mit zu prüfen wären. Der Rechtsanwalt weist damit zu einer potentiellen Gegenpartei (sich selbst) eine außerordentliche Nähebeziehung auf.

Letztlich befinden sich alle von der Rechtsprechung und Literatur durchgespielten Szenarien allein im außergerichtlichen Beratungsmarkt. Sie **berühren** damit **nicht die Rechtspflege**. Strategien und Ziele zur Verhinderung von solchen Konstellationen können unabhängig davon, dass sie auch nicht erforderlich wären – keine Rechtfertigungen bieten, in die Berufsfreiheit mit Unvereinbarkeitsregelungen einzugreifen. Selbst wenn die Annahmen des BGH zutreffen sollten und es irgendwie „unschön“ sei, wenn jemand die sich wechselseitig bietenden zusätzlichen Verdienstchancen nutzt oder die außergerichtliche Rechtsberatung von irgendwelchen weiteren Interessen tangiert wird, genügt das längst nicht als Grund für einen derart tiefgreifenden Eingriff in die Berufsfreiheit. Die **Rechtsprechung** geht in der **Tendenz** wieder auf das Verbot jeder gewerblichen Tätigkeit zu. Denn die Argumentation für den Händler/Entwickler/Erbauer von Immobilien lässt sich beispielsweise ebenso auf den Maschinenbauer, den Automobilbauer sowie den Händler dieser Produkte übertragen.

Der Kunde erwarte von einem Rechtsanwalt stets eine angebotsneutrale unabhängige Beratung. Ein Bankangestellter, der direkten Kontakt zum Kunden habe, berate jedoch tendenziell zugunsten der Bankprodukte.[322] Dem ist im Grundsatz

321 BGH, Beschluss vom 13.10.2003, AnwZ (B) 79/02, NJW 2004, 212–213, II.2.a)bb), juris Rn. 15.

322 So Römermann, ZErb 2006, 286–287, Kommentierung zu BGH, Beschluss vom 15.05.2006, AnwZ (B) 41/05, Angestelltentätigkeit im Geschäftsbereich Vermögensberatung (Private Banking) einer Bank.

zuzustimmen. Wenn der Kunde/Mandant nichts von der Paralleltätigkeit des Rechtsanwaltes weiß, würde er getäuscht. Dann erwartet er eine neutrale Beratung, bekommt sie wegen der Interessenkollision im Einzelfall (hier Vermögensberatung) nicht. Mit der hier vertretenen Offenlegungspflicht – und mit dem sowieso schon existierenden Tätigkeitsverbot – wäre das nicht mehr möglich. Die konkreten Beispiele und hypothetischen Konfliktlagen, die in der Rechtsprechung und Literatur diesbezüglich genannt werden, verdeutlichen, dass die Tätigkeitsverbote im konkreten Fall ausreichend sind und hinter allen Argumentationsversuchen letztlich nur der Gedanke steht, der **Rechtsanwaltsberuf sei von Gewinnstreben strikt abzugrenzen**. Mit dem versteckten Bestreben, erwerbswirtschaftliche Gedanken und Gewinnstreben aus dem Rechtsanwaltsberuf fernzuhalten und damit eine nicht vorhandene Besserstellung / moralische Überlegenheit zu anderen Berufstätigen aufzubauen, schließt sich wieder der Kreis zu den sonstigen Begründungen. Die Abgrenzung der Berufe sei wohl erforderlich, weil der Rechtsanwalt höherrangige Tätigkeitsziele verfolge und ein imaginäres Ansehen sowie eine undefinierte Unabhängigkeit des Anwaltes zu bewahren sei.

In diesem Zusammenhang werden alle akquisitorischen Tätigkeiten als minderwertig eingestuft; das Provisionsinteresse speziell eines **Maklers** beflügle ihn zu Gesetzesverstößen. Tatsächlich bedient der Makler wie jeder Gewerbetreibende nur einen vorhandenen Markt, auch wenn er wenig Ansehen genießen mag. Verkäufer nutzen dessen Service, die Präsentationserfahrung oder das Wissen um den einen oder anderen potentiellen Käufer. Umgekehrt schließen Kaufinteressenten Maklerverträge, um die begehrte Ware am Markt zu suchen und ggf. vorzuprüfen, weil sie selbst nicht den Marktüberblick haben oder einfach Zeit und eigenen Aufwand einsparen wollen. Der Makler erhält für seine Dienstleistung ein Entgelt, entweder eine Zeitvergütung oder üblicherweise eine Erfolgsprovision. Der Maklerberuf ist weder besonders schädlich, noch beschränken sich akquisitorische Tätigkeiten auf den Maklerberuf, denn jeder am Markt Tätige, ob Gewerbetreibender oder Freiberufler, muss letztlich seine Kunden akquirieren.

(6) Interessenkollisionen versus Gefahr von Datenmissbrauch

Auch wenn die Rechtsprechung die eingangs geschilderte Problematik der parallelberuflichen Verwendung von bei der Anwaltstätigkeit erworbenen Informationen, insbesondere hinsichtlich Vermögensverhältnissen der Mandanten, über angeblich entstehende Interessenkollisionen aufzulösen sucht, betrifft das jedoch eher den Problemkreis, inwieweit womöglich die Gefahr einer missbräuchlichen Verwendung der Daten besteht.

Unterstellt wird eine regelmäßige Kenntnis der Rechtsanwälte über die **wirtschaftlichen und finanziellen Verhältnisse der Mandanten**, die nachfolgend – verwerflicherweise – bei der Paralleltätigkeit genutzt werden könnte. Der Umfang der Kenntnisse hängt zwar vom Beratungsgegenstand ab – einfacher Verkehrsunfall versus Scheidung mit Vermögensregelung oder wirtschaftliche Beratung. Ein guter Berater wird aber versuchen, so viel Informationen wie möglich zu bekommen, um den Einzelfall / das einzelne Mandat insgesamt einzuordnen und optimale Ergebnisse für den Mandanten zu erzielen. Somit werden Anwälte aus der Bearbeitung bedeutender Angelegenheiten und aus der Beratung von Dauermandaten heraus ggf. umfassende Kenntnisse der wirtschaftlichen Verhältnisse erlangen, gerade im Familienrecht, bei Erbschaftsangelegenheiten oder im gesamten Wirtschaftsrecht, inklusive dem Steuerrecht. Bei kaum einem anderen Beruf werden die wirtschaftlichen und persönlichen Verhältnisse dem Vertragspartner anlässlich einer Dienstleistung so sehr offenbart. Der Einkauf von Waren oder Dienstleistungen erfolgt in der Regel, ohne dem Vertragspartner weitere Informationen zu geben, anders nur bei den Rechtsanwälten, den Steuerberatern – bedingt bei den Unternehmensberatern und natürlich dort, wo das Vermögen als Sicherheit eingesetzt wird (Finanzierungen); weiter partiell bei Versicherungsberatern, die umfangreich beraten.

aa. Insbesondere gebe es nach Ansicht des BGH, (wohl) über die Kenntnis der reinen wirtschaftlichen Verhältnisse hinausgehend, nicht näher bezeichnete **Informationen für Versicherungsvertreter**, die „die Vermittlung von Geschäftsabschlüssen aussichtsreich erscheinen lassen und die bei der Rechtsberatung typischerweise anfallen können".[323] Das Leben besteht aus Risiken – Krankheit, Unfall, Naturereignisse, Forderungsausfälle etc. – die meist versicherbar sind. Je aktiver jemand lebt, desto höher die Risiken. Der Rechtsanwalt berät letztlich immer über die Risiken oder behandelt im Streitfalle die Verantwortlichkeit dafür. Daher hat er einen unmittelbaren Bezug zu den Fallgestaltungen, für die Versicherungen Versicherungsschutz anbieten. Er wird das Versichern eines Risikos abstrakt am ehesten empfehlen können. Zu unterscheiden ist zwar zwischen abstrakter Empfehlung der Versicherung eines Risikos einerseits und der Empfehlung einer konkreten Versicherungspolice andererseits. Letztlich gibt der Rechtsanwalt oder Versicherungsmakler jedoch nur Entscheidungshilfen – die Einschätzung, ob das Versichern wirtschaftlich sinnvoll ist, trifft der Mandant allein. Der Rechtsanwalt kann die freien Mandanten nicht zum Abschluss eines Versicherungsvertrages oder Finanzgeschäftes nötigen.

Möglicherweise wird ein Rechtsanwalt mit Parallelberuf Versicherungsmakler tendenziell womöglich mit dem Hintergrundwissen aus dem Beratungsmandat dem Mandanten Empfehlungen der von ihm vertretenen Versicherungsprodukte aussprechen. Darin liegt jedoch keine anstößige Verwendung der Kenntnisse aus der Rechtsanwaltstätigkeit oder gar ein Datenmissbrauch. Wenn ein längeres Vertrauensverhältnis zwischen Anwalt und Mandant besteht, wird der Mandant sicher auch eher auf seine Empfehlungen als Versicherungsvertreter oder Versicherungsmakler vertrauen. Dieses Vertrauen kommt dann aber nicht aus der beruflichen Stellung des Rechtsanwaltes, sondern aus dessen Persönlichkeit. Neben versicherbaren Risiken konsumiert jeder Mandant Produkte, z.B. Lebensmittel,

323 BGH, Beschluss vom 18.10.1999, AnwZ (B) 97/98, NJW-RR 2000, 437, 438, II.1.

Kraftfahrzeuge, Urlaubsreisen. Wenn der Rechtsanwalt im Parallelberuf Hersteller oder Händler von Lebensmitteln oder Kraftfahrzeugen ist oder ein Reisebüro betreibt, kann er auch regelmäßig die Informationen aus der Rechtsanwaltstätigkeit für den Parallelberuf nutzen, angefangen beim Kontakt an sich, den Fahrzeugvorlieben oder den Urlaubszielen. Die Argumentation wäre demnach nicht nur für Versicherungen anwendbar und führte letztlich wieder nur dazu, dass die meisten gewerblichen Paralleltätigkeiten mit vermeintlicher Möglichkeit der Nutzung der Kenntnisse aus der Anwaltstätigkeit für den Parallelberuf verboten werden könnten.

bb. Die Problematik, über welche Informationen mit welchem Gewicht der Berater verfügt, wann eine unberechtigte Nutzung vorliegt und wie stark durch eine Nutzung dieser Informationen die Rechtspflege betroffen wäre, wird ausführlich unten bei den Steuerberatern, E.VI.3.a) besprochen, weil die Diskussion dieser Thematik in Literatur und Rechtsprechung vorwiegend beim Steuerberaterberuf erfolgt. Im Gegensatz zu den weitergehenden bzw. strenger ausgelegten Inkompatibilitätsregelungen aus dem Steuerberatungsgesetz unterstellt die Rechtsprechung den Rechtsanwälten regelmäßig keine relevante Kenntnis der wirtschaftlichen und finanziellen Verhältnisse.

Wenn ein Rechtsanwalt die Daten eines Mandanten persönlich nutzen will, kollidiert das per se nicht mit den Mandanteninteressen der konkreten Fallbearbeitung. Es gibt regelmäßig keine Pflicht aus dem Parallelberuf heraus, die während der anwaltlichen Tätigkeit gewonnenen Informationen dort zu nutzen, die mit der Pflicht des Rechtsanwaltes zur Geheimhaltung kollidiert. Insbesondere die Pflicht als Organ einer Gesellschaft, alle Kenntnisse zum Nutzen derselben einzubringen, geht von vorn herein nur soweit, wie diese Informationen nicht anderweitig der Geheimhaltung unterliegen.[324] Die Nutzung von Informationen aus der Anwaltstätigkeit betrifft daher nicht in erster Linie die Frage, ob Interessenkollisionen oder Pflichtenkollisionen bestehen, sondern die Frage, ob die Vertraulichkeit des Anwaltes in Form der **Verschwiegenheitspflicht** berührt bzw. verletzt wird[325] oder noch allgemeiner die Frage der Pflichtverletzung durch **Nutzung von Informationen** und Daten.

Aus dieser Erkenntnis leiten sich die wesentlichen Fragestellungen für die Prüfung der Rechtfertigung eines Eingriffs in die Berufsfreiheit wegen der Möglichkeit einer Datenverwendung ab. Grundsätzlich berühren die Verletzung und die

---

324 Beispielhaft die Legalitätspflicht für den GmbH-Geschäftsführer, *Altmeppen* in Altmeppen, Kommentar zum GmbHG, 10. Aufl. 2021, § 43 Rn. 6 ff.

325 *Schmidt-Räntsch* in Gaier, Wolf, Göcken, Anwaltliches Berufsrecht, 3. Aufl. 2020, § 7 BRAO Rn. 75, meint einen Konflikt zweier Interessen zwischen dem Interesse, im Parallelberuf Gewinn zu erwirtschaften, und der „dem Rechtsanwalt obliegenden Verpflichtung", die vertraulichen Angaben und Daten der Mandanten auch vertraulich zu behandeln, zu erkennen. Nur das letzte ist eben kein Interesse.

Gefahr der Verletzung der Verschwiegenheitspflicht die Funktionsfähigkeit der Rechtspflege, weil die Verschwiegenheitspflicht als Teil der Vertraulichkeit für die Erfüllung der Aufgaben des Rechtsanwaltes innerhalb der Rechtspflege unverzichtbarer Bestandteil ist.

Im Vertrauen auf die Geheimhaltung beim Rechtsanwalt legt der Mandant vielfach seine wirtschaftlichen Verhältnisse offen, damit der Anwalt gerade bei komplexen Angelegenheiten in die Beratung alle Aspekte mit einbeziehen kann. Der Mandant wird tendenziell nicht nur weniger offen darüber informieren, wenn er fürchten muss, diese Informationen unterliegen dem freien Zugriff des Staates, sondern auch dann – freilich mit geringerer Intensität –, wenn er befürchten muss, diese Informationen werden vom Anwalt zu Werbezwecken oder anderweitig im Parallelberuf gebraucht. Die Vertraulichkeit (Verschwiegenheitsrecht und Verschwiegenheitspflicht) wird aber solange nicht angetastet, wie die Informationen nur vom Rechtsanwalt selbst genutzt werden. Der Rechtsanwalt ist nirgends unter Aufgabe seiner Verschwiegenheit verpflichtet, Informationen etwa innerhalb einer Organisation des Parallelberufes zu offenbaren. Damit wird die Vertraulichkeit im Anwaltsberuf durch einen Parallelberuf nicht tangiert.

Missbrauchen kann der Anwalt die Daten immer – ob nun zugunsten seines Parallelberufes oder anderweitig, z.B. durch Verkauf an Dritte. Diese Gelegenheiten bestehen in zahlreicher Art auch ohne Parallelberuf. Der Anwalt beginge damit jedoch eine schwere Verletzung der Verschwiegenheitspflicht. Derartige Verstöße sind strafrechtlich sanktioniert, § 203, § 356 StGB. Soweit es sich um Daten handelt, die der Verschwiegenheitspflicht unterliegen, sind damit ausreichende Sicherungen durch strafrechtliche Sanktionen vorhanden. Man könnte nur wieder unterstellen, die Gelegenheit des Bruches der Verschwiegenheit würde sich signifikant erhöhen, weil eben eine potentielle weitere Nutzungsmöglichkeit der Informationen innerhalb der eigenen parallelen Tätigkeit besteht. Die Vertraulichkeit, die soweit speziell durch die Verschwiegenheitspflicht gesichert ist, wäre nur ganz am Rande betroffen in der Art, dass es einen größeren Anreiz gebe, Informationen entgegen der Verschwiegenheitspflicht zu verwenden. Die Funktionsfähigkeit der Rechtspflege leidet darunter jedoch nicht. Eine Inkompatibilität der Berufe daraus zu folgern, wäre daher letztlich unangemessen.

Selbst wenn man im Ergebnis unterstellen wollte, dass relevante Informationen / Daten eher missbraucht werden können, wenn diese für bestimmte Parallelberufe nützlich sind, heißt das noch lange nicht, dass es sich um einen Missbrauch handelt oder Missbrauch auch stattfindet. Ein präventives Verbot der Paralleltätigkeit wäre in Anbetracht der vorhandenen straf- und berufsrechtlichen Sanktionen nicht erforderlich und zudem unangemessen. Die Freiheit, die Informationen aus der Rechtsanwaltstätigkeit zu nutzen, ist schon über die Verschwiegenheitspflicht eingeschränkt. Dann muss nicht zusätzlich noch der Freiraum beseitigt werden, in dem die Verstöße vorkommen könnten. Die Gefahr des Verstoßes gegen die Verschwiegenheitspflicht vergrößert sich in vergleichbarer Weise, zu je mehr Personen der Rechtsanwalt Beziehungen unterhält; damit verbunden ebenso je tiefer diese Beziehungen sind. Je größer die Familie oder der Freundeskreis, je mehr

Vereinsmitgliedschaften, je mehr sonstiges außerberufliches Engagement – und auch je mehr Paralleltätigkeiten – je höher ist die theoretische Wahrscheinlichkeit der Pflichtverletzung, wenngleich sich alles nicht im messbaren Bereich abspielt. Die Gefahr von Verstößen gegen die Verschwiegenheitspflicht verringert man nicht nur mit dem Verbot einer Paralleltätigkeit, sondern in gleicher Weise mit der Untersagung, enge persönliche Beziehungen einzugehen, weil erfahrungsgemäß dort auch losgelöst von wirtschaftlichen Interessen Informationen fließen. Einer solchen Gefahr unterläge nur nicht ein Eremitenberater, der keine anderen Beziehungen zur Welt außerhalb der Rechtsanwaltstätigkeit unterhält und idealerweise auch alle Informationen aus der bisherigen Berufstätigkeit wieder vergisst – aber mit diesem möchte aufgrund seines regelmäßig fehlenden Weitblicks kaum jemand kontrahieren bzw. von diesem wohl niemand beraten werden.

Insbesondere würde auch eine breite Mandantenstruktur die Möglichkeit der Nutzung der Kenntnisse aus dem einen für das andere Mandat ausweiten und damit das Missbrauchspotential vergrößern. Je größer die Kanzlei, je höher ist die Wahrscheinlichkeit, dass Konkurrenten gleichzeitig beraten werden und sensible Informationen des Rechtsanwaltes beispielsweise über strategische Pläne oder Liefer- und Kundenbeziehungen weitergegeben werden. Solche Konstellationen müssten in der wirtschaftlichen Beratung vermieden werden. Sie existieren derzeit jedoch real. Die Rechtspflege ist davon aber nicht betroffen, weil es sich um ein Problem des außergerichtlichen Beratungsmarktes handelt. Diese Konstellationen lassen sich angemessen über Tätigkeitsverbote regeln und bedürfen keiner Berufsverbote, wie die Reformbestrebungen zur Änderung der BRAO zeigen. Ein Tätigkeitsverbot sollte demnach auch für die Fälle berufsrechtlich geregelt werden, bei die denen der Rechtsanwalt aus einem Mandat sensibles Wissen erlangt hat, das für die neue Partei in einer anderen Rechtsache vorteilhaft sein könnte.[326] Dies gelte namentlich, wenn der Rechtsanwalt „*in Ausübung seines Berufs von einer anderen Partei eine für die Rechtssache bedeutsame vertrauliche Information erhalten hat*“, § 43a IV Nr. 2 Ent.BRAO. Zudem darf der Rechtsanwalt nach der Entwurfsfassung des § 45 I Satz 2 BRAO nicht tätig werden, wenn er außerhalb seiner Anwaltstätigkeit „*in einer anderen Angelegenheit von einer anderen Person eine für die Rechtssache bedeutsame vertrauliche Information erhalten hat.*“ Diese Regelungen sind allerdings im Verlauf der Beratungen über den Gesetzesentwurf wieder gestrichen worden und traten daher nicht in Kraft.

cc. Abgesehen von den Fällen, in denen der Rechtsanwalt den Mandanten betrügen will, bestehen grundsätzlich zwei Varianten, die **Kenntnisse aus der Tätigkeit des Rechtsanwaltes** zu nutzen: Entweder der Rechtsanwalt bietet Rechtsberatungsleistungen bezüglich Angelegenheiten an, deren Beratungsbedarf er im Zusammenhang mit einer Fallbearbeitung erfahren hat, oder er bietet gewerbliche Leistungen an, z.B. Vermittlung oder Erwerb von Immobilien, Vermittlung

326 Begründung des Referentenentwurf des BMJV vom 29.10.2020, S. 140.

von Versicherungen, sonstiger Waren oder gewerblicher Dienstleistungen. Der Anwalt wird bei erkanntem Bedarf des Mandanten stets im primär eigenen Interesse weitere Rechtsberatung und/oder Produkte oder Dienstleistungen aus seiner Paralleltätigkeit anbieten. In erster Linie wird damit ein Bedarf beim Mandanten erkannt und befriedigt. Die Nutzung von Informationen – besser die Nutzung von Wissen – ist demnach nicht zwingend ein Verstoß gegen die Verpflichtung zur Verschwiegenheit und nicht per se verwerflich.

dd. Strukturelle Interessenkonflikte und wechselseitige Informationsnutzung soll auch das **Fremdbesitzverbot** an Anwaltsgesellschaften vermeiden. Begrenzt auf diese Zielsetzung lässt sich ein solches Fremdbesitzverbot noch als geeignet ansehen. Die Erforderlichkeit und Verhältnismäßigkeit tangiert im Vergleich zu den hier untersuchten Inkompatibilitäten weniger Art. 12 GG, weil damit kein tiefgreifender Eingriff in das Persönlichkeitsrecht Berufsfreiheit verbunden ist. Es geht mehr um die Verfügungsbefugnis über das durch die Berufstätigkeit Geschaffene und damit um die Eigentumsgarantie. Die Frage der Erforderlichkeit stellt sich jedoch auch hier – diese kann in Bezug auf das Fremdbesitzverbot nicht damit begründet werden, dass Tätigkeitsverbote, die naturgemäß auf den Einzelfall ausgerichtet sind, nicht ausreichen würden.[327] Anders als bei Apotheken, bei denen das Fremdbesitzverbot jüngst vom EuGH mit wenig überzeugender Begründung bestätigt worden war, kann es bei Anwälten allenfalls im Einzelfall, bei dem konkreten Mandat zu Interessenkonflikten kommen.

Beispielhaft für die Argumentation bringt Singer die unbefangen einleuchtende Behauptung, dass bei Beteiligung von „Versicherungen, Banken oder Lebensmitteldiscountern" an Kanzleien der Rechtsanwalt bei Vertretung eines Mandanten nicht frei von **Interessenkollisionen** wäre.[328] Dies träfe jedoch nur für spezielle Einzelfälle zu, die einen Bezug zum Anteilseigner hätten. Selbst dann gäbe es das mildere Mittel des gesetzlichen Vertretungsverbot im Einzelfall bzw. eine Offenbarungspflicht und – nicht zu vergessen – das Vertragsrecht: Dem Beratungsvertrag immanent (Geschäftsgrundlage) ist die Interessenkollisionsfreiheit (so auch bei jedem Berater ohne spezielles Berufsrecht). Offenlegung und Transparenz in Bezug auf die Beteiligungsstruktur verbunden mit der Freiheit der am Vertragsschluss Interessierten, im Bewusstsein aller Abhängigkeiten dennoch kontrahieren zu wollen, wäre das mildere, mindestens gleich effektive Mittel, um einen Datentransfer oder Datenmissbrauch zu verhindern.

ee. Gerade bezüglich der Nutzung von Informationen oder Daten wäre erwägenswert, eine grundsätzliche Pflicht zur Offenlegung des Parallelberufes gegenüber dem Mandanten zu statuieren. Der Rechtsuchende kann die individuell

---

327 A.A. Singer, FS Czybulka, S. 327, 335, der die Erforderlichkeit mit einem mE unzulässigen Maßstab begründet, wenn er darauf abstellt, dass die Nichtbegrenzung auf das Mittel der Tätigkeitsverbote vom Gesetzgeber „nicht willkürlich" sei.

328 Singer, BRAK-Mitt. 2012, 145–150.

einzuschätzende Gefahr eines späteren Bruchs der Verschwiegenheit jedenfalls erkennen und – wenn er diese tatsächlich ebenso für gefährlich halten sollte – auf einen Vertragsschluss verzichten. Damit wäre jedenfalls ein milderes Mittel gewählt.

(7) Interessenkollisionen durch Staatsnähe

Da entgegen der herrschenden Meinung **Paralleltätigkeiten beim Staat** nicht per se **Interessenkollisionen** hervorrufen – ebenso nicht Gefahren von Interessen- oder Pflichtenkollisionen –, sind Unvereinbarkeitsregelungen, die generell eine Paralleltätigkeit als Beamter oder Angestellter im öffentlichen Dienst ausschließen, verfassungswidrig.[329] Etwas anders ergibt sich auch nicht aus der Ableitung des Ziels aus der Rechtspflege direkt. Eine interessenkonfliktfreie Vertretung und Beratung ist generell möglich, auch wenn parallelberuflich eine Anstellung beim Staat besteht. Im Einzelfall auftretende Konflikte sind durch Tätigkeitsverbote hinreichend unter Wahrung des Verhältnismäßigkeitsgrundsatzes zu lösen. Zur besseren Erkennbarkeit von derartigen Kollisionslagen für den Mandanten wären auch hierbei Informationspflichten über die parallelberufliche Beschäftigung beim Staat vor Vertragsschluss möglich, die durch berufsrechtliche Sanktionen und/oder Verlust des Vergütungsanspruches abgesichert werden könnten.

aa. Anders und weitergehend argumentiert jedoch das **BVerfG**, welches die Freiheit von beamtenähnlichen Bindungen als Teil einer vom Verfassungsgeber vorgefundenen und im Rechtsstaatsprinzip determinierten Gegebenheit sieht und dieser Freiheit eine dienende Funktion für die Rechtspflege beimisst. Es diene zumindest der Rechtspflege, wenn Rechtsanwälte frei von jeglichem staatlichen Einfluss agieren.[330]

---

329 Siehe dazu schon D.VII.4.c)(5).

330 BVerfG, Beschluss vom 08.03.1983, 1 BvR 1078/80, BVerfGE 63, 266–312, B.I.2.: „Die Herauslösung des Anwaltsberufs aus beamtenähnlichen Bindungen und seine Anerkennung als ein vom Staat unabhängiger freier Beruf kann als ein wesentliches Element des Bemühens um rechtsstaatliche Begrenzung der staatlichen Macht angesehen werden, das der Verfassungsgeber vorgefunden und in seinen Willen aufgenommen hat. Es entspricht dem Rechtsstaatsgedanken und dient der Rechtspflege, daß dem Bürger schon aus Gründen der Chancen- und Waffengleichheit Rechtskundige zur Verfügung stehen, zu denen er Vertrauen hat und die seine Interessen möglichst frei und unabhängig von staatlicher Einflußnahme wahrnehmen können. Damit steht die verfassungsgerichtliche Rechtsprechung in Einklang, daß der ‚Anwalt einen freien Beruf ausübt, der staatliche Kontrolle und Bevormundung prinzipiell ausschließt' (BVerfGE 34, 293 (302)) und daß die ‚anwaltliche Berufsausübung unter der Herrschaft des Grundgesetzes der freien und unreglementierten Selbstbestimmung des Einzelnen' unterliegt, soweit sie nicht durch

Das mag zutreffen, soweit die schon angesprochene fehlende Staatsnähe bei der Sacharbeit gemeint wäre und man unter **„Dienen" für die Rechtspflege** richtigerweise nur die grundsätzliche Geeignetheit zur Verwirklichung des Ziels des Schutzes der Funktionsfähigkeit der Rechtspflege versteht. Wenn alle Parallelberufe verboten wären, käme es zumindest daraus nie zu Interessenkollisionen. Damit dient es auch der Rechtspflege, wenn Rechtsanwälte keine Freunde oder Lebens/Ehepartner haben oder keine gesellschaftlichen Bindungen eingehen dürften. Dann wäre die Gefahr von Interessenkollisionen aus diesen Bereichen von vorn herein ausgeschlossen. Das BVerfG, dessen vorzitierte Entscheidung zwar in Bezug auf die Beurteilung des Zulassungsversagungsgrundes nach § 7 Nr. 6 BRAO (wenn der Bewerber die freiheitliche demokratische Grundordnung in strafbarer Weise bekämpft) ergangen war, sieht eher jegliche staatliche Berührungspunkte als Bedrohung der Rechtspflege.

Das Dienen für die Rechtspflege reicht jedoch bei weitem nicht als legitime Zielsetzung und damit letztlich zur Rechtfertigung von Inkompatibilitätsnormen aus. Denn ein Dienen zu Gunsten der Rechtspflege bedeutet noch lange keine Erschütterung der Funktionsfähigkeit im Falle des Nichtdienens. Es ist sicher Teil der Wirklichkeit und des demokratischen rechtstaatlichen Fortschritts, dass Rechtsanwälte keiner gesonderten, über die allgemeinen Gesetze hinausgehenden Staatstreue unterworfen werden können. Nur wenn sich die Anwälte im Rahmen ihrer freien Berufswahl im Parallelberuf einer Staatstreue unterwerfen, hat das per se keine Auswirkungen auf die Berufsausübung als Rechtsanwalt, schon gar nicht auf die allein entscheidende Sacharbeit und ebenfalls nicht per se auf Interessenkollisionen (Kollisionslage des Einzelfalls fehlt). Es entstehen nur ggf. mehr Fälle, bei denen der Rechtsanwalt einem Tätigkeitsverbot unterliegt. Die Funktionsfähigkeit der Rechtspflege, die Einschränkungen der Berufsfreiheit rechtfertigen würde, ist durch einen Parallelberuf mit Staatsgebundenheit nicht betroffen. Daher lassen sich erst recht keine Einschränkungen der Berufsfreiheit damit rechtfertigen, dass der Parallelberuf eine Staatsgebundenheit aufweist.

bb. In diesem Zusammenhang ist wiederholt in Urteilen zu lesen, dass die Belange der Rechtspflege negativ betroffen seien, wenn „bei den Rechtsuchenden die Vorstellung entstehen kann, der Rechtsanwalt könne **wegen seiner ‚Staatsnähe' mehr als andere Rechtsanwälte für sie bewirken**."[331] Auf welcher Grundlage sich diese Vorstellung bilden soll, wird nirgends erläutert. Eigentlich kann man nur fragen, welcher Rechtssuchende solche eher abseitigen Vorstellungen hegen mag. In der Rechtspflege bräuchte man Einfluss auf den entscheidenden

---

verfassungskonforme Regelungen im Sinne des Grundrechts der Berufsfreiheit beschränkt ist (BVerfGE 50, 16 (29))."

331 BGH, Beschluss vom 21.03.2011, AnwZ (B) 33/10, NJW-RR 2011, 1204–1205, II.1.; BGH, Beschluss vom 25.02.2008, AnwZ (B) 23/07, Leiter Landesgeschäftsstelle der Wirtschaftsprüferkammer, BGHZ 175, 316–322, II.2.

Richter. Wie soll der Rechtsanwalt in welchem staatlichen Beruf auch immer über die anwaltliche Tätigkeit hinausgehend Einfluss auf die richterliche Entscheidung nehmen? Der Staat selbst hat nicht einmal als Anstellungskörperschaft Einfluss auf deren Sachentscheidung. Eine Einflussnahme funktioniert mit Sicherheit nicht über einen Klüngel aller staatlich Alimentierten.

Eher umgekehrt dürfte die Vorstellung bei den Rechtssuchenden bestehen, dass jemand mit Staatsnähe im Parallelberuf bei Streitigkeiten mit dem Staat gerade **nicht das erforderliche Engagement zur alleinigen Vertretung der Mandanteninteressen** zeigt. Solch eine Besorgnis wird man aber wohl nur anerkennen, wenn tatsächlich ein Berührungspunkt mit der konkreten Rechtsangelegenheit besteht. Durch die geforderte Offenlegungspflicht von Paralleltätigkeiten oder einem speziellen Tätigkeitsverbot wäre aber auch diese Besorgnis hinreichend abgefangen. Der Rechtssuchende kann dann in Kenntnis der Parallelbeschäftigung selbst entscheiden, ob er den Rechtsanwalt bei seinem konkreten Rechtsproblem für den geeigneten Vertreter hält.

In der Argumentation der Rechtsprechung zeigt sich daher ein Widerspruch. Einerseits soll die parallelberufliche Beschäftigung beim Staat grundsätzlich die Gefahr von Interessenkollisionen nahelegen und somit eine Gefahr für den Mandanten und dessen Rechtschutz darstellen, andererseits soll die gleiche parallelberufliche Tätigkeit in der Vorstellung des Mandanten einen – wohl unlauteren – Vorteil für seine Interessen bewirken.

Letztlich wäre damit der Wettbewerb unter den Rechtsanwälten angesprochen, nicht aber die Erfüllung der Aufgaben für die Rechtspflege. Selbst wenn ein Rechtsuchender solche nicht nachvollziehbaren Vorstellungen hegt, können diese mangels Betroffenheit der Rechtspflege nicht zur Rechtfertigung von Eingriffen in Grundrechte herangezogen werden.

cc. Weiter findet sich die Behauptung, dass Parallelbeschäftigungen beim Staat verboten werden können, weil die Bevölkerung auf eine **Staatsferne allgemeiner Art** vertraue. Dieses Vertrauen sei **für die Funktionsfähigkeit der Rechtspflege „unverzichtbar“**. Daher seien auch die Interessenkollisionen im Einzelfall irrelevant, mithin ein Tätigkeitsverbot im Einzelfall kein taugliches Mittel, um das Ziel des Schutzes der Rechtspflege zu erreichen. Ohne nähere Begründung wird namentlich vom BVerfG angeführt, der durch eine staatsnahe Paralleltätigkeit „*vermittelte Eindruck einer die anwaltliche Unabhängigkeit beeinträchtigenden Staatsnähe stellt eine Gefährdung der Interessen der Rechtspflege dar, weil für deren Funktionieren auch das Vertrauen der Bevölkerung in die Unabhängigkeit der Advokatur unverzichtbar ist. Insofern kommt es nicht darauf an, ob ein Interessenkonflikt in einem konkreten Einzelfall aufgrund der örtlichen und fachlichen anwaltlichen Orientierung des Beschwerdeführers wahrscheinlich ist und ob sich ein solcher Interessenkonflikt im konkreten Fall durch die mandatsbezogenen Tätigkeitsverbote der §§ 45, 46 BRAO entschärfen ließe.*“[332]

---

332 BVerfG, Nichtannahmebeschluss vom 30.06.2009, 1 BvR 893/09, Juniorprofessor,

Schon die Prämisse, die Bevölkerung vertraue auf eine Staatsferne, ist sehr zweifelhaft und nicht belegbar. Man könnte die Argumentationskette ohne das Schlagwort der Unabhängigkeit auf den Kerngehalt herunter brechen – und das führt die Argumentation ad absurdum: Die Bevölkerung vertraut darauf, dass der Rechtsanwalt nicht parallelberuflich beim Staat beschäftigt ist, deshalb ist das Verbot der parallelberuflichen Beschäftigung beim Staat verfassungsrechtlich gerechtfertigt. Die Volksmeinung als Souverän – wer wollte das in Frage stellen. Nur wird der Souverän sich mit ziemlicher Sicherheit keine Vorstellungen zu parallelen beruflichen Tätigkeiten hegen. Wenn das Volk irgendetwas mehrheitlich meinte (was nicht belegbar ist), solle dies jegliche Eingriffe in Grundrechte rechtfertigen. Nicht nur, dass ein unterstelltes derartiges Vertrauen der Bevölkerung nicht vorhanden ist, es wird zudem nicht begründet, warum die allgemeine Staatsferne für die Rechtspflege unverzichtbar sei. Die zuvor dargestellten Aufgaben der Rechtsanwaltschaft innerhalb der Rechtspflege werden jedenfalls nicht berührt.

Letztlich verbirgt sich hinter der Aussage des BVerfG im Grundgedanken ein nicht auf höherrangiges Recht oder berechtigtes Interesse zurückgehendes angeblich zu wahrendes Ansehen der Anwaltschaft. Zur Unzulässigkeit einer solchen Argumentation kann nach oben zu D.VII.3.d) verwiesen werden. Der Schutz der von der Rechtsprechung weit gefassten Basis für angebliches Vertrauen der Rechtsuchenden in Grundeigenschaften des Anwaltes oder für ein imaginäres Ansehen der Anwaltschaft ist schon kein taugliches Eingriffsziel, weil dieser Schutz von der Rechtspflege nicht gefordert wird. Der konsequente stete Bezug auf die Funktionsfähigkeit der Rechtspflege wird auch hierbei vom BVerfG in der verfassungsrechtlichen Diskussion verlassen.

Ähnlich nur unzureichend den Bezug zur Rechtspflege herstellend, argumentiert der BGH. Die Inkompatibilitätsregelungen zielten darauf ab, „*im Interesse einer funktionierenden Rechtspflege das Erscheinungsbild einer von staatlichen Einflüssen freien Advokatur zu schützen, indem die **beruflichen Sphären der Anwaltschaft und des öffentlichen Dienstes deutlich getrennt** werden.*“[333] Die Rechtspflege benötigt jedoch kein Erscheinungsbild nach außen, wonach alle Anwälte außerhalb ihrer Sacharbeit von staatlichen Einflüssen frei wären, sondern nur Vertraulichkeit des Anwaltes und Freiheit von Interessenkollisionen im Einzelfall. Daher ist die weiter abgeleitete Prämisse des BGH ebenso unrichtig. Eine Trennung der Sphären oder vielleicht ein imaginäres Abstandsgebot ist zum Schutz der Rechtspflege nicht erforderlich, schon gar nicht zum Erhalt von deren Funktionsfähigkeit.

dd. Die vielfältigen **Aufgabenfelder im öffentlichen Dienst** (z.B. Polizei, Krankenhaus, Justizvollzugsanstalt etc.) können über die Regelung der Interessenkollision im Einzelfall erfasst werden. Selbstverständlich wird beispielsweise ein Justizvollzugsbeamter einer solchen Interessenkollision unterliegen, wenn er als

NJW 2009, 3710–3712, juris Rn. 24.

333 BGH, Beschluss vom 21.03.2011, AnwZ (B) 33/10, NJW-RR 2011, 1204–1205, II.1.

Rechtsanwalt im Parallelberuf Strafgefangene bei Fragen um die Haftbedingungen vertreten würde – nicht aber bei zivilrechtlicher Beratung der Haftinsassen. Der mittelbare Wettbewerbsvorteil durch den Kontakt zu potentiellen Mandanten aus der Paralleltätigkeit ist als systemimmanent zu akzeptieren. Ein anderer Rechtsanwalt ist im Kegelverein oder Golfclub und hat aus diesem Beziehungsgeflecht Kontakte zu potentiellen Mandanten.

Selbstverständlich unterläge ein Rechtsanwalt Interessenkollisionen und kann sozialversicherungsrechtliche Mandate gegen eine Krankenkasse nicht bearbeiten, wenn er selbst in Haupt- oder Nebenberuf bei dieser Krankenkasse beschäftigt ist. Die Masse aller anderen möglichen Mandate wird durch die parallelberufliche Tätigkeit aber nicht im Ansatz tangiert. Ebenso unterläge der Anwalt einem Tätigkeitsverbot, wenn er die Mitglieder des Kegelvereins oder Golfclubs gegen den Verein vertreten soll, in dem er selbst Mitglied ist. Die Problematik lässt sich also insgesamt – für parallelberufliche wie sonstige Bindungen und Abhängigkeiten – relativ leicht und insoweit mit einem wesentlich geringeren Eingriff und damit mit dem milderen Mittel des Tätigkeitsverbotes lösen als die parallele Berufstätigkeit insgesamt zu verbieten. Ein Verbot, diese Berufe neben dem Beruf des Rechtsanwaltes auszuüben, ist nicht erforderlich.

Es kommt daher auch nicht darauf an, in welcher **Funktion** der Rechtsanwalt **im öffentlichen Dienst** tätig wird, weil schon grundsätzlich keine Beeinflussung auf die Arbeit des Rechtsanwaltes durch den Parallelberuf angenommen werden kann, ohne das konkrete Mandat zu kennen, in welchem sich erst Interessenkollisionen zeigen könnten. Die Funktion hätte nur Bedeutung für die Möglichkeit von Interessenkollisionen, die aber irgendwie verifizierbar auch erst dann entsteht, wenn das kollidierende Mandat überhaupt existent wird.

5. Aktuelle Entwicklungen in der Rechtsprechung

BVerfG und Instanzgerichte stellen regelmäßig letztlich auf die beiden unbestimmten und allseits interpretierbaren Begriffe „Stellung als unabhängiges Organ der Rechtspflege“ sowie „Vertrauen in die Unabhängigkeit“ ab. Hinter diesen unbestimmten Rechtsbegriffen verbirgt sich – wie oben aufgezeigt – letztlich doch nur der Rückgriff auf ein vermeintlich verfassungsrechtlich beachtliches Ansehen des Berufes oder eine verwerfliche Gewinnerzielungsabsicht. In der Literatur werden die Regelungen zur Unvereinbarkeit bestimmter Berufe mit dem Anwaltsberuf kaum selbständig untersucht. Dort bezieht man sich weitgehend nur auf die Rechtsprechung des BVerfG, ohne die Argumentationskette des Gerichtes kritisch zu hinterfragen. Eine klare Argumentation bis zur Erforderlichkeit wegen Erhaltung der Funktionsfähigkeit der Rechtspflege findet nicht statt. Sie ist auch nicht erfolgreich zu führen. Deshalb sind die **Regelungen der BRAO** zu den Inkompatibilitäten mit Parallelberufen insgesamt **verfassungswidrig**.

Die Instanzgerichte haben zwar weitestgehend ihre vom BVerfG kritisierte damalige (vor 1992) noch strengere Auslegung der Unvereinbarkeitsregelungen geändert. Jedoch werden die Grundsätze des Bundesverfassungsgerichtes aus der

Leitentscheidung von 04.11.1992 weder hinterfragt noch auf Überholung durch Zeitablauf überprüft, sondern angewendet, als wären die Ausführungen des BVerfG der Verfassungstext selbst.

Die Grundsätze des BVerfG aus der Leitentscheidung von 1992[334] lauten zusammengefasst:

- es darf ein ausreichender zeitlicher Handlungsspielraum für den Parallelberuf gefordert werden,
- eine „gehobene Position" ist für den Parallelberuf nicht erforderlich,
- der Parallelberuf kann auch eine abhängige Beschäftigung mit Pflicht zur Beratung des Arbeitgebers sein,
- Paralleltätigkeiten mit Staatsnähe sind regelmäßig zumindest problematisch,
- bei kaufmännisch-erwerbswirtschaftlicher Paralleltätigkeit muss sich die Gefahr einer Interessenkollision deutlich abzeichnen, um eine Inkompatibilität mit dem Beruf des Rechtsanwaltes zu rechtfertigen.

a) Offenlegungspflicht bei Dauerberatung

Im Jahr 2007 entschied der BGH einen Fall, in dem eine Rechtsanwaltskanzlei dauerhaft in vielen Einzelmandaten eine Bank vertat. Diese Geschäftsbeziehung hatte für die Kanzlei, insbesondere für deren Gesellschafter Anwalt A, der für die Bank als erster Ansprechpartner in der Kanzlei fungierte und dem die Umsätze mit dieser Bank intern zugewiesen wurden, größere wirtschaftliche Bedeutung. Ein Rechtssuchender wendete sich mit einer Angelegenheit gegen diese Bank an die Kanzlei, dort speziell sich an Anwalt X, und mandatierte dieselbe. Nachdem die außergerichtlichen Verhandlungen gescheitert waren, hat die Bank die Kanzlei gedrängt, die Vertretung in einem folgenden Gerichtsprozess gegen sie nicht wahrzunehmen. Die Kanzlei kündigte hierauf das Einzelmandat unter deutlicher Darlegung der Drucksituation, in der sie sich aufgrund der wirtschaftlichen Abhängigkeit gegenüber der Bank befand. Der Kläger musste sich einen neuen Anwalt suchen und hatte dadurch erhebliche Zusatzkosten.[335]

In dem Rechtsstreit auf Rückforderung des bereits gezahlten Honorars (Stundensatzabrechnung) vertrat das OLG Koblenz in der Vorinstanz noch die Auffassung, die Kanzlei und der konkret verantwortliche Rechtsanwalt A. seien bei Vertragsschluss nicht zu dem Hinweis verpflichtet gewesen, dass die Kanzlei, insbesondere ihr Sozius A., die Bank regelmäßig vertrete und damit eine dauerhafte Mandatsbeziehung existiert. Bei Mandatserteilung hätte dem konkret beratenden Rechtsanwalt nicht die nach § 43a I BRAO erforderliche Unabhängigkeit gefehlt. Im Einklang mit der Vorinstanz bestätigt der BGH soweit zutreffend, dass kein Fall widerstreitender Interessen, § 43a Abs. 4 BRAO, § 356 StGB, vorgelegen habe,

334 BVerfG, Beschluss vom 04.11.1992, 1 BvR 79/85 u.a., BVerfGE 87, 287.

335 BGH, Urteil vom 08.11.2007, IX ZR 5/06, BGHZ 174, 186–195.

weil der Rechtsanwalt/ die Kanzlei nicht in derselben Rechtssache für die Bank tätig geworden sei.[336] In Anbetracht der ähnlichen Wirkung der wirtschaftlichen Abhängigkeit könnte man jedoch durchaus widerstreitende Interessen annehmen, wobei entsprechend der zuvor vertretenen Argumentation ein Vertretungsverbot dann nicht eingreift, wenn Mandant und Rechtsanwalt trotz der – in diesem Fall verpflichtenden – Offenlegung dennoch kontrahieren wollen.

Der Fallkonstellation zeigt die eigentlich selbstverständliche wirtschaftliche Abhängigkeit des Rechtsanwaltes von seinen Kunden – je stärker in Bezug auf den einzelnen Mandanten, je gewichtiger die Geschäftsbeziehung ist. Wirtschaftliche Unabhängigkeit besteht auch für Rechtsanwälte nicht. Zutreffend und als einzig wirksames Mittel erkennt der BGH in der Revisionsentscheidung eine **Offenlegungspflicht** des Rechtsanwaltes, wenn die Kanzlei (Beratungs- und sonstige Geschäftsbesorgungsverträge werden regelmäßig nur mit der Rechtsanwaltsgesellschaft als solcher geschlossen, nicht mit dem einzelnen Rechtsanwalt) den Gegner bereits in anderen Angelegenheiten vertritt. Dauermandate und häufige Einzelmandatierungen können zu wirtschaftlicher Abhängigkeit oder zu einer besonderen Identifizierung mit den Angelegenheiten dieser Mandanten führen und „die Fähigkeit des Anwalts, sich in der gebotenen umfassenden, nur den Interessen des Auftraggebers verpflichteten Art und Weise einzusetzen, beeinträchtigen."[337]

Eine Offenbarungspflicht hatte der BGH auch für ähnliche Fallkonstellationen schon in früheren Entscheidungen angenommen. Vertritt der Rechtsanwalt bereits in einer anderen Sache einen Dritten gegen den eigenen jetzt Rechtsrat suchenden Mandanten, muss er auch dies bei Abschluss des Anwaltsvertrages offen legen, weil der Mandant in der Regel darauf vertraut, dass der von ihm beauftragte Anwalt nur seine Interessen und nicht auch gleichzeitig die Interessen Dritter gegen ihn wahrnehme.[338]

Wohlgemerkt, dem Rechtsanwalt ist es nach dieser Rechtsprechung des BGH und den Regelungen der BRAO nicht verboten, auch bei derartigen Konfliktlagen zu vertreten, sondern er muss diese Konstellationen nur offenlegen, damit der Rechtssuchende bei seiner Entscheidung zur Mandatierung diesen Umstand mit einbeziehen kann. Der BGH setzt hierbei zu recht – wenn auch abweichend zu seiner sonstigen Rechtsprechung – auf die Eigenverantwortlichkeit des Rechtsuchenden, der dann selbstbestimmt entscheiden kann, aber auch auf die Einhaltung der Offenbarungspflicht des Rechtsanwaltes. Die Offenlegung hat freilich so zu erfolgen, dass die Verschwiegenheitspflicht gegenüber dem bestehenden Mandanten gewahrt bleibt. Zwar kann die Einhaltung der Pflicht zur Offenlegung nur schwer kontrolliert werden. Das gilt jedoch ebenso für die Erkennung von Interessenkollisionen an sich. Das wirksamste Mittel zur Sicherung einer

---

336 BGH, Urteil vom 08.11.2007, IX ZR 5/06, BGHZ 174, 186–195, 2.a)aa), juris Rn. 9.
337 BGH, Urteil vom 08.11.2007, IX ZR 5/06, BGHZ 174, 186–195, 2.a.cc)(2), juris Rn. 13.
338 BGH, Urteil vom 07.06.1984, III ZR 37/83, NJW 1985, 41–42.

Offenlegungspflicht ist aber die Gefahr für den sich pflichtwidrig verhaltenden Rechtsanwalt, berufsrechtlich sanktioniert oder wie im Beispielsfall zum Schadensersatz verpflichtet zu werden.

Leider wird diese Erkenntnis vom BGH bezüglich der zuvor aufgezeigten Konfliktlagen nicht auf die Frage der Verfassungsmäßigkeit der Inkompatibilitätsregelungen übertragen. Die Offenlegungspflicht ist das richtige Mittel, um den Rechtssuchenden die Möglichkeit zu belassen, in Kenntnis möglicher Kollisionen zu kontrahieren und dessen Vertragsfreiheit zu erhalten. Man benötigt weder ein absolutes Vertretungsverbot, schon gar nicht ein Berufsverbot. Manchmal können gute Anwälte, die Beziehung zum Gegner freilich offengelegt, genau deshalb einen Streit eher schlichten und zu einer noch gütlichen Einigung behilflich sein. Sie bewirken damit eine Befriedung, die ebenfalls im Sinne der Rechtspflege läge.

b) Kaufmännische, erwerbswirtschaftliche Paralleltätigkeiten

Sehr prägnant für die bunte Vermischung von Schlagwörtern ist eine Entscheidung des BGH aus dem Jahr 2006. Darin findet sich wie vielfach der kritisierte Grundansatz: Durch eine erwerbswirtschaftliche Prägung des Parallelberufes drohten Gefahren für die Unabhängigkeit, die Integrität sowie die Orientierung am Recht und den Mandanteninteressen.[339]

(1) Als Unvereinbar mit dem Anwaltsberuf wird die Tätigkeit als ***„Berater und Akquisiteur" bei einer Unternehmensberatungsgesellschaft für Personalmanagement*** gesehen.[340] In diesem Fall war der Berufsbewerber, der um Zulassung zur Rechtsanwaltschaft nachsuchte, zugleich Gesellschafter und Angestellter einer Unternehmensberatungsgesellschaft. Der Bundesgerichtshof begründete seine Entscheidung unter Verweis auf die Kontinuität seiner Rechtsprechung. Er hält regelmäßig die Tätigkeit als Makler für Versicherungs-, oder Finanzdienstleistungen mit dem Anwaltsberuf für unvereinbar, insbesondere dann, wenn diese Tätigkeit mit akquisitorischen oder maklerischen Verpflichtungen für das betreffende Anstellungsunternehmen verbunden ist. Der Bundesgerichtshof hebt in dieser Entscheidung die Rechtsprechung des Bundesverfassungsgerichtes im Prinzip auf, in dem er eine Interessenkollision als besonders nahe liegend ansieht, wenn der Rechtsanwalt in erwerbswirtschaftlich orientierten Unternehmen eine Beschäftigung ausübt, „die mit dem geschäftlichen Interesse des Unternehmens, Gewinn zu erwirtschaften, untrennbar verbunden ist."[341] Mit dieser Formulierung könnte man jegliche Tätigkeit in der Leitungsebene eines erwerbwirtschaftlichen Unternehmens sowie die Tätigkeit als Einzelunternehmer untersagen. Damit entfernt

339 BGH, Beschluss vom 15.05.2006, AnwZ (B) 53/05, NJW 2006, 3717–3718, II.1.

340 BGH, Senat für Anwaltssachen, Beschluss vom 26.11.2007, AnwZ (B) 111/06, NJW 2008, 1318–1319.

341 BGH, Senat für Anwaltssachen, Beschluss vom 26.11.2007, AnwZ (B) 111/06, NJW 2008, 1318–1319, II.2., juris Rn. 7.

sich der BGH schon von den Vorgaben des Bundesverfassungsgerichtes, das – wie oben erwähnt – kaufmännisch-erwerbswirtschaftliche Nebentätigkeiten nur dann mit dem Beruf des Rechtsanwaltes als inkompatibel ansieht, wenn sich die Gefahr einer Interessenkollision deutlich abzeichnet.

Der BGH unterstellt in seiner Entscheidung ohne weitere Differenzierung, dass der beratende Rechtsanwalt zu einer unabhängigen Beratung nicht in der Lage sei, wenn er sich in der beschriebenen Weise „als Berater und Akquisiteur" einer Unternehmensberatergesellschaft betätigt und zudem noch als Mitgesellschafter am wirtschaftlichen Erfolg teilhabe.[342] Allein das letztgenannte Verstärkungsargument des BGH ist als antiquiert abzulehnen. Selbstverständlich wird der Rechtsanwalt in erster Linie an seinen eigenen unternehmerischen Erfolg als Rechtsanwalt (Gesellschaft oder Einzelanwalt) denken und denken müssen; ebenso wie an den unternehmerischen Erfolg des parallelen gewerblichen Unternehmens. Die Rechtsprechung geht mit der Vorstellung eines nicht am eigenen unternehmerischen Erfolg ausgerichteten Rechtsanwalts von einem Berufsbild aus, welches vielleicht partiell in der Vergangenheit existiert haben mag (dazu oben D.III.) – ein Einzelanwalt, der ohne weitere Raum- und Personalkosten weitgehend zu einem Ehrensold (Honorar) tätig wird. Längst sind heutzutage alle (nicht angestellte) Rechtsanwälte selbst erwerbswirtschaftliche Unternehmen. Sie müssen sich – wie jedes andere Unternehmen auch – jeden Tag dem Wettbewerb stellen, um mit den Umsätzen zunächst einmal die Personal- und Raumkosten zu decken. Der Rechtsanwalt ist also selbst heutzutage durchweg Unternehmer und verfolgt die Absicht, seine Kosten zu decken und danach noch einen Gewinn zu erzielen. Diese Tatsache ist längst auch weniger wirtschaftlich erfahrenen potentiellen Mandanten bekannt, so dass man keineswegs mehr von einem rechtsuchenden Publikum ausgehen darf, das den Rechtsanwalt als jemanden betrachtet, der jenseits von irgendwelchem Gewinnstreben fast ehrenamtlich und aus höherer Berufung heraus tätig werde.

Damit fällt auch die Primärargumentation des BGH, wonach angeblich ein Rechtsanwalt zu einer von ihm zu verlangenden interessenkollisionsfreien Beratung (nichts anderes ist vom BGH mit der „unabhängigen" Beratung in diesem Zusammenhang gemeint) nicht in der Lage sei, weil er gleichzeitig Angestellter und/oder Gesellschafter eines erwerbwirtschaftlichen Unternehmens in gehobener Position ist. Dabei wird unterstellt, dass die Kundenakquise bei gewerblichen Unternehmen zwangsläufig immer auf jegliche Tätigkeit des Rechtsanwalts Einfluss nehmen kann. Besteht beim Rechtsanwalt, der zugleich eigene Wohnungen vermietet auch die Gefahr, dass er nicht mehr interessenkollisionsfrei beraten kann? Wieso soll beispielsweise eine Gefahr für interessenkollisionsfreie Beratungen in einer Straf- oder Familienrechtsangelegenheit bestehen, wenn der Rechtsanwalt im Parallelberuf Berater und Akquisiteur einer Unternehmensberatungsgesellschaft

342 BGH, Senat für Anwaltssachen, Beschluss vom 26.11.2007, AnwZ (B) 111/06, NJW 2008, 1318–1319, II.2.a), juris Rn. 8.

ist? Selbst bei anwaltlicher Beratung zu einem Unternehmenskaufvertrag läge allenfalls dann eine – offenzulegende, meist aber sowieso schon bekannte – Interessenkollision vor, wenn die Unternehmensberatungsgesellschaft genau den die Beratung betreffenden Kaufvertrag vermittelt und bei erfolgreichem Abschluss eine Provision erhält.

Soweit der Rechtsanwalt seine Paralleltätigkeit deutlich offenlegt, werden die Gefahren einer relevanten, den Mandanten nachteiligen Interessenkollision vollständig gebannt. Gerade mit einem Hinweis darauf, dass der Anwalt für ein anderes Unternehmen, welches er namentlich benennt, als Berater und Akquisiteur tätig ist, kann der Rechtsuchende erkennen, welche potentiellen Interessenkollisionen bestehen. Seine Entscheidung, ob er mit dem Rechtsanwalt einen Beratungsvertrag schließen oder sich in einer gerichtlichen Angelegenheit von diesem vertreten lassen will, kann der Rechtsuchende auf Basis der ihm sodann vorliegenden Informationen treffen. Potentielle Mandanten, die nach Unternehmensberatungen nachfragen, besitzen in der Regel eine hohe eigene Fachkompetenz. Diese wissen bei Offenlegung der Abhängigkeitsverhältnisse durchaus ihre Entscheidung zur Mandatierung des Rechtsanwaltes abzuwägen. Ihnen muss man weder ein striktes Tätigkeitsverbot vorschreiben noch mit Inkompatibilitätsregelungen einen vorbeugenden Schutz aufbauen, der wiederum nur deren Vertragsfreiheit beschränkt.

Zur Rechtfertigung der Inkompatibilitäten wird in der Rechtsprechung teilweise nicht nur das Interesse des Rechtsanwalts, mit der Paralleltätigkeit ein weiteres Einkommensfeld zu erschließen, angeführt, sondern auch eine nicht mit Berufsausübungsregelungen beherrschbare „Gefahr" darin gesehen, dass ein Rechtsanwalt „seinen Mandanten die Beratungsleistungen seines Arbeitgebers empfehlen" sowie „werbend für seinen Arbeitgeber tätig" werden könnte".[343] Über die Gefahr einer direkten Weitergabe von im Rahmen seines Rechtsanwaltsberufes gewonnenen Informationen an seinen Arbeitgeber hinausgehend bestünde die Gefahr, dass der Rechtsanwalt den Mandanten die Leistungen des Beratungsunternehmens anbietet. Eine direkte Weitergabe der Kundendaten an den Arbeitgeber wäre sicherlich eine grobe Verletzung der Verschwiegenheitspflicht und als solche zu ahnden. Allerdings sind Angebote von Dienstleistungen und Waren außerhalb der Rechtsanwaltstätigkeit per se weder schädlich noch berühren sie in irgendeiner Weise die Rechtspflege.

(2) In einer Entscheidung vom Mai 2006 hat der Senat für Anwaltssachen am BGH grundsätzlich die Tätigkeit als angestellter Fachbetreuer im Geschäftsbereich Privatbanking mit Tätigkeitsschwerpunkt Erbschafts- und Stiftungsmanagement mit dem Anwaltsberuf für unvereinbar gehalten.[344] Dem die Zulassung zur Rechtsanwaltschaft Beantragendem oblag es innerhalb der Tätigkeit bei einer Bank, die

343 BGH, Senat für Anwaltssachen, Beschluss vom 26.11.2007, AnwZ (B) 111/06, NJW 2008, 1318–1319, II.2.b), juris Rn. 12.

344 BGH, Beschluss vom 15.05.2006, AnwZ (B) 41/05, NJW 2006, 2488–2490.

Einkommens- und Vermögensverhältnisse der Kunden unter erbrechtlichen und steuerrechtlichen Gesichtspunkten zu begutachten und auf dieser Basis Vorschläge für letztwillige Verfügungen oder lebzeitige Vermögensübertragungen auszuarbeiten. Der BGH lehnte die Zulassung wie die Vorinstanzen ab. Nur dann, wenn der Rechtsanwalt in seinem Parallelberuf mit der akquisitorischen und maklerischen Tätigkeit des Unternehmens oder wie hier mit der speziellen **Finanzdienstleistung** des Unternehmens nicht direkt befasst sei, soll eine Ausnahme von der ansonsten in derartigen Konstellationen regelmäßigen Unvereinbarkeit beider Berufe möglich sein.

Neben der vom BGH unrichtig angenommenen Inkompatibilität der Berufe lag in dem Fall jedoch ein Verstoß der Bank gegen das **Rechtsberatungsgesetz** vor.[345] Das **Rechtsdienstleistungsgesetz** vom 12.12.2007, welches die außergerichtlichen Rechtsdienstleistungen regelt und damit von vorn herein die Leistungen des Rechtsanwaltes in den forensischen und nichtforensischen Teil aufspaltet, erlaubt zwar partiell auch den Banken Rechtsdienstleistungen. Nach § 4 RDG dürften in dem zitierten Fall Rechtsberatungen der Bank wegen der darin liegenden Kollision der Interessen des Rechtsberatenden an einer angebotsneutralen Ausarbeitung mit den Interessen der Bank, die eigenen Vermögensanlageprodukte zu verkaufen, verboten sein.

Der BGH rechtfertigte seine Entscheidung zum Verbot der parallelen Tätigkeitsausübung wiederum unter Berufung auf die eingangs genannten, vom BVerfG in der Leitentscheidung von 1992 aufgestellten Grundsätze. Die (möglicherweise verbotene) Rechtsberatung bei der Bank als Erbschafts- und Stiftungsmanager gehöre zum Vertriebskonzept der Bank und damit zu den akquisitorischen Tätigkeiten. Weiter liege die Gefahr auf der Hand, dass der Rechtsanwalt im Rahmen seiner Tätigkeit für die Bank bei den Vorschlägen zur Vermögensnachfolge und Vermögensregelung vorzugsweise Anlage- und Dienstleistungsprodukte der Bank empfiehlt.[346]. Dies sei mit dem Berufsbild des Rechtsanwalts und seiner Stellung

---

345 Vergleichbar OLG Karlsruhe, Urteil vom 09.11.2006, 4 U 174/05; NJW – RR 2007, 206–209: Beratung einer Bank bei der Testamentserrichtung bzw. der Überprüfung eines Testamentsentwurfs durch einen eigenen Rechtsanwalt als unzulässige Rechtsberatung, a.A., zumindest für die im Fall des OLG Karlsruhe vorgelegene Konstellation, wonach der Bankjurist im Rahmen der Vermögensverwaltung den Entwurf eines Testamentes oder einer Stiftungssatzung selbst erstellt und diesen dann an einen Rechtsanwalt zur Prüfung weiterleitet, Kleine-Cosack, EWiR 2007, 27–26 unter Hinweis auf die Entscheidung des BVerfG vom 27.09.2002, 1 BVR 2251/01, ZIP 2002, 2048. Der Anwendungsbereich für ein nach § 5 RDG zulässiges Nebengeschäft der Bank ist verlassen, ebenso *Johnigk* in Gaier, Wolf, Göcken, Anwaltliches Berufsrecht, 3. Aufl. 2020, § 5 RDG, Rn. 25.

346 BGH, Beschluss vom 15.05.2006, AnwZ (B) 41/05, NJW 2006, 2488–2490 II.2.b)aa), juris Rn. 10.

als unabhängiges Organ der Rechtspflege nicht vereinbar, weiter gefährde dies das Vertrauen der Öffentlichkeit in die Unabhängigkeit des Rechtsanwalts.[347]

(3) Das OLG Frankfurt (Hessischer Anwaltsgerichtshof) bestätigte den Widerruf der Zulassung eines Rechtsanwaltes, weil dieser parallelberuflich als Geschäftsführer und aktiver Berater für Personalangelegenheiten innerhalb einer Gesellschaft fungierte, deren Unternehmensgegenstand die Personal- und, Unternehmensberatung sowie Personalvermittlung war.[348]

In dieser Entscheidung finden sich ebenso die schlagwortartigen, nicht hinterfragten Argumentationsschemen. Die Reglung zu den Inkompatibilitäten sei unter Verweis auf die Leitentscheidung des BVerfG von 1992 verfassungsgemäß. Legitimes Ziel sei insbesondere – anscheinend von Verfassungsrang –, keine Zweifel an „Unabhängigkeit und Kompetenz" der Rechtsanwälte aufkommen zu lassen und das „Ansehen der Rechtsanwaltschaft" nicht in „Mitleidenschaft" zu ziehen.[349] Gefährlich sei, dass der Rechtsanwalt mit dem Wissen, das er als Rechtsanwalt „aus der Beratung seiner Mandanten erlangt hat", seine Mandanten als Kunden für das Beratungsunternehmen gewinnen könnte. Das Gericht lässt offen, welche Gefahr wofür bestehen soll, bildet aber noch ein Beispiel und legt seine Gedanken offen: Der Rechtanwalt könne einem von ihm beratenen Arbeitnehmer die Beendigung des Arbeitsverhältnisses nahelegen, damit dieser – anscheinend von Rechtsanwalt in all seinem Handeln, insbesondere bei der elementaren Wahl des Arbeitsplatzes, fremdbestimmte – Arbeitnehmer zum Personalvermittlungsunternehmen wechselt.[350] Eine Abwägung und Überprüfung anhand der Verhältnismäßigkeit wird nicht vorgenommen. Letztlich bleibt die außerhalb der Verfassung stehende Schlussfolgerung, dass die Möglichkeit, Kunden für das Beratungsunternehmen zu gewinnen, ein Berufsverbot rechtfertige. Damit ließen sich rigoros alle Parallelberufe verbieten, denn die Bandbreite der möglichen Mandanten wird immer eine Teilmenge der potentiellen Kunden des Unternehmens der Paralleltätigkeit bilden.

---

347 BGH, Beschluss vom 15.05.2006, AnwZ (B) 41/05, NJW 2006, 2488–2490 II.2.b)aa), juris Rn. 11.

348 OLG Frankfurt (Hess. AGH), Urteil vom 12.12.2011, 1 AGH 7/11, BRAK-Mitt. 2012, 125–128.

349 OLG Frankfurt (Hess. AGH), Urteil vom 12.12.2011, 1 AGH 7/11, BRAK-Mitt. 2012, 125, 127.

350 OLG Frankfurt (Hess. AGH), Urteil vom 12.12.2011, 1 AGH 7/11, BRAK-Mitt. 2012, 125, 128.

6. Abstrakte Konstellationen für Zulassungsversagung oder -widerruf

a) Arbeitnehmer, Syndikusanwälte

Der Syndikusanwalt, § 46 II–IV BRAO, wird als Rechtsanwalt nur für seinen einzigen Mandaten, zugleich sein nichtanwaltlicher Arbeitgeber, tätig. Will er parallel zu seinem Beruf als ständiger Rechtsberater in einem festen Dienst- oder Anstellungsverhältnis für andere potentielle Mandanten als freier Rechtsanwalt arbeiten, bedarf es einer weiteren Zulassung.[351]

Die **Tätigkeit im Unternehmen** soll nach der Vorstellung des Gesetzgebers anders als die Vielzahl von möglichen Tätigkeiten innerhalb eines Parallelberufes allein eine rechtsberatende sein dürfen, § 46 III BRAO – zumindest soll der Schwerpunkt auf der rechtsberatenden Tätigkeit im Unternehmen liegen müssen. Diese rechtsberatende Tätigkeit im Interesse des Anstellungsunternehmens ist denknotwendig eng mit dem Unternehmensinteresse, Gewinn zu erzielen, verbunden. Insoweit liegt nochmal eine gesetzliche Bestätigung vor, dass anders als vielfach vom BGH in seinen Entscheidungen unterstellt, die anwaltliche Tätigkeit durchaus direkt der Gewinnerzielungsabsicht dienen darf.

Nach der ab 2016 geltenden Neuregelung des Rechtsgebiets der Syndikusanwälte statuiert § 46 c II BRAO (nur noch) ein grundsätzliches **Verbot**, den Arbeitgeber in allen Gerichtsverfahren mit Anwaltszwang gerichtlich **zu vertreten**. Unter der Geltung der BRAO bis 31.12.2015 wurde dies und das damalige weitergehende Tätigkeitsverbot mit ähnlichen Argumentationsmustern wie zu den Inkompatibilitätsregelungen zu rechtfertigen gesucht; die (persönliche) Unabhängigkeit des Rechtsanwaltes (oder das Vertrauen in diese) sei andernfalls gestört,[352] Die Rechtsprechung argumentierte auch hierbei mit wenig gewichtigen Aspekten wie Tradition des Rechtsanwaltsberufes oder mit dem Ansehen desselben, in dem auf „Ruf und Rang" des Anwaltes abgestellt wurde, den der Rechtsanwalt ohne Vertretungsverbot verlöre.[353]

Zwar liegt die Rechtfertigungsschwelle für ein Tätigkeitsverbot niedriger als beim ansonsten hier untersuchten Berufsverbot durch Inkompatibilitätsnormen. Ein Vertretungsverbot greift nicht mit gleicher Intensität in den Kernbereich der Berufsfreiheit ein, so dass schon Rechtsfertigungsgründe unterhalb überragend wichtiger Gemeinschaftsgüter ausreichen können. Jedoch dürften wegen der

---

351 *Träger* in Weyland, 10. Aufl. 2020, § 46 BRAO, Rn. 9; *Wolf* in Gaier, Wolf, Göcken, Anwaltliches Berufsrecht, 3. Aufl. 2020, § 46 BRAO Rn. 10.

352 Exempl. BGH, Urteil vom 25.02.1999, IX ZR 384/97, BGHZ 141, 69–79, II.5.b), juris Rn. 21; auf mögliche der Freiheit abträgliche Weisungen des Anstellungsarbeitgebers in die rechtsanwaltliche Tätigkeit hinein abstellend, Träger in Weyland, BRAO, 10. Aufl. 2020, § 46 BRAO, Rn. 19.

353 BGH, Urteil vom 25.02.1999, IX ZR 384/97, BGHZ 141, 69–79, II.5.c) juris Rn. 23.

Inhaltslosigkeit der Begründungen über die Unabhängigkeit oder das Ansehen auch nicht die immer noch erforderlichen vernünftigen Gründe des Allgemeinwohls vorliegen.[354] Ebenso wie die Vertretungs- und Tätigkeitsverbote aus der bis Ende 2015 geltenden Fassung der BRAO nicht begründbar waren, ist auch die das Vertretungsgebot der aktuellen Fassung nicht zu rechtfertigen.

Die Gesetzesbegründung zu Neuregelung greift zur Begründung des Vertretungsverbotes nicht mehr auf die vorgenannten Argumentationsmuster zurück sondern nunmehr auf ein Gebot der Waffengleichheit zwischen Parteien mit und ohne Rechtsabteilung.[355] Letztere müssten anders als Unternehmen mit Rechtsabteilung die Kosten für die Mandatierung eines Rechtsanwaltes tragen und wären dadurch benachteiligt. Die Kosten sind jedoch nicht ungleich sondern nur in unterschiedlichen Kostenstellen verbucht. Bei Unternehmen ohne Rechtsabteilung wären die Anwaltskosten betriebswirtschaftlich als direkte Kosten der bestimmten Streitsache zuzuordnen; bei Unternehmen mit Rechtsabteilung wären es allgemeine Fixkosten.[356]

Man erkennt daran, wie schwer es dem Gesetzgeber fällt, überkommene Fehlvorstellungen aufzugeben und verfassungswidrige Freiheitseinschränkungen oder sonstige Verfassungsverstöße zu vermeiden. Es werden immer wieder noch so seltsame Begründungen gesucht, um die Freiheitsbeschränkungen so lange wie möglich aufrecht zu erhalten. Sicher werden die Berufsverbände im Gesetzgebungsverfahren auf den Status quo vehement bestanden haben. Schon deshalb besteht wenig Hoffnung, dass sich von innen heraus über Reformen der BRAO grundlegend etwas zu den Inkompatibilitätsregelungen ändert. Sollte selbst das BVerfG künftig einzelne Bestimmungen für unwirksam erklären, dürften dadurch erforderliche Reformen wieder nur das Allernotwendigste ändern.

b) Beamte, Richter und Soldaten, u.ä.

Die BRAO sieht für Beamte, Richter und Soldaten mit § 7 Nr. 10 und § 14 Abs. 2 Nr. 5 BRAO spezielle Inkompatibilitätsregelungen vor, die allerdings keinen weitergehenden Regelungsgehalt als die bislang untersuchten Generalnormen haben. Weil die Berufe typischerweise nicht mit dem Rechtsanwaltsberuf vereinbar seien, regele der Gesetzgeber diese – ohne Erfordernis der Einzelfallprüfung – innerhalb einer separaten Norm.[357] Die Grundnormen des § 7 Nr. 8 BRAO bzw. § 14 II Nr. 8

---

354 Ebenso zur Fassung bis 31.12.2015: *Huff* in Gaier, Wolf, Göcken, Anwaltliches Berufsrecht, 1. Aufl. 2010, § 46 BRAO Rn. 19 (für gerichtliches Vertretungsverbot), Rn. 27 (für das außergerichtliche Tätigkeitsverbot).

355 BT-Drs. 18/5201, Seite 21, 37.

356 Ebenso das Kostenargument bezweifelnd *Meyer* in Gaier, Wolf, Göcken, Anwaltliches Berufsrecht, 3. Aufl. 2020, § 46c BRAO Rn. 50, der gleichzeitig auf einen möglichen Verstoß des Vertretungsverbots gegen Art. 3 Abs. 1 Grundgesetz hinweist.

357 *Schmidt-Räntsch* in Gaier, Wolf, Göcken, Anwaltliches Berufsrecht, 3. Aufl. 2020, § 7 BRAO, Rn. 93; *Vossebürger* in Weyland, BRAO, 10. Aufl. 2020, § 7 BRAO, Rn. 152.

BRAO erfassen wegen der vorgehenden Spezialnormen für Beamte und Richter vorwiegend nur noch Angestelltenverhältnisse im öffentlichen Dienst.[358] Tätigkeiten innerhalb der Kirchen sind auch bei beamtenähnlicher Stellung nicht von vorn herein von der speziellen Vorschrift des § 7, § 14 Abs. 2 Nr. 5 BRAO erfasst und verboten, weil Kirchenbeamte wegen der strikten Trennung von Staat und Kirche nicht zu Staatsbeamten zählen, die eine Versagung oder einen Widerruf der Zulassung ohne weiteres rechtfertigen würden.[359] Die hinter den spezialgesetzlichen Inkompatibilitätsregelungen stehenden verfassungsrechtlichen Probleme und Rechtfertigungsversuche sind denen zur Generalnorm ähnlich.

Die speziellen Einschränkungen in § 7 Nr. 10 und § 14 Abs. 2 Nr. 5 BRAO basierten nach herrschender Meinung auf der Grundüberlegung, dass eine von Weisungsabhängigkeit und Gehorsam geprägte Tätigkeit mit der weisungsfreien und selbständigen Tätigkeit der freien Berufe nicht vereinbar sei,[360] insbesondere nicht mit der persönlichen und sachlichen Unabhängigkeit des Anwaltsberufes. Sie sollen ausweislich der Gesetzesmaterialien verhindern, dass ein Rechtsanwalt in **Abhängigkeit** gerade **zum Staat** gerät.[361] Der Rechtsanwalt sei „unabhängiges Organ der Rechtspflege“ und nur ein vom Staat unabhängiger Rechtsanwalt könne „die Interessen seiner Mandanten funktionsgerecht wahrnehmen“.[362] Nur mit der grundsätzlichen Inkompatibilität könne das Interesse der Allgemeinheit an einer geordneten Rechtspflege verwirklicht werden.[363] Es soll das Erscheinungsbild einer von staatlichen Einflüssen freien Advokatur nicht beeinträchtigt werden.[364]

Es ist jedoch verfehlt anzunehmen, dass mit einem Parallelberuf als Richter, Soldat oder Beamter die Arbeit als Rechtsanwalt beeinträchtigt werden kann, wenn und soweit die konkreten Fälle der Interessenkollisionen sowieso zu einem Tätigkeitsverbot führen. Weil der Anwalt in Interessenkollisionsfällen gar nicht tätig werden darf, kann dieses Argument nicht zur Begründung einer Inkompatibilität herangezogen werden. Die dann noch verbleibende Beeinflussung eines Erscheinungsbildes des Berufes Anwalt allein ist offensichtlich kein ausreichend

---

358 *Schmidt-Räntsch* in Gaier, Wolf, Göcken, Anwaltliches Berufsrecht, 3. Aufl. 2020, § 7 BRAO, Rn. 79.

359 BVerfG, Beschluss vom 15.03.2007, 1 BvR 1887/06, NJW 2007, 2317–2318 unter Aufhebung des gegenteiligen Beschlusses des BGH vom 15.05.2006, AnwZ(B) 43/05.

360 Stober, NJW 1981, 1529, 1529; *Vossebürger* in Weyland, BRAO, 10. Aufl. 2020, § 7 BRAO, Rn. 152.

361 BT-Drs. III/120, S. 49 zu § 2; BVerfG, Beschluss vom 15.03.2007, 1 BvR 1887/06, NJW 2007, 2317–2318, II.3.b); ebenso *Schmidt-Räntsch* in Gaier, Wolf, Göcken, Anwaltliches Berufsrecht, 3. Aufl. 2020, § 7 BRAO, Rn. 93.

362 *Schmidt-Räntsch* in Gaier, Wolf, Göcken, Anwaltliches Berufsrecht, 3. Aufl. 2020, § 7 BRAO, Rn. 93.

363 *Vossebürger* in Weyland, BRAO, 10. Aufl. 2020, § 7 BRAO, Rn. 152.

364 *Vossebürger* in Weyland, BRAO, 10. Aufl. 2020, § 7 BRAO, Rn. 105, m.w.N.

gewichtiger Belang, die Berufsfreiheit in fundamentaler Weise einzuschränken. Darüber hinaus wird von der herrschenden Meinung bei der Diskussion der Parallelberufe im öffentlichen Dienst auch nicht hinreichend beachtet, dass eine Betroffenheit der Rechtspflege von vorn herein sich nicht auf den Bereich der außergerichtlichen Tätigkeit bezieht.

(1) Nach der Begründung der herrschenden Meinung dürften Rechtsanwälte auch nicht als **Schiedsrichter** im Schiedsverfahren fungieren. Denn Schiedsgerichte können von den Parteien anstelle der staatlichen Gerichte zur Entscheidung eines Rechtsstreits gewählt werden.[365] Damit nehmen diese grundsätzlich dieselbe Funktion wahr wie staatliche Gerichte. Die Schiedsrichter sind insbesondere in Bezug auf Unparteilichkeit den staatlichen Richtern vergleichbar und damit Organe der Rechtspflege.[366] Es entspricht jedoch ständiger Praxis, dass gerade Rechtsanwälte die Funktion von Schiedsrichtern übernehmen. Eine Bedrohung der Rechtspflege sieht darin zu Recht niemand.

Das Argument der grundsätzlichen Weisungsabhängigkeit bei Anstellungen beim Staat versus imaginäre Freiheit der Anwälte greift bei Prallelberufen als **Richter** nicht. Dies wird in der Literatur teilweise erkannt, dann jedoch behauptet, die Richter seien zwar natürlich nicht weisungsgebunden, aber wegen der „unterschiedlichen Funktion“ innerhalb der Rechtspflege ergäben sich „zwangsläufig Interessenkonflikte“ und daraus folge die Unvereinbarkeit.[367] Welche Interessenkonflikte außerhalb derselben Sache, bei der sich ein Tätigkeitsverbot von selbst ergibt, (im forensischen Bereich) noch auftreten könnten, wird freilich nicht erwähnt. Zudem dürfte mit dieser Ansicht kein Rechtsanwalt als Schiedsrichter arbeiten. Warum soll der Rechtsanwalt nicht beispielsweise Montag und Dienstag ein Richteramt übernehmen und den Rest der Woche als Anwalt arbeiten können? Unserem Gerichtssystem, der Qualität der Gerichtsentscheidungen und damit der Rechtspflege würde so etwas sicher zu Gute kommen.

(2) Die hoheitliche Tätigkeit eines **Juniorprofessors** in einem **Beamtenverhältnis auf Zeit** soll nach Auffassung zuletzt des Anwaltsgerichtshofes NRW unter Berufung auf die ständige Rechtsprechung von BGH und BVerfG mit dem Anwaltsberuf schlechthin unvereinbar sein.[368] Begründet wird das Ergebnis wieder

---

365 Lionnet, Handbuch der int. u. nat. Schiedsgerichtsbarkeit, 1996, S. 29.

366 Lionnet, Handbuch der int. u. nat. Schiedsgerichtsbarkeit, 1996, S. 107.

367 *Schmidt-Räntsch* in Gaier, Wolf, Göcken, Anwaltliches Berufsrecht, 3. Aufl. 2020, § 7 BRAO, Rn. 93.

368 AGH NRW, Beschluss vom 21.11.2008, 1 AGH 68/08, BRAK-Mitt. 2009, 81–82; zustimmend im Nichtannahmebeschluss dazu BVerfG, Nichtannahmebeschluss vom 30.06.2009, 1 BvR 893/09, juris Rn. 24: „Eindruck einer die anwaltliche Unabhängigkeit beeinträchtigenden Staatsnähe stellt eine Gefährdung der Interessen der Rechtspflege dar.“; ebenso BGH, Beschluss vom 22.04.2002, AnwZ (B) 31/01; BGH, Beschluss vom 18.06.2001, AnwZ (B) 10/00, Professur für Familien und Verwaltungsrecht an FH, NJW-RR 2001, 1642–1643; BGH, Beschluss vom 13.02.1995, AnwZ (B)

damit, dass die Freiheit und die Unabhängigkeit des Anwaltsberufes geschützt werden müsse und zur Erreichung dieses Zieles eine **deutliche Trennung** von Anwaltsberufs einerseits und Tätigkeit im öffentlichen Dienst andererseits erforderlich sei. Inwieweit im Einzelnen die hoheitliche Tätigkeit ausgeprägt ist und sich eventuell auf welche Bereiche der anwaltlichen Tätigkeit auswirken könnte und ob als milderes Mittel wie bei jedem anderen Abhängigkeitsverhältnis unter Privaten auch die Offenlegung und mögliche Mandatsablehnung bei Interessenkollision ausreichen würden, wird in Tradition der bisherigen Rechtsprechung nicht untersucht.

Ein Jurist und **Hochschullehrer** dürfe ebenso nicht mit einer Rechtsanwaltsgesellschaft beruflich zusammenarbeiten. Art. 12 Abs. 1 GG sei dadurch nicht verletzt, weil der Hochschullehrer insoweit nicht der berufsrechtlichen Verschwiegenheit unterläge.[369] Den bei Hochschulehren mit Befähigung zum Richteramt bestehenden Widerspruch, weil diese als Strafverteidiger auftreten oder im Verwaltungsprozess, vor dem Sozialgericht und Bundesverfassungsgericht vertreten dürfen,[370] und dabei der Verschwiegenheit unterliegen, hält der BGH für nicht stichhaltig. Er begnügt sich mit dem Hinweis, dass in dem von ihm entschiedenen Fall „eine solche Konstellation" nicht vorläge und die (abstrakte) Gefahr des Verschwiegenheitsverstoßes dennoch bestünde.[371]

(3) Ein Rechtsanwalt wurde 1991 unter Berufung in das Beamtenverhältnis auf Lebenszeit zum **Professor** für Familien- und Verwaltungsrecht einer Fachhochschule ernannt. Die zuständige Rechtsanwaltskammer widerrief – immerhin 7 Jahre später – daraufhin die Zulassung zur Rechtsanwaltschaft nach § 14 Abs. 2 Nr. 5 BRAO. Der BGH bestätigte letztinstanzlich den Widerruf der Zulassung. Ein Beamtenstatus soll grundsätzlich unvereinbar mit dem Rechtsanwaltsberuf sein, weil der **Stellung als Rechtsanwalt** widersprechend. Die Unvereinbarkeit hätte nach Ansicht des BGH *„ihren Ursprung im Berufsbild des in freier Advokatur tätigen Rechtsanwalts, das durch* ***innere und äußere Unabhängigkeit*** *geprägt ist."*

77/94, BRAK-Mitt. 1995, 125–126; BVerfG, Beschluss vom 15.03.2007, 1 BvR 1887/06, NJW 2007, 2317–2318, juris Rn. 13 (BVerfG nahm in dieser Entscheidung die Kirchenbeamten aus dem Anwendungsbereich der Spezialnorm heraus und hob die vorhergehende anders lautende Entscheidung des BGH auf, weil wegen der strikten Trennung von Staat und Kirche – Art. 140 GG i.V.m. Art. 137 Abs. 1 WRV – die erforderliche Staatsnähe nicht gegeben ist); diese Argumentation zumindest für bedenklich haltend und die Verfassungsmäßigkeit in Frage stellend: Kleine-Cosack, 8. Aufl. 2020, § 7 BRAO, Rn. 92 f.; *Schmidt-Räntsch* in Gaier, Wolf, Göcken, Anwaltliches Berufsrecht, 3. Aufl. 2020, § 7 BRAO, Rn. 96.

369 Niedersächsischer AGH, Urteil vom 11.11.2019, 39/16 (1/13), nachfolgend bestätigt von BGH, Beschluss vom 22.07.2020, AnwZ (Brfg) 3/20, juris Rn. 19.

370 Darauf weist auch Killian in AnwBl. 2019, 662, 667 hin.

371 BGH, Beschluss vom 22.07.2020, AnwZ (Brfg) 3/20, juris Rn. 20, 21.

Dagegen spreche vor allem die dem Beamtenverhältnis immanente Abhängigkeit und Weisungsgebundenheit, die bei Übernahme anderer Tätigkeiten grundsätzlich eine Genehmigung des Dienstherrn erforderlich macht.[372]

Eine Formalargumentation als Rechtfertigung eines tiefgreifenden Eingriffes in die Berufsfreiheit konnte der BGH allein nicht stehen lassen. Daher wird ergänzend wieder die imaginäre Unabhängigkeit bemüht, mit der sich alles rechtfertigen ließe. Die grundsätzliche Trennung zwischen dem öffentlich-rechtlichen Status als Träger staatlicher Verwaltung und dem Anwaltsberuf sei im „überragenden Allgemeininteresse" und gehöre zur Gewährleistung der Unabhängigkeit der Rechtsanwaltschaft.[373] Demnach wäre die Gewährleistung einer nicht definierten allgemeinen Unabhängigkeit anscheinend ein höherrangiges Rechtsgut als die Berufsfreiheit. Dieser zu stellenden Frage begegnet die Rechtsprechung letztlich mit der nicht zutreffenden Behauptung (dazu siehe oben, C.II.), dass der „zweite" Beruf weniger schützenwert sei als der Erstberuf.[374]

Abgesehen davon, dass eine solche Argumentation abzulehnen ist, könnte man zumindest noch fragen, ob sich bei expliziter Genehmigung des Dienstherrn, z.B. gerade bei Professoren, etwas ändert. Aber auch dieser Überlegung erteilt der BGH eine Absage mit dem Hinweis, dass der Gesetzgeber *„aus Gründen der Klarheit und Rechtssicherheit eine generalisierende und formalisierende Entscheidung getroffen habe, die eine einfache Handhabung gewährleisten soll und die allein auf die Rechtsstellung als Beamter im aktiven Dienst abstellt."*

VIII. Zusammenfassung

Die Inkompatibilitätsregelungen §§ 7 Nr. 8; 14 II Nr. 8 BRAO der BRAO genügen zumindest hinsichtlich der in ihnen auch enthaltenen Generalklausel nicht dem verfassungsrechtlichen Bestimmtheitsgebot. Nach der hier vertretenen Ansicht sind die Regelungen insgesamt wegen Verstoßes gegen das Zitiergebot zudem formell verfassungswidrig und wegen Verstoßes gegen Art. 12 I GG materiell **verfassungswidrig**. Es bleibt bei der grundsätzlichen verfassungsrechtlich geschützten Freiheit, auch als Rechtsanwalt mehrere Berufe gleichzeitig ausüben zu können. Aus denselben materiellen Gründen sind die speziellen Inkompatibilitätsvorschriften für Beamte, Richter und Soldaten ebenso verfassungswidrig.

Begründungen der Rechtsprechung und Literatur zur materiellen Verfassungsmäßigkeit der Inkompatibilitätsnormen können nicht überzeugen. In der

372 BGH, Beschluss vom 18.06.2001, AnwZ (B) 10/00, NJW-RR 2001, 1642–1643; II.2.a), juris Rn. 7, unter Verweis auf die ständige BGH-Rechtsprechung.

373 BGH, Beschluss vom 18.06.2001, AnwZ (B) 10/00, Professur für Familien und Verwaltungsrecht an FH, NJW-RR 2001, 1642–1643; II.2.b), juris Rn. 8.

374 BGH, Beschluss vom 18.06.2001, AnwZ (B) 10/00, NJW-RR 2001, 1642–1643; II.2.c), juris Rn. 9.

Diskussion um die Rechtfertigung der Inkompatibilitäten werden folgende Argumentationsmuster benutzt, um die verfassungsrechtliche Rechtmäßigkeit zu begründen:

– Inkompatibilitäten sind Tradition des freien Berufes Rechtsanwalt – es war schon immer so – und die Rechtssuchenden vertrauen darauf,

– eine – kaum definierte imaginäre – anwaltliche Unabhängigkeit sei bei mancher parallelberuflicher Betätigung gefährdet,

– das Vertrauen der rechtsuchenden Bevölkerung in die – nicht definierte – Unabhängigkeit sei zumindest bei einigen Parallelberufen gefährdet,

– ein – angeblich bestehendes – Ansehen des Berufes könnte durch bestimmte Parallelbetätigungen beschädigt werden, ebenso die Integrität und Kompetenz der Rechtsanwälte insgesamt,

– die hohe Stellung des Rechtsanwaltes sei zu schützen,

– Interessenkollisionen sind durch bestimmte Berufe strukturell vorgegeben und können nur mit Inkompatibilitätsnormen beseitigt werden.

Aus Begrifflichkeiten, die falsch oder nicht klar definiert werden bzw. einen weiten individuellen Beurteilungsspielraum lassen, wird versucht, Rechtfertigungen abzuleiten. Das beginnt bei der Verweisung auf den inhaltsleeren Begriff des „freien Berufes" und endet bei der völlig ausufernden, für alle Interpretationen offenen vermeintlichen Unabhängigkeit der Rechtsanwälte.

1. Ausgangspunkt: Aufgaben und Stellung des Rechtsanwalts

Die nüchterne, von jedem Standesdünkel befreite Analyse der Aufgaben der Rechtsanwälte im heutigen Rechtsstaat zeigt einerseits die wichtige **Funktion** der Rechtsanwälte für die **Rechtspflege,** bestätigt aber auch, dass kein Grund zur Überhöhung, Bevorzugung oder sonstiger fundamentaler Sonderbehandlung der Rechtsanwälte besteht, erst recht nicht außerhalb der Funktionsverantwortung für die Rechtspflege.

Anwälte sind nicht integrer, weniger gewinnorientiert oder schützenswerter als andere Unternehmer. Der einzige relevante Unterschied zu anderen Unternehmern besteht darin, dass Rechtsanwälte im forensischen Bereich eine Funktionsvoraussetzung für die Rechtspflege übernehmen. Rechtsanwälte sind berufen, die Interessen der Mandanten zu wahren und deren Rechte durchzusetzen, Unrecht aufzuzeigen, den Gerichten Entscheidungsvorlagen zu geben und den Kampf um das Recht zu dessen Fortbildung zu führen. Allein an diese Sonderaufgaben kann anknüpft werden, wenn man Anwälte in Bezug auf Paralleltätigkeiten anders als andere Berufe, die in dieser Beziehung völlig frei sind, behandelt und die Berufsfreiheit in fundamentaler Weise einschränkt.

Entgegen der Ansicht des BVerfG, das im Vertrauen der Rechtsuchenden „in die **Integrität der Anwaltschaft**" einen „schutzwürdigen Gemeinwohlbelang" erkennen will,[375] existiert weder eine besondere Integrität der Anwaltschaft bzw. der einzelnen Berufsträger noch ein dahingehendes Vertrauen der Rechtsuchenden. Rechtsanwälte haben – ebenso wenig wie Richter – weder eine besondere moralische Grundqualifikation; noch sind derartige Überzeugungen Zulassungsvoraussetzung – lediglich das Bekenntnis zur freiheitlich-demokratischen Grundordnung wird verlangt. Zudem existiert kein (**imaginäres**) **Ansehen** des Rechtsanwaltsberufes,[376] auf dessen Bewahrung und Schutz zur vermeintlichen Bestärkung der verfassungsrechtlichen Rechtfertigung von Eingriffen in die Berufsfreiheit des Weiteren abgestellt wird.

Es ist nicht richtig und der Rechtspflege nicht förderlich, gegenüber dem rechtsuchenden Publikum zu suggerieren, Rechtsanwälte seien – über die Vertrauensschutznormen hinaus – vertrauenswürdiger als andere Menschen, integer oder moralisch überhöht. Denn mit der Suggestion von besonders überhöhten Eigenschaften wird die Gefahr befördert, dass (potentielle) Mandanten die Prüfung von Interessenkollisionen oder Abhängigkeiten – obwohl natürlich in den verschiedensten Formen vorhanden – weniger sorgfältig selbst vornehmen. Derartige Argumentationen bewirken damit eher das Gegenteil dessen, was sie erreichen wollen. Ehrlich wäre es zu sagen, Rechtsanwälte sind, bezogen auf die persönlichen Eigenschaften, ein ganz normaler Durchschnitt der Bevölkerung. Der Beruf verfügt über besondere Vertrauensschutzregelungen, deren Einhaltung speziell abgesichert wurde. Man solle in den sensiblen Bereichen, in denen man sich einem Anwalt anvertraut, jedoch nicht nur auf den Namen und die Berufsbezeichnung vertrauen, sondern auch kritisch prüfen, welche ggf. gegenläufigen Interessen beim Berater bestehen.

Es besteht jenseits aller weitergehenden Behauptungen keine allgemeine oder näher konkretisierte **Unabhängigkeit** eines Rechtsanwaltes außer der **Unabhängigkeit vom Staat in Bezug auf die Sacharbeit**. Inkompatibilitätsregelungen – in der Sache partielle Berufsverbote – können daher von vorn herein keine anderen Unabhängigkeiten zu schützen bezwecken. Der schlichte Verweis auf eine imaginäre „Unabhängigkeit des Anwalts" hat keine sachliche Substanz. Es handelt sich um einen fast beliebig substituierbaren Begriff. Ein Beispiel dafür bildet ein Beitrag von Singer, in dem mit einer nicht definierten „professionellen Unabhängigkeit"[377]

---

375 BVerfG, Beschluss vom 15.06.2009, 1 BvR 1342/07, Verteidigerhonorar, BRAK-Mitt. 2009, 172–175, juris Rn. 22.

376 Zurückhaltend, aber immer noch den Gedanken nicht aufgebend, zuletzt das BVerfG in Bezug auf die Relevanz eines angeblichen Ansehens: „Das Ansehen eines Berufes kann unter verfassungsrechtlichen Gesichtspunkten nur Bedeutung erlangen, wenn es über bloße berufsständische Belange hinaus das Allgemeininteresse berührt.", BVerfGE, Beschluss vom 19.02.2008, 1 BvR 1886/06, II.2.c)cc)(5), juris Rn. 27.

377 Singer, FS Czybulka, S. 327, 331.

ein weiterer schillernder Begriff kreiert und der unfruchtbaren Gemengelage der bisherigen Diskussion hinzugefügt wird.

Die nicht definierte Unabhängigkeit und alle weitergehenden pathetischen Äußerungen innerhalb der Diskussion zur Rechtfertigung von Verboten parallelberuflicher Betätigung, dass die „anwaltliche Tätigkeit ... der freien und unreglementierten Selbstbestimmung des Anwaltes“ unterläge oder die Anwälte – was die rechtsuchenden Bürger auch erwarten dürften – „frei und unabhängig“[378] seien, sind nur **leere Worthülsen**.

Die angebliche globale Unabhängigkeit steht im Zusammenhang mit der missverständlichen Begrifflichkeit **„Freier Beruf“**, die historisch hergeleitet ohne inhaltliche Wertung nur die typischen Berufe der Liberalen zusammenfasst; eine wertfreie Zusammenstellung der mit dem Aufstreben des Bürgertums entstandenen oder erstarkten Berufe. Die hier untersuchten Berufe Rechtsanwalt und (sogleich) Steuerberater zeichnen sich im Vergleich zu anderen Dienstleistungsberufen oder anderen sonstigen Berufen nicht durch eine besondere Freiheit aus. Im Gegenteil wird die Berufsausübung durch den berufsrechtlichen Rahmen gerade von vielen Restriktionen gekennzeichnet. Die Freiheit der Berufsausübung ist heute noch nach in einigen Bundesländern vertretener Ansicht dermaßen eingeschränkt, dass beispielsweise, gestützt auf vermeintliches Gewohnheitsrecht, dem Anwalt vorzuschreiben versucht wird, eine Krawatte vor Gericht zu tragen. Andernfalls könnten manche Gerichte nicht verhandeln. Der Ausschluss eines keine Krawatte tragenden Anwaltes von der Gerichtsverhandlung – zu Lasten des Mandanten – sei nach Ansicht des BVerfG das mildeste Mittel,[379] weil es anscheinend einem Richter nicht zugemutet werden könne, mit einem solchen Anwalt in der Sache zu kommunizieren. Das Beispiel zeigt auch den heutigen Stand der „Freiheit“ der Rechtsanwälte innerhalb der Rechtspflege.

---

378 So zuletzt wieder mit zahlreichen weiteren Nachweisen Gurlit/Zander, BRAK-Mitt 2012, 4, 5.

379 BVerfG 1. Senat 2. Kammer, Nichtannahmebeschluss vom 13.03.2012, BvR 210/12, juris Rn. 9. Nach Aufforderung des vorsitzenden Richters innerhalb der Hauptverhandlung eines Strafverfahrens, eine Krawatte anzulegen, und darauf erfolgter zweifacher Weigerung des betroffenen Anwalts wies ihn der Vorsitzende als Verteidiger zurück. Schon das OLG München befand das Verhalten des Anwaltes als schwerwiegend und rechtfertige die Zurückweisung als Verteidiger. Das BVerfG setzte dem die merkwürdige Bemerkung hinzu, der Eingriff in die Berufsfreiheit sei vermeidbar, wenn der Rechtsanwalt sich schlicht daran halte, was das Gericht fordere – nämlich Krawatte. Man kann die Folgen des Unterlassens einer Handlung, die einen Grundrechtseingriff in das Persönlichkeitsrecht und die Berufsfreiheit darstellen, vermeiden, wenn man die Handlung einfach vornimmt und die erste Einschränkung akzeptiert. Wenn diese Logik um sich greift, bedarf es keines Grundrechtschutzes mehr.

Niemand ist frei und unabhängig – und niemand, der sich ernsthaft mit der Bedeutung dieser Vokabeln auseinandersetzt, wird darauf **vertrauen**. Erwartungen der Bürger gehen nicht dahin, dass Anwälte „frei und unabhängig“[380] seien, sondern nur dahin, dass sie im konkreten Fall keinen Interessenkollisionen unterliegen. Die Rechtsuchenden vertrauen auf eine interessenkollisionsfreie Arbeit. Das ist aber kein besonders Merkmal der anwaltlichen Tätigkeit, sondern kennzeichnend für alle Dienstleister. Die Paralleltätigkeit kann die Vermutung begründen, dass der Rechtsanwalt weitere Interessen hat, im Wirtschaftsleben eingebunden ist und dort Interessen bildet, die im Einzelfall mit den Interessen des potentiellen Mandanten kollidieren könnten. Genau dieser Eindruck ist zutreffend und richtig – er trifft regelmäßig auf die Paralleltätigkeit zu wie auf die Stellung der Person des Anwalts in der Gesellschaft, die von zahlreichen Abhängigkeiten geprägt ist (Familie, Freundeskreis, Hobby, politischen Engagement, etc.). Überall können verschiedenste gegenläufige Interessen bestehen. Das Vertrauen kann sich berechtigterweise nicht auf die utopische Vorstellung beziehen, es gebe nie ein gegenläufiges Interesse, sondern nur darauf, dass dieses im konkreten Einzelfall offengelegt wird.

Nur langsam hat sich die Erkenntnis durchgesetzt, dass der Rechtsanwalt innerhalb seines Berufes grundsätzlich auch nach **Gewinn** streben dürfe. Die dabei stets formulierten Vorbehalte und Einschränkungen[381] basieren jedoch letztlich nicht auf einer Besonderheit des Dienstleistungsberufes Rechtsanwalt, sondern auf der mangelnden Unterscheidung zwischen den Stadien vor und nach Vertragsschluss. Bis Vertragsschluss wird der beste Preis zulässigerweise verhandelt – danach wird nur die vereinbarte Leistung erbracht, um die Gegenleistung zu erhalten. Bei allen Dienstleistern steht in der Phase der Vertragserfüllung nicht mehr die Gewinnerzielung, sondern die Vergütungssicherung im Vordergrund. Ein Gewinnstreben ist bei Rechtsanwälten nicht irgendwie weniger ausgeprägt als bei anderen Unternehmern. Daher dürfen derartige Argumente nicht zur Begründung von Inkompatibilitäten herangezogen werden. Rechtsanwälte sind jedenfalls in der heutigen Zeit – soweit selbständig tätig – normale Unternehmer.[382]

---

380 So unreflektiert zuletzt wieder Gurlit/Zander, BRAK-Mitt. 2012, 4, 5.

381 Zuletzt beispielhaft BVerfG, Beschluss vom 19.02.2008, 1 BvR 1886/06, AnwBl. 2008, 292–294, II.2.c)cc)(4), juris Rn. 26, stattgebender Kammerbeschluss gegen den Beschluss des Anwaltsgerichts Berlin vom 14.06.2006, 1 AnwG 42/05, das eine Rüge der RAK Berlin gegen einen RA wegen Versteigerung von Beratungsleistungen in einem Internetauktionshaus bestätigt hatte. Das Verfassungsgericht verwendet vorsichtig den Konjunktiv in Bezug auf Gewinnstreben, indem es formuliert, man könnte annehmen, dem Anwalt „*käme es auf die Erzielung eines maximalen Gewinns an*“. Es unterstellt damit freilich, dass dies tatsächlich – natürlich – nicht der Fall sei.

382 Kilian, AnwBl. 2019, 662, 667.

2. Strukturelle Interessenkollisionen

Wenn Interessenkollisionen während der Bearbeitung auftreten, genügt die Information des Mandanten bzw. das Tätigkeitsverbot. Interessenkollisionen, die bei Vertragsschluss noch nicht vorhanden sind, lassen sich kaum vorhersagen, da derartige Kollisionen künftige ungewisse Ereignisse voraussetzen. Um diese abstrakten möglichen späteren Kollisionsfälle zu erfassen und eine ausreichende Interessenkollision zu antizipieren, wird von der Rechtsprechung der Maßstab der **deutlichen Abzeichnung von Gefahren einer Interessenkollision** verlassen – übrigens selbst vom BVerfG, welches diesen Maßstab entwickelte. Von da an gehen die Begründungen zum Grad der Gefährdung in nicht mehr sachlich fassbares Sphären über, indem wieder auf ein imaginäres Vertrauen der Rechtsuchenden in Unabhängigkeit und Integrität der Rechtsanwälte, welche durch gewisse Paralleltätigkeiten beeinträchtigt wären, abgestellt wird.

Je mehr sich jemand außerhalb seines Berufes betätigt, je mehr Verbindungen, Bekanntschaften, Interessen bestehen – meist korrelierend zum Lebensalter. Damit können vielseitige **Interessenkollisionen** entstehen. Diese potentiellen Kollisionslagen sind jedoch systemimmanent und hinzunehmen. Auf der anderen Seite wird durch vielseitige Interessen und Erfahrungen in vielen Lebensbereichen die Qualität der Beratung gesteigert – zum Nutzen der Rechtspflege und der Beratungsqualität im Übrigen.

3. Legitimes Ziel

Jeder tiefgreifende Eingriff in die Berufsfreiheit gerade durch eine Inkompatibilitätsregelung, muss sich über die Erhaltung der notwendigen Aufgaben des Rechtsanwalts für die **Sicherung der Funktionsfähigkeit der Rechtspflege** rechtfertigen.

Zulässiges **Ziel** zur Rechtfertigung von Inkompatibilitäten ist daher nur die Sicherung der Funktionsfähigkeit der Rechtspflege. Weitere Ziele, die der Gesetzgeber angegeben hat oder die im Nachhinein als Ziel der Norm eher hineininterpretiert werden, sind daher nur legitim und geeignet, soweit sie zumindest mittelbar einen Bezug zur Sicherung der Funktionsfähigkeit der Rechtspflege aufweisen.

Das Bundesverfassungsgericht erkennt den notwendigen Bezug zur Funktionsfähigkeit der Rechtspflege innerhalb der bekannten Leitentscheidung von 1992 und meint: „*Das Ziel der Regelungen besteht darin, die fachliche Kompetenz und Integrität sowie ausreichenden Handlungsspielraum der Rechtsanwälte zu sichern sowie die notwendige Vertrauensgrundlage der Rechtsanwaltschaft zu schützen ...*“. Um den Bezug zur Rechtspflege herzustellen wird ohne Begründung behauptet: „*Damit dienen sie der Funktionsfähigkeit der Rechtspflege, also einem Gemeinwohlbelang von großer Bedeutung.*“[383] Das hieße, fachliche Kompetenz, Integrität und ausreichender

383 BVerfG, Beschluss vom 04.11.1992, 1 BvR 79/85 u.a., BVerfGE 87, 287, C.I.3.a).

Handlungsspielraum gehörten zu den notwendigen Eigenschaften eines Rechtsanwaltes, um dessen Aufgaben innerhalb der Rechtspflege wahrzunehmen und seien darüber hinaus noch weitergehend Elemente von deren Funktionsfähigkeit. Die beschriebenen schon zweifelhaften Eigenschaften, die ein Rechtsanwalt besitzen sollte, sind weder notwendig noch tatsächlich im Vergleich zu anderen Berufsgruppen besonders ausgeprägt. Die angeblichen Ziele des Gesetzgebers, mit den Inkompatibilitätsregelungen fachliche Kompetenz, Integrität und ausreichenden Handlungsspielraum sichern zu wollen, haben jedenfalls keinen Bezug zur Rechtspflege und können nicht über diese legitimiert werden.

Der Bezug zur Funktionsfähigkeit der Rechtspflege als einzig relevantes hochwertiges Ziel, welches grundsätzlich zu derart tiefgreifenden Einschnitten in die Berufsfreiheit, wie sie mit den Inkompatibilitäten verbunden sind, geeignet wäre, betrifft nur den gemessen an der gesamten Tätigkeit der Rechtsanwälte kleineren Bereich der forensischen Tätigkeit. Das Dilemma liegt in einer Rechtsanwaltsordnung, die mit ihrem Zuschnitt auf den fast ausschließlich forensisch tätigen Einzelrechtsanwalt von einem Berufsbild ausgeht, welches der heutigen Lebenswirklichkeit bei weitem nicht mehr entspricht. Für die Einschränkung der außergerichtlichen Tätigkeit kann die Ableitung aus der Rechtspflege von vorn herein keine Legitimation bieten.

4. Berufsverbot durch Inkompatibilitätsregelung

Die Trennung der unterschiedlichen Tätigkeitsbereiche forensischer und nicht forensischer Bereich wäre zunächst angezeigt, da jedenfalls der außergerichtliche Beratungsbereich die Funktionsfähigkeit der Rechtspflege nicht berühren kann und Einschränkungen dieses Bereiches sich somit von vorn herein nicht rechtfertigen lassen. Jedoch eine Regelung beschränkt auf den forensischen Bereich (theoretisches Berufsverbot beschränkt auf den forensischen Bereich) wäre ebenso verfassungswidrig. Letztlich sind alle Inkompatibilitätsregelungen – auch im Bereich der Rechtspflege – **nicht erforderlich**.

Ein **milderes** jedenfalls die Erforderlichkeit der Inkompatibilitätsregelungen ausschließendes **Mittel** wäre die Normierung einer **Anzeige- oder Offenbarungspflicht** von Paralleltätigkeiten gegenüber dem Mandanten in den Einzelfällen, in denen eine Interessenkollision zumindest möglich erscheint. Um zu verhindern, dass der potentielle Mandant vertrauliche Informationen gegenüber dem Anwalt äußert und dieser erst daraus eine mögliche Interessenkollision feststellt, wäre es auch möglich, eine grundsätzliche Informationspflicht über Paralleltätigkeiten zu normieren. Dann könnte der potentielle Mandant sogleich selbst prüfen, ob eine ihm nicht genehme Gefahr von Interessenkollisionen besteht. Die Kenntnis der Paralleltätigkeit ermöglicht eine freie Entscheidung des Mandanten dahingehend, ob er dennoch den Beratungsvertrag schließen möchte. Es ist kein Grund ersichtlich, dass der Staat die Freiheit des Mandanten und des Anwaltes, im beiderseitigen Bewusstsein von möglichen oder vorhandenen Interessenkollisionen dennoch zu kontrahieren, einschränken darf.

Für die Fälle einer bei Vertragsverhandlung vorliegenden Interessenkollision im Einzelfall bedarf es keines Tätigkeitsverbotes. Wenn alle möglichen widerstreitenden Interessen dem vertragsschlusswilligen Mandanten vor Abschluss des Anwaltsvertrages offengelegt worden sind, wird er entweder nicht kontrahieren – dann erübrigt sich das Tätigkeitsverbot –; oder er wird dennoch in dem Bewusstsein der Gefahren kontrahieren. Letzteres muss wegen der grundsätzlichen Vertragsfreiheit auch möglich bleiben. Wenn jedoch die widerstreitenden Interessen erst während der Durchführung des Anwaltsvertrages hinzutreten und der Anwalt darüber nicht informiert, besteht zumindest bis zur ordentlichen Information und Entscheidung des Mandanten ein Tätigkeitsverbot. Die Thematik ist also unter dem Stichwort Tätigkeitsverbot (im Einzelfall) richtig verortet.

Die Stärkung der autonomen Entscheidungsfreiheit im Zusammenhang mit einer Informationspflicht ist nur vereinzelt in anderem Zusammenhang von der Rechtsprechung aufgegriffen worden. In **anderen Rechtssystemen** wird viel stärker auf dieses System gesetzt. So schließt die Zustimmung des Mandanten einen zum Tätigkeitsverbot führenden Interessenkonflikt im amerikanischen Rechtssystem beispielsweise aus,[384] was freilich auch dort eine vollständige Information des Mandanten über alle für seine Entscheidung relevanten Umstände voraussetzt.

Nach der Zulassung zur Rechtsanwaltschaft gelten für den einzelnen Anwalt die Pflichten aus den Verfahrensordnungen und dem Berufsrecht. Sofern diese Pflichten insbesondere bei Nichtoffenlegen von möglichen Konfliktfeldern und Tätigwerden trotz Interessenkollisionen verletzt werden, greift ein System abgestufter Sanktionen je nach Schwere der Pflichtverletzung. Argumentationen in die Richtung, dass Tätigkeitsverbote (hinzugedacht Informationspflichten kombiniert mit Tätigkeitsverboten im Einzelfall) in bestimmten Konstellationen nicht ausreichten,[385] überzeugen von vorn herein nicht. Nicht einmal demjenigen, der der verfassungsmäßigen Ordnung kritisch gegenübersteht oder eine als verfassungsfeindlich angesehene (nicht verbotene) Partei unterstützt,[386] wird von vorn herein die Nichtbefolgung der Berufspflichten unterstellt. Auch ihm darf die Zulassung nicht versagt werden – erst recht nicht demjenigen, der nur einen Parallelberuf ausübt, bei dem es im Einzelfall mit dem einen oder anderen Mandat aus

---

384 Rabe, AnwBl. 2004, 65, 69, ob schon die chinese walls – Informationsbarrieren zwischen Abteilungen eines Unternehmens, hier der Kanzlei – allein weiterhelfen, ist fraglich.

385 BGH, Beschluss vom 08.10.2007, AnwZ (B) 92/06, II.1.d), juris Rn. 8; das BVerfG betonte in seiner Leitentscheidung von 1992, dass eine Berufswahlschranke nur dort erforderlich sei, wo die Gefahr einer Interessenkollision sich deutlich abzeichnet und nicht mit Hilfe von Berufsausübungsregeln zu bannen wäre, BVerfG, Beschluss vom 04.11.1992, 1 BvR 79/85 u.a., BVerfGE 87, 287, C.III.3., juris Rn. 132.

386 Abweichende Meinung BVerfG, Beschluss vom 08.03.1983, 1 BvR 1078/80, BVerfGE 63, 266–312, B.II.1, juris Rn. 77.

der Anwaltstätigkeit zu Interessenkollisionen kommen könnte. Letzterer wird sich im Regelfall gesetzestreu verhalten und bei Interessenkollision im Einzelfall das derzeitig geltende Tätigkeitsverbot beachten bzw. nach Einführung der hier vorgeschlagenen Offenbarungspflicht den Mandanten umfassend informieren. Es besteht kein Anlass zu behaupten, der parallelberuflich tätige Anwalt würde derartige Berufspflichten tendenziell eher verletzen.

Bei der Bewertung von Inkompatibilitätsregelungen im Einzelfall (Angemessenheit) kommt es nach Ansicht des Bundesverfassungsgerichtes auch darauf an, welche **wirtschaftlichen Folgen eine Berufssperre** verursacht und welchen Aufwand es kostet, die Sperre zu überwinden. Ein solcher Ansatz ist nicht zulässig, da das Grundrecht der Berufsfreiheit nicht lediglich ein **Erwerbssicherungsrecht** darstellt, sondern eine besondere Ausprägung des **Persönlichkeitsrecht**es. Wirtschaftliche Kriterien haben im Rahmen der Persönlichkeit wenig bis gar kein Gewicht. Zudem darf dann nicht unbeachtet bleiben – ansonsten aber verfassungsrechtlich nicht relevant –, dass die Situation auf dem Arbeitsmarkt für Junganwälte oftmals zum Bedürfnis einer Paralleltätigkeit führt, nur um den Lebensunterhalt und die wirtschaftliche Existenz zu sichern.[387]

387 BVerfG, Beschluss vom 04.11.1992, 1 BvR 79/85 u.a., BVerfGE 87, 287, C.I.1., juris Rn. 102; *Huff* in Gaier, Wolf, Göcken, Anwaltliches Berufsrecht, 1. Aufl. 2010, § 46 BRAO Rn. 8.

E. Inkompatibilitäten bei Steuerberatern

I. Die gesetzlichen Regelungen zur Inkompatibilität

Für Steuerberater enthält § 57 StBerG allgemeine Berufspflichten und § 57 IV Nr. 1 StBerG ein ausdrückliches grundsätzliches Verbot der gewerblichen Paralleltätigkeit. Letzteres führt über §§ 40 I, III Nr. 2, 57 IV Nr. 1 und §§ 46 II Nr. 1, 57 IV Nr. 1 StBerG zur Versagung der Bestellung zum Steuerberater bzw. zum Widerruf der Zulassung.

In der Generalklausel § 57 II StBerG heißt es:

> „Steuerberater und Steuerbevollmächtigte haben sich jeder Tätigkeit zu enthalten, die mit ihrem Beruf oder mit dem Ansehen des Berufs nicht vereinbar ist. Sie haben sich auch außerhalb der Berufstätigkeit des Vertrauens und der Achtung würdig zu erweisen, die ihr Beruf erfordert."

Als zentrale materiell-rechtliche Norm begnügt sich § 57 II StBerG im Gegensatz zur BRAO nicht mit der generalklauselartigen Ausgestaltung der Inkompatibilitäten, sondern konkretisiert in Abs. 4 Nr. 1 und 2 wenigstens insoweit, dass insbesondere gewerbliche Paralleltätigkeiten oder Paralleltätigkeiten als Arbeitnehmer (mit Ausnahme von wissenschaftlicher Mitarbeit an Hochschulen und Fachhochschulen und Anstellungsverhältnissen bei Steuerberatern oder Steuerberatungsgesellschaften) mit dem Beruf des Steuerberaters nicht vereinbar sind. Entsprechend formuliert das Gesetz weiter:

„Als Tätigkeiten, die mit dem Beruf des Steuerberaters und des Steuerbevollmächtigten nicht vereinbar sind, gelten insbesondere

1. eine gewerbliche Tätigkeit; die zuständige Steuerberaterkammer kann von diesem Verbot Ausnahmen zulassen, soweit durch die Tätigkeit eine Verletzung von Berufspflichten nicht zu erwarten ist;
2. eine Tätigkeit als Arbeitnehmer mit Ausnahme der Fälle des Absatzes 3 Nr. 4 sowie der §§ 58 und 59. Eine Tätigkeit als Angestellter der Finanzverwaltung ist stets mit dem Beruf des Steuerberaters oder Steuerbevollmächtigten unvereinbar."

In der vorausgehenden bis 11.04.2008 gültigen Fassung§ 57 IV StBerG hieß es noch:

„Als Tätigkeiten, die mit dem Beruf des Steuerberaters und des Steuerbevollmächtigten nicht vereinbar sind, gelten insbesondere

1. eine gewerbliche Tätigkeit;
2. eine Tätigkeit als Arbeitnehmer …."

Die Formulierung in der Ziffer 1 erfuhr somit seit 12.04.2008 eine Änderung in Form des zweiten Halbsatzes, die jedoch das grundsätzliche Verbot der gewerblichen Paralleltätigkeit für Steuerberater unberührt lässt. Auf der Homepage der Bundessteuerberaterkammer wurde in diesen Zusammenhang von einer „Lockerung des Verbotes der gewerblichen Tätigkeit" durch die Neuregelung von 2008 gesprochen. Die zuständige Steuerberaterkammer könne vom Verbot der gewerblichen Tätigkeit nun Ausnahmen zulassen, z.B. für die Tätigkeit als Insolvenzverwalter, Testamentsvollstrecker oder als Geschäftsführer – eingeschränkt auf den Rahmen „vereinbarer Tätigkeiten".[388] Nur diese Tätigkeiten waren schon immer nach Abs. 3 Nr. 3 als treuhänderische Tätigkeit zulässig. Eine Lockerung wäre und war mit diesem Verständnis kaum verbunden. Dass die Kammern und berufsständischen Vereinigungen den Grundansatz der Freiheit und das Verständnis, dass Einschränkungen der Berufsfreiheit der Legitimierung bedürfen und nicht die Berufe per se einer Zulassung unterliegen, längst verlassen haben und durch die Gesetzesänderung kaum Änderungen erreicht worden sind, wird in einem Extrakapitel E.VI.4. gesondert aufgegriffen.

Da der Beruf des Steuerberaters nur einen speziellen Ausschnitt der Rechtsberatung darstellt, verwundert die wesentlich strengere Regelung eines grundsätzlichen Verbotes der gewerblichen Tätigkeit vor dem Hintergrund, dass bei den Rechtsanwälten sich gerade kein grundsätzliches Verbot gewerblicher Paralleltätigkeit oder einer Paralleltätigkeit als Arbeitnehmer den gesetzlichen Normen entnehmen lässt. Ein Rechtsanwalt kann auch ausschließlich steuerberatend / im Bereich des Steuerrechts tätig sein, ohne den strengeren Vorschriften des Steuerberatungsgesetzes zu unterliegen. Ein ähnliches Bild zeichnet sich in Sozietäten, in denen Steuerberater und Rechtsanwälte zusammenarbeiten. Der steuerberatende Rechtsanwalt dürfte nach den einfachgesetzlichen Normen trotz gewerblicher Paralleltätigkeit die Mandanten der Kanzlei steuerlich beraten, ein Steuerberater derselben Kanzlei könnte dies nicht, weil ihm wegen der Paralleltätigkeit die Ausübung des Steuerberaterberufes verboten wird. Vor dem Hintergrund dieser nicht nachvollziehbaren Auswirkungen und der im ersten Teil vertretenen Verfassungswidrigkeit der Vorschriften zur BRAO, die dem Rechtsanwalt partiell eine Paralleltätigkeit verbieten, dürften die diesbezüglichen Normen des Steuerberatungsgesetzes wahrscheinlich den Anforderungen der Verfassung ebenso nicht genügen.

---

388 www.steuerberaterkammer.de/, unter Downloads, „Stellungnahme zum 8. Steuerberatungsänderungsgesetz".

II. Rechtsfolgen bei Verstoß gegen die Inkompatibilitätsvorschriften

Neben dem einschneidenden Eingriff der Versagung der Tätigkeit als Steuerberater, §§ 46 II Nr. 1 StBerG mit 57 IV StBerG, oder der Nicht(wieder)erteilung der erforderlichen Zulassung zum Beruf gemäß § 40 III Nr. 2 StBerG (bei Wiederbestellung mit § 48 II StBerG) im Falle einer gewerblichen Paralleltätigkeit – im Ergebnis jeweils **Verbot der Ausübung des Steuerberaterberufes** – können die Kammern insbesondere bei bereits erledigten Paralleltätigkeiten als Ahndung des vergangenen Verhaltens **Bußgelder** nach §§ 89 I, 90 Nr. 3 StBerG verhängen.[389] Die weiteren Sanktionen der Warnung oder des Verweises,[390] § 90 I Nr. 1 und 2 StBerG, haben zwar keine unmittelbaren nachteiligen Auswirkungen auf die Berufsausübung und wirken weniger gravierend als Verbote der parallelen Betätigung, werden aber in den Akten der Kammern vermerkt (Löschungsfrist Verweis zehn Jahre, Verwarnung fünf Jahre). Diese Sanktionen können vergleichbar den Vorstrafen im Strafrecht bei weiteren Vergehen strafverschärfend wirken oder von bestimmten Funktionen bei den Kammern ausschließen.[391]

Die Wirksamkeit der zivilrechtlichen Verträge – sowohl der Steuerberatungsverträge als auch derjenigen der gewerblichen Paralleltätigkeit – ist bei Verstoß gegen das normierte Verbot in der Regel nicht berührt, so dass insbesondere der vereinbarte Vergütungsanspruch des Steuerberaters erhalten bliebe. Zwar gilt das Verbot der gewerblichen Paralleltätigkeit als gesetzliches Verbot im Sinne des § 134 BGB. Das Verbot richtet sich aber ausschließlich gegen den Steuerberater und nicht auch gegen dessen Vertragspartner.[392] Richtet sich das Verbot nur gegen eine Vertragspartei, so folgt in der Regel nicht die Unwirksamkeit des Rechtsgeschäftes.[393] Die in § 134 BGB vorgesehene Nichtigkeitsfolge tritt nach dessen Wortlaut dann nicht ein, weil sich aus dem Gesetz ein anderes ergibt.

---

389 Beispiele dazu aus der Rechtsprechung: BGH, Urteil vom 07.12.2009, StbSt (R) 2/09, BGHSt 54, 236–243; LG Düsseldorf, Urteil vom 24.07.2003, 45 StL 5/03DStRE 2004, 430–431; OLG Stuttgart, Urteil vom 08.10.1983, 1 StO 1/82, StB 1984, 115–117.

390 BGH, Urteil vom 04.03.1996, StbSt (R) 4/95, NJW 1996, 1833–1836; OLG Nürnberg, Senat für Steuerberater- und Steuerbevollmächtigtensachen, Urteil vom 03.11.2006, StO 1/06, DStR 2007, 1599–1600.

391 *Koslowski* in Koslowski, Kom. zum StBerG, 7. Aufl. 2015, 7. Aufl. 2015, § 90, Rn. 8.

392 BGH, Urteil vom 12.05.2011, III ZR 107/10, ZIP 2011, 1367–1372, juris Rn. 11, mit zahlreichen weiteren Nachweisen.

393 BGH, Urteil vom 12.05.2011, III ZR 107/10, ZIP 2011, 1367–1372, juris Rn. 12, mit Nachweisen zur Rechtsprechung.

III. Das Berufsbild des Steuerberaters

Oben bei D.IV.2. und 3. wurden die Verschwiegenheitspflicht und die Motivation des Rechtsanwaltes zum Tätigwerden beschrieben. Gleiches gilt für den Steuerberater, der mit seiner Tätigkeit regelmäßig eine Teilmenge der Rechtsdienstleistungen abdeckt.[394] Die Steuerberatung ist eine **Rechtsdienstleistung**, die wie alle Rechtsdienstleistungen grundsätzlich den Rechtsanwälten vorbehalten ist, aber durch § 3 RDG mit dem Steuerberatungsgesetz eine Ausnahme erfährt. Der Steuerberater erbringt eine auf steuerliche und betriebswirtschaftliche Angelegenheiten beschränkte rechtsberatende Dienstleistung. Auch er als Unternehmer zieht seine Motivation des Tätigwerdens vornehmlich aus dem keineswegs verwerflichen Gewinnstreben, obwohl gerade Steuerberaterkammern und sonstige Interessenvereinigungen – noch ausgeprägter als bei den Rechtsanwälten – das oftmals anders sehen bzw. die Tätigkeit und die Berufsträger überhöht darzustellen versuchen.

Im Gegensatz zum Rechtsanwalt liegt der **Schwerpunkt** des hergebrachten Berufsbildes des Steuerberaters auf der **außergerichtlichen Beratung und Dienstleistung** und nicht der forensischen Tätigkeit vor den Finanzgerichten. Grundsätzlich ist es Steuerberatern zwar möglich, auch Verfahren vor den Finanzgerichten oder die Strafverteidigung in Steuerstrafsachen zu übernehmen. Die Vertretung des Steuerpflichtigen in gerichtlichen Verfahren blieb jedoch bis heute mit Abstand eine Randtätigkeit, die von den meisten Steuerberatern wegen der Ungeübtheit im Umgang mit den gerichtlichen Verfahrensabläufen allenfalls ungern wahrgenommen wird.

Anders als Rechtsanwälte können Steuerberater noch nicht auf eine lange **Historie** ihres Berufes zurückblicken. Erst nach dem Ersten Weltkrieg entwickelte sich aus der in der Reichsabgabenordnung vorgesehenen Möglichkeit, Personen zur Vertretung der Steuerpflichtigen zuzulassen, der Beruf der Steuerberater.[395] Die erste gesetzliche Regelung bildet das Gesetz über die Rechtsverhältnisse der Steuerberater und Steuerbevollmächtigten vom 23.08.1961, in Kraft getreten am 01.11.1961. Man legte dort erstmals ausdrücklich fest, dass Steuerberater und Steuerbevollmächtigte kein Gewerbe ausüben. Damit wurde diese Berufsgruppe in erster Linie von der Gewerbesteuer befreit. Diese gesetzliche Definition sagt freilich nichts darüber aus, wodurch die Tätigkeit des Steuerberaters tatsächlich kennzeichnet wird.

Zum 1. Januar 2010 waren 75.333 Steuerberater und 8.169 Steuerberatungsgesellschaften in Deutschland zugelassen.[396] Im europäischen Ausland ist der

---

394 BVerfG, Stattgebender Kammerbeschluss vom 23.08.2013, 1 BvR 2912/11, juris Rn. 30; Koslowski, Kom. zum StBerG, 7. Aufl. 2015, Einleitung Rn. 1: „Teil der Rechtsberatung".

395 *Koslowski* in Koslowski, Kom. zum StBerG, 7. Aufl. 2015, Einleitung Rn. 2.

396 Statistik der Bundessteuerberaterkammer auf deren Homepage: www.steuerberaterkammer.de.

selbständige Beruf des Steuerberaters mit Ausnahme von Österreich kaum kodifiziert. Soweit der selbständige Beruf des Steuerberaters überhaupt in ähnlicher Weise vorkommt und nicht wie in Frankreich die steuerberatenden Tätigkeiten ausschließlich von Rechtsanwälten ausgeübt werden, finden sich berufsständische Verbände, die gewisse Standards propagieren. Die Europäische Vereinigung der Steuerberater, Confédération Fiscale Européenne (C.F.E.) – nunmehr CFE Tax Advisers Europe, der auf deutscher Seite die Bundessteuerberaterkammer, der Bundesverband der Steuerberater e.V. sowie der Deutscher Steuerberaterverband e.V. angehören, verfasste als Empfehlung für ihre Mitglieder 1991 die zuletzt 2005 geänderte **Berufsordnung der Steuerberater in Europa**. Darin finden sich neben den Berufspflichten auch typische Auswüchse der Verbände zur Rechtfertigung der eigenen Existenz, der Erhaltung der eigenen Aufgaben sowie der Ausgrenzung von Konkurrenten, indem die Grundsätze dort unter II. formulieren, dass ein „straff organisierter“ Beruf das Beste für Mandanten und Steuerberater sei.[397] Solche Verbände denken in erster Linie an die Absicherung der eigenen Mitglieder, weniger an das Wohl der Mandanten. Freiheitliche Gedanken vermisst man erwartungsgemäß.

Die Tendenz in Bezug auf gewerbliche Paralleltätigkeiten ist bei allen Verbänden der Steuerberater restriktiv ablehnend. Denn wenn sie selbst zugeben oder zulassen, dass steuerberatende Tätigkeit kaum Unterschiede zu gewerblichen Tätigkeiten aufweist und Steuerberater in erster Linie Unternehmer sind, öffnen sie auf der anderen Seite argumentativ die Tore für diejenigen, die an den Vorbehaltsaufgaben der Steuerberater nagen.

Steuerberater üben – so heißt es aktuell explizit in § 32 II StBerG – einen freien Beruf aus. Ihre Tätigkeit ist **kein Gewerbe**. Neuerdings werden Steuerberater ähnlich wie die Rechtsanwälte per Gesetz zum Organ der Steuerrechtspflege erklärt, § 32 II (1) StBerG in der seit 12.12.2019 geltenden Fassung. Eine inhaltliche Bedeutung kommt dem aber nicht zu. Die Bundessteuerberaterkammer betrachtet es in erster Linie als eine Aufwertung des Berufsstands und einen Baustein, Deregulierungsaktivitäten der EU-Kommission in Bezug auf ihren in Europa exotischen Berufsstand abzuwehren. Es handelt sich um Symbolpolitik ohne Inhalt – allerdings verkauft als besondere Auszeichnung eines Berufsstandes. Das dabei vorherrschende Verständnis des Gesetzgebers und der Zeitgeist gehen jedoch eher dahin, mit dem Organbegriff einen verlängerten Arm des Staates zu beschreiben,[398] um nachfolgend wieder besondere Pflichten statuieren zu können.

Die Unterscheidung zwischen freiem Beruf des Steuerberaters einerseits und einer gewerblichen Tätigkeit andererseits soll durch die Aufzählung der zentralen Berufspflichten in § 57 I StBerG und das grundsätzliche Verbot von gewerblicher und abhängiger Paralleltätigkeit ausgestaltet sein.[399] Der freie Beruf Steuerberater

---

397 https://taxadviserseurope.org/ (vormals: http://www.cfe-eutax.org).

398 Kilian, Anwaltsblatt 2019, 662.

399 *Kleemann* in Kuhls, Steuerberatungsgesetz, 3. Aufl. 2012, § 32 Rn. 21.

definiert sich mit einer solchen Deutung wieder einmal in erster Linie über zahlreiche Einschränkungen und Reglementierungen. Die eigentliche Bedeutung der Abgrenzung zwischen Gewerblichkeit eines Berufes oder qua Definition nicht gewerblichem „freien“ Beruf liegt fast ausschließlich in der unterschiedlichen Besteuerung der Einkünfte aus der Tätigkeit; freiberufliche Einkünfte nach § 18 EStG versus Einkünfte aus Gewerbebetrieb nach § 15 EStG. Für die verfassungsrechtliche Betrachtung im Rahmen der Auslegung des Begriffes der gewerblichen Tätigkeit in § 57 StBerG helfen derartige Begrifflichkeiten aus dem Ertragssteuerecht nicht weiter.[400] Entscheidend ist allein, wie die Berufe und Tätigkeiten tatsächlich ausgestaltet sind. Darauf aufbauend kann – am Maßstab des Art. 12 GG – beurteilt werden, ob ein Beruf mit dem anderen möglicherweise nicht vereinbar ist.

1. Die Tätigkeit des Steuerberaters

Primär beschäftigt sich ein Steuerberater mit der Beratung in Steuerangelegenheiten, der Gestaltung zur Optimierung der Steuerlast. Daran anschließend darf er ebenso den steuerlichen Rechtsschutz bei der Auseinandersetzung mit den Finanzämtern oder den Finanzgerichten anbieten, wenngleich letzterer in der Praxis – wie schon angedeutet – sich meist auf Rechtsbehelfsverfahren vor dem Finanzamt beschränkt. Daneben übernehmen Steuerberater die Finanzbuchhaltung und/oder Lohnbuchhaltung nebst Lohnabrechnungen in der Regel für kleinere Unternehmen und erstellen steuerliche sowie handelsrechtliche Jahresabschlüsse nebst Steuererklärungen. Buchhaltungen nebst Erstellung der Jahresabschlüsse bilden den bedeutendsten Teil der Berufstätigkeit.[401] Ein weites Feld mit in den letzten Jahren gestiegener Bedeutung bildet die Beratung in betriebswirtschaftlichen Fragen, z.B. bei Existenzgründungen, Sanierungen, Finanzierungen und Vermögensangelegenheiten.

Zum Tätigkeitsfeld gehören nicht die ausschließlich den Rechtsanwälten vorbehaltenen Aufgaben der Rechtsberatung auf anderen Rechtsgebieten oder die den Wirtschaftsprüfern bzw. vereidigten Buchprüfern vorbehaltenen Prüfungen von Jahresabschlüssen.

2. Das gesetzliche Leitbild der Tätigkeit

Die besonderen Berufspflichten eines Steuerberaters finden sich vornehmlich in § 57 StBerG. Abgeleitet aus den Berufspflichten ergeben sich ähnlich wie bei den

400 Anders *Koslowski* in Koslowski, Kom. zum StBerG, 7. Aufl. 2015, § 57, Rn. 89: Da die Tätigkeit eines Steuerberaters gemäß § 32 II StBerG kein Gewerbe ist, sei „schon aus diesem Grunde eine gewerbliche Tätigkeit mit dem Beruf eines StB nicht zu vereinbaren.“ Das ist eher Begriffsjurisprudenz als Argumentation.

401 *Koslowski* in Koslowski, Kom. zum StBerG, 7. Aufl. 2015, Einleitung Rn. 18.

Rechtsanwälten einige Besonderheiten in Bezug auf andere Berufe. Ergänzend dazu finden sich nähere Beschreibungen in der seit 01.01.2011 geltenden BOStB. Die Untersuchung der Berufspflichten und des gesetzlichen Leitbildes sind im hiesigen Kontext neben der Erkenntnis über das tatsächliche Wesen des Berufes wichtig, weil die Regelungen über das Verbot von Paralleltätigkeiten daran anknüpfen, indem sie die Möglichkeit der Erteilung einer Ausnahmegenehmigung vom grundsätzlichen Verbot der gewerblichen Paralleltätigkeit insbesondere von der Einhaltung der Berufspflichten abhängig machen.

a) Unabhängigkeit

(1) Zum beruflichen Leitbild gehört im Wesentlichen die **Unabhängigkeit** (§ 2 I BOStB, § 57 I StBerG), d. h. aber – wie bei den Rechtsanwälten – nicht Unabhängigkeit von allem und jedem, sondern Unabhängigkeit **vom Staat und staatlichem Einfluss** bei der Sacharbeit. Denn eine Staatsnähe könnte gerade beim Steuerberater, der naturgemäß gegen den Staat als Steuergläubiger gerichtete Interessen vertritt, die berufliche Entscheidungsfreiheit gefährden. Für den Steuerberater bedeutet die Pflicht zur Unabhängigkeit vor allem Distanz zum und fehlende Abhängigkeit vom Finanzamt.[402] Die Unabhängigkeit so interpretiert, bleibt sie nachvollziehbar und steht im Kontext mit der bei den Rechtsanwälten beschriebenen Unabhängigkeit. Für den in diesem Zusammenhang oft gebrauchten, aber wenig erhellenden Zusatz „als Organ der Steuerrechtspflege" gilt das für die Rechtsanwälte dazu Gesagte entsprechend. Es gibt keinen Organträger Steuerrechtspflege und demzufolge keine Organe.[403]

(2) Die Berufsordnung der Steuerberater versucht in den Absätzen 2 und 3 des § 2 unter der Überschrift „Unabhängigkeit" eine andere Konkretisierung der Unabhängigkeit. Einzig nachvollziehbar erscheint der **§ 2 II BOStB** in Bezug auf eine **berufliche Unabhängigkeit**, die dem Steuerberater verbietet, Bindungen einzugehen, die seine berufliche Entscheidungsfreiheit gefährden könnten. Diese berufliche Unabhängigkeit meint in der Sache aber die **Freiheit von Interessenkollisionen** bei der Sacharbeit. Diese Freiheit ist auf den Einzelfall bezogen und benötigt daher stets ein konkretes konträres Interesse. Man spräche daher besser von der (möglichst weitestgehenden) Freiheit zu einer optimalen Beratung ohne Einflüsse, die das Mandanteninteresse möglicherweise beeinträchtigenden und wohl gleichzeitig eine Vertragsverletzung bedeuten würde.

---

402 Thümmel, WPg 1986, 643, 644; ähnlich *Koslowski* in Koslowski, Kom. zum StBerG, 7. Aufl. 2015, § 57, Rn. 9, seit dem 8. StBerÄndG 2008 explizit im Gesetzestext bei § 57 IV Nr. 2 StBerG aufgenommen; ähnlich Ring, DStR-Beih 2019, 54, 60: Unabhängigkeit „manifestiert sich primär in der Staatsunabhängigkeit".

403 Der Organbegriff weise nur darauf hin, dass der Steuerberater auch „der Steuerrechtspflege als wichtigem Gemeinschaftsgut verpflichtet" sei, so *Kleemann* in Kuhls, Steuerberatungsgesetz, 3. Aufl. 2012, § 32 Rn. 13 m.w. Fundstellen.

(3) Wenn allerdings die BOStB in § 2 I (§ 2 III BOStB a.F.) eine Verpflichtung der Steuerberater ausspricht, „**ihre persönliche und wirtschaftliche Unabhängigkeit** gegenüber jedermann zu wahren“, wird der dahinterstehende Gedanke erst durch die Nachsätze der alten Fassung bzw. Abs. 3 der neuen Fassung verständlich. Damit sollen nämlich insbesondere die Annahme von Vorteilen jeder Art von Dritten sowie die Übernahme von Mandantenrisiken untersagt werden. Die Formulierung der BOStB mit dem Begriff „Unabhängigkeit“ ist daher zu umfassend und eher irreführend.

Weitergehend wird drauf aufbauend fehlinterpretiert, Steuerberater seien persönlich und vor allem **wirtschaftlich unabhängig**. Ebenso wenig wie Rechtsanwälte oder andere Menschen sind Steuerberater irgendwie persönlich oder wirtschaftlich unabhängig. Kein Mandant hegt eine solche Vorstellung bezüglich seines Beraters. Eine vermehrte wirtschaftliche Unabhängigkeit mag der Steuerberater vielleicht dann erreichen, wenn er sich nach mehreren Berufsjahren ein eigenes Unternehmen aufgebaut hat, welches einigermaßen sicher genügend Erträge erwirtschaftet, um seinen Lebensunterhalt sichern. Am Berufsanfang besteht im Regelfall keine solche teilweise wirtschaftliche Unabhängigkeit, die es nach Meinung der Berufsordnung zu wahren gelte. Bei genauerer Betrachtung ist ein erfolgreiches Unternehmen zudem noch kein Garant für eine wirtschaftliche Unabhängigkeit. Diese ist erst dann erreicht, wenn theoretisch genügend Vermögen bis zum Lebensende angesammelt worden ist und keine weiteren Haftungsrisiken bestehen. Ein solcher theoretischer Idealfall der wirtschaftlichen Unabhängigkeit kann denknotwendig schon dann nicht existieren, wenn man als Rechtsanwalt oder Steuerberater noch im Berufsleben steht.

Nachvollziehbar wäre allenfalls eine Forderung nach geordneten wirtschaftlichen Verhältnissen.[404] Allenfalls im Ansatz kann man dieses Postulat begrifflich aus dem überhöhten Begriff der „wirtschaftlichen Unabhängigkeit“ ableiten. Vielmehr stellen eigene geordnete wirtschaftliche Verhältnisse eine Mindestvoraussetzung für jede vermögensverwaltende Tätigkeit dar, die die Gefahr von Unterschlagungen wegen eigener finanzieller Notlage mindern soll. Ein Berufsverbot ist nach derzeitiger Gesetzeslage erst bei Vermögensverfall möglich, § 46 II Nr. 4 StBerG.

Zudem kann die Annahme von Vorteilen durch Dritte zu **Kollisionen mit Mandanteninteressen** führen. In § 2 III BOStB heißt es, dass insbesondere die Annahme von Vorteilen jeder Art von Dritten sowie die Übernahme von Mandantenrisiken untersagt ist, weil dies die persönliche oder wirtschaftliche Unabhängigkeit gefährde. Die dahinterstehende Überlegung geht wohl eher in Richtung Bestechlichkeit und Vorteilsnahme. Der Gedanke, jemand könne bei Annahme von Vorteilen jeglicher Art eines Dritten in Bezug auf die Arbeit mit Mandanten

---

404 Ähnlich *Koslowski* in Koslowski, Kom. zum StBerG, 7. Aufl. 2015, § 57, Rn. 10, 83, allerdings ohne sich von der irreführenden Begrifflichkeit einer wirtschaftlichen Unabhängigkeit zu lösen.

irgendwie beeinflusst werden, ist abstrakt betrachtet zumindest möglich. Ein Beispielsfall wäre die Vermittlung von steuersparenden Kapitalanlagen an Mandanten, wenn der Steuerberater dabei nicht offengelegte Provisionen desjenigen, der die Kapitalanlage ausgibt, vereinnahmt.

Die Verpflichtung, ohne solche Sondervorteile Dritter zu arbeiten, ließe sich noch als Teil einer zu wahrenden beruflichen Unabhängigkeit – besser verringerten Abhängigkeit – interpretieren. Freilich wäre es präziser, nur die Verpflichtung zur Vermeidung von Interessenkollisionen zu normieren, so wie es schon § 6 BOStB festlegt. Man spräche also präziser von der Pflicht der **Vermeidung von Interessenkollisionen**. Aber der Hang der berufsständischen Vereinigungen zu Überhöhungen des eigenen Berufs führt leider oft dazu, klangvolle Wörter ohne genaue Analyse deren Inhalts und Bedeutung zu verwenden. Die Subsumption der Berufspflicht der Vermeidung von Interessenkollisionen unter den Begriff „persönliche und wirtschaftliche Unabhängigkeit" ohne klärenden Zusatz ist daher irreführend.

(4) Das Gebot, bei **widerstreitenden Interessen** nicht tätig zu werden, wird als Berufspflicht speziell in § 6 BOStB aufgegriffen. Daher besteht auch kein Bedürfnis, dieses berechtigte Anliegen unter einen Unabhängigkeitsbegriff zu pressen.

Der Wortlaut des § 6 BOStB gibt schon den entscheidenden Hinweis zum Ausmaß dieser Pflicht: „*... darf nicht tätig werden, wenn eine Interessenkollision gegeben ist*". Ein Verstoß dagegen liegt nicht schon dann vor, wenn eine Gefahr in irgendeiner Abstraktheit oder theoretischen Möglichkeit bestehen könnte, sondern erst dann, wenn im Einzelfall eine Interessenkollision tatsächlich vorhanden ist. Diese Berufspflicht fordert also, jeweils auf aktuelle Interessenkollisionen zu achten und seine Tätigkeit danach auszurichten.

Innerhalb der Auslegung der Ausnahmegenehmigung vom gesetzlichen Verbot der gewerblichen Tätigkeit, welche nach dem Wortlaut dann erteilt werden kann, wenn keine Verletzung von Berufspflichten zu erwarten ist, lässt die dazu ergangene Rechtsprechung hingegen teilweise bereits ganz abstrakte Gefahren ausreichen, um weitergehend als ein Tätigkeitsverbot im Einzelfall die komplette Berufsausübung zu verbieten. Die vermeintliche abstrakte Gefährdung durch einen gewerblichen Parallelberuf wird immer noch als Rechtfertigung für das grundsätzliche Verbot derartiger Paralleltätigkeiten angesehen.[405]

Zur Berufspflicht der Unabhängigkeit gehöre das mit der Freiheit der Berufsausübung wohl kaum vereinbare Verbot, finanzielle Bindungen zum Mandanten einzugehen, sich am wirtschaftlichen Erfolg des Mandates zu beteiligen, Mandantenrisiken zu übernehmen (explizit § 2 III Nr. 3 BOStB) oder einem Mandanten Darlehen zu gewähren.[406] Dies beeinträchtige die Freiheit der vertraglichen

---

405 So zuletzt mit Bestätigung der Rechtsprechung der Instanzgerichte BVerfG (1. Senat, 2. Kammer), Beschluss vom 23.08.2013, 1 BvR 2912/11, juris Rn. 36.

406 *Koslowski* in Koslowski, Kom. zum StBerG, 7. Aufl. 2015, § 57, Rn. 16.

Gestaltung hinsichtlich der Gegenleistung für die steuerberatenden Leistungen. Wie bei Rechtsanwälten das grundsätzliche Verbot von Erfolgshonoraren sind solche aus der imaginären Unabhängigkeit herausgelesenen Pflichten in Form von Verboten ebenfalls nicht verfassungsrechtlich zu rechtfertigen. Die Übernahme von Mandantenrisiken bewirkt allenfalls eine noch engere Bindung an die Ziele und Interessen des Mandanten und fördert den Einsatz für diesen – also die bestmögliche Erfüllung des Beratungsvertrages. Es befördert die Parteilichkeit, die vom Berater sowieso zu fordern ist.[407] Damit lässt sich nur eine Entfernung vom Mandanteninteresse erreichen, dem der Berater aber gerade verpflichtet ist.

(5) Teilweise wird unter dem Begriff Unabhängigkeit noch die Freiheit von Weisungen des Mandanten subsumiert, wenn dieser Straftaten, insbesondere Steuerhinterziehung, vom Berater verlangen würden.[408] Für diese Feststellung bedarf es ebenfalls keines Rückgriffs auf eine Unabhängigkeit gegenüber dem Mandanten. Denn das Weisungsrecht aus §§ 675, 665 BGB im Rahmen des Vertrages zwischen Steuerberater und Mandat reicht sowieso niemals soweit, dass der Auftraggeber den Beauftragten aus dem Vertragsverhältnis zu Straftaten anhalten könnte.[409]

(6) Es ist an sich nicht weiter schädlich, wenn in Berufsordnungen mehr oder weniger unkonkrete Ausführungen zur Unabhängigkeit gemacht werden. Ein Problem entsteht aber dann, wenn mit dem niedergeschriebenen inhaltsleeren Begriff der Unabhängigkeit in seinen verschiedenen Varianten die Einschränkungen der Berufsfreiheit zu rechtfertigen versucht werden und die Rechtsanwender, namentlich die Gerichte, nicht in der Lage sind, den plakativen Begriff der Unabhängigkeit auf ihren eigentlichen Inhalt zu reduzieren, sondern stattdessen mit ungeklärten Begrifflichkeiten von allerlei Unabhängigkeiten die Grundrechte unbeachtet lassen.

Die Empfehlungen der C.F.E. vermeiden hingegen in ihrer Aufzählung der Berufspflichten weitergehende angebliche Unabhängigkeiten, in denen sich der Steuerberater zu befinden hätte, und beschreiben in Ziffer 1. der Grundsätze lediglich eine persönliche und berufliche Unabhängigkeit bei der Vertretung des Mandanten zur Vermeidung von Interessenkollisionen.[410] Es würde auch hier genügen, auf das Vermeiden von Interessenkollisionen abzustellen, ohne den schillernden der Unabhängigkeit voranzustellen. Die Einschränkung bzw. Fokussierung auf die Interessenkollisionsfreiheit trifft aber den Kern.

---

407 Dazu, dass einige Gerichte den Steuerberater als unparteiischen Berater ansehen wollen, siehe unten E.VI.3.c).

408 *Koslowski* in Koslowski, Kom. zum StBerG, 7. Aufl. 2015, § 57, Rn. 12.

409 Grenzen des Weisungsrecht des Auftraggebers ist das Zumutbare nach § 242 BGB, *Schäfer* in Münchener Kommentar zum BGB, 8. Aufl. 2020, § 665, Rn. 10. Die Grenzen des Zumutbaren liegen weit unter den Strafnormen.

410 Veröffentlicht auf der Homepage der Confédération Fiscale Européenne (C.F.E.), jetzt CFE Tax Advisers Europe.

Die Berufspflicht unter dem Stichwort der „Unabhängigkeit" reduziert sich daher vorbehaltlich weiterer inhaltlicher Einschränkungen auf eine Unabhängigkeit vom Staat bei der Sacharbeit. Daneben ist die Berufspflicht der Vermeidung von Interessenkollisionen, insbesondere die Freiheit zu einer optimalen Beratung ohne Einflüsse, die das Mandanteninteresse möglicherweise beeinträchtigen, relevant, die aber nicht unter den missverständlichen Begriff der Unabhängigkeit subsumiert werden sollte. Die Freiheit von Interessenkollisionen wird nur vielfach in die Unabhängigkeit hineininterpretiert, um die sonstige Inhaltsleere des Begriffes aus § 57 I StBerG bzw. § 2 BOStB zu überdecken und die Begriffe irgendwie auszufüllen.

b) Weitere Berufspflichten

Mit der Berufspflicht der **Eigenverantwortlichkeit** (§§ 57 I, 60 StBerG, § 3 BOStB) ist die persönliche Entscheidungsfreiheit in fachlichen Fragen gemeint. Steuerberater sind verpflichtet, ihre Tätigkeit in eigener Verantwortung auszuüben, und dürfen – insbesondere nicht im Angestelltenverhältnis – keinen Weisungen unterworfen sein, durch die ihnen die Freiheit zu eigenverantwortlichem Handeln genommen wird. Eigenverantwortlichkeit bedeutet im Verhältnis zum Mandanten, dass der Steuerberater an fachliche Weisungen aus dem Geschäftsbesorgungsvertrag, §§ 675, 665 BGB, nicht gebunden werden kann.[411]

Der Steuerberater hat nicht nur die aus dem zivilrechtlichen Beratungsvertrag gegenüber den Mandaten begründete Pflicht zur fehlerfreien Beratung, sondern auch eine dementsprechende berufsrechtliche Pflicht zur Vertragserfüllung. Unter die **Gewissenhaftigkeit** der Berufsausübung (§ 57 I StBerG, § 4 BOStB) fällt als Annex eine allgemeine Fortbildungspflicht, die durch das 8. Steuerberatungsänderungsgesetz seit 12.04.2008 in § 57 II a StBerG separat normiert worden ist.

Die Pflicht zur **Sachlichkeit** (§ 5 BOStB) bei der Berufsausübung fordert das Unterlassen von Beleidigungen, bewusster Verbreitung von Unwahrheiten oder herabsetzenden Äußerungen – weitergehend als in den Strafgesetzen vorgesehen, die für die meisten anderen Berufe den einzigen Rahmen bilden.

Die Pflicht zur **Verschwiegenheit** (§ 9 BOStB) erstreckt sich auf alle Informationen, die dem Steuerberater in Ausübung seines Berufs oder bei Gelegenheit der Berufstätigkeit anvertraut werden oder bekannt geworden sind. Steuerberater müssen dafür sorgen, dass Unbefugte während und nach Beendigung der Tätigkeit keinen Einblick in den Mandanten betreffende Unterlagen erhalten. Diese Berufspflicht kann ein Steuerberater – wie jeder andere Geheimnisträger auch – verletzen, indem er die ihm anvertrauten Kenntnisse weitergibt. Dies lässt sich insbesondere durch Sanktionierung eines derartigen Verhaltens verhindern und ist daher vielfach strafbewehrt, z.B. mit § 203 Abs. 1 Nr. 3 und Abs. 3 bis 5 StGB

---

411 *Koslowski* in Koslowski, Kom. zum StBerG, 7. Aufl. 2015, § 57, Rn. 33 f.

(Verletzung von Privatgeheimnissen). Insoweit verhält es sich wie bei der schon oben (D.IV.2.) für die Rechtsanwälte angesprochenen Verschwiegenheitspflicht.

Unter die Verschwiegenheitsverpflichtung könnte man ebenso subsumieren, jegliche Informationen, insbesondere Betriebs- und Geschäftsgeheimnisse, nicht für eigene Interessen zu nutzen.[412] Solche Kollisionslagen erst gar nicht entstehen zu lassen, wird als eine wesentliche Begründung für die Verfassungsmäßigkeit des grundsätzlichen Verbotes der gewerblichen Parallеltätigkeit herangezogen.

Mit der Pflicht zur Verschwiegenheit korrespondiert ein Recht auf Verschwiegenheit. Da die Steuerberatung einen speziellen Ausschnitt der rechtsberatenden Tätigkeiten darstellt, kann grundsätzlich wieder nach oben auf D.IV.2. verwiesen werden. Speziell gegenüber der Finanzverwaltung besteht ein uneingeschränktes Auskunftsverweigerungsrecht gemäß § 102 I Nr. 3 AO.

IV. Hinweis auf Eingriff in Art. 12 GG

Die in § 57 II und IV StBerG normierte Berufspflicht, sich einer parallelen **gewerblichen Tätigkeit** zu enthalten, führt zu einschneidenden Beschränkungen des Grundrechtes der Berufsfreiheit. Die Verbotsnormen der §§ 57 II, IV StBerG mit den Sanktionsnormen §§ 40 III Nr. 2 StBerG (Versagung der Zulassung) und 46 II Nr. 1 StBerG (Widerruf der Bestellung zum Steuerberater), insbesondere für den Fall von gewerblichen Paralleltätigkeiten, greifen in den Schutzbereich des Art. 12 I GG, speziell in die Freiheit der Berufswahl ein.

1. Einheitliches Grundrecht der Berufsfreiheit

Wie schon oben zum Rechtsanwaltsberuf näher ausgeführt wurde (D.V.), wird in der Rechtsprechung des BVerfG Art. 12 GG als ein **einheitliches Grundrecht** verstanden. Berufswahlfreiheit und Berufsausübungsfreiheit seien unterschiedliche Facetten, die letztlich nur die Intensität der Beeinträchtigung des Grundrechts auf Berufsfreiheit beschreiben. Die Regelungsbefugnis aus Art. 12 I Satz 1 GG, die ausdrücklich nur auf die Berufsausübungsfreiheit Bezug nimmt, beziehe sich damit auf das gesamte Grundrecht, auch auf Einschränkungen, die die Berufswahlfreiheit betreffen.[413] Somit kommt das BVerfG insgesamt zum Ergebnis, dass alle in den Schutzbereich des Art. 12 GG eingreifenden Gesetze lediglich Regelungen oder Ausgestaltungen seinen, auf die der spezielle Gesetzesvorbehalt aus Art. 12 I Satz 2 uneingeschränkt Anwendung findet. Das am 01.11.1961 in Kraft getretene StBerG genügt als förmliches vom Bundestag beschlossenes Gesetz dem **Gesetzesvorbehalt** aus Art. 12 I Satz 2 GG bzw. Art. 19 I GG (allgemeiner Gesetzesvorbehalt).

412 *Koslowski* in Koslowski, Kom. zum StBerG, 7. Aufl. 2015, § 57, Rn. 60.

413 Nachweise bei *Mann* in Sachs, Kommentar zum Grundgesetz 8. Aufl. 2018, Art. 12 Rn. 14.

Sofern man den Gesetzesvorbehalt aus Art. 12 I Satz 2 GG nicht für ausreichend hält, auch Einschränkungen der Berufswahlfreiheit vorzunehmen und damit die Ansicht, Art. 12 GG sei ein einheitliches Grundrecht, ablehnt, kann das so vorbehaltlos gewährte Grundrecht der Berufswahlfreiheit ebenfalls durch Gesetz verkürzt werden, freilich materiell nur unter der Voraussetzung widerstreitender Rechtsgüter von Verfassungsrang.

2. Zitierung des eingeschränkten Grundrechts

Im StBerG findet sich kein Hinweis auf die Einschränkung des Grundrechtrechtes der Berufswahlfreiheit. Art. 12 GG wird nicht zitiert. In Anknüpfung an die bei der Untersuchung der Inkompatibilitätsnormen der Rechtsanwälte bereits dargestellte vorzugswürdige Ansicht, wonach das **Zitiergebot** aus Art. 19 I Satz 2 GG erst recht bei vorbehaltlos gewährten Grundrechten Anwendung finden muss[414] und es sich bei den hier zu untersuchenden Einschränkungen der Berufswahlfreiheit ebenso nicht mehr um Ausgestaltungen durch den Gesetzgeber handelt, liegt bereits ein formeller Verstoß gegen Art. 19 I Satz 2 GG vor.

Dieses Ergebnis entspricht insbesondere einer sinn- und zweckorientierten Auslegung des Zitiergebotes. Die Inkompatibilitätsregeln stellen einen tiefgreifenden Eingriff in den Schutzbereich der Berufswahlfreiheit dar, weil sie de facto ein Berufsverbot statuieren. Es wäre daher die von der Verfassung geforderte Aufgabe des Gesetzgebers, der im Zitiergebot verkörperten Warn- und Besinnungsfunktion[415] gerecht zu werden und auf die Einschränkung der Berufswahlfreiheit im StBerG hinzuweisen. Die Zitierung des Grundrechtes soll gewährleisten, dass nur ausdrücklich von Gesetzgeber gewollte Eingriffe vorgenommen werden und dieser sich die Auswirkungen seiner Regelungen auf die betroffenen Grundrechte von Anfang an bewusst macht.[416] Weiter soll die Funktion des Gesetzesvorbehaltes abgesichert werden, indem die ein Grundrecht einschränkenden Gesetze aus einem Gesetzgebungsverfahren mit öffentlicher Diskussion hervorgehen.[417] Damit

---

414 *Sachs* in Sachs, Kommentar zum Grundgesetz, 8. Aufl. 2018, Art. 19 Rn. 30; vgl. oben D.V.2.

415 BVerfG, Urteil vom 27.07.2005, Telekommunikationsüberwachung, 1 BvR 668/04, BVerfG 113, 348, C.II.2.a), m.w.N. zur älteren Rechtsprechung.

416 BVerfG, Urteil vom 04.05.1083, Altergrenze Prüfingenieure, 1 BvL 46/80, 1 BvL 47/80, BVerfGE 64, 72, C.I.1.

417 BVerfG, Urteil vom 27.07.2005, Telekommunikationsüberwachung, 1 BvR 668/04, BVerfG 113, 348, C.II.2.a): „Durch die Benennung des Eingriffs im Gesetzeswortlaut soll gesichert werden, dass der Gesetzgeber nur Eingriffe vornimmt, die ihm als solche bewusst sind und über deren Auswirkungen auf die betroffenen Grundrechte er sich Rechenschaft ablegt (vgl. BVerfGE 5, 13 <16>; 85, 386 <404>). Die ausdrückliche Benennung erleichtert es auch, die Notwendigkeit und das Ausmaß des beabsichtigten Grundrechtseingriffs in öffentlicher Debatte zu klären."

wird die Grundrechtseinschränkung dem Bürger kenntlich gemacht und nicht erst möglicherweise später bei der Gesetzesanwendung bemerkt.[418]

Mit zutreffender Auslegung des Zitiergebotes liegt ein Verstoß gegen dieses vor. § 57 IV StBerG wäre daher formell verfassungswidrig.

V. Hinreichende Bestimmtheit des Berufsverbotes

Die Vorschriften der §§ 57 II, IV StBerG genügen dem verfassungsrechtlichen aus dem Rechtsstaatsprinzip abgeleiteten Bestimmtheitsgrundsatz nur, wenn sie hinsichtlich des Tatbestands und der Rechtsfolge ausreichend konkret gefasst sind. Die Anforderungen an die Bestimmtheit und Klarheit werden bei Eingriffsnormen maßgeblich von der Intensität des Eingriffes geprägt und erhöhen sich, je mehr in grundrechtlich geschützte Bereiche eingegriffen wird.[419] Zudem gelten noch strengere Maßstäbe an die Bestimmtheit für Gesetze, die vorbehaltlos gewährte Grundrechte einschränken.

Insoweit sind bei den hier zu untersuchenden schwerwiegenden Eingriffen – unabhängig davon, ob diese nun als Eingriff in die Berufswahlfreiheit[420] oder nur in die allgemeine Berufsfreiheit zu verstehen sind, hohe Anforderungen an die Bestimmtheit zu stellen. Denn Versagung oder Widerruf der Zulassung bedeuten ein Totalverbot eines Berufes und damit den vollständigen Verlust einer Grundfreiheit. Es genügt dabei aber, wenn der Sinngehalt mit den herkömmlichen juristischen Auslegungsmethoden erschlossen werden kann.[421]

1. Wortlauinterpretation

Dem **Wortlaut** des § 57 II, IV StBerG kann folgender Sinngehalt entnommen werden:

Verboten und unvereinbar sind Paralleltätigkeiten,

1. die mit dem Beruf des Steuerberaters nicht vereinbar sind (§ 57 II Satz 1, Var. 1. StBerG),

418 *Sachs* in Sachs, Kommentar zum Grundgesetz, 8. Aufl. 2018, Art. 19 Rn. 26 m.w.N.

419 *Mann* in Sachs, Kommentar zum Grundgesetz, 8. Aufl. 2018, Art. 12 Rn. 109 m.w.N.

420 Deutlich für Einschränkung der Berufswahlfreiheit: BVerfG, Entscheidung vom 15.02.1967, BvR 569/62, BVerfGE 21, 173, C.1.

421 BVerfG, Beschluss vom 04.11.1992, 1 BvR 79/85 u.a., BVerfGE 87, 287, C.I.2.: „Der Normadressat muß erkennen können, von welchen Voraussetzungen seine Berufsaufnahme abhängig gemacht wird. Auslegungs- und Anwendungsprobleme müssen zwar nicht völlig ausgeschlossen sein; bei starken Eingriffen in die Freiheit der Berufswahl ist aber zu fordern, daß mit herkömmlichen juristischen Methoden klare Ergebnisse erzielt werden können."

2. die mit dem Ansehen des Berufes nicht vereinbar sind (§ 57 II Satz 1, Var. 2. StBerG),
3. insbesondere (Regelbeispiel) im gewerblichen Bereich (§ 57 IV Nr. 1 StBerG),
4. insbesondere (Regelbeispiel) als Arbeitnehmer (§ 57 IV Nr. 2 StBerG).

Isoliert betrachtet sind die Regelbeispiele der Ziffern 3. und 4. sicher hinreichend bestimmt.[422]

Dass Verstöße gegen die ersten beiden Ziffern nur im Zusammenhang mit den letzten beiden Ziffern betreffend gewerbliche Tätigkeit und Arbeitnehmerstellung über § 46 II Nr. 1 oder § 40 III Nr. 2 StBerG zum Widerruf oder der Versagung der Zulassung führen, weil dort explizit nur auf § 57 IV StBerG (nicht § 57 II) Bezug genommen wird, mildert diese Regelungsbereiche zwar auf den ersten Blick ab. Dennoch ist das Verbot mit dem Wortlaut aus § 57 II StBerG „haben sich zu enthalten" in der Norm bereits angelegt, auch wenn die direkte Sanktion Berufsverbot zumindest fehlt. Eine Versagung der Zulassung würde man dann jedoch wahrscheinlich über § 40 II Nr. 4 StBerG (wenn „die Besorgnis begründet ist," der Berufswerber „werde den Berufspflichten als Steuerberater nicht genügen") herleiten. Auf der Tatbestandsseite bleibt jedoch für die ersten beiden Ziffern kaum eigenständige Bedeutung, weil die meisten parallelen Betätigungen gewerblicher Art sind oder als Arbeitnehmer ausgeführt werden (anders jedoch die wohl nicht berufsmäßige Tätigkeit als Mönch). In der Literatur wird ebenso konstatiert, die ersten beiden Generalklauseln hätten über die Regelbeispiele der Ziffern 3. und 4. hinaus keine eigenständige Bedeutung. Lediglich die Tätigkeit in der Landwirtschaft sei per Definition kein Gewerbe und könnte aus dem Anwendungsbereich des § 57 IV. Nr. 1 StBerG fallen und einen Rückgriff auf die Generalklauseln erfordern. Um auch eine landwirtschaftliche Paralleltätigkeit dem Steuerberater zu verbieten, wird der Gewerbebegriff im Sinne des § 57 IV StBerG ausgeweitet bzw. eigenständig verstanden und eine Unvereinbarkeit mit der Folge des Berufsverbotes auch für die landwirtschaftliche Betätigung angenommen.[423]

---

422 VG Neustadt (Weinstraße), Urteil vom 24.02.2011, 4 K 952/10.NW, DStR 2011, 1051–1052, juris Rn. 20, isoliert zu § 57 IV Nr. 1 StBerG. Insoweit mit dem Blick auf den Zweck der gesetzlichen Regelung folgert ebenso *Koslowski* in Koslowski, Kom. zum StBerG, 7. Aufl. 2015 § 57, Rn. 99 unter Loslösung vom Gewerbebegriff, dass jede Tätigkeit unvereinbar sei, die unter Beteiligung am allgemeinen Wirtschaftsverkehr auf einen Erwerb gerichtet ist.

423 So entschieden vom BFH, Beschluss vom 28.04.2004, VII B 44/04, DStRE 2004, 1055 für eine Tätigkeit in geringem Umfang im Landwirtschaftsbetrieb der Eltern, der im Rahmen der vorweggenommen Erbfolge auf den Steuerberater übertragen wurde; allerdings ohne die Problematik zu erkennen, dass § 57 IV StBerG die Landwirte vom Wortlaut her nicht einschließt; in der Sache aber über den Zweck argumentierend, wonach der abstrakten Gefahr begegnet werden solle, dass ein Steuerberater aufgrund seiner umfassenden Kenntnisse über die persönlichen und wirtschaftlichen

Dennoch lassen die ersten beiden Ziffern als Generalnormen weitergehende Interpretationen zu und sind deutlich zu unbestimmt, um als Eingriffsnormen in die Berufsfreiheit zu dienen.[424] Die Ziffer 1. stellt zudem die schon von den Vorschriften für die Rechtsanwälte bekannte Tautologie dar.[425] Es wird etwas für unvereinbar erklärt, weil es nicht vereinbar sei. Sie kann daher nur als evidenter Verstoß gegen den Bestimmtheitsgrundsatz gewertet werden.

2. Das vermeintliche Ansehen des Berufes

Die auf das Ansehen des Berufes abstellende Ziffer 2 ist vergleichbar mit der bis 1994 auch in der BRAO vorgefundenen Formulierung.[426] Ebenso wie bei den Unvereinbarkeitsvorschriften der BRAO könnte das Abstellen auf ein vermeintliches **Ansehen des Berufes** allenfalls in Kombination mit weiteren Tatbestandsmerkmalen, insbesondere mit den Konkretisierungen in Abs. 3 und Abs. 4 des StBerG, hinreichend bestimmt sein.[427]

Bedenklich wird der Versuch einer Konkretisierung jedoch wegen der weiten Formulierung in § 57 II StBerG. Das Ansehen eines Berufes lässt sich nicht fassen oder definieren. Nach anderer Ansicht basiere das Ansehen des Berufes auf allgemeinem Vertrauen und der Verlässlichkeit der Tätigkeit als Steuerberater[428] und verkörpere Unabhängigkeit und Kompetenz.[429] Wenn der Gesetzgeber auf Vertrauen, Verlässlichkeit, konkrete Unabhängigkeiten oder Kompetenzen abstellen wollte, so wäre es gerade vom verfassungsrechtlichen Bestimmtheitsgrundsatz gefordert, dies für den Rechtsanwender und den Betroffenen klar zu benennen.

Nach der einfachgesetzlichen Konzeption führt aber ein wie auch immer gearteter Verstoß allein gegen das vermeintliche Ansehen von Steuerberatern nicht per se zum nachträglichen Berufsverbot (in § 46 StBerG fehlt eine entsprechende Widerrufsnorm) und über § 40 II Nr. 4 StBerG nur möglicherweise und nicht

---

Verhältnisse seiner Mandanten bei seiner anderweitigen beruflichen Tätigkeit in Interessenkollision gerät und somit zumindest eine Analogie zum Gewerbebetrieb vornehmend.

424 Ebenso Bedenken in Bezug auf die Bestimmtheit: *Maxl* in Kuhls, Kom. zum StBerG, 3. Aufl. 2012, § 57 Rn. 262; in der 2. Aufl. 2004, § 57, Rn. 322 ff., weist Maxl zudem auf die fehlende Aufsatzliteratur zu diesem Thema hin, weil der Regelungsgehalt schwer zu bestimmen ist.

425 Vgl. oben D.VI.1.

426 Vgl. oben D.I.

427 In dieser Tendenz zum ähnlichen Wortlaut der alten BRAO BVerfG, Beschluss vom 04.11.1992, 1 BvR 79/85 u.a., BVerfGE 87, 287, C.I.2.b).

428 *Maxl* in Kuhls, Kom. zum StBerG, 2.Aufl. 2004, § 57, Rn. 333; zurückhaltender ders. in der 3. Aufl. 2011, § 57, Rn. 267, wonach ein Rückgriff auf die Ansehensalternative allenfalls in Fällen des Anscheins gewerblicher Tätigkeit in Betracht komme.

429 BVerfG, Beschluss vom 04.11.1992, 1 BvR 79/85 u.a., BVerfGE 87, 287, C.I.2.b).

zwingend zur Versagung der Zulassung. Man könnte daher geneigt sein, weniger strenge Anforderungen an die Bestimmtheit zu stellen. Andererseits führen die isolierten Ansehensverstöße außerhalb der zwingend zu Widerruf oder Versagung der Zulassung führenden § 46 II Nr. 1 oder § 40 III Nr. 2 StBerG zu einer möglichen Ahndung nach §§ 89 I, 90 StBerG.[430] Ein Ermessen besteht hinsichtlich der Auswahl der berufsgerichtlichen Maßnahmen, wobei wieder die Möglichkeit eines Berufsverbotes über berufsrechtliche Maßnahmen nach § 90 I Nr. 4 und 5 StBerG und somit eine gleichschwere Sanktion besteht.

Man könnte die Wortgruppe des „Ansehens des Berufes“ unbeachtet lassen und allein die Konkretisierung der vorgenannten Ziffern 3. und 4. betrachten. Die Rechtsprechung greift zur Begründung von Inkompatibilitäten jedoch immer noch häufig auf § 57 II Satz 1 StBerG und das dort erwähnte „Ansehen“ zurück und versucht das Totalverbot einer gewerblichen Tätigkeit damit abzusichern, dass Paralleltätigkeiten nicht dem Ansehen des Berufsstandes entsprächen. Letztlich genügt die Formulierung in Abs. 2 von § 57 StBerG allein jedoch nicht dem verfassungsrechtlichen Bestimmtheitsgrundsatz und darf daher nicht zur Begründung auch nur ergänzend herangezogen werden.

VI. Verbot gewerbliche Paralleltätigkeit versus Art. 12 GG

Das in § 57 IV StBerG normierte Verbot der gewerblichen Paralleltätigkeit inklusive des sich daran anschließenden Verbotes der Tätigkeit als Arbeitnehmer bedeutet für den Steuerberater letztlich die Ausschließung aus mindestens einem angestrebten Beruf und stellt einen Eingriff in die Freiheit der Berufswahl dar.[431] Ein solcher schwerer Eingriff kann nach Art. 12 I GG nur eine Rechtfertigung finden, wenn die Verbotsnorm den Schutz überragend wichtiger Gemeinschaftsgüter bezweckt, zur Erreichung dieses Zwecks geeignet und erforderlich ist sowie letztlich in der Gesamtabwägung sich auch verhältnismäßig zeigt.

1. Zweck der Verbotsnorm

Die Möglichkeit, mehrere Berufe zu wählen und gleichzeitig nebeneinander auszuüben, wird durch den Regelungsmechanismus des StBerG basierend auf § 57 IV StBerG untersagt. Die Inkompatibilität bedeutet eine **absolute Berufssperre**. Damit wird die Freiheit der Wahl des Berufes eingeschränkt. Dies wäre nur zulässig, soweit es der Schutz besonders wichtiger Gemeinschaftsgüter zwingend erfordert.[432] Der Gesetzgeber müsste zur Legitimation der von ihm gesetzten

---

430 *Koslowski* in Koslowski, Kom. zum StBerG, 7. Aufl. 2015, § 89, Rn. 5.

431 Ebenso Henssler, JZ 1996, 1186, m.w.N.

432 BVerfG, Entscheidung vom 15.02.1961, BvR 569/62, BVerfGE 21, 173, C.1.

Rechtsfolge den Schutz von besonders hochwertigen, wichtigen bis zu überragend wichtigen Gemeinschafsgütern bezwecken. Sofern die zu schützen beabsichtigten Rechtsgüter in der Verfassung zu verorten sind, kann man grundsätzlich von einem wichtigen Gemeinschaftsgut und einem tauglichen Ziel ausgehen.

Der Gesetzgeber hat in der Gesetzesbegründung explizit keinen Zweck formuliert. In vielen Gerichtsentscheidungen finden sich jedoch mehr oder minder umfangreiche Ausführungen zum vermuteten Regelungsziel des Gesetzgebers. Diese meist kumulativ angeführten und interpretierten Zwecke werden im Folgenden jeweils einzeln untersucht.

a) Schutz der Funktionsfähigkeit der Steuerrechtspflege

Die Regelungen des StBerG zum grundsätzlichen Verbot jeder gewerblichen Nebentätigkeit dienten dem **Schutz der Funktionsfähigkeit der Steuerrechtspflege**, „einem wichtigen Gemeinschaftsgut."[433] bzw. einem Gemeinwohlbelang von herausragender Bedeutung. Die Steuerberatung ist Teil der Rechtsberatung. Insoweit läuft die Betrachtung parallel zur entsprechenden Zielsetzung der Inkompatibilitätsnormen der BRAO. Da die Sicherung der Funktionsfähigkeit der Rechtspflege und als Teilbereich davon auch der Steuerrechtspflege Verfassungsrang genießt, wäre dieser Aspekt grundsätzlich zur Einschränkung von vorbehaltlos gewährten Grundrechten zulässig. Diese Zielbestimmung erweist sich damit als legitim, auch wenn man den Regelungsvorbehalt aus Art. 12 I Satz 2 GG nicht auf die Berufswahlfreiheit ausdehnen wollte und in der Berufswahlfreiheit ein vorbehaltlos geschütztes Grundrecht sieht.

Die Steuerrechtspflege könnte durch **generelle Interessenkollisionen** zwischen der Tätigkeit als Steuerberater und der Paralleltätigkeit negativ betroffen werden. Losgelöst vom Bezug auf die Steuerrechtspflege wird argumentiert, Sinn und Zweck des Verbotes der gewerblichen Paralleltätigkeit sei es, schon die Möglichkeit, Kenntnisse und Informationen aus der steuerberatenden Tätigkeit im Rahmen des eigenen Gewerbes zum eigenen Nutzen und zum Nachteil des Mandanten zu verwenden, zu verhindern,[434] oder – etwas allgemeiner formuliert, in der Sache aber wohl dasselbe meinend – bereits der Gefahr einer möglichen Interessenkollision zwischen den verschiedenen Tätigkeitsfeldern des Berufsangehörigen zu begegnen.[435] Eine parallele Berufsausübung im gewerblichen Bereich führe zur Gefahr, dass der Steuerberater die bei der steuerberatenden Tätigkeit erworbenen Kenntnisse im eigenen Gewerbe verwertet und **den eigenen Mandanten Konkurrenz macht**.[436]

---

433 BVerfG, Entscheidung vom 15.02.1967, BvR 569/62, BVerfGE 21, 173, C.1.

434 BGH, Urteil vom 04.03.1996, StbSt (R) 4/95, NJW 1996, 1833–1836, II.1.b)aa).

435 OLG Nürnberg, Urteil vom 03.11.2006, StO 1/06, DStRE 2007, 1599–1600, IV.

436 BGH, Urteil vom 23.10.1980, IVa ZR 28/80, NJW 1981, 399, I.1.b); BGH, Urteil vom 12.05.2011, III ZR 107/10, ZIP 2011, 1367–1372, juris Rn. 13; *Koslowski* in Koslowski, StBerG, 7. Aufl. 2015, § 57, Rn. 89.

Solange es im Ergebnis immer auf das Hauptziel der Sicherung der Funktionsfähigkeit der Steuerrechtspflege hinausläuft, ist das Ziel der Vermeidung von Interessenkollisionen legitim. Etwaige Konkurrenz zu Mandantenunternehmungen mit Nutzung vertraulicher Informationen, die dem Steuerberater von diesem Mandanten anvertraut wurden, berührt die gesamte Steuerrechtspflege (forensische Tätigkeit im Zusammenhang mit dem Steuerrecht) negativ, weil damit das Vertrauen der Mandanten zum gerichtlich tätigen Steuerberater erschüttert wird, Mandanten vor dem Hintergrund dieser Gefahr abgehalten werden könnten, alle wichtigen Informationen zu übergeben und somit teilweise einen Rechtsverlust erleiden könnten. Die Frage,

- inwieweit tatsächlich eine Konkurrenzsituation entstehen kann und
- welchen Grad die Gefährdung erreichen muss, um bestimmte Sanktionen zu rechtfertigen,

betrifft die später noch zu klärende Erforderlichkeit und Angemessenheit der Regelungen bzw. der Verhältnismäßigkeit im engeren Sinne.

b) Hebung des Steuerberaterberufes

Recht unverständlich erscheint es, wenn das BVerfG – gefolgt von den Instanzgerichten – es nicht nur bei der eingangs zitierten, zutreffenden Zielformulierung belässt und sodann zur weiteren Prüfung der Verhältnismäßigkeit schreitet, sondern nachfolgend weitere Ziele wohl zur Absicherung formuliert, die dann nicht mehr auf ihre besondere Hochwertigkeit und Tauglichkeit untersucht werden. So heißt es in der Entscheidung des BVerfG aus dem Jahr 1967 weiter, dass eines der Ziele der Inkompatibilitätsregelungen des Steuerberatungsgesetzes auch „die Hebung des Berufs“ sei.[437] Der BGH bezeichnet in älteren Entscheidungen die **Hebung des Berufes** als Hauptziel, das mit dem Verbot der gewerblichen Paralleltätigkeit erreicht werden soll.[438]

Dem angeblichen gesetzgeberischen Ziel der Hebung des Berufes kommt abgesehen von der Frage der Geeignetheit, weder Verfassungsrang noch irgendeine übergeordnete Bedeutung zu. Eine derartige Zielsetzung findet keine Stütze in der

---

437 BVerfG, Entscheidung vom 15.02.1967, BvR 569/62, BVerfGE 21, 173, C.1.

438 BGH, Urteil vom 23.10.1980, IVa ZR 28/80, NJW 1981, 399, I.1.b): „Das durch § 22 des Steuerberatungsgesetzes vom 16. August 1961 (BGBl I S 1301) eingeführte Verbot, neben dem Beruf des Steuerberaters oder des Steuerbevollmächtigten gleichzeitig eine gewerbliche Tätigkeit auszuüben, dient dem Hauptziel dieses Gesetzes, nämlich dem Bestreben, den Beruf der Steuerberatung zu heben. Dieser Beruf ist nach der Neuregelung von 1961 kein Gewerbe, sondern ein gehobener freier Beruf.“ Zumindest dies als ein Ziel neben anderen, aber nicht mehr als Hauptziel benannt: BGH, Urteil vom 12.05.2011, III ZR 107/10, ZIP 2011, 1367–1372, juris Rn. 13.

Verfassung und liegt noch nicht einmal im öffentlichen Interesse. Sie hat keinen Bezug zur Steuerrechtspflege und ist daher jedenfalls untauglich, Berufe zu verbieten, weil die Zielsetzung nicht legitim ist.

c) Wahrung allgemeiner Unabhängigkeit bis Kompetenz und Integrität

Über den Schutz der Funktionsfähigkeit der Steuerrechtspflege hinaus, der selten deutlich benannt wird, dem aber noch die Intension der Vermeidung von Interessenkollisionen (wenn die in der steuerberatenden Tätigkeit erworbenen Kenntnisse im eigenen Gewerbe verwertet werden und den eigenen Mandanten Konkurrenz entstehen könnte) zuzuordnen ist, benennen Rechtsprechung und Literatur weitere unkonkrete, nicht mehr auf die Steuerrechtspflege zurückzuführende Ziele wie

- Wahrung der Unabhängigkeit und Unparteilichkeit des Steuerberaters,[439]
- dem Beruf des Steuerberaters eine eindeutige Prägung zu geben,
- das Berufsbild klar zu umgrenzen,
- den Eindruck zu vermeiden, der Steuerberater sei maßgeblich am Gewinn orientiert.[440]

Teilweise wird behauptet, das Verbot der Paralleltätigkeit in § 57 IV StBerG diene (auch) der Förderung oder **Wahrung der Unabhängigkeit und Unparteilichkeit des Steuerberaters**.[441] Dass ein Berater nicht unparteilich ist, wurde schon bei den Rechtsanwälten eingehend erläutert.[442] Das gilt gleichfalls für Steuerberater. Es kann nicht legitimes Ziel des Gesetzgebers sein, etwas nicht Existentes zu fördern. Ein Steuerberater ist zudem genauso wenig unabhängig wie ein Rechtsanwalt. Nur wenn man diese Zielbestimmung einschränkend in der Weise

---

439 BVerfG, Entscheidung vom 15.02.1967, BvR 569/62, BVerfGE 21, 173, C.1., juris Rn. 26: „Da die gewerbliche Tätigkeit maßgebend vom Streben nach Gewinn bestimmt ist und eine Rücksichtnahme auf den jeweiligen Kundenkreis verlangt, kann hierdurch die vom Gesetzgeber geforderte Unabhängigkeit und Unparteilichkeit des Steuerbevollmächtigten gegenüber seinem Klienten sowie das Vertrauensverhältnis zwischen diesen beeinträchtigt werden."; BGH, Urteil vom 23.10.1980, IVa ZR 28/80, NJW 1981, 399, I.1.b).

440 Im Rahmen einer unzulässigen Werbung zuletzt LG Hannover, Beschluss vom 24.08.2009, 44 StL 2/06, DStRE 2010, 583–584 II. a.E., unter Bezugnahme auf BGH, Urteil vom 23.10.1980, IVa ZR 28/80, NJW 1981, 399.

441 BFH, Urteil vom 09.02.1993, VII R 89/92, BFH/NV 1993, 693, 3.a) zur entsprechenden Rechtfertigung des Verbotes, parallel zum Beruf des Steuerberaters als Arbeitnehmer irgendwo angestellt zu sein.

442 Siehe oben D.VII.4.c)(3), speziell für Steuerberater sogleich E.VI.3.c).

interpretiert, dass letztlich nur ein von staatlicher Beeinflussung bei der Sacharbeit unabhängiger Steuerberater die partiellen ihm – untechnisch – übertragenen Funktionen in der Steuerrechtspflege wahrnehmen können soll, lässt sich ein Ziel der Förderung oder Sicherung einer Unabhängigkeit noch auf das einzig beachtliche Ziel der Sicherung der Funktionsfähigkeit der Steuerrechtspflege zurückführen.

Das Verbot jeglicher gewerblicher Paralleltätigkeit solle zudem den **Eindruck vermeiden, der Steuerberater sei bei seiner Tätigkeit maßgeblich am Gewinn orientiert**. Soweit sich die Gesellschaft der Bundesrepublik jedoch derzeit für eine marktwirtschaftliche Grundordnung der Wirtschaft ausgesprochen hat, darf die Vermeidung eines normalen, nicht überhöhten Gewinnstrebens nicht als legitimes Ziel gelten. Wenn die Verfassung ersichtlich eine marktwirtschaftliche Wirtschaftsordnung zulässt, kann dieselbe Verfassung nicht das der Marktwirtschaft immanente Gewinnstreben verbieten wollen.

In einer älteren Entscheidung aus dem Jahr 1967 geht das BVerfG unter Anknüpfung an die grundsätzliche Befugnis des Gesetzgebers, Berufsbilder festzulegen, von einer Zielsetzung des Gesetzgebers aus, den **Beruf** als solchen „**eindeutig zu prägen**, das **Berufsbild klar zu umgrenzen**, indem es vor der Durchdringung und Vermengung mit Merkmalen anderer Berufstätigkeiten“ bewahrt wird.[443] Diese Ansicht relativiert sich zwar dadurch, dass die Entscheidung des BVerfG wenige Absätze später für die Regelung der Inkompatibilitäten dennoch hohe Anforderungen an deren Rechtsfertigung und auch an den legitimen Zweck stellt, weil es sich um eine objektive Zulassungsschranke handle – wieder eingeschränkt durch die Behauptung, dass sich die Anforderungen für den zweiten oder jeden weiteren Beruf abschwächen würden.[444] Derartige Ziele der Abgrenzung von anderen Berufen vermögen dennoch nicht im Ansatz ein berechtigtes Ziel zur Einschränkung der Berufswahlfreiheit darzustellen.[445]

Die vorwiegend von der Instanzrechtsprechung vorgetragenen vermeintlichen weiteren Zielsetzungen des Gesetzgebers können ebenso wegen offensichtlicher Unrichtigkeit bzw. ersichtlicher Nichtlegitimität keine weitere Beachtung finden. Es handelt sich lediglich um Partikularinteressen, mit Ausnahme einer zu Recht zu fordernden für die Steuerrechtspflege essentiellen **Unabhängigkeit vom Staat bei der Sacharbeit**.

Die weiteren Ziele mögen den Gesetzgeber, beeinflusst von den entsprechenden Verbänden, bei der Gesetzgebung zum gesamten Steuerberatungsgesetz sicher

---

443 BVerfG, Entscheidung vom 15.02.1967, BvR 569/62, BVerfGE 21, 173, C.1., juris Rn. 23.

444 Zur Angreifbarkeit dieser Ansicht vgl. oben C.II.

445 Ebenso *Manssen* in v. Mangold/Klein/Stark, Kom. zum GG, 7. Aufl. 2018, Art. 12 Rn. 245: Erwägungen des BVerfG von 1967 sind wegen der im Beruf erforderlichen Flexibilität nicht mehr zeitgemäß und Ziele der Umgrenzung und Abgrenzung des Berufes stellen nicht einmal öffentlichen Interessen dar.

motiviert und geleitet haben. Sie bleiben in Bezug auf das Verbot von Paralleltätigkeiten jedoch unbeachtlich, weil derartige Ziele nicht einmal ein Gemeingut darstellen, geschweige denn ein wichtiges. Letztlich relevant im Sinne eines hochrangigen Gemeingutes ist nur der Schutz der Funktionsfähigkeit der Steuerrechtspflege. Andere Motive sind nur beachtlich, wenn sie auf ein überragend wichtiges Gemeinschaftsgut zurückführbar wären.

Anders als bei den Rechtsanwälten wurde bislang die Zielrichtung der Inkompatibilitäten des StBerG zumindest nicht offen mit der **Sicherung fachlicher Kompetenz, der Integrität oder eines ausreichenden Handlungsspielraumes** der Steuerberater angegeben. Erst seit einer Entscheidung aus dem Jahr 2013 formuliert das BVerfG unter Bezugnahme auf die Leitentscheidung zu den Rechtsanwälten aus dem Jahr 1992 die Parallele der Zielsetzung beider Normengruppen ausschließlich damit. „*Mit dem grundsätzlichen Verbot gewerblicher Tätigkeit sollen die fachliche Kompetenz und Integrität sowie ausreichender Handlungsspielraum der steuerberatenden Berufsträger gesichert sowie die notwendige Vertrauensgrundlage geschützt werden (vgl. BVerfGE 87, 287 <321> für die Rechtsanwaltschaft; vgl. auch BVerfGE 21, 173; 22, 275 <276>)*“. Damit diene die Regelung der Funktionsfähigkeit der Steuerrechtspflege, die wiederum einen Gemeinwohlbelang von großer Bedeutung darstelle.[446] Die Schlussfolgerung, dass damit die Funktionsfähigkeit der Steuerrechtspflege geschützt werden soll, wäre aber ebenso wie bei den parallelen Zielsetzungen der BRAO zu hinterfragen bzw. zu begründen. Insoweit kann auch hier auf die obigen Ausführungen verwiesen werden.[447] Dazu im Widerspruch heißt es nur wenige Zeilen später im Text der Entscheidung, die Regelung wolle lediglich die Unabhängigkeit der Steuerberatung sichern und den Mandanten vor „für ihn nachteiliger Verwertung seiner eigenen Geschäftsdaten“ schützen,[448] wenngleich der letzte Aspekt mit der hier vertretenen Ansicht in die richtige Richtung weist.

Aus dem Sammelsurium von angeblichen Zielen des Gesetzgebers, wird deutlich, dass wohl auch der Gesetzgeber mit dem Verbot der gewerblichen Paralleltätigkeit für Steuerberater sich nicht festlegen wollte. Die Rechtsprechung versucht, eine Interpretation zu finden, die letztlich noch eine legitime Zwecksetzung darstellen könnte – wohl um das nach den überkommenen Vorstellungen richtige Ergebnis zu erhalten, wonach das traditionelle Verbot für verfassungsmäßig erklärt werden kann. Denn mit der Einengung der legitimen Zielsetzung auf die unter lit. a) genannten einzigen Ziele des Schutzes der Funktionsfähigkeit der Steuerrechtspflege durch Vermeidung von Interessenkollisionen bei Konkurrenztätigkeit wäre der Weg der Verfassungswidrigkeit der Normen vorgezeichnet. Zudem dürften die

446 BVerfG (1. Senat, 2. Kammer), Beschluss vom 23.08.2013, 1 BvR 2912/11, juris Rn. 30.

447 Siehe oben D.VII.4.a), b), d).

448 BVerfG, Stattgebender Kammerbeschluss vom 23.08.2013, 1 BvR 2912/11, juris Rn. 30; sich anschließend BayVGH, Urteil vom 21.01.2015, 7 BV 14.1923, juris Rn. 24.

noch 1967 vom BVerfG angegebenen Ziele der Hebung des Steuerberaterberufes und dessen Abgrenzung von anderen Berufen die wahren Ziele des damaligen Gesetzgebers gewesen sein. Nur solche Zielsetzungen stellen nicht einmal einfache öffentliche Belange dar. Diese Erkenntnis hat sich später wohl auch durchgesetzt. Statt nun die Regelung zumindest zeitlich nachfolgend zur Entscheidung von 1967 als verfassungswidrig zu erklären, werden viele neue mögliche Zielsetzungen in die Verbotsnorm neu hineininterpretiert, um das gewünschte Ergebnis der Verfassungskonformität zu erreichen. Verlassen wird dabei die Voraussetzung, dass derartig schwere Eingriffe den Schutz von überragend wichtigen Gemeingütern betreffen müssen.

d) Besonderheiten für Tätigkeiten in nichtselbständiger Beschäftigung

Für das mit der Generalklausel in § 57 II StBerG erfasste und speziell in § 57 IV Nr. 2 StBerG geregelte Verbot der **Paralleltätigkeit als Arbeitnehmer** wird der Fokus von der Art der Paralleltätigkeit auf die Art und Weise der Ausübung gelenkt. Die gesetzgeberische Zielsetzung sei jedoch dieselbe. Der Steuerberater soll sich weder selbstständig noch in abhängiger Beschäftigung an der gewerblichen Wirtschaft beteiligen.[449]

In Bezug auf das Verbot der Paralleltätigkeit als Arbeitnehmer meint der BGH für die Generalklausel des § 57 II StBerG in Verbindung mit § 57 IV Nr. 2 StBerG weitergehend: Zweck der Unvereinbarkeitsbestimmungen sei es zu verhindern, dass der Steuerberater die Interessen seines anderweitigen Arbeitgebers den Interessen seiner Mandanten vorziehen müsste, weil die Tätigkeit als Arbeitnehmer innerhalb der nichtselbständigen Beschäftigung in der Regel örtlich und zeitlich gebunden ist.[450] Es gibt zwar keinen Hinweis darauf, dass der Gesetzgeber einen derartigen zusätzlichen Regelungszweck im Fokus hatte. Ein Ziel, zu verhindern, dass die Interessen der Mandanten vernachlässigt werden, wäre allerdings legitim, wenn es letztlich die Funktionsfähigkeit der Steuerrechtspflege schützt. Letzteres kann man an dieser Stelle bei der Diskussion der abstrakten Legitimität der Ziele noch bejahen, da es auch den Bereich der Rechtspflege zumindest tangieren kann, wenn ein Steuerberater gerichtlich tätig werden sollte – Geeignetheit und erst recht Erforderlichkeit müssen im Vorgriff auf die folgenden Ausführungen bezweifelt werden.

---

449 *Koslowski* in Koslowski, StBerG, 8. Aufl. 2015, § 57, Rn. 94; ähnlich für eine gemeinsame Zielrichtung *Maxl* in Kuhls, Kom. zum StBerG, 2. Aufl. 2004, § 57, Rn. 396: „Verbotstatbestände des Abs. 4 sollen zum Schutz der Ratsuchenden die Unabhängigkeit der Steuerberater sichern und Interessenkollisionen vermeiden.", nur noch auf die Unabhängigkeit abstellend ders. in Kuhls, StBerG, 3. Aufl. 2012, § 57, Rn. 376.

450 BGH, Urteil vom 15.12.1986, StbSt (R) 2/86, NJW 1987, 2751–2752, II.1.

Da das Verbot der Paralleltätigkeit als Arbeitnehmer auf die gleichen Grundüberlegungen wie das Verbot der gewerblichen Paralleltätigkeit zurückgeht, sind die folgenden Ausführungen zur gewerblichen Paralleltätigkeit stets auf die Arbeitnehmerfragen übertragbar.

2. Erforderlicher Schutz der Steuerrechtspflege

a) Möglichkeit des Schutzes der Funktionsfähigkeit der Steuerrechtspflege

Für die Geeignetheit genügt bereits die Möglichkeit einer (legitimen) Zweckerreichung.[451] Die Steuerrechtspflege müsste demnach durch das Verbot der gewerblichen Tätigkeit irgendwie positiv beeinflussbar sein. Zumindest theoretisch kann mit den Inkompatibilitätsregelungen möglichen abstrakten Interessenkollisionen zu Lasten der Mandanten vorgebeugt werden. Informationstransfers, die sich möglicherweise aus der parallelen Berufsausübung ergeben bzw. leichter zu vollziehen wären, könnten die Steuerrechtspflege negativ tangieren und mit dem Verbot von vorn herein verhindert werden. Die entsprechenden Regelungen des StBerG über den grundsätzlichen Ausschluss gewerblicher Paralleltätigkeiten und Tätigkeiten als Arbeitnehmer sind daher zur Förderung und Sicherung der Funktionsfähigkeit der Steuerrechtspflege noch **geeignet**.

b) Milderes Mittel zur Erreichung der (legitimen) Ziele

Ob das vom Gesetzgeber eingesetzte rigorose Mittel des Totalverbotes, bestimmte Berufe gleichzeitig auszuüben, auch **erforderlich** ist, erscheint sehr zweifelhaft, zumal die Erforderlichkeit bereits dann zu verneinen wäre, wenn ein milderes Mittel zur Zweckerreichung vorhanden ist (**Ziel-Mittel-Relation**). Der Grundsatz der Verhältnismäßigkeit bindet den Gesetzgeber an das Übermaßverbot. Gibt es ein milderes Mittel zur Erreichung des gleichen Erfolges (in der gleichen Intensität der Förderung der Ziele) bzw. können die gesetzgeberischen Ziele mit anderen gleich wirksamen, aber weniger belastenden Maßnahmen als einer Berufszulassungssperre bzw. einem Berufsverbot ebenso erreichbar werden, ist die Bestimmung verfassungswidrig.

(1) Unter der Prämisse, dass nur die Vermeidung von Interessenkollisionen in Bezug auf den Schutz der Funktionsfähigkeit der Steuerrechtspflege das relevante, legitime Ziel darstellt, muss die Untersuchung der Ziel-Mittel-Relation nur an diesem einen Ziel ansetzen. Die Frage bleibt, welche Arten möglicher Interessenkollisionen in welchem Grad mit dem Verbot verhindert werden können und ob dafür weniger einschneidende Mittel zur Verfügung stehen.

451 BVerfG, Beschluss vom 12.12.2006, 1 BvR 2576/04, Erfolgshonorar, B.I.2.b), m.w.N.

Wenn es ein legitimes Ziel wäre, bereits jede abstrakte Gefahr von Interessenkollisionen durch parallele Betätigung auszuschließen, kann man das Verbot jeglicher Paralleltätigkeit, aber auch ein theoretisches Verbot, mehr als eine bestimmte Anzahl von Mandanten zu beraten, stets für geeignet und erforderlich halten. Der Gesetzgeber ging jedenfalls bei Einführung des Verbotes gewerblicher Paralleltätigkeit von abstrakten Gefahren von Interessenkollisionen aus, denen begegnet werden solle.[452] Die Sicherung der Funktionsfähigkeit der Steuerrechtspflege wäre nicht mehr tangiert, wenn nur ganz abstrakte Gefahren ausgeschlossen werden sollen, denn je abstrakter und entfernter die Gefahren liegen, desto weniger wird die Funktionsfähigkeit der Steuerrechtspflege bedroht. Diese Überlegung wäre eine Frage der Angemessenheit.

Wenn man ein Ziel nicht im Ausschluss jeglicher potentieller gegenläufiger Interessen – die wie gesagt auch im persönlichen Umfeld liegen und bei Beratung nicht nur eines Mandanten angelegt sind – sieht, sondern als Ziel im Rahmen der Steuerrechtspflege nur den Schutz vor schon hinreichend konkretisierbaren Gefahren von Interessenkollisionen definiert, erscheint das grundsätzliche Totalverbot gewerblicher Paralleltätigkeit in einem ganz anderen Licht und kaum mehr als erforderlich, weil – wie noch genauer ausgeführt wird – auf konkretere Gefahren auch konkret mit anderen meist schon gesetzlich vorhandenen Maßnahmen – Stichwort: Tätigkeitsverbot im Einzelfall – weniger grundrechtseinschneidend reagiert werden kann.

Für Interessenkollisionen, die letztlich die Funktionsfähigkeit der Steuerrechtspflege beeinflussen könnten, sind konkrete Szenarien zu entwickeln, wie der Steuerberater die vom Mandanten anvertrauten Informationen anderweitig im Parallelberuf nutzen könnte bzw. woraus sich sonst eine Interessenkollision ergeben könnte. Es müssen also erst einmal Interessenkollisionen und Informationsflussmöglichkeiten aufgezeigt werden, bevor man fragt, wie wahrscheinlich der Eintritt solcher ist. Das wird in der Argumentation der Rechtsprechung aber auch der Literatur derzeit vernachlässigt, indem einfach eine abstrakte Gefährdung der Steuerrechtspflege durch Interessenkollisionen behauptet wird.

Nach der Rechtsprechung des BVerfG zum Berufsrecht der Rechtsanwälte muss sich eine Interessenkollision deutlich abzeichnen.[453] Auch bei Eingriffen in die Berufsausübungsfreiheit genügt nicht die abstrakte Gefahr von Interessenkollisionen oder Vertrauensbrüchen. Das BVerfG stellt in der Entscheidung zum Sozietätswechsel zu Recht auf die konkrete Gefährdung und die Befugnis der betroffenen Mandanten ab, den angeblichen Gefährdungen zuzustimmen.[454] Damit lässt es sich

---

452 BVerfG, Stattgebender Kammerbeschluss vom 23.08.2013, 1 BvR 2912/11, juris Rn. 36.

453 So für die entsprechenden Regelungen der BRAO BVerfG, Beschluss vom 18.01.1993, Vorstand AG, 1 BvR 47/92, BB 1993, 463–464, II.1.b).

454 BVerfG, Beschluss vom 03.07.2003 – Sozietätswechsel –, 1 BvR 238/01, BVerfGE 108, 150–169 B.3.b)aa): „Kann sich durch einen Sozietätswechsel bei generalisierender

nicht mehr halten, im Rahmen der Inkompatibilitäten zum Steuerberaterberuf nur abstrakte Gefährdungen ausreichen zu lassen.

(2) Viele Fallkonstellationen, bei denen das grundsätzliche Verbot der gewerblichen Tätigkeit angewendet wird, gehen auf die Problematik zurück, dass Informationen aus der steuerberatenden Tätigkeit innerhalb der gewerblichen Tätigkeit in geschäftlicher Konkurrenz zum Mandanten genutzt werden könnten. Dass die Paralleltätigkeit in **Konkurrenz** zu mindestens einem Mandantenunternehmen steht, sich also in der gleichen Branche und auf gleicher Handlungsstufe bewegt, wäre dann Voraussetzung dafür, dass überhaupt erst einmal die Möglichkeit von strukturellen, über den Einzelfall hinausgehenden, Interessenkollisionen entsteht. Hat der Steuerberater zum Beispiel in seinem Mandantenkreis gewerblichen Kunden (nur diese interessieren hier, denn nur bei diesen sind derartige Interessenkollisionen denkbar), z.B. Handelsunternehmen und Sportvereine, wird das genaue Wissen um deren betriebswirtschaftliche Zahlen kaum jemals bei einer Paralleltätigkeit als Taxifahrer, Bäcker oder IT-Berater u.ä. nutzbar sein, schon gar nicht zu Lasten der Mandanten aus dem beispielhaft gewählten Bereichen Handel und Sport. Wenn keine Mandanten mit Unternehmungen im Konkurrenzbereich vorhanden sind, ist auch theoretisch jegliche Gefahr von Interessenkollisionen aus der Paralleltätigkeit heraus ausgeschlossen.

Die Möglichkeit der Nutzung sensibler Mandantendaten und vertraulicher Informationen bei gewerblicher Tätigkeit zum eigenen Vorteil ist abzugrenzen vom Informationsfluss, der auf einem normalen, nie zu verhindernden, **üblichen Wissenstransfer** beruht. Die Gefahr, dass ein Steuerberater seinen Beruf aufgibt und danach aufgrund des während der Steuerberatung erworbenen Wissens einem Mandanten Konkurrenz macht, lässt sich nur über vertragliche Vereinbarungen für eine gewisse Zeit einfangen, ebenso wenn Mitarbeiter eines Unternehmens ausscheiden und selbst ein Konkurrenzunternehmen aufbauen. Es gibt keinen

---

Betrachtung eine Gefahr für die Verschwiegenheit und die geradlinige Interessenvertretung ergeben, kommt die Einschätzung, ob eine Rechtsbeeinträchtigung konkret droht, in erster Linie den Mandanten beider Kanzleien zu, die deshalb wahrheitsgemäß und umfassend zu informieren sind. Daneben liegt es in der gesetzesgeleiteten verantwortlichen Einschätzung der betroffenen Rechtsanwälte, ob die Konfliktsituation oder doch jedenfalls das Ziel der Vermeidung zukünftiger Störungen des Vertrauensverhältnisses eine Mandatsniederlegung gebietet (vgl. das in der Stellungnahme der Deutschen Delegation beim Rat der Anwaltschaften der Europäischen Gemeinschaft erwähnte Institut der délicatesse im französischen Recht, das den Grad an eigenverantwortlicher Selbsteinschätzung des Rechtsanwalts umschreibt). Ein verantwortlicher Umgang mit einer solchen Situation kann von einem Rechtsanwalt ebenso erwartet werden wie von einem Richter bei der Offenlegung von Gründen zur Selbstablehnung (vgl. § 19 Abs. 3 BVerfGG und hierzu BVerfGE 46, 34 <41 f.>)“.

gesetzlichen Schutz vor Konkurrenz; erst recht wäre ein solcher nicht Bestandteil der Steuerrechtspflege. Jede Tätigkeit für einen anderen führt dazu, dass Informationen, Erfahrungen und Erkenntnisse beim Mitarbeiter oder Berater gespeichert werden, die sich nicht mehr einfach löschen lassen. Theoretisch darf jeder Steuerberater auch jetzt schon den Beruf wechseln und im gewerblichen Bereich in Konkurrenz zu einem ehemaligen Mandanten treten. Dass ehemalige Mitarbeiter später in Konkurrenz zum ehemaligen Anstellungsunternehmen treten, ist jedoch wesentlich wahrscheinlicher, da die dem Steuerberater zur Kenntnis gebrachten wirtschaftlichen Zahlen und vertraglichen Grundlagen eines Unternehmens im Gegensatz dazu kaum ausreichen werden, Know-how zum Aufbau eines eigenen Konkurrenzunternehmens zu erwerben.

(3) Als **milderes Mittel** zum Berufsverbot durch die Inkompatibilitätsregelungen wäre stets allemal ausreichend, parallel zu den gesetzlichen Regelungen der BRAO zum Verbot des Tätigwerdens bei widerstreitenden Interessen (§§ 45, 46 BRAO oder auch § 43 a IV BRAO), dem Steuerberater entsprechende Berufspflichten aufzuerlegen. Die vom Gesetz verfolgten Ziele lassen sich damit durch Berufsausübungsregelungen vergleichbar den §§ 45 und 46 BRAO erreichen. Eine weitergehende Regelung fand sich in den aktuellen Reformbestrebungen zur Änderung der BRAO. Ein Tätigkeitsverbot für Rechtsanwälte sollte demnach auch für die Fälle berufsrechtlich geregelt werden, bei die denen der Rechtsanwalt aus einem Mandat **sensibles Wissen** erlangt hat, das für die neue Partei in einer anderen Rechtsache vorteilhaft sein könnte,[455] Entwurfsfassung des § 45 I Satz 2 und § 43a IV Nr. 2 BRAO. Der Ansatz wurde jedoch im Laufe der Beratungen wieder verworfen.

Für die Verfassungsmäßigkeit irrelevant ist der Umstand, dass das StBerG bis 2008 (danach aber § 58 Nr. 5a StBerG) keine zu § 46 BRAO (Syndikusrechtsanwälte) vergleichbare Regelung enthielt,[456] oder im Gegensatz zur BRAO ein explizites Verbot gewerblicher Paralleltätigkeit normiert. Denn die im Gesetz zum Ausdruck gebrachte und den Gesetzesmaterialien entnommene Intension des einfachgesetzlichen Gesetzgebers ist Gegenstand und nicht Maßstab verfassungsgerichtlicher Kontrolle. Gerade weil ausschließlich der Bereich der Steuerrechtspflege in Bezug genommen werden darf, wären Tätigkeitsverbote im Einzelfall machbare, gleich effektive Regelungen und damit ein milderes Mittel.

Meines Erachtens wäre selbst ein Tätigkeitsverbot zu hinterfragen. Es dürfte jedenfalls ausreichend und das mildere Mittel sein, bei Interessenkollisionen lediglich eine **Pflicht zur Offenlegung** der Paralleltätigkeit den bestehenden Mandanten gegenüber zu statuieren (so auch für den Sydikussteuerberater in § 58 Nr. 5a StBerG geregelt: *„Bei Mandatsübernahme hat der Steuerberater oder*

---

455 Begründung des Referentenentwurf des BMJV vom 29.10.2020, S. 140.

456 Anders hält der BGH, NJW 1996, 1833, 1834, dies anscheinend für einen die Verfassungsmäßigkeit rechtfertigen Aspekt.

Steuerbevollmächtigte den Mandanten auf seine Angestelltentätigkeit hinzuweisen."). Denn die Steuerrechtspflege, zumal in ihrer Funktionsfähigkeit, wäre dann jedenfalls nicht mehr gefährdet, wenn mögliche Interessenkollisionen den Beteiligten bzw. den geschützten Personen – den Mandanten – bekannt sind und diese ihr Verhalten danach ausrichten können. Die Mandanten können nachfolgend selbst beurteilen, ob sie den Steuerberater als ausreichenden Vertrauensträger ansehen, der vertrauliche Informationen nicht benutzt bzw. den Grad der Vertraulichkeit beurteilen, zumal es sich regelmäßig nicht um geschäftsunerfahrene Verbraucher handelt. Soweit künftige Mandanten einen Geschäftsbetrieb betreiben, der potentiell im Konkurrenzbereich der gewerblichen Paralleltätigkeit des Steuerberaters liegt, und Steuerberatungsleistungen erhalten wollen, wäre es ausreichend, eine Informationspflicht über bestehende gewerbliche Aktivitäten des Steuerberaters zu statuieren – zusätzlich auch ein Tätigkeitsverbot im Einzelfall, wie heute schon üblich bei sonstigen Interessenkollisionen, falls derartige Konstellation während der laufenden Steuerberatung auftreten und der Mandant nicht zustimmt.

Mit Sicherheit werden die letztlich über eine funktionierende Steuerrechtspflege als Teil der allgemeinen Rechtspflege zu schützenden Mandanten in einer gewerblichen Paralleltätigkeit des Steuerberaters keine Gefährdung ihrer Interessen erblicken, solange die Paralleltätigkeit nicht ihre eigene Branche betrifft. Ganz im Gegenteil dürfte sich mit dem bei eigener gewerblicher Tätigkeit verbundenen Bezug zu den praktischen Problemen der Wirtschaft die Beratungskompetenz des Steuerberaters erhöhen. Auch dem Steuerberater ist die Fähigkeit zuzutrauen, Kollisionen der Interessen im Konfliktfalle offen zu legen und entsprechend zu handeln.

Ein milderes Mittel wäre beispielsweise auch die Verwendung von Auflagen in Bezug auf die Berufsausübung, wie sie im Berufsrecht der Notare normiert sind. Entgegen der Argumentation des BGH, der noch meinte, schon der Anschein einer Gefährdung – also die abstrakte Gefahr – der Unabhängigkeit und Unparteilichkeit des Notars würde ausreichen, um ein Verbot der Paralleltätigkeit zu rechtfertigen,[457] argumentiert das BVerfG unter Aufhebung dieses Urteils in Bezug auf Notare zu Recht, dass der Gesetzgeber auch anderen Gefährdungslagen mit angemessenen, weniger einschneidenden Reglementierungen begegnet (z.B. Beurkundungsverbote des § 3 BeurkG, Vermittlungs- und Beteiligungsverbot des § 14 Abs. 4 und 5 BNotO).[458] Gleiche muss auch in Bezug auf Paralleltätigkeiten der Steuerberater gelten.

(4) Einen Beruf – die gewerbliche Paralleltätigkeit – präventiv zu verbieten, ist keinesfalls erforderlich, um von vorn herein Interessenkollisionen auszuschließen. Im Ergebnis zutreffend begegnet des BVerfG in der Entscheidung zum

---

457 BGH Senat für Notarsachen, Beschluss vom 31.07.2000, NotZ 13/00, BGHZ 145, 59–66.

458 BVerfG, Beschluss vom 23.09.2002, Notar im AR einer Bank – 1 BvR 1717/00, 1 BvR 1747/00, NJW 2003, 419–421, insbes. II.2.b)bb)(1).

Sozietätswechsel im Jahr 2003 einem diesbezüglich möglichen Einwand, wonach wirtschaftliche Interessen des Beraters diesen an gesetzeskonformem Handeln hindern würden.[459] Die Steuerberater werden der (lediglich erforderlichen) Offenlegungspflicht (wie allen anderen Berufspflichten auch) nachkommen. Diese im Ansatz zutreffende Feststellung wiederholt das BVerfG im Jahr 2013 (endlich) auch in Bezug auf den Steuerberaterberuf. *„Die Konzeption des Berufsrechts der Steuerberater – ebenso wie das der Rechtsanwälte – beruht nicht auf der Annahme, dass eine situationsgebundene Gelegenheit zur Pflichtverletzung im Regelfall zu einem pflichtwidrigen Handeln des Berufsrechtsunterworfenen führt.*"[460]

Leider hat sich dieser Ansatz in der Instanzrechtsprechung bei der Frage der Inkompatibilitäten der Paralleltätigkeit von Steuerberatern nicht durchgesetzt. Die Grundannahme der Instanzrechtsprechung, wonach die Gelegenheit zu normwidrigen Verhalten zu solchem Verhalten führt – also es sich bei den Steuerberatern grundsätzlich um wertfreie und verantwortungslose Individuen handelt, die nur von Gelegenheiten und äußeren Umständen gesteuert sind (übrigens im krassen Gegensatz zu den sonstigen Begründungen von Berufsrechtseinschränkungen, bei denen der Berufsträger fast schon als überhöhtes Wesen dargestellt wird, das vorwiegend altruistisch tätig wird), ist falsch, auch wäre sie in der Konzeption der Berufsrechts der Steuerberater angelegt.

Dass der Gesetzgeber von derartigen Annahmen ausging, ist eher naheliegend, denn die Verbotsnorm des § 57 StBerG steht unter der amtlichen Überschrift „Berufspflichten". Der Gesetzgeber ging damit wohl zumindest auch davon aus, dass eine gewerbliche Paralleltätigkeit tendenziell zu Berufspflichtverletzungen führt. Wenn der Grundansatz des Gesetzgebers nicht zutreffend ist, wäre es jedoch naheliegend gewesen, ein präventives Verbot schon der Gelegenheiten von Interessenkollisionen durch das Verbot von Paralleltätigkeit als nicht erforderlich und verfassungswidrig einzustufen.

(5) Diesen Weg geht das Bundesverfassungsgericht trotz der (endlich) festgestellten grundsätzlichen Parallele zum Berufsrecht der Rechtsanwälte (noch) nicht. Das BVerfG erkennt zwar nun auch an, dass das Totalverbot weder hinsichtlich einer möglichen Zweckbestimmung des Schutzes vertraulicher Daten noch generell zur Vermeidung von Konkurrenztätigkeit des Steuerberaters (beides zu subsumieren unter das Ziel der Vermeidung von Interessenkollisionen als Schutz der Rechtspflegebereiches) erforderlich ist.[461] Es meint nunmehr im Jahr 2013, dass

459 BVerfG, Beschluss vom 03.07.2003 – Sozietätswechsel –, 1 BvR 238/01, BVerfGE 108, 150–169 B.3.b)aa): „Das anwaltliche Berufsrecht beruht auch nicht auf der Annahme, dass eine situationsgebundene Gelegenheit zur Pflichtverletzung im Regelfall pflichtwidriges Handeln zur Folge hat."

460 BVerfG, Stattgebender Kammerbeschluss vom 23.08.2013, 1 BvR 2912/11, II.3.b), juris Rn. 43.

461 BVerfG, Stattgebender Kammerbeschluss vom 23.08.2013, 1 BvR 2912/11, juris Rn. 30: „Dass der Beschwerdeführer sich als Geschäftsführer einer

der Gesetzgeber „*durch die Neufassung des § 57 Abs. 4 Nr. 1 StBerG und der Öffnung für Ausnahmefälle*" deutlich gemacht habe, „*dass eine gewerbliche Tätigkeit nicht schlechthin zu einer Gefährdung der Steuerrechtspflege führt, die Eingriffe in die Berufsfreiheit rechtfertigen kann*".[462] Mit einer solchen Prämisse hätte das BVerfG wohl vor **Einführung der Ausnahmeregelung** im Jahr 2008 anders entscheiden und die Verfassungswidrigkeit der Inkompatibilitätsnorm feststellen müssen.

Der Gesetzgeber unterstellt jedoch implizit trotz der Neuregelung in 2008 und dem Regel-Ausnahmeverhältnis weiterhin, dass eine situationsgebundene Gelegenheit im Regelfall zu einer Pflichtverletzung und zu einem pflichtwidrigen Handeln führt. Damit wäre in der Konsequenz die gesamte Regelung, wie hier vertreten, weiterhin für verfassungswidrig zu erklären – eine nur verfassungskonforme Anwendung über die unten noch aufzugreifenden im Jahr 2008 eingeführte Ausnahmeregelung wäre bei einem solchen Ansatz kaum noch zu begründen. Die Zeit war jedoch anscheinend noch nicht reif, dass das BVerfG die Verfassungswidrigkeit des gesamten Verbotes ausspricht. Es betont sogar innerhalb der Entscheidung vom August 2013 ein weiteres Mal ohne nähere Begründung, dass die Vorschrift an sich und das grundsätzliche Verbot der gewerblichen Paralleltätigkeit verfassungsmäßig sei und „*Einwände gegen das in der vorangehenden Fassung der Bestimmung enthaltene ausnahmslose Verbot durch die Neuregelung und teilweise Öffnung der Vorschrift für Ausnahmen vom Verbot der gewerblichen Tätigkeit ausgeräumt*" seien.[463]

Mit der Ausnahmeregelung in § 57 IV Nr. 1, HS 2 StBerG, wonach die Steuerberaterkammern bei nicht zu befürchtender Berufspflichtverletzung Ausnahmen vom grundsätzlichem Verbot gewerblicher Paralleltätigkeit erteilen können, ließe sich womöglich bei richtiger verfassungskonformer Auslegung die Hürde der Erforderlichkeit noch überspringen – unabhängig davon, dass diese Ausnahmeregelung Rechtsprechung und Steuerberaterkammern bislang[464] äußerst restriktiv verstehen und so gut wie keine nicht schon bisher als vereinbar erkannte Tätigkeit anerkennen wollen.[465] Die Ausnahmeregelung lässt zumindest eine (verfassungskonforme)

Steuerberatungsgesellschaft nützliche Informationen für seine gewerblichen Tätigkeiten beschafft, stellt zudem ein Risiko dar, dem mit anderen Vorschriften des Berufsrechts, wie insbesondere der berufs- und strafrechtlich sanktionierten Verpflichtung zur Verschwiegenheit, ausreichend begegnet werden kann."

462 BVerfG, Stattgebender Kammerbeschluss vom 23.08.2013, 1 BvR 2912/11, juris Rn. 30.

463 BVerfG, Stattgebender Kammerbeschluss vom 23.08.2013, 1 BvR 2912/11, juris Rn. 22.

464 Und weiter auch nach der Kammerentscheidung des BVerfG von 2013, dazu exempl. BayVGH, Urteil vom 21.01.2015, 7 BV 14.1923.

465 Eine Ausnahme bildet OVG NRW, Urteil vom 15.05.2017, 4 A 2197/13, juris Rn. 30: Einem Steuerberater kann im Einzelfall eine gewerbliche Tätigkeit als

Auslegung zu, wonach nur konkrete Gefahren relevant wären, erwähnt aber selbst keine Nebenbestimmungen wie Auflagen, die flexibel auf die verfassungsrechtlichen Anforderungen reagieren könnten. Wenn man die Ausnahmemöglichkeit in dieser Hinsicht auch verfassungskonform erweiternd auslegt und zudem die Ausnahmeregelung auf § 57 IV Nr. 2 StBerG – Verbot der Tätigkeit als Arbeitnehmer – überträgt, verlagert sich das Problem des milderen Mittels auf die Rechtsanwender. Diese müssten im Einzelfall die mildesten Maßnahmen wählen. Ob die Regelung in ihrem derzeitigen Wortlaut selbst mit diesem Verständnis noch dem Wesentlichkeitserfordernis entspräche, bleibt ebenso zweifelhaft wie deren Angemessenheit.

Zudem bleibt es bei dem nicht zu rechtfertigen grundsätzlichen Verbot. Das derzeitige Verbot jeglicher gewerblicher Paralleltätigkeit ist jedenfalls nicht erforderlich, weil – wenn überhaupt regelungsbedürftig – Offenbarungs- und Auskunftspflichten, flankiert von partiellen Tätigkeitsverboten, ausreichend wären.[466]

3. Angemessenheit des Verbotes gewerblicher Paralleltätigkeit

Die einzelnen zur Begründung vorgebrachten Regelungsziele scheitern zudem spätestens an der **Angemessenheitskontrolle.** Ausgehend von der obigen Darstellung zum Zweck der Verbotsregelungen sollen die dort genannten Ziele der gesetzlichen Regelung unabhängig davon, ob diese bereits schon als illegitim erkannt worden sind oder das Mittel des grundsätzlichen Verbotes schon nicht erforderlich ist, untersucht werden. Die Auswirkungen von Inkompatibilitätsregelungen als absolute Berufssperre[467] sowie der grundsätzlich nicht herabgesetzte Schutzumfang für eine parallele Tätigkeit neben dem Steuerberaterberuf[468] sind bereits erläutert worden.

a) Schutz der Funktionsfähigkeit der (Steuer)-rechtspflege

Die maßgeblich zur Rechtfertigung des Berufsverbotes herangezogene Gefahr von Interessenkollisionen bei gewerblicher Paralleltätigkeit als Bedrohung der Funktionsfähigkeit der Steuerrechtspflege hält in allen Abstufungen der Angemessenheitskontrolle nicht stand.

Rechtsprechung und Literatur unterscheiden kaum nach Gefährdungspotential, dem betroffenen Personenkreis (potentielle Konkurrenten) oder untersuchen die genauen Mandanteninformationen, die ein Steuerberater in seiner parallelen

Vorstandsmitglied einer Kreditgenossenschaft durch eine Ausnahmegenehmigung nach § 57 Abs. 4 Nr. 1 HS. 2 StBerG erlaubt werden.

466 Im Ergebnis ebenso Henssler, JZ 1996, 1186.

467 Zur im Rahmen der Prüfung der Bestimmtheit der Norm dargestellten Intensität des Eingriffs E.V.

468 Dazu oben C.II.

Tätigkeit nutzen könnte, sondern stellen ganz abstrakt lediglich darauf ab, dass Informationen aus dem Bereich der steuerlich beratenen Mandanten vorliegen, die der Steuerberater in einer eigenen gewerblichen Tätigkeit nutzen könnte. Damit unterläge er der Gefahr einer Interessenkollision, die § 57 IV Nr. 2 StBerG zum Schutz der Funktionsfähigkeit der Steuerrechtspflege verhindern wolle.

(1) Der Ansatz der Rechtsprechung

Mehr oder weniger vollständig wird in allen zugänglichen **Gerichtsentscheidungen** immer noch das Argumentationsschema des BVerfG aus dem Jahr 1967 verwendet und wiederholt, ohne dieses weiterzuentwickeln oder der gewandelten Lebenswirklichkeit anzupassen:

> *„Die besonderen Bedingungen, unter denen der Steuerbevollmächtigte seine Berufsaufgaben zu erledigen hat, machen eine solche Berufskombination noch weniger erträglich als bei anderen freien Berufen. Die Tätigkeit der Steuerbevollmächtigten bringt es mit sich, daß sie von internen Geschäftsvorgängen der Betriebe ihrer Klienten Kenntnis erlangen; üben sie gleichzeitig einen gewerblichen Beruf aus, so besteht die Möglichkeit, daß sie die bei ihrer steuerberatenden Tätigkeit erworbenen Kenntnisse in ihren eigenen Gewerbebetrieben verwerten und dem Gewerbetreibenden, den sie beraten, Konkurrenz machen.“*[469]

Weiter heißt es daran unmittelbar anschließend:

> *„Da die gewerbliche Tätigkeit maßgebend vom Streben nach Gewinn bestimmt ist und eine Rücksichtnahme auf den jeweiligen Kundenkreis verlangt, kann hierdurch die vom Gesetzgeber geforderte Unabhängigkeit und Unparteilichkeit des Steuerbevollmächtigten gegenüber seinem Klienten sowie das Vertrauensverhältnis zwischen diesen beeinträchtigt werden.“*

Die Leitentscheidung des BVerfG aus dem Jahr 1992 zum Berufsrecht der Rechtsanwälte wiederholt unter Bezug auf die Entscheidung desselben Gerichtes von 1967 den grundsätzlichen Denkansatz, der für die Berufsausübung der Rechtsanwälte wie der Steuerberater gleichermaßen gelte: Interessenkollisionen lägen vor allem dann nahe, *„wenn ein kaufmännischer Beruf die Möglichkeit bietet, Informationen zu nutzen, die aus der rechtsberatenden Tätigkeit stammen (für Steuerberater vgl. BVerfGE 21, 173 <182>).“*[470] Damit sei das Verbot der gewerblichen Paralleltätigkeit letztlich verfassungsgemäß.

469 BVerfG, Entscheidung vom 15.02.1967, BvR 569/62, BVerfGE 21, 173, C.1.; diese Rechspr. sei nach *Manssen* in v. Mangold/Klein/Starck, Grundgesetz, 7 Aufl. 2018, Art. 12 Rn. 244 „überholt“, weil die Kernargument der Entscheidung aus dem Jahr 1967 wie die Vermeidung der Vermengung mit anderen Berufstätigkeiten und das Bestreben nach klarer Umgrenzung eines Berufsbildes.

470 BVerfG, Beschluss vom 04.11.1992, 1 BvR 79/85 u.a., BVerfGE 87, 287, C.III.3.

Das BVerfG bestätigte noch 2008 die Verfassungsmäßigkeit des Verbots der gewerblichen Paralleltätigkeit indirekt innerhalb eines kurzen Nichtannahmebeschlusses. Es hält die maßgeblichen verfassungsrechtlichen Fragen für geklärt, § 57 IV Nr. 1 StBerG mit Art. 12 GG vereinbar und sieht durch die Verfassungsbeschwerde u.a. gegen das Urteil des OLG Nürnberg vom 03.11.2006, StO 1/06 keinen Anlass, von den bislang ergangenen Entscheidungen des BVerfG abzuweichen.[471] Ebenfalls der erste Senat des BVerfG, jedoch die 3. Kammer, hatte jedoch noch im Jahr 2006 im Rahmen einer einstweiligen Anordnung eine Überprüfung der Rechtsprechung zum Verbot der gewerblichen Paralleltätigkeit vor dem Hintergrund der strengen verfassungsrechtlichen Anforderungen und der möglicherweise „zwischenzeitlichen Veränderungen im gesellschaftlichen und berufsrechtlichen Umfeld" angekündigt.[472] Die Bedenken der dritten Kammer des ersten Senates des BVerfG aus 2006 scheinen von der zweiten Kammer desselben Senates nicht geteilt zu werden; oder zwei Jahre später – 2008 – wieder verflogen zu sein. Der Nichtannahmebeschluss enthält keinerlei Stellungnahme zur 2006 angekündigten sachlichen Überprüfung der Verfassungsmäßigkeit der Inkompatibilitätsnormen des StBerG. Zur Hauptsacheentscheidung über die Verfassungsbeschwerde von 2006 kam es jedoch wegen Erledigung nicht mehr. Die Erledigung hatte vermutlich ihre Ursache in der gesetzlichen Zulassung der Syndikussteuerberater ab 2008.

Die Instanzrechtsprechung schloss sich durchweg der Argumentation des BVerfG aus den 90iger Jahren, bestätigt 2008, an. Beispielhaft sei die in der Folge vielfach zitierte Entscheidung des **BGH** vom 04.03.1996 genannt:

> *„Eine weite Auslegung des Begriffs der ‚gewerblichen Tätigkeit' im Sinne von § 57 Abs. 4 Nr. 1 StBerG ist verfassungskonform, weil – wie das Bundesverfassungsgericht in den oben bezeichneten Entscheidungen zum Berufsrecht der Steuerberater wiederholt ausgeführt hat – zum Schutz des wichtigen Gemeinschaftsgutes einer wirksamen unabhängigen Steuerrechtspflege bereits der Möglichkeit einer Interessenkollision und der Gefahr der Kommerzialisierung des Berufsstandes entgegengewirkt werden soll."*[473]

Der BGH geht in dieser Entscheidung implizit weiter von einer falschen **Prämisse** aus, wenn das verfassungsgerichtliche Urteil von 1992 dahingehend gedeutet wird, dass auch bei Rechtsanwälten nur im Einzelfall eine gewerbliche Paralleltätigkeit zulässig wäre;[474] wohingegen das BVerfG, wie oben bereits erläutert, gerade

---

471 BVerfG, Nichtannahmebeschluss vom 20.05.2008, 1 BvR 2258/07 (nicht veröffentlicht).

472 BVerfG, einstw. AO vom 17.08.2006, 1 BvR 1956/06, II.1.a).

473 BGH Senat für Steuerberater- und Steuerbevollmächtigtensachen, Urteil vom 04.03.1996, StbSt (R) 4/95, BGHSt 42, 55–64, = NJW 1996, 1833–1836, II.1.c) a.E.

474 BGH, Urteil vom 04.03.1996, StbSt (R) 4/95, = BGHSt 42, 55, NJW 1996, 1833 ff., II.1.b)aa): „An diese Entscheidung anknüpfend hat das Bundesverfassungsgericht im Beschluß vom 4. November 1992 (NJW 1993, 317, 321) die überaus naheliegende Interessenkollision bei gewerblicher Tätigkeit eines Steuerberaters hervorgehoben und die aufgezeigte andersartige Interessenlage des Rechtsanwalts davon abgesetzt;

umgekehrt im Grundsatz die erwerbswirtschaftliche Paralleltätigkeit mit dem Anwaltsberuf für vereinbar gehalten hatte;[475] ein Grundsatz, vor dem aus sich Ausnahmen als Berufswahleinschränkung erst rechtfertigen müssen. Leider wird auch die Entscheidung des BVerfG von 2013[476] nicht dazu genutzt zu bestätigen, dass im Grundsatz eine gewerbliche Paralleltätigkeit mit dem Steuerberaterberuf vereinbar ist, wenn auch sonst die Parallelen zum Berufsrecht der Rechtsanwälte deutlich aufgezeigt werden. Das Problem wird nicht einmal gesehen bzw. ohne die Parallele zu diskutieren, wird das grundsätzliche Verbot der gewerblichen Tätigkeit des Steuerberaters nochmals bestätigt. Im Vergleich zum Berufsrecht der Rechtsanwälte betont das BVerfG, dass die dort entwickelten Grundsätze, wonach die Einführung einer Berufswahlschranke nur dort erforderlich und zumutbar sei, „*wo die Gefahr einer Interessenkollision sich deutlich abzeichnet und nicht mit Hilfe von Berufsausübungsregeln zu bannen ist. Eine generelle Berufszugangssperre, die keinerlei erwerbswirtschaftliche Tätigkeit neben dem Anwaltsberuf ermöglicht, ist hingegen nicht erforderlich (vgl. BVerfGE 87, 287 <330>). ... Diese für den Anwaltsberuf entwickelten, jedoch nicht auf ihn beschränkten Grundsätze gelten auch im vorliegenden Fall.*“[477] Wenn aber die Berufe richtigerweise soweit vergleichbar sind, wäre folglich auch der Steuerberaterberuf grundsätzlich mit erwerbswirtschaftlicher Tätigkeit vereinbar und das grundsätzliche Verbot (auch mit der neuen Ausnahmeregelung) nicht haltbar. Die Unzulässigkeit des grundsätzlichen Verbotes will das BVerfG gerade nicht feststellen. Die Vermutung, dass das BVerfG damit von der unterschiedlichen Behandlung der beiden Berufe Rechtsanwalt und Steuerberater abrückt,[478] dürfte etwas verfrüht sein. Zumindest wird für die Angemessenheitskontrolle nunmehr der Maßstab kreiert, dass der Grundsatz der Verhältnismäßigkeit Zurückhaltung bei der Entwicklung typisierender Unvereinbarkeitsregeln gebiete, „*weil die Beschränkung der Berufswahlfreiheit dem Betroffenen nur zumutbar ist, wenn der Unvereinbarkeitsgrundsatz nicht starr gehandhabt*“ werde.[479]

Zudem ist insbesondere im Hinblick auf Art. 12 GG die grundsätzliche Dogmatik zu beachten: jede Betätigung ist frei; nicht die Erlaubnis ist begründungsbedürftig, sondern das Verbot. Der BGH verkennt in seiner Grundsatzentscheidung

---

nur diese gebietet danach von Verfassungs wegen im Hinblick auf die Freiheit der Berufswahl eine differenzierte Regelung, die dem Einzelfall gerecht werden kann.“

475 „Ein Grundsatz, wonach anwaltliche und erwerbswirtschaftliche Tätigkeiten grundsätzlich unvereinbar sind, kommt in der BRAO nicht zum Ausdruck“, BVerfG, Beschluss vom 04.11.1992, 1 BvR 79/85 u.a., BVerfGE 87, 287, C.III.3; ebenso BVerfG, Beschluss vom 05.11.2001, 1 BvR 1523/00, NJW 2002, 503–504 II.1.

476 BVerfG (1. Senat, 2. Kammer), Beschluss vom 23.08.2013, 1 BvR 2912/11.

477 BVerfG (1. Senat, 2. Kammer), Beschluss vom 23.08.2013, 1 BvR 2912/11, juris Rn. 26, 27.

478 So Kleine-Cosack, AnwBl. 2013, 795, 796 IV.

479 BVerfG (1. Senat, 2. Kammer), Beschluss vom 23.08.2013, 1 BvR 2912/11, juris Rn. 25.

von 1996, dass es sich um eine die Freiheit der Berufswahl einschränkende Norm handelt und nicht lediglich um eine Berufsausübungsschranke[480] mit wesentlich geringeren Rechtfertigungsanforderungen. Was eine „unabhängige Steuerrechtspflege" sein soll, lässt sich außerdem nicht erschließen.

Dennoch wurde die Argumentation des BGH vom 04.03.1996 in der Folgezeit unreflektiert von den unteren Gerichten übernommen.[481] Aus den höchstrichterlich abgesicherten „Erkenntnissen" entwickeln viele Instanzgerichte eine Argumentationskette, die trotz der aktuell bestehenden Möglichkeit, Ausnahmen vom grundsätzlichen Verbot der gewerblichen Paralleltätigkeit zuzulassen, letztlich rigoros jede parallele Tätigkeit ausschließt. Alle Schlagwörter werden zumindest einmal genannt. Es beginnt mit der (unreflektierten) Feststellung, dass die vorgenannten

---

480 BGH, Urteil vom 04.03.1996, StbSt (R) 4/95, = BGHSt 42, 55, NJW 1996, 1835, II.1.c) a.E.: „Dem Berufsrecht sind solche Interessenabwägungen, die in die Freiheit der Berufsausübung eingreifen und diese begrenzen, durchaus nicht fremd."

481 Z.B. VG Düsseldorf, Urteil vom 04.08.2010, 20 K 5091/09, DStR 2010, 2272 (mit weiterer Zitierung der schon zuvor in derselben Tendenz entscheidenden VG Aachen, Urteil vom 13.07.2009, 5 K 2351/08 und VG Köln, Urteil vom 08.01.2009, 1 K 4481/08), bestätigt in der Berufungsinstanz OVG NRW, Urteil vom 20.12.2011, 4 A 1940/10.
Die eigenartige Zuständigkeit der Verwaltungsgerichte beruht auf einem Versehen des Gesetzgebers, ist aber mE nicht zwingend. Nach dem Wortlaut des § 33 I FGO ist der Finanzrechtsweg in öffentlich-rechtlichen und berufsrechtlichen Streitigkeiten über Angelegenheiten, die durch den Ersten Teil, den Zweiten und den Sechsten Abschnitt des Zweiten Teils und den Ersten Abschnitt des Dritten Teils des Steuerberatungsgesetzes geregelt werden, eröffnet. Damit sind nach dem Willen des Gesetzgebers berufsrechtliche Streitigkeiten über einen Widerruf der Zulassung, insbesondere auch wegen gewerblicher Nebentätigkeit nach § 57 StBerG, den Finanzgerichten gesondert zugewiesen.
Die Ermächtigung zur Ausnahmegenehmigung selbst ist im Dritten Abschnitt des Zweiten Teils des StBerG geregelt und fällt damit vom Wortlaut her nicht unter § 33 I Nr. 3 FGO. Anscheinend wurde mit dem Achten Steuerberatungsänderungsgesetzes, welches den Steuerberaterkammern die Entscheidung über die Erteilung einer Ausnahmegenehmigung vom grundsätzlichen Verbot gewerblicher Nebentätigkeiten einräumte, eine Änderung des § 33 FGO übersehen. Zumindest lässt sich der Gesetzesbegründung eine Befassung mit der Frage der gerichtlichen Zuständigkeit nicht entnehmen. Daher wäre eine analoge Anwendung des § 33 I FGO zutreffend (a.A. BVerwG, Urteil vom 26.09.2012, 8 C 26/11, juris Rn. 14 ff.). Sie vermeidet auch die Spaltung des Rechtsweges, in den Fällen, in denen die Verpflichtung zur Erteilung einer Ausnahmegenehmigung in den verwaltungsgerichtlichen Streit gelangt und parallel dazu die Kammer die Zulassung widerruft. Letzterer Streit wäre dagegen parallel vor den Finanzgerichten auszutragen.

Grundsätze der höchstrichterlichen Rechtsprechung heute noch maßgebend seien. Im Unterschied zur Berufsgruppe der Rechtsanwälte zeichneten sich bei Steuerberatern Interessenkollisionen typischerweise ab. Denn diese hätten regelmäßig tiefere Erkenntnisse von den wirtschaftlichen und finanziellen Verhältnissen des Mandanten. Es genügten zudem schon abstrakte Gefährdungen der Unabhängigkeit des Steuerberaters. Gewerbliche Tätigkeit sei anders als steuerberatende Tätigkeit von der Absicht der Gewinnerzielung geprägt. Letzte Bedenken an die Verhältnismäßigkeit im Einzelfall könnten durch die neue Möglichkeit einer Ausnahmegenehmigung beseitigt werden. Daher seien generelle Inkompatibilitätsbestimmungen verfassungsrechtlich (Berufswahlfreiheit) nicht zu beanstanden.[482] Eine eigene Auseinandersetzung oder Begründung findet sich dabei nicht mehr. Die Rechtsprechung des BVerfG, BGH oder BFH wird als quasi Verfassungsrecht behandelt. Jedes Gericht müsste sich aber mindestens selbst fragen, welche Interessen bestehen und welche Interessen daher kollidieren können und inwieweit dadurch die Funktionsfähigkeit der Steuerrechtspflege beeinträchtigt wird.

Die Rechtsprechung hält nunmehr mit der neuen Ausnahmeregelung die Vorschrift erst recht für verfassungsgemäß. Damit werden die Berufspflichten unzulässigerweise zum Schutzziel der Regelung und zum Maßstab der verfassungsgerichtlichen Kontrolle erhoben. Wenn sich die Gefahr der Berufspflichtverletzung hinreichend konkret durch Paralleltätigkeit erhöht, dann sei die Steuerrechtspflege betroffen. Diese teilweise vorgenommene Rückführung auf das im Ansatz beachtliche Ziel verlangt aber nun nicht mehr den Schutz der Funktionsfähigkeit, sondern nur noch die „Sicherung" einer „wirksamen Steuerrechtspflege"[483]. Mit diesem (falschen) Maßstab ließe sich wieder fast jeder noch so tiefe Eingriff in Grundrechte rechtfertigen. Die Einhaltung jeder noch so unbedeutenden Berufspflicht sichert letztlich immer die „Wirksamkeit" der Steuerrechtspflege. Die Funktionsfähigkeit derselben wäre jedoch allenfalls bei ganz elementaren Berufspflichten und deutlicher Wahrscheinlichkeit der Verletzung betroffen.

(2) Relevante, sensible Daten

Zur Analyse der möglichen Gefahren von Interessenkollisionen kommt es zunächst darauf an, **welche der dem Steuerberater regelmäßig anvertrauten Informationen** tatsächlich auch nur abstrakt für den Steuerberater innerhalb einer eigenen gewerblichen Tätigkeit nützlich und verwertbar sein könnten. Denn nur derartige Informationen könnten überhaupt grundsätzlich geeignet sein, die

482 Insbesondere von VG Düsseldorf, Urteil vom 04.08.2010, 20 K 5091/09, DStR 2010, 2272, aufgehoben nur wegen anderer Abwägung des Einzelfalles durch OVG NRW, Urteil vom 20.12.2011, 4 A 1940/10; VG Ansbach, Urteil vom 13.12.2011, AN 4 K 11.01041, juris Rn. 20; BayVGH, Beschluss vom 26.10.2011, 7 ZB 11.1173, II.1.b)aa), juris Rn. 14.

483 OVG NRW, Urteil vom 20.12.2011, 4 A 311/09, juris Rn. 33.

von der Rechtsprechung unterstellte Gefahr der Verwertung zu eigenen Gunsten zu verwirklichen.

Der gesamten auf den Interessenkollisionen aufbauenden Argumentation der Rechtsprechung fehlt die Basis, weil dort weder herausgearbeitet wird, welche genauen Informationen der Steuerberater aus der vertieften Kenntnis der wirtschaftlichen Verhältnisse eines Mandanten haben könnte, welchen Gehalt diese Informationen besitzen, mithin wie sensibel oder gefahrträchtig diese sind, letztlich also welches Gefährdungspotential in ihnen steckt, noch welche Informationen tatsächlich für Aufbau oder Führung eines (Konkurrenz)-unternehmens erforderlich wären. Wenn man behauptet, verschiedene Interessen könnten kollidieren, wären die verschiedenen Interessen als Solche zunächst herauszuarbeiten. Erst danach kann man fragen, inwieweit möglicherweise eine Kollisionslage entsteht, diese in der einen oder anderen Hinsicht beachtlich ist bzw. welcher Grad an Gefährdungspotential vorliegt und ob dieses Potential ausreichend, einen Eingriff einer bestimmten Intensität – hier ein Berufsverbot – zu rechtfertigen.

Die immer wieder anzutreffende Behauptung, der Steuerberater sei aufgrund seiner Tätigkeit und der daraus bedingten Informationsgewinnung vielen – wenn auch abstrakten – Interessenkollisionen unterlegen, weit mehr als ein Rechtsanwalt, weil er regelmäßig **tiefe Einblicke in die wirtschaftlichen Verhältnisse** des Mandanten erlange, ist in dieser Pauschalisierung unrichtig. Die Einblicke in die wirtschaftlichen Verhältnisse führen mitnichten per se zu auch nur abstrakten Interessenkollisionen.

Die **wirtschaftlichen Basisdaten** von Kapitalgesellschaften und sonstigen veröffentlichungspflichtigen Unternehmensträgern kann heutzutage jeder aus dem Unternehmensregister des elektronischen Bundesanzeigers ablesen. Die Kenntnis derartiger Daten stammt demnach nicht spezifisch aus der steuerberatenden Tätigkeit und kann daher nicht relevant sein, um beachtliche Interessenkollisionen zu bewirken.

Soweit der Steuerberater die Buchhaltung eines Unternehmens übernimmt (nicht, wenn das Unternehmen selbst bucht und der Steuerberater nur den Jahresabschluss formt), sind dem Steuerberater sicherlich auf Knopfdruck die **Kundendaten** des Unternehmens zugänglich. Die Kundenbeziehungen als solche stellen im Regelfall einen erheblichen Unternehmenswert dar. Der Wert der Kundendaten für Dritte hängt jedoch von der Branche ab – im Handel sind diese wegen leichterer Übertragbarkeit wertvoller für Dritte als beispielsweise in der Industrie oder im Dienstleistungssektor, wo regelmäßig eine engere Beziehung der Kunden zum Unternehmen und den dort verantwortlichen Personen besteht. Kundenbeziehungen können für Steuerberater, die im gewerblichen Bereich Konkurrenz betreiben wollen, möglicherweise interessant sein, z.B. die Daten von Endkunden eines Handelsunternehmens, die der in gleicher Branche handelnde Steuerberater bei ähnlicher Produktpalette angehen könnte. Gleiches gilt für die Lieferantenseite. Es kann für Konkurrenten oder diejenigen, die ein Konkurrenzunternehmen aufbauen wollen, durchaus interessant sein, Wissen um die Lieferanten und deren Konditionen zu erhalten.

Die Möglichkeit, auf **Kundenlisten** oder **Lieferantendaten** zuzugreifen, haben nicht nur Steuerberater, sondern in erster Linie die beim Steuerberater angestellten oder selbständigen Buchhalter, sofern die Buchhaltung extern außerhalb des Unternehmens erledigt wird, alle leitenden Angestellten des Unternehmens oder die unternehmenseigenen Buchhalter. Mit dieser Erkenntnis relativiert sich schon die Bedeutung der Datenkenntnis des Steuerberaters. Denn der Gesetzgeber hat für andere Berufsgruppen vorgenannter Art (Buchhalter, Unternehmensberater) mit zumindest gleichem Konfliktpotential überhaupt keine Einschränkung hinsichtlich der Paralleltätigkeit vorgenommen hat. Es bleibt insoweit bei den allgemeinen Regelungen des Zivilrechtes oder des Strafrechts – die für Steuerberater ebenso gelten.

Weitere Kenntnis über relevante interne Geschäftsvorgänge von Mandantenunternehmen oder, wie es das BVerfG beschreibt, vom „Betriebe ihrer Klienten“[484] sind kaum über den Einzelausnahmefall hinausgehend vorstellbar. Jedenfalls wird nirgends dargelegt, welche internen Geschäftsvorgänge oder nützlichen Informationen – insgesamt sensible Daten – gemeint sind und wie sich diese in der Buchhaltung, den Steuererklärungen oder sonstigen dem Steuerberater typischerweise zugänglichen Dokumenten befinden sollen. Im Hinblick auf die relevanten Daten aus den Beratungsunternehmen heiß es meist nur „die Informationen“.[485]

Mit der Erstellung des Anlagevermögensverzeichnisses, der Kenntnis der Verträge eines Unternehmens (vom Arbeitsvertrag, über Liefervertrag bis zum Gesellschaftsvertrag), der Erfassung des Sonderbetriebsvermögens der Gesellschafter oder des Wissens um die sonstige Vermögenssituation lässt sich für die eigene gewerbliche (Konkurrenz)-Tätigkeit nicht viel anfangen. Der Steuerberater kennt regelmäßig weder die Zusammensetzung von **Produktionsverfahren**, **technische Details** oder die **strategische Ausrichtung** des Beratungsunternehmens – also die tatsächlich sensiblen und bedeutenden Informationen. Im Vergleich dazu haben leitende Mitarbeiter oder Organe von Gesellschaften regelmäßig Zugang zu diesen wirklich sensiblen Informationen eines Unternehmens, die für die Konkurrenz bedeutsam sein können. Die Unternehmen wissen sich gegen Datenmissbrauch vertraglich und mit Hilfe des Wettbewerbsrechts zu schützen. Ein Vergleich zu diesen Personen offenbart, dass die dem Steuerberater im Zusammenhang mit seinen typischen Aufgaben gegebenen Informationen nicht den Kern der sensiblen Unternehmensdaten betreffen. Zudem sind die leitenden Mitarbeiter noch viel schwerer auszutauschen als ein Steuerberater, dessen selbst langfristiger

---

484 BVerfG, Entscheidung vom 15.02.1967, BvR 569/62, BVerfGE 21, 173, C.1., daran anschließend FG Rheinland-Pfalz, Urteil vom 24.02.2010, 2 K 2185/09, DStRE 2010, 701–703, ohne Gliederung, juris Rn. 40.

485 FG Rheinland-Pfalz, Urteil vom 24.02.2010, 2 K 2185/09, DStRE 2010, 701–703 ohne Gliederung, juris Rn. 33 (in der Revision bestätigt durch BFH, Urteil vom 28.01.2014, VII R 26/10).

Beratungsvertrag jederzeit ohne Grund gekündigt werden kann. Das Gefährdungspotential durch Wissen des Steuerberaters erscheint bis hierher allein durch die Analyse des Datenmaterials schon sehr konstruiert.

(3) Vertiefte Kenntnis der wirtschaftlichen Verhältnisse insgesamt

Aus der bisherigen Darstellung wird deutlich, dass sich Interessenkollisionsfälle allenfalls bei Beratungen im unternehmerischen Bereich ergeben könnten, weil die Daten, die der Steuerberater möglicherweise innerhalb seiner gewerblichen Paralleltätigkeit nutzen könnte, der unternehmerischen Tätigkeit des Mandanten entstammen und Interessenkollisionen eine Konkurrenztätigkeit des Steuerberaters voraussetzen. Eine Unterscheidung zwischen privaten und unternehmerischen Bereich nehmen Literatur und Rechtsprechung nicht vor. Sie stellen, wie schon oben aufgezeigt, allgemein auf die vertiefte Kenntnis des Steuerberaters von der wirtschaftlichen Situation des Mandanten ab, was zwangsläufig auch den privaten Vermögensbereich umfasst.

Die Kenntnis der gesamten **Vermögenslage einzelner Privatpersonen** (wirtschaftliche Verhältnisse) ist sicher eine berufsspezifische Besonderheit eines Steuerberaters. Ähnliche annähernd vollständige Kenntnisse haben noch Vermögensberater oder Banken, letzte zwar nicht, wenn sie nur ein Konto führen, aber regelmäßig dann, wenn sie Darlehen gewähren und bei Vergabe und fortlaufend die Vermögensverhältnisse prüfen bzw. deren Offenlegung abfordern. Derartige Informationen lassen sich weder als solche verwerten oder vom Steuerberater selbst zu Lasten des Mandanten nutzen. Hier besteht der entscheidende Unterschied zu den oben aufgezeigten sensiblen Daten, deren widerrechtliche Nutzung regelmäßig einen Schaden beim Mandanten nach sich zieht.

Die Nutzung des Wissens allgemeiner Vermögensdaten könnte der Steuerberater allenfalls für Empfehlungen von Anlageprodukten nutzen – für ihn selbst zum Vorteil, wenn er dafür Provisionen erhält oder selbst als Paralleltätigkeit das Anlageprodukt betreibt bzw. daran beteiligt ist. Selbst dann ist es jedoch in erster Linie ein Angebot an den Mandaten und gefährdet zunächst einmal nicht per se dessen Interessen. Denn die Daten werden nicht zur Schädigung des Mandanten genutzt. Es besteht – anders als bei einer direkten Konkurrenztätigkeit und Nutzung Daten des Mandanten dazu – mithin keine Interessenkollision. Man kann die gewerbliche Vermögensverwaltung, Versicherungsmaklertätigkeit oder das Vermitteln von Anlageprodukten durch den Steuerberater auch durchaus positiv sehen. Zumindest entspricht es nach meiner Erfahrung oft dem Interesse des Mandanten an einer ganzheitlichen Vermögensberatung durch den Steuerberater bzw. die Rechtsanwalts- und Steuerberaterkanzlei, weil diese durch den Gesamtüberblick auch tendenziell die beste Versicherung (Vermeidung Doppelversicherung) oder die geeignete Anlageform (Risikooptimierung) empfehlen können. Soweit allerdings eigene Produkte des Steuerberaters empfohlen werden oder er sich vom Anbieter der Produkt eine Vermittlungsprovision hat versprechen lassen, wäre das

Eigeninteresse freilich offen zu legen, wie auch die Bank oder der Vermittler beispielsweise im Anlageprospekt eine Vertriebsprovision angeben muss.

Strukturelle Interessenkollisionen durch unrechtmäßige Nutzung der während der Steuerberatertätigkeit erlangten vertraulichen Informationen sind nicht erkennbar. Folglich ist auch die Steuerrechtspflege nicht tangiert. Entsprechend des oben Gesagten ließe sich die Pflicht zur Offenlegung der Paralleltätigkeit inklusive jedes wirtschaftlichen Vorteils aus Vermittlungstätigkeit – Provisionen – rechtfertigen, mit Sicherheit aber nicht mehr ein Totalverbot der gewerblichen Paralleltätigkeit.

Man kann davon ausgehen, dass ein Mandant all seine persönlichen und wirtschaftlichen Informationen, die er einem Steuerberater oder Rechtsanwalt anvertraut oder von denen die Berater anderweitig Kenntnis erlangen, nebst der Tatsache, dass überhaupt ein Mandatsverhältnis besteht, geheim halten möchte. Dies sichert ihm die in den Berufsgesetzen der Steuerberater oder Rechtsanwälten verankerte Verschwiegenheitspflicht auch zu.[486] Allein die Möglichkeit des Steuerberaters, die ihm anvertrauten Informationen anderweitig zu nutzen – anderweitig bedeutet hier in anderweitiger Beratung von Mandanten, im eigenen privaten Bereich oder bei einer gewerblichen Paralleltätigkeit – stellt für sich noch keinen relevanten Umstand und noch keine relevante Interessenkollision dar, denn diese potentielle Möglichkeit besteht bei jeder Tätigkeit / bei jedem Umgang mit sensiblen Daten.

Der Steuerberater hat grundsätzlich kein Interesse, die ihm anvertrauten Informationen anderweitig zu nutzen. Die ganz abstrakte Möglichkeit der Nutzung von Daten auch unter Verschwiegenheitsbruch, ist dem Schicksal geschuldet, dass es sich bei den Beratern immer um Menschen handelt, die auch sonst wie im Leben aktiv sind. Der Berater, insbesondere der Steuerberater, hat ein Privatleben, unterhält dabei soziale Kontakte, hat mehrere Mandanten, ist gesellschaftlich ggf. engagiert und letztlich womöglich noch politisch. Dabei könnten theoretisch immer wieder Informationen, die der Steuerberater im Rahmen seiner beruflichen Tätigkeit erlangt hat, für andere Leute bedeutsam sein, zum Beispiel für einen Anlageberater, den die wirtschaftlichen Verhältnisse interessieren, für politische Parteien zur Mitgliederwerbung, für wohltätige Organisationen hinsichtlich der Spendenbereitschaft von Mandanten oder für die Presse, die sich Hintergrundinformationen über Personen, die im öffentlichen Blickpunkt stehen, verschaffen möchte. Jeder Träger von irgendeinem Wissen / von Informationen bewirkt diese allgemeine Gefahr. Die Gefahren werden nicht signifikant größer, wenn der Steuerberater einer gewerblichen Paralleltätigkeit nachgeht – umgekehrt auch nicht geringer. Die unspezifische „abstrakte Gefahr", wie sie die Rechtsprechung als Rechtfertigung ausreichen lässt, kann daher nicht als Argument greifen, weil auf Ebene der reinen Möglichkeit als Gradmesser so viele Gefahren bestehen, dass andernfalls der Gesetzgeber willkürlich Restriktionen vornehmen könnte – vielleicht das Verbot,

486 Dazu oben D.IV.2. und E.III.2.b).

parallel zum Steuerberaterberuf die Ehe einzugehen, politischen bzw. gesellschaftlichen Organisationen anzugehören, weil die abstrakte Gefahr des Informationstransfers erhöht wird.

Eine Interessenkollision des Steuerberaters aus dem allgemeinen Wissen um die wirtschaftlichen Verhältnisses des Mandanten wird nur dann bestehen, wenn derselbe über die Steuerberatung hinaus Anlageempfehlungen ausspricht und gleichzeitig von diesen Empfehlungen über Provisionen (Maklertätigkeit) oder direkt über eine unternehmerische (gewerbliche) Beteiligung profitiert, ohne diesen Umstand offen zu legen. Dann hat er einerseits das Interesse, genau seine Anlageprodukte zu verkaufen. Diese könnten für den Mandanten nicht unbedingt diejenigen sein, die seinen steuerlichen Anforderungen entsprechen. Es handelt sich insoweit um eine Interessenkollision im konkreten Einzelfall, die noch Auswirkungen auf die Funktionsfähigkeit der Steuerrechtspflege haben müsste. Dieser besonderen Konstellation kann verfassungsrechtlich angemessen dadurch begegnet werden, dass schlicht die Offenlegung derartiger Paralleltätigkeiten verlangt wird. Nach Offenlegung kann der Mandant autonom entscheiden, ob und inwieweit er sich weiter beraten lassen möchte. Alle anderen Verkäufer von Finanzanlagen beispielsweise müssen auch ihr eigenes wirtschaftliches Interesse am Vertrieb offenlegen. Wenn das Vertrauen dennoch überwiegt, wird der Mandant die Anlageempfehlung des Steuerberaters nicht von vorn herein ablehnen.

Im gewerblichen Bereich wird die Kenntnis von bestimmten sensiblen Daten jedenfalls nur dann relevant, wenn die gewerbliche Paralleltätigkeit des Steuerberaters in **Konkurrenz** zum Mandantenunternehmen steht. Neben den Schlagwörtern aus der höchstrichterlichen Rechtsprechung finden sich insoweit vereinzelt innerhalb einzelner Entscheidungen der Instanzgerichte erste bislang nur beiläufig erwähnte Anmerkungen, dass es bei der Argumentation um die Interessenkollisionen ausgelöst durch irgendwelche vertieften Kenntnisse des Steuerberaters von wirtschaftlichen Verhältnissen vorwiegend um den **Missbrauch von Daten** geht, der im gewerblichen Bereich **in Konkurrenzsituationen** auftreten kann. So heißt im Urteil des Finanzgerichtes Rheinland-Pfalz: *„Weitergehend als dies z.B. bei einem Rechtsanwalt grundsätzlich der Fall ist, eröffnet die Wahrnehmung der Interessen des Mandanten dem Steuerberater einen umfassenden und weit reichenden Zugang zu Informationen sowie Daten über die finanzielle Situation des Mandanten. Diese Informationen und Daten gilt es vor missbräuchlicher Verwendung zu schützen.“*[487] Das wäre abseits weiterer pathetischer Ausführungen über Vertrauen und abseits unkonkreter Pauschalbehauptungen eine im Ansatz noch nachvollziehbare Argumentation. Für diesen Missbrauchsschutz ist der durch das Totalverbot jeder gewerblichen Tätigkeit bewirkte präventive Ausschluss von Situationen, in denen ein Missbrauch entstehen kann, der weitgehendste freiheitsbeschränkende

487 FG Rheinland-Pfalz, Urteil vom 24.02.2010, 2 K 2185/09, DStRE 2010, 701–703, ohne Gliederung, juris Rn. 33.

Eingriff, der in Anbetracht der vorhandenen Sanktionen (Strafrecht, Wettbewerbsrecht, allgem. Zivilrecht) für derartiges nicht adäquates Verhalten letztlich unangemessen ist. Das zeigt insbesondere die im Folgenden dargestellte Situation aller Träger geheimer Informationen.

(4) Steuerberater im Vergleich zu anderen Geheimnisträgern

Wie bei Mitarbeitern (§ 17 I UWG[488]), Handlungsgehilfen (§ 60 HGB) oder Handelsvertretern (§ 90 HGB) eines Unternehmens wäre der Gebrauch geheimer Daten durch einen Steuerberater, wenn dieses Daten Betriebs- bzw. Geschäftsgeheimnisse darstellen, nach allgemeinen Vorschriften ebenso missbräuchlich wie strafrechtlich und zivilrechtlich über § 17 II UWG sanktioniert.[489]

Flankiert werden diese Vorschriften für Steuerberater und Rechtsanwälte durch § 203 StGB (Straftatbestand u.a. wegen Verletzung von Betriebs- oder Geschäftsgeheimnissen) oder § 356 StGB (Parteiverrat). § 356 StGB, der vornehmlich den Parteiverrat bei Rechtsanwälten unter Strafe stellt, gilt auch für Steuerberater, soweit sie in steuerstrafrechtlichen Ermittlungsverfahren vor den Finanzbehörden oder im Steuerstrafverfahren die Verteidigung führen,[490] damit also gerade im Bereich der Rechtspflege. In Anbetracht der strafrechtlichen Sanktionierung bei Offenbarung, Weitergabe und Verwendung von geheimen Daten – insbesondere sind relevant fremde Kundendaten oder Lieferanteninformationen, nur über diese wirklich geheimen Informationen verfügt der Steuerberater hinreichend regelmäßig – ist die Gefahr des Missbrauchs von Daten auch bei erwerbswirtschaftlicher Paralleltätigkeit eines Steuerberaters weiter eingeschränkt.

Der Gesetzgeber könnte grundsätzlich erwägen, zur Vermeidung dieser Gefahren über die strafrechtliche Sanktion hinaus speziell für Steuerberater weitere Sanktionen einzuführen, eben das gänzliche Verbot der gewerblichen Paralleltätigkeit bzw. der Berufstätigkeit als Steuerberater. Nur muss er dabei die Grundrechtseinschränkungen beachten und sich an den Verhältnismäßigkeitsgrundsatz halten. Die oberflächliche Begründung der Verbotsnorm nebst mangelnder Deutlichkeit

---

488 Strafnorm des § 17 Abs. 1 UWG gilt nur für Beschäftigte des Unternehmens.

489 Das unbefugte Verschaffen und das Verwerten stellt einen Verstoß gegen § 17 Abs. 2 UWG dar, dessen Anwendungsbereich nicht auf Beschäftigte beschränkt ist, grundlegend BGH, – Versicherungsuntervertreter –, Urteil vom 26.02.2009, I ZR 28/06. NJW 2009, 1420–1422. Ein Unterlassungsanspruch für den Mandanten gegen den Steuerberater ergäbe sich aus § 8 Abs. 1 Satz 1 i.V.m. §§ 3, 4 Nr. 11 UWG. Die Verpflichtung zum Schadensersatz ergibt sich aus § 9 Satz 1 UWG, der vorbereitende Auskunftsanspruch aus § 242 BGB. Herausgabe oder Vernichtung der Kundendaten kann mit dem Anspruch auf Beseitigung nach § 8 Abs. 1 Satz 1 UWG erreicht werden.

490 Fischer, Kurzkommentar zum StGB, 56 Aufl. 2009, § 356 Rn. 2b; *Dahs* in Münchener Kommentar zum StGB, 3. Aufl. 2019, § 356 StGB, Rn. 21.

bei der Zieldefinition offenbart, dass sich der Gesetzgeber und nachfolgend die Gerichte mit den wirklich möglicherweise entstehenden Konfliktfällen in Korrelation zu den dafür schon bestehenden Sanktionen nicht auseinandersetzten.

Mit einer Verpflichtung des Steuerberaters zur Anzeige einer gewerblichen Paralleltätigkeit könnten die vorgenannten allgemeinen Verbotsnormen sicher noch unterstützt werden – dann können die möglicherweise betroffenen und zu schützenden Mandanten leichter prüfen, ob missbräuchliche Verwendungen oder gar Wettbewerbsverstöße vorliegen bzw. drohen. Die Mandanten werden so in die Lage versetzt zu entscheiden, ob sie den Steuerberater für so vertrauenswürdig halten, dass er die sensiblen, ihm anvertrauten Daten nicht weitergibt bzw. neue Mandanten können entscheiden, ob sie sich diesem Steuerberater anvertrauen wollen. Eine Offenlegung (Plicht zur Offenlegung von Paralleltätigkeiten) könnte beispielsweise ebenso wie das öffentliche Berufsregister der Wirtschaftsprüferkammer gemäß § 38 WPO ausgestaltet werden. Diese Hinweispflicht wäre verfassungsrechtlich ein deutlich geringerer Eingriff in die Berufsfreiheit, der sich rechtfertigen ließe, auch wenn er ohne Rücksicht auf eine konkret bestehende Konkurrenzlage alle Steuerberater erfasst.

Ein Verbot, in Wettbewerb zu Mandantenunternehmungen zu treten, besteht unter derzeitiger Gesetzeslage ebenfalls schon. Bei Arbeitnehmern entnimmt man das **Wettbewerbsverbot** der dem Arbeitsvertrag immanenten Treue- und Rücksichtnahmepflicht,[491] bei Handelsvertretern dem § 86 I HGB[492], bei Handlungsgehilfen explizit §§ 60, 61 HGB. Es dürfte daher naheliegen, auch dem Steuerberatungsvertrag, selbst wenn dort nicht explizit vereinbart, ein immanentes Wettbewerbsverbot (nachvertraglich nur aufgrund ausdrücklicher Parteivereinbarung) zu entnehmen.

Ein Unternehmer, der die Buchhaltung und den handelsrechtlichen Jahresabschluss im Unternehmen durch angestellte Mitarbeiter bearbeiten lässt, kann die damit betrauten Mitarbeiter – die soweit genau die gleichen Kenntnisse einiger sensibler Unternehmensdaten haben wie der Steuerberater, der den Jahresabschluss erstellt – wie alle Geheimnisträger nochmals vertraglich an Verschwiegenheit und Wettbewerbsverbot binden und die Gesetzeslage bestätigen, konkretisieren bzw. mit einer Vertragsstrafenvereinbarung bestärken. Dem wirtschaftlich bewanderten Mandanten ist zuzumuten, derartige Regelungen ebenso im Steuerberatungsvertrag festzuhalten. Es macht nämlich aus Sicht des Dateninhabers (Mandanten) keinen Unterschied, ob eigene Mitarbeiter oder der Steuerberater die sensiblen Daten kennen. Beide Personenkreise stellen potentielle Risiken dar. In Relation zu den unter (2) genannten wirklich relevanten Informationen, wie Produktionsverfahren, sonstigen technischen Geheimnissen und Know-how oder Strategien

---

491 BAG, Urteil vom 20.09.2006, 10 AZR 439/05, DB 2007, 346–348.

492 Zuletzt OLG München, Urteil vom 18.11.2010, 23 U 3768/10; OLG Frankfurt, Beschluss vom 08.01.2010, 22 W 55/09.

werden die dem Steuerberater im Rahmen der Jahresabschlussarbeiten, Steuererklärungen und ggf. Finanzbuchhaltung zugänglichen Informationen überschätzt. Wenn bereits die Informationen aus der Bearbeitung der Finanzbuchhaltung, des Jahresabschlusses oder den Steuererklärungen von vielen Personen im Unternehmen geteilt werden, die meist darüber hinausgehend noch detailliertere Einblicke in die Unternehmensinterna haben, kann die Gefahr der missbräuchlichen Verwendung durch den Steuerberater nicht besonders exklusiv eingestuft werden.

Die Vereinbarung einer Vertragsstrafe oder eines weitergehenden Wettbewerbsverbotes im Steuerberatungsvertrag setzt allerdings die Grundauffassung voraus, dass es sich bei Steuerberatungsdienstleistungen um marktmäßige Leistungen zwar höherer, weil schwieriger, Art handelt, aber die Steuerberater keinen imaginär zu hebenden Beruf besetzen, diese etwa nicht gewinnorientiert arbeiten würden oder einem höheren Stande angehörten. Genau dieses Denken setzt sich leider noch nicht genügend durch und verhindert die klare verfassungsrechtliche Betrachtung. Wie ein Unternehmensberater oder Mitarbeiter der Abteilung Rechnungswesen eines Unternehmens hat der Steuerberater besondere Kenntnisse aber keine, die so sensibel, exklusiv und geheim wären, dass selbst einer wie auch immer zu graduierenden abstrakten Gefahr eines Missbrauches über ein Berufsverbot zusätzlich vorgebeugt werden müsste.

Das Wettbewerbsverbot wirkt während des Bestehens eines Beratungsvertrages. Sicher besteht – verglichen wieder mit den im Unternehmen mit Rechnungswesen betrauten Mitarbeitern – ein legitimes Interesse des Unternehmers/Mandanten auch **nachvertragliche** (Vertragsende bei Abschluss der jeweiligen Arbeiten des Steuerberaters oder formeller Kündigung eines Dauerberatungsvertrages) **Wettbewerbssituationen** auszuschließen. Jedoch schon mit zunehmendem Zeitablauf werden die Daten (Kundendaten und Lieferbeziehungen) für eine Konkurrenztätigkeit immer weniger wichtig. Im Bereich der eigenen Mitarbeiter des Unternehmers/Mandanten oder bei Handelsvertretern werden in der Praxis nachvertragliche Wettbewerbsverbote gegen Entschädigung vereinbart. Da die Informationslage des Steuerberaters, wie oben aufgezeigt, jedenfalls nicht weiter reicht, wäre es zumutbar, dem Unternehmer/Mandanten ebenso die vertragliche Aushandlung eines nachvertraglichen Wettbewerbsverbotes zu überlassen.

(5) Informationsnutzung außerhalb gewerblicher Paralleltätigkeit

In ähnlicher Intensität bestünde genau dieselbe (meist minimale) abstrakte Gefahr von Informationstransfer, die die Rechtsprechung allein bei paralleler gewerblicher Tätigkeit unterstellen will, bei der Bearbeitung von mehr als einem Mandat. Die detaillierten Kenntnisse über wirtschaftliche Zusammenhänge eines Mandanten, in Betracht kommen in erster Linie die Kunden- und Lieferbeziehungen, könnten immer bei der Bearbeitung eines anderen Mandanten, der ggf. noch innerhalb derselben Branche tätig ist, genutzt werden und vice versa. Die Möglichkeit der Nutzung von geheimen Daten besteht ebenso wie bei gewerblicher Paralleltätigkeit oder im privaten Umfeld auch innerhalb der **Kerntätigkeit des Beraters**. Sie ist dem Steuerberaterberuf – alle Steuerberater bearbeiten mehr als einen Mandanten – immanent. Steuerberater und Rechtsanwälte halten sich zwar meistens an den nicht gesetzlich verankerten Grundsatz, in dauerhafter Geschäftsbeziehung nicht gleichzeitig Konkurrenzunternehmen zu beraten und schränken somit das Gefahrenpotential etwas ein. Eine berufsrechtliche Verpflichtung dazu besteht aber nicht.[493] Allerdings kommt es des Öfteren gerade bei größeren Kanzleien vor, dass diese – wenn vielleicht auch an verschiedenen Standorten – Unternehmen / Konkurrenten der gleichen Branche dauerhaft rechtlich und steuerlich beraten. Die damit verbundenen Gefahren von Interessenkollisionen sind vergleichbar denen bei gewerblicher Konkurrenztätigkeit. Es besteht zumindest latent die Gefahr, dass die Berater das Wissen aus der steuerlichen oder rechtlichen Beratung des einen Mandanten bei der Konkurrenz ebenso einsetzen – und zwar aus dem allgemeinen Interesse heraus, damit das eigene Geschäft zu fördern. Zwar betreffen die Überschneidungen weniger die originären Steuerberatungsleistungen. Sie werden aber bei weitergehender Beratung im wirtschaftlichen Bereich, die oft mit der Steuerberatung oder umfassenden rechtlichen Dauerberatung verbunden ist, relevant. Bei der unternehmerischen Beratung könnten beispielsweise Hinweise zu Lieferkonditionen und -kontakten des Konkurrenten erteilt werden, um ggf. für den anderen Mandanten eine bessere Verhandlungsbasis zu schaffen und letztlich die Kompetenz des Beraters zu unterstreichen.

Diese Potentiale von abstrakten Gefahren und Interessenkollisionen sind im Berufsbild angelegt. Sie werden vom Gesetzgeber allerdings akzeptiert. Es existiert noch keine Vorschrift, die die dauerhafte rechtliche oder steuerliche Beratung von Konkurrenzunternehmen reglementiert – kein Verbot, mehrere Konkurrenten gleichzeitig zu beraten, z.B. mehrere Sportvereine der gleichen Sportart, mehrere Autohäuser mit räumlicher Überschneidung. Im Wettbewerbsrecht findet sich fast zu jedem wettbewerbsrechtlichen Anspruch das Tatbestandsmerkmal „Wettbewerbsverhältnis". Daran müsste und dürfte der Gesetzgeber anknüpfen, wenn er sinnvoll regeln will. In Betracht käme, steuerberatende Tätigkeiten im Einzelfall zu verbieten, soweit Wettbewerbssituationen mit bestehenden Mandaten oder der eigenen Paralleltätigkeit bestehen oder vor kürzerer Zeit bestanden. Jedoch dürfte auch ein derart eingeschränktes Tätigkeitsverbot einer Angemessenheitskontrolle nicht standhalten, wenn den betroffenen Mandanten nicht die Möglichkeit der Einwilligung gewährt wird. Denn die Funktionsfähigkeit der Steuerrechtspflege wäre – abgesehen davon, dass es auch hier fast ausschließlich um den außergerichtlichen Beratungsmarkt geht – nicht betroffen; nur das legitime Interesse an Geheimhaltung des Mandanten. Soweit Mandanten von der Konfliktlage Kenntnis

493 Der Referentenentwurf des BMJV vom 29.10.2020 zur Reform der BRAO schlägt allerding nun ein Tätigkeitsverbot § 43a IV Nr. 2 und § 45 I Satz 2 BRAO vor, wenn der Rechtsanwalt „eine für die Rechtssache bedeutsame vertrauliche Information erhalten hat".

erhalten, können sie handeln: entweder die Situation akzeptieren, das Mandat kündigen oder vertragliche Zusatzvereinbarungen treffen. Voraussetzung wäre nur die Pflicht zur Offenlegung.

In Anbetracht dessen allein bei gewerblichen Paralleltätigkeiten des Steuerberaters ein rigoroses Berufsverbot zu normieren, passt nicht mit den ungeregelten abstrakten Gefahren bei Mehrfachberatung zusammen und schmälert die Bedeutung, der zur Rechtfertigung des Verbotes gewerblicher Paralleltätigkeit herangezogenen potentiellen Interessenkollision wegen Kenntnis von wirtschaftlichen sensiblen Daten.

Ähnliche Konstellationen begegnen uns bei den von den berufsständischen Verbänden und dem Gesetzgeber als explizit zulässig angesehenen Paralleltätigkeiten wie Sanierungsberatung, Insolvenzverwaltung, betriebswirtschaftliche Beratung oder Haus- und WEG-Verwaltung. Diese Tätigkeiten sind gewerblich, ob nun in Form eines Einzelunternehmens oder in Form einer Kapitalgesellschaft mit einem Steuerberater als leitendem Organ geführt. Die abstrakte Gefahr, dass dort Informationen von Mandanten, die geheim bleiben sollten, genutzt werden, ist ebenso vorhanden, wie bei jeder anderen (gewerblichen) Tätigkeit auch. Wenn die abstrakte Gefahr aus der Kenntnis von sensiblen wirtschaftlichen Daten des Mandanten wirklich als Argument gegen die Zulässigkeit gewerblicher Paralleltätigkeit Verwendung finden dürfte, könnten Steuerberater keine der bisher schon erlaubten Paralleltätigkeiten ausführen oder jeweils nur einen Mandant oder eine „erlaubte“ Tätigkeit gleichzeitig bearbeiten. Wenn der Gesetzgeber wirklich diesen noch so abstrakten Gefahren begegnen wollte, hätte er nicht nur den relativ abseitigen Bereich der gewerblichen Paralleltätigkeit regeln dürfen, sondern umfassend alle Interessenkollisionen bzw. Datenmissbrauchskonstellationen, insbesondere die viel näher liegenden abstrakten Gefahren der gleichzeitigen Beratung von konkurrierenden Mandanten. Hierdurch lässt sich wieder deutlich erkennen, dass nicht die Vermeidung von Interessenkollisionen und der Schutz der Funktionsfähigkeit einer Steuerrechtspflege im Fokus des Gesetzgebers stand, sondern allein die Abgrenzung und Hebung des Berufes Steuerberater.

Offensichtlich bestehen die Gefahren von Daten- und Informationstransfer und damit Interessenkollisionen in den Fällen, in denen Steuerberaterkanzleien beispielsweise für Rechtsanwaltskanzleien die Bearbeitung von Jahresabschlüssen oder Einnahmen-Überschuss-Rechnungen nebst Steuererklärungen übernehmen und insoweit an die Kundendaten des Mandanten gelangen. Konsequenterweise dürfte eine Sozietät aus Rechtsanwälten und Steuerberatern generell keine steuerliche Beratung von anderen Rechtsanwaltskanzleien übernehmen. Denn Mandant und Berater stehen immer potentiell in einem Wettbewerbsverhältnis. Der einzige Unterschied zu den Fällen der gewerblichen Paralleltätigkeit innerhalb derselben Branche besteht in der stets gegebenen Kenntnis des Mandanten (der Rechtsanwaltskanzlei) von der Wettbewerbssituation. Diese Kenntnis ist aber auch der entscheidende Schlüssel. Beide Partner des Beratungsvertrages werden auf dieser Basis entweder auf die Integrität das steuerlichen Beraters vertrauen oder vertraglich weitergehende Regelungen wie beispielsweise Vertragsstrafen bei Verstößen gegen das dem Steuerberatungsvertrag immanente Wettbewerbsverbot vereinbaren – mithin eigenverantwortlich – wie auch sonst in ihrem unternehmerischen Wirken – Verträge gestalten. Auch hierbei wird von der Selbstverständlichkeit ausgegangen, dass auch Steuerberater selbst in erster Linie Unternehmer sind.

(6) Zusammenfassung

Der Verhältnismäßigkeitsgrundsatzes verbietet letztlich, jede noch so abstrakte Gefahr von Informationstransfer und damit einhergehenden möglichen Interessenkollisionen als Rechtfertigung für einen Eingriff in die Berufsfreiheit durch das grundsätzliche Verbot jeder gewerblicher Paralleltätigkeit heranzuziehen, zumal die dabei bestehenden Konfliktlagen weitaus geringer sind, als es die nicht näher durchdachten Formulierungen der Rechtsprechung und Literatur vermuten lassen, sich auf Konkurrenzsituationen beschränken und bei anderen Beziehungen des Steuerberaters im privaten Bereich oder der Berufsausübung selbst ebenso auftreten können.

Die bisherigen Begründungen maßgeblich der Rechtsprechung setzen bei einer nicht näher konkretisierten regelmäßig vertieften Kenntnis des Steuerberaters von den wirtschaftlichen Verhältnissen des Mandanten an, die jedoch per se nichts über die Konfliktlagen und Interessenkollisionen offenbart. Es ist dem Beruf des Steuerberaters eigen, dass gewisse Kollisionslagen und Gefahren entstehen, insbesondere bei Beratungen innerhalb der gleichen Branche und von Anwaltskanzleien. Im Rahmen der Prüfung der Angemessenheit des Totalverbotes gewerblicher Paralleltätigkeit zeigt sich damit, dass die Einschränkung der Berufsfreiheit bei gewerblicher Paralleltätigkeit unangemessen ist.

Meines Erachtens ist die Begründung der berufsrechtlichen Literatur und der Rechtsprechung – auch soweit sie sich im Ansatz auf die Bedürfnisse der Steuerrechtspflege nach interessenkollisionsfreier Arbeit stützt – nur nachträglich konstruiert worden, um das gewohnte, verfassungsrechtlich aber nicht haltbare Verbot der gewerblichen Paralleltätigkeit zu rechtfertigen. Freilich hat der Gesetzgeber zur Begründung seines vormaligen Handelns die Argumentationskette nachträglich bei Gesetzesänderungen aufgegriffen. Damit wird aber keine verfassungsrechtliche Legitimation erreicht.

b) Ausschluss des Gewinnerzielungsstrebens

Die mangelnde Berechtigung, neben dem Schutz der Funktionsfähigkeit der Steuerrechtspflege auf weitere, bei VI.1. aufgeführte Ziele abzustellen, die nicht im Ansatz auf das Ziel der Sicherung der Funktionsfähigkeit der Steuerrechtspflege zurückführbar sind, wurde dort schon erläutert. Weil diese jedoch gerade in der Rechtsprechung regelmäßig zur Begründung der angeblichen Verfassungsmäßigkeit der Norm mindestens ergänzend herangezogen werden, sollen diese im Rahmen der Verhältnismäßigkeit nochmals aufgegriffen werden.

Es sei für einen Steuerberater unzulässig, dem Gewinnstreben bei seiner Kerntätigkeit Priorität einzuräumen; Gewinnstreben als solches – so Teile der Literatur offen – sei aber unbedenklich.[494] Ansonsten liest man immer wieder die Formulierung, dass jegliches Gewinnstreben aus dem Beruf des Steuerberaters ferngehalten werden solle oder dass der Eindruck, der Steuerberater sei maßgeblich am Gewinn orientiert, mit dem Verbot jeglicher gewerblichen Paralleltätigkeit vermieden werden solle.[495] Gewerbetreibende hätten die Absicht der Gewinnerzielung, wohingegen die Tätigkeit eines Steuerberaters vorrangig nicht von einem wirtschaftlichen Interesse, sondern einer „persönlich berufsspezifischen Leistung“ geprägt sei.[496]

(1) Das Ziel, Gewinnstreben vom Beruf des Steuerberaters fernzuhalten, ist in der Breite der Formulierungen unzulässig, weil es nicht legitim ist, etwas verbieten zu wollen, das dem **Wirtschaftsleben immanent,** den Steuerberatern wie allen Beratern eigen und von der Verfassung als Antrieb des Handels zugelassen worden ist. Nur das überhöhte Gewinnstreben kann unter Umständen beachtlich sein. Es gelten für den Steuerberater die gleichen grundsätzlichen Erwägungen wie beim Rechtsanwalt (siehe oben D.IV.3.b)). Auch der Steuerberater muss in der heutigen Dienstleistungsgesellschaft, in der gegebenen Wirtschaftsordnung und dem vorgefundenen wirtschaftspolitischen Rahmen **gerade maßgeblich nach Gewinn streben**, um sich mit seinem Beruf eine Lebensgrundlage schaffen zu können. Nur bei staatlicher Alimentierung könnte man über vom Beruf fernzuhaltendes Gewinnstreben diskutieren. Ein Steuerberater muss wie jeder andere Unternehmer die Betriebsausgaben, insbesondere die Löhne, jenen Monat neu erwirtschaften, Rücklagen bilden und sein Unternehmen nach den Marktgegebenheiten ausrichten. Er ist daher geradezu verpflichtet, einen Gewinn zu erwirtschaften und nach diesem zu streben, um seine Existenz und die seiner Mitarbeiter zu sichern, um

494 *Maxl* in Kuhls, StBerG, 3. Aufl. 2012, § 57 Rn. 341 (dem Gewinnstreben dürfe aber nicht der Vorrang vor der Einhaltung der Berufspflichten eingeräumt werden); ebenso ders. in der 2. Aufl. 2004, § 57 Rn. 412, anders in der 2. Aufl. aber im Zusammenhang mit dem angenommenen Verbot des Gründung und des Betriebes von Vorratsgesellschaften die Kommentierung von Kuhls zu § 57 Rn. 434, der „berufsrechtliche Gewerbebegriff“ sei durch ein „unzulässiges Gewinnstreben geprägt“.

495 Im Rahmen einer unzulässigen Werbung so LG Hannover, Beschluss vom 24.08.2009, 44 StL 2/06, DStRE 2010, 583–584 II. a.E., unter Bezugnahme auf BGH, Urteil vom 23.10.1980, IVa ZR 28/80, NJW 1981, 399.

496 VG Düsseldorf, Urteil vom 04.08.2010, 20 K 5091/09, DStR 2010, 2272, ohne Gliederung, juris Rn. 18 (aufgehoben vom OVG NRW, Urteil vom 20.12.2011, 4 A 1940/10, Berufungsurteil bestätigt durch BVerwG, Urteil vom 26.09.2012, 8 C 6/12, allerdings jeweils nur auf den Einzelfall eingehend, der eine Ausnahmegenehmigung rechtfertige und nicht die grundsätzlichen verfassungsrechtlichen Fragen beantwortend oder darin der ersten Instanz widersprechend), ebenso BGH, Urteil vom 25.02.2003, StbSt (R) 2/02 = NJW 2003, 1540–1541, II.2.a), juris Rn. 15.

dann – insoweit unterscheidet er sich auch nicht von anderen Unternehmern im gewerblichen Bereich – nach Erreichen einer ausreichenden Lebensgrundlage möglicherweise mit dem Ertrag seines Unternehmens auch andere (ggf. gemeinnützige) Zwecke zu unterstützen.

Der **primäre Zweck** einer Steuerberatergesellschaft oder einer Tätigkeit als Einzelsteuerberater ist die **Gewinnerzielung**. Dies wird auch vom Ertragssteuerrecht geradezu vorausgesetzt, ansonsten würde ein Steuerberater keine Einkünfte aus selbständiger Arbeit erzielen können. Der Steuerberater nimmt wie jeder andere Dienstleister am Markt teil und steht im Wettbewerb mit anderen. Wir haben uns unter der Geltung des Grundgesetztes für die **Marktwirtschaft** als Wirtschaftsmodell entschieden. Die Verfassung gibt keine bestimmte Wirtschafsform vor.[497] Eine Planwirtschaft beispielsweise wäre auch verfassungsrechtlich nicht zu beanstanden. Die Marktwirtschaft basiert jedoch auf dem Gewinnstreben. Dabei wurden soziale Regulativen gefunden, die die Auswüchse eines ungebremsten, alleinigen Gewinnstrebens abmildern. Letztlich bringt diese Wirtschaftsform einen Wohlstand, der mehr oder weniger auf die Menschen der Bundesrepublik verteilt wird. Die Marktwirtschaft führt zu einem Steueraufkommen, das es erst ermöglicht, z.B. die Sozialhilfe zu bezahlen. Der Konsens, letztlich das Gewinnstreben als Motor der Wirtschaft und Ausgangspunkt des Wirtschaftslebens zuzulassen, ist nicht unumstritten und schon gar nicht zwingend. Diese Frage interessiert an dieser Stelle nicht weiter, sondern nur der Fakt, dass das Gewinnstreben die anerkannte Basis des Wirtschaftens im Geltungsgebiet des Grundgesetzes ist. Nach dieser Bestandsanalyse kann man das Gewinnstreben bei einer gewerblichen Tätigkeit nicht als negatives Argument gegen den Menschen / Berufsträger verwenden, der sich mit seinem Handeln diesem allgemeinen Konsens anschließt. Es kann kein verfassungsrechtlich relevantes Kriterium sein, die moralische oder ethische Fragwürdigkeit des Gewinnstrebens in die Argumentation als Negativmerkmal der Gewerbetreibenden zu postulieren und im zweiten Schritt daraus ein Verbot gewerblicher Paralleltätigkeiten für Steuerberater zu rechtfertigen. Wenn das Gewinnstreben verfassungsrechtlich zulässig ist und als Basis des

---

497 „Das Grundgesetz ist wirtschaftspolitisch in dem Sinn neutral, daß der Gesetzgeber jede ihm sachgemäß erscheinende Wirtschaftspolitik verfolgen darf, sofern er dabei das Grundgesetz, insbesondere die Grundrechte, beachtet <BVerfGE 4, 7 <17 f.>>. Ein auf Grund des Art. 12 Abs. 1 Satz 2 erlassenes Gesetz kann also nicht deshalb verfassungsrechtlich beanstandet werden, weil es etwa der sonstigen staatlichen Wirtschaftspolitik widerspricht oder weil es mit einer bestimmten dieser allgemeinen Wirtschaftspolitik etwa zugrunde liegenden volkswirtschaftlichen Lehrmeinung nicht in Einklang steht; noch weniger selbstverständlich deshalb, weil die in dem Gesetz zutage tretende wirtschaftspolitische Auffassung vom Richter nicht gebilligt wird." BVerfG – Apothekenurteil – 11.06.1958, 1 BvR 596/56, BVerfGE 7, 377, VI.3.a).

Wirtschaftslebens derzeit fungiert, darf dasselbe Gewinnstreben nicht als Einschränkungskriterium gegen ein Grundrecht verwendet werden.

(2) Im Steuerberatungsgesetz selbst ist das Motiv des Tätigwerdens – Gewinnerzielungsabsicht – verankert und vorausgesetzt. Auch Steuerberater können nach der Steuerberatervergütungsverordnung Entgelte für ihre Tätigkeit verlangen oder diesen Gebührenrahmen nach oben verlassen. Die Steuerberatervergütungsverordnung (StBVV) lässt in § 4 gerade individuell zu vereinbarende höhere Gebühren zu. Diese Möglichkeit wird regelmäßig genutzt, indem – ebenso wie Rechtsanwälte es praktizieren – Stundensätze oder Pauschalvergütungen vereinbart werden. Die Praxis zeigt: Steuerberater fordern Preise für ihre Leistungen, soweit sie am Markt durchsetzbar sind. Insofern unterscheidet sich die steuerberatende Dienstleistung nicht von anderen gewerblichen Dienstleistungen am Markt.

(3) Letztendlich versteckt sich hinter der Argumentation, dass es auch Ziel des Verbotes einer gewerblichen Paralleltätigkeit sei, Gewinnstreben beim Steuerberater zu verhindern, und es sich daher um eine angemessene Regelung handle, der Gedanke, dass Gewinnerzielungsabsicht dem **Ansehen der Steuerberater** nicht zuträglich wäre. Diese vorzugsweise von den Steuerberaterkammern eingenommene, von den Gerichten gern übernommene[498] Position geht von der Vorstellung aus, dass die Angehörigen des Berufes Steuerberater letztlich bessere Menschen seien, die – abgehoben von der übrigen Bevölkerung – aus einer höheren Berufung heraus tätig werden, nicht aus profaner Gewinnerzielungsabsicht. Eine Ansehenssteigerung liegt außerhalb der Berufsdefinitionsbefugnis des Gesetzgebers. Denn damit könnte er jeden Beruf willkürlich abschotten und reglementieren. Das Ansehen ist nur ein Reflex der Ausgestaltung eines Berufes. Die **moralische Überhöhung** des Berufes (man kann es auch Standesdünkel nennen) ist nach meiner Beobachtung bei den Steuerberatern unerklärlicherweise noch weiter ausgeprägt als bei Rechtsanwälten.

Der BGH urteilte dazu im Jahr 2003: „*Das Berufsbild ist ausgerichtet auf den Vorrang der persönlichen berufsspezifischen Leistung vor den wirtschaftlichen Aspekten der Tätigkeit.*“[499] Demnach würde ein Steuerberater das vorrangige Motiv seiner Tätigkeit in der Tätigkeit als solcher sehen und nur nebenbei, auf jeden Fall untergeordnet nach Gewinn streben. Dieser Ansatz lässt sich jedoch weder

---

498 So beispielsweise BGH im Urteil vom 29.02.1988, StbSt (R) 1/87 = BGHSt 35, 232–237, der dort eine Paralleltätigkeit als Vorstand eines als gemeinnützig anerkannten genossenschaftlichen Wohnungsunternehmen hauptsächlich mit der Argumentation ablehnt, weil unter Umständen eine Restgewinnerzielungsabsicht verbliebe (musste nach Zurückverweisung an das OLG dort geklärt werden) und diese auf die Vorstandtätigkeit des Steuerberaters durchschlage. Weil Gewinnorientierung aber unzulässig sein, verbiete sich dem Steuerberater diese Paralleltätigkeit.

499 BGH, Urteil vom 25.02.2003, StbSt (R) 2/02 = NJW 2003, 1540–1541, II.2.a), juris Rn. 15.

dem Steuerberatungsgesetz entnehmen, noch entspricht er der Lebenswirklichkeit. Vermeintlich abgesichert werden soll die These mit der weitergehenden Feststellung, das Berufsbild sei „*durch die unabhängige und unparteiliche Erfüllung der den steuerberatenden Berufen übertragenen Aufgabe, eine umfassende Hilfeleistung in Steuersachen zu gewährleisten*“[500] geprägt. Diese Feststellung ist hinsichtlich der angeblichen Unparteilichkeit deutlich unzutreffend (siehe dazu sogleich unter c)), hinsichtlich der Unabhängigkeit viel zu oberflächlich. Der wahre Grund einer solchen Argumentation liegt im Ziel der Rechtsprechung und vorgelagert der Standesverbände, dem Beruf eine nicht vorhandene moralische Überhöhung zu geben, damit letztlich dem Ansehen des Berufes zu dienen und – bei den Kammerfunktionären sicher mittelbares Motiv – das eigene Ansehen und Standing zu erhöhen.

(4) Die Diskussion um eine Gewinnorientierung lässt unzulässigerweise die Grundlagen unserer Wirtschaftsordnung außer Betracht, differenziert nicht im erforderlichen Maße die verschiedenen Ausprägungen der Gewinnorientierung (von Kostendeckung über Gewinn als Basis für eigenes Leben bis zum rücksichtslosen Gewinnstreben) und vermengt zudem die oben schon angedeutete Motivation zum beruflichen Tätigwerden insgesamt, also die **Phase bis zum Vertragsschluss**, mit der Motivation des Tätigwerdens in der Phase der Abarbeitung des vertraglich Vereinbarten.

So heißt es in der Rechtsprechung in diesem Zusammenhang immer wieder in ähnlicher Formulierung, dass das Vertrauen des in Steuersachen Ratsuchenden darin erhalten bleiben solle, dass „*der Steuerberater seine Dienste nicht rein gewerblich und gewinnorientiert anbietet und seine Leistung an den Interessen des Mandanten und nicht am eigenen Vorteil ausrichtet*“ sowie dass er „*aus Rücksicht auf die Steuerrechtspflege und die Interessen seines Mandanten das persönliche Gewinnstreben*“ *zurückstellt.*[501] Insgesamt wird befürchtet, eine gewerbliche Paralleltätigkeit des Steuerberaters könne „*dem für Gewerbetätigkeit kennzeichnenden Gewinnstreben auch im Rahmen der Steuerberatung Raum*“ geben. Der Steuerberater könne dann seine Kunden „*deshalb nicht mehr in der erforderlichen Unabhängigkeit und Unvoreingenommenheit, also nicht sachgerecht beraten*“ oder würde in einen entsprechenden Verdacht geraten. Allen damit in Zusammenhang stehenden Gefahren solle das Verbot gewerblicher Tätigkeit vorbeugen und damit die Voraussetzungen sachgerechter Steuerberatung verstärken und mittelbar der Steuerrechtspflege dienen.[502]

Bei einer derartigen Argumentation werden die unterschiedlichen Interessenlagen vor und nach Abschluss eines (Steuer-)Beratungsertrages nicht beachtet.

---

500 BGH, Urteil vom 25.02.2003, StbSt (R) 2/02 = NJW 2003, 1540–1541, II.2.a), juris Rn. 15, m.w.N.

501 OVG Niedersachsen, Urteil vom 08.12.2005, 8 LB 50/03, NJW 2006, 3799–3803, Urteil ohne Gliederung, juris Rn. 40.

502 OLG Nürnberg, Urteil vom 03.11.2006, StO 1/06, DStRE 2007, 1599–1600, IV.

In der Phase bis Vertragsschluss sind alle – der Steuerberater und jeder andere gewerbliche Unternehmer – gewinnorientiert. Sie versuchen für ihre angebotene Leistung am Markt einen angemessenen, möglichst hohen Preis zu erzielen; z.B. wird der Bauunternehmer sein beabsichtigtes Werk oder die nachgefragte Werkleistung so teuer wie möglich anzubieten versuchen, der Friseur seine Dienstleistung abgestimmt auf die an seinem Standort gegebene Marktlage ebenso, genau wie der Steuerberater hinsichtlich der Stundensätze oder Pauschalen oder eben (nur) der Gebührenordnung. Angebot und Nachfrage bestimmen den Preis. Die Ausnahmen bei Monopolen sollen hier nicht interessieren.

Die Argumentation der zitierten Entscheidungen der Rechtsprechung versucht zu suggerieren, dass sich das normale legitime Gewinnstreben nicht nur auf die Preisbildung sondern auch auf die Sacharbeit auswirken könnte: die „Leistung" wäre beeinflusst oder die Beratung nicht mehr „sachgerecht". Dieser Rückschluss ist aber nicht zutreffend. Er würde nämlich bedeuten, der Steuerberater und jeder andere gewerbliche Unternehmer wären wegen der Gewinnorientierung grundsätzlich vertragsuntreu und halten sich nicht an das vertraglich Vereinbarte. Bei gewerblichen Unternehmen und bei Steuerberatern hat die Gewinnorientierung bei Vertragsschluss ihren Einfluss eingebracht, dann aber auch aufgebraucht. Nach Vertragsschluss erfolgt die Abarbeitung nicht mehr maßgeblich am Gewinn orientiert, sondern am Maßstab des vertraglich Vereinbarten. Ohne Unterschied zwischen Steuerberater oder anderen gewerblichen Unternehmern erhält die Gewinnorientierung allenfalls noch mittelbar Bedeutung, indem ein guter Service, eine reibungslose Abwicklung, die Qualität der Arbeit, die Orientierung am vertraglich Vereinbarten oder die ein oder andere kostenlose Zusatzleistung ggf. Folgeverträge nach sich ziehen und dauerhafte Geschäftsbeziehungen fördern können. Auf die eigentliche Sacharbeit wirkt sich die Gewinnerzielungsabsicht als Grundmotivation des beruflichen Tätigwerdens weder bei gewerblichen Unternehmern noch bei Steuerberatern aus.

(5) Die Auffassung, wonach der Steuerberater nicht am Gewinn seines Steuerberatungsunternehmens orientiert sei, ist daher letztlich insgesamt nicht zutreffend. Legitimerweise ist es das erste Ziel des Steuerberaters, Gewinn zu erwirtschaften und nicht altruistisch im Dienste des Mandanten zuvorderst die Erstellung von Jahresabschlüssen und Steuererklärungen als Selbstzweck zu betreiben. Daher kann unabhängig von der Illegitimität einer Zielsetzung, Gewinnstreben aus dem Beruf des Steuerberaters grundsätzlich fernzuhalten, ein solcher Gedanke ebenfalls nicht am Rande zur Begründung der Angemessenheit von Einschränkungen der Berufsfreiheit herangezogen werden.

Aus meiner beruflichen Tätigkeit als Rechtsanwalt in einer Steuerberatungs- und Rechtsanwaltskanzlei lässt sich bei Mandanten im Rahmen der Verhandlung der Gegenleistung für Rechtsanwaltsleistungen, Steuerberatungsleistungen, Buchhaltungen oder Lohnabrechnungen sehr oft das klare Verständnis erkennen, dass beide Parteien des Beratungs- oder Dienstleistungsvertrages einen Mehrwert durch den Vertragsschluss erwarten. Der Mandant möchte eine gute Beratung bekommen, die Kanzlei/ der Berater eine angemessene Gegenleistung, die weit mehr als die Kosten deckt. Freilich sind diese Überlegungen ab Vertragsschluss beendet.

c) Schutz einer Unparteilichkeit

Man käme unbefangen gar nicht auf die Idee, aber leider sogar zunehmend findest sich in der Argumentation der Rechtsprechung und der Steuerberaterkammern die Behauptung, der Steuerberater sei unparteiisch. Schlagwortartig wird von einer **Unabhängigkeit und Unparteilichkeit** des Steuerberaters gesprochen. Diese Unparteilichkeit müsse geschützt werden und dazu diene das angemessene Mittel des Verbots der gewerblichen Paralleltätigkeit.

(1) Ausgangspunkt dieser Argumentation war folgende (möglicherweise nur versehentliche) Formulierung des BVerfG im Jahr 1967: *„Wenn der Steuerbevollmächtigte im übrigen der beträchtlichen Vorteile teilhaftig wird, die das Gesetz allgemein für seinen Beruf mit sich bringt, muß er wirtschaftliche Nachteile in Kauf nehmen, die sich daraus ergeben können, daß der Gesetzgeber Vorschriften erlassen hat, die gerade der Hebung der sozialen Stellung des Berufs durch Stärkung seiner Unparteilichkeit und Unabhängigkeit dienen.“*[503]

In der Folge zitierten zunächst vereinzelt verschiedene Obergerichte diese Aussage des BVerfG, ohne die Ausführungen kritisch zu hinterfragen. Nach einem Urteil des BFH von 1993 verstößt die gesetzliche Inkompatibilität zwischen dem Beruf des Steuerberaters und einer Arbeitnehmertätigkeit nicht gegen Art. 12 GG, „da sie dazu dient, die Unabhängigkeit und Unparteilichkeit des Steuerberaters zu wahren.“[504] Konnte man das noch als weitere unbedarfte Formulierung und Einzelfall werten, setzte der BGH 1996 eine bis heute vielfach zitierte ähnliche Formulierung in die Welt, in der er weitergehend nicht nur von einer unparteilichen Stellung des Steuerberaters, sondern auch von einer unparteilichen Berufsausübung sprach: *„Das Verbot der gewerblichen Tätigkeit ist die Folge der Regelung in § 32 Abs. 2 StBerG, wonach Steuerberater und Steuerbevollmächtigte einen freien Beruf und kein Gewerbe ausüben. Sie sind – den Rechtsanwälten vergleichbar – ein unabhängiges Organ der Steuerrechtspflege; das Berufsbild ist ausgerichtet auf den Vorrang der persönlichen berufsspezifischen Leistung vor den wirtschaftlichen Aspekten der Tätigkeit (Kuhls, StBerG, § 32 Rdn. 14). Es ist geprägt durch die unabhängige und unparteiliche Erfüllung der den steuerberatenden Berufen übertragenen Aufgabe, eine umfassende Hilfeleistung in Steuersachen zu gewährleisten.“*[505]

---

503 BVerfG, Entscheidung vom 15.02.1967, BvR 569/62, BVerfGE 21, 173, C.1; sich anschließend BFH, Beschluss vom 13.06.2006, VII B 13/06, juris Rn. 4; zustimmend auch Kuhls-Maxl, Steuerberatungsgesetz, 3. Aufl. 2012, § 57 Rn. 330.

504 BFH, Urteil vom 09.02.1993, VII R 89/92, BFH/NV 1993, 693, 3.a).

505 BGH, Urteil vom 04.03.1996, StbSt (R) 4/95 = NJW 1996, 1833–1836, II.1.a); ebenso BGH, Urteil vom 25.02.2003, StbSt (R) 2/02 = NJW 2003, 1540–1541, II.2.a); BayVGH, Beschluss vom 26.10.2011, 7 ZB 11.1173, II.1.b)aa), juris Rn. 14.

Nach der vermeintlichen Lockerung des Totalverbotes einer gewerblichen Paralleltätigkeit durch das 8. Steuerberatungsänderungsgesetz (dazu näher sogleich unten 4.), in Kraft getreten am 12.04.2008, finden sich zunächst wieder vermehrt Entscheidungen der Gerichte zur gesamten Problematik der gewerblichen Paralleltätigkeit. Diese Entscheidungen stehen bislang tendenziell in der Linie der vorgezeigten Rechtsprechung und stellen ergänzend auf eine vermeintliche Unparteilichkeit ab. Den Anfang bescherte das Verwaltungsgericht Köln mit einem Urteil vom 08.01.2009,[506] welches die Steuerberaterkammern in mir bekannten und teilweise von mir selbst betreuten Fällen aufgegriffen haben, um die Neuregelung möglichst restriktiv auszulegen. Nach Ansicht des Verwaltungsgerichts Köln müsse der Steuerberater im Anschluss an die Entscheidung des BGH vom 04.03.1996 als Ausfluss seiner Einordnung als freier Beruf **unparteiisch** sein. Steuerberater hätten *„gemäß § 57 Abs. 1 Steuerberatungsgesetz ihren Beruf unter anderem unabhängig und eigenverantwortlich sowie im Hinblick darauf, dass es sich gemäß § 32 Abs. 2 Steuerberatungsgesetz um einen freien Beruf handelt, auch unparteilich auszuüben"*.[507] Andere Instanzgerichte weisen darauf hin, dass die Maßstäbe der Entscheidung des BVerfG von 1967[508] heute noch anzuwenden seien, wonach der Beruf des Steuerberaters kein Gewerbe, sondern gehobener freier Beruf sei und durch eine gewerbliche Paralleltätigkeit „letztlich die vom Gesetzgeber geforderte Unabhängigkeit und Unparteilichkeit" gegenüber dem Mandanten „beeinträchtigt werden" könne.[509] Aus den Formulierungen des BVerfG und des BGH wird im Laufe der Zeit eine erst recht unzutreffende „vom Gesetzgeber geforderte" Unparteilichkeit.

In einer weiteren Entscheidung des BGH vom Mai 2011 werden zusammenfassend die gesetzgeberischen Ziele des § 57 IV Nr. 1 StBerG genannt.[510] Erst bei der Subsumption, also der Frage, ob der Sinn und Zweck des gewerblichen

506 VG Köln, Urteil vom 08.01.2009, 1 K 4481/08, DStR 2009, 819–820 (im Ergebnis bestätigt durch OVG NRW, Urteil vom 20.12.2011, 4 A 311/09).

507 VG Köln, Urteil vom 08.01.2009, 1 K 4481/08, DStR 2009, 819–820, 3.(im Ergebnis bestätigt durch OVG NRW, Urteil vom 20.12.2011, 4 A 311/09); ebenso Niedersächsisches Finanzgericht, Urteil vom 24.06.2010, Vorstand Genossenschaftsbank, 6 K 349/09, DStR 2010, 1911–1912, 2., bestätigt durch BFH, Urteil vom 17.05.2011, VII R 47/10, BFHE 234, 379.

508 BVerfG, Entscheidung vom 15.02.1967, BvR 569/62, BVerfGE 21, 173, C.1.

509 VG Darmstadt, Urteil vom 08.09.2010, 2 K 12/10.DA, Urteil ohne Gliederung, juris Rn. 17, 18; ebenso VG Düsseldorf, Urteil vom 04.08.2010, 20 K 5091/09, Urteil ohne Gliederung, juris Rn. 31–37; VG Aachen, Urteil vom 13.07.2009, 5 K 2351/08, DStR 2009, 2621–2622, Urteil ohne Gliederung, juris Rn. 41–45; FG Köln, Urteil vom 26.02.2009, 2 K 1863/08, EFG 2010, 1360–1362, II.

510 BGH, Urteil vom 12.05.2011, III ZR 107/10, ZIP 2011, 1367–1372, juris Rn. 13; vgl. oben E.IV.1.

Paralleltätigkeitsverbots im konkreten Einzelfall betroffen ist, fügt der der BGH als Zweck plötzlich auch die Sicherung einer vermeintlichen Unparteilichkeit eines Steuerberaters hinzu.[511]

Das bedenkenlose Abschreiben des Schlagwortes der Unparteilichkeit zurückgehend auf das Urteil des BVerfG von 1967 wirft ein bezeichnendes Bild auf die vermeintliche Sorgfalt, die sich die Entscheider zur Verfassungsmäßigkeit der Norm entfalten. Eine auch nur ansatzweise Hinterfragung des Begriffes Unparteilichkeit erfolgt nicht. Unparteilichkeit wird quasi als Selbstverständlichkeit deklariert. Wenn auch BVerfG und BGH dieses Schlagwort ohne nähere Begründung nennen, darf man auch von den Instanzgerichten erwarten, eine kritische Kontrollüberlegung zu führen. Die Institutionen BGH oder BVerfG bergen weder die Begründung in sich noch können sie Unfehlbarkeit beanspruchen.

Die ständige Wiederholung der angeblichen Unparteilichkeit des Steuerberaters in verschiedenen Gerichtsurteilen macht die Aussage nicht richtiger und die Zitierung von Autoritäten ersetzt nicht die Begründung. Wenn sich einmal ein Gericht, wie 1967 das BVerfG, – wohl gemerkt ohne Begründung – ggf. versehentlich geäußert hat, gilt es, dies verständig zu würdigen und nicht unreflektiert zu wiederholen. Diese Vorgehensweise der Rechtsprechung erscheint für die gesamte Diskussion der Frage des Verbotes der gewerblichen Paralleltätigkeit der Steuerberater symptomatisch. Es ist natürlich legitim, die bisherige Rechtsprechung (teilweise sogar wörtlich) immer wieder zu übernehmen. Allerdings hat das BVerfG in anderem Zusammenhang zur Unparteilichkeit von Notar und Wirtschaftsprüfer im Gegensatz zu den beratenden Berufen Anwalt und Steuerberater schon Stellung genommen und nicht etwa die angebliche Unparteilichkeit des Steuerberaters wiederholt, sondern Gegenteiliges argumentiert.[512] Daher ist meines Erachtens tatsächlich von einem Versehen innerhalb der Entscheidung des BVerfG aus dem Jahr 1967 auszugehen.

(2) Der Steuerberater wird offensichtlich nicht unparteilich tätig. Etwas anders gilt nur für ganz spezielle parallele Tätigkeiten als Notar, Schiedsrichter, Mediator, Wirtschaftsprüfer im Prüfungsmandat o.ä. Der Finanzrichter muss unparteilich sein, aber nicht der Steuerberater, der seinen Mandanten vertritt. Der Steuerberater ist in erster Linie gegenüber seinen Mandanten zur Parteilichkeit verpflichtet, das heißt, er hat zuvorderst die Interessen seines Mandanten – seiner Partei – zu

511 BGH, Urteil vom 12.05.2011, III ZR 107/10, ZIP 2011, 1367–1372, juris Rn. 20 „Die Sicherung der Unabhängigkeit, Unparteilichkeit und Sachgerechtigkeit der Steuerberatung, die Besorgnis von Interessenkonflikten und insbesondere auch der Schutz der berechtigten Belange der Beklagten erfordern die Unwirksamkeit des Vertrages nicht."

512 BVerfG, Beschluss vom 08.04.1998, 1 BvR 1773/96, WRP 1998, 962–969, implizit in der gesamten Entscheidung die Parteilichkeit des Steuerberaters vorausgesetzt, besonders deutlich B.II.1.a), juris Rn. 47.

vertreten. Anders als beispielsweise Wirtschaftsprüfer bei Prüfungsmandaten sind Steuerberater gerade nicht zur Unparteilichkeit verpflichtet.[513]

Grundsätzlich ist der Steuerberater zur Interessenvertretung seines Mandanten verpflichtet, § 32 Steuerberatungsgesetz.[514] Der Steuerberater darf innerhalb der Wahrnehmung fremder Interessen nicht gegen ein Strafgesetz verstoßen und auch nicht gegen die besonderen Berufspflichten, die ihm das Steuerberatungsgesetz auferlegt. Selbstverständlich findet die parteiliche Interessenvertretung zuvorderst in den allgemeinen Strafgesetzen ihre Begrenzung. Das ist aber keine Besonderheit des Steuerberaterberufes und führt nicht zur Verpflichtung zur Unparteilichkeit, sondern jede Person unterliegt, egal bei welcher Berufsausübung, den allgemeinen Gesetzen, insbesondere den Verboten des Strafgesetzbuches und seiner Nebenbestimmungen.

Innerhalb der Diskussion eines von mir betreuten Rechtsstreites führte die beklagte Steuerberaterkammer zur Rechtfertigung der angeblichen Berufspflicht zur Unparteilichkeit einen (hilflosen, aber die Gedankengänge offenbarenden) Beispielsfall im Rahmen ihrer Argumentation an, wonach ein Steuerberater sich ebenso objektiv zu verhalten und von Interessen der Mandanten zu lösen habe – somit also eine Distanz zur Partei und deren Interessen aufbauen müsse –, wenn er Ehepartner oder Gesellschafter einer Sozietät oder Partnerschaft zu vertreten habe. Erstens „hat“ ein Steuerberater nicht zu vertreten; er unterliegt keinem Kontrahierungszwang. Sofern ein Steuerberater einen Ehepartner oder einen Gesellschafter steuerlich (nicht wie oft zu beobachten auch rechtlich) vertritt, darf er zweitens wegen potentieller (oder schon bestehender) Interessenkollision bei Auseinandersetzungen der Ehepartner oder der Gesellschafter untereinander selbstverständlich nicht ebenso den anderen Ehegatten oder die anderen Gesellschafter vertreten. Sind unterschiedliche Interessenlagen dieser Parteien vorhanden, hat er sich schlicht einer Tätigkeit zu enthalten und das weitere Mandat abzulehnen oder

---

513 *Koslowski* in Koslowski, StBerG, § 57 Rn. 13; *Maxl* in Kuhls, 2. Aufl. 2004, § 57, Rn. 43: „Nach dem Verständnis des Berufsrechtes des Prüferberufs gilt die Berufspflicht der WP und vBP zur Unparteilichkeit nicht bei der Interessenvertretung in steuerlichen und wirtschaftlichen Angelegenheiten.“ Die Autoren unterscheiden hier zutreffend zwischen den Verpflichtungen des Wirtschaftsprüfers und des vereidigten Buchprüfers im Rahmen eines Prüfungsmandates einerseits und den steuerlichen und wirtschaftlichen Beratungsangelegenheiten andererseits. Damit wird die Selbstverständlichkeit bestätigt, dass der Steuerberater gerade nicht unparteilich ist. An anderer Stelle schreibt *Maxl* in Kuhls, 2. Aufl. 2004, § 57, Rn. 400 jedoch im Widerspruch dazu unter Bezugnahme auf das BVerfG von 1967 von der unparteilichen Ausübung des Berufes; ebenso in der 3. Aufl. 2012, § 57, Rn. 330.

514 *Kleemann* in Kuhls, Kommentar zum Steuerberatungsgesetz, 3. Aufl. 2012, § 32, Rn. 15, 16, mit dem Hinweis, dass die Rechtsprechung regelmäßig die vorderste Aufgabe der Interessenvertretung des Mandanten übersieht.

niederzulegen. Dies hat aber nichts mit Unparteilichkeit in Bezug auf den bereits vertretenen Mandanten zu tun, sondern mit dem Verbot, bei (drohender) Interessenkollision in einer Sache für mehrere Mandanten tätig zu werden.

(3) Die Unparteilichkeit folgt auch nicht aus dem plakativen Begriff „freier Beruf“, sondern die Parteilichkeit aus der Vertrauensstellung, die der Steuerberater ebenso wie ein Rechtsanwalt gegenüber seinem Mandanten einnimmt. Würde ein Steuerberater im Rahmen seiner beruflichen Tätigkeit bei sich anbahnender steuerlicher Beratung einem potentiellen Mandanten darstellen, man sei als Steuerberater (oder steuerberatender Rechtsanwalt) unparteiisch und somit auf einen Ausgleich zwischen Finanzamt und Fiskalinteressen des Staates einerseits und den Interessen des Mandanten an Steueroptimierung andererseits verpflichtet, würden fast alle Mandaten sofort kündigen bzw. gar nicht erst kontrahieren – und dies völlig zu Recht, denn sie erwarten und vertrauen auf den parteilichen Berater, der genau ihre Interessen vertritt und nicht diejenigen des (sachlichen) „Gegners“. Ein Postulat nach Unparteilichkeit würde die Funktionsfähigkeit der Steuerrechtspflege schwer gefährden; zugegeben aber den Fiskalinteressen des Staates dienen.

d) Schutz einer Unabhängigkeit des Steuerberaters

Bereits oben E.III.2.a) bei der Beschreibung des Berufsbildes Steuerberater wurde die hinter dem plakativen Begriff der Unabhängigkeit stehende Inhaltsleere herausgearbeitet. Unter den Begriff „Unabhängigkeit“ kann man wohlwollend interpretiert noch folgende Aussagen subsumieren, wenngleich der Begriff selbst wegen der Mehrdeutigkeit und Unbestimmtheit vermeiden werden sollte:

- Unabhängigkeit vom Staat in der Sacharbeit,
- die Freiheit zu einer optimalen Beratung ohne Einflüsse, die das Mandanteninteresse möglicherweise beeinträchtigen,
- Vermeidung von sonstigen Interessenkollisionen.

Nur die erste Fallgruppe der Unabhängigkeit vom Staat bei der Sacharbeit hat allerdings eigenständige Bedeutung. Daher bietet nur sie eine für das Erste legitime Zielbestimmung, die für die Funktionsfähigkeit der Steuerrechtspflege bedeutsam ist und letztlich auch wieder Interessenkollisionen speziell aus einer Staatsnähe heraus vermeiden und die fehlende Nähe zum Staat, mithin die Parteilichkeit nur für den Mandanten, unterstreichen soll. Interessenkollisionen können bei Parallelbeschäftigung beim Staat auftreten, weshalb letztlich der Gedanke einer **Unabhängigkeit des Steuerberaters vom Staat innerhalb der Sacharbeit** für die Angemessenheitskontrolle des Verbotes gewerblicher Paralleltätigkeit noch herangezogen werden darf.

Das Verbot zur Paralleltätigkeit in staatlicher Abhängigkeit bezieht sich zuvorderst auf die parallele abhängige Beschäftigung beim Staat, insbesondere die Beschäftigung bei der Finanzverwaltung, speziell geregelt in § 57 IV Nr. 2, Satz 2 StBerG. Diesbezüglich kann auf die Ausführungen zur Paralleltätigkeit der Rechtsanwälte als Richter, Beamter oder Soldat einleitend verwiesen werden. Da sich aus der Beschäftigung beim Staat außerhalb der Finanzverwaltung keine negativen Einflüsse auf die Steuerrechtspflege ergeben, ist ein Abstellen auf die Unabhängigkeit vom Staat zur Beurteilung des Verbotes der gewerblichen Paralleltätigkeit insgesamt unangemessen. Einzig ergeben sich wegen einer Beschäftigung bei der Finanzverwaltung als Teil des Staates regelmäßig Interessenkollisionen. Jedoch wären steuerliche Beratungen auch dann unproblematisch, wenn der Mandant vor Vertragsschluss von dieser speziellen Paralleltätigkeit weiß. In Kenntnis dieser Umstände kann dieser wieder autonom entscheiden. Es lässt sich nicht rechtfertigen, schon präventiv jede Beratungstätigkeit per se zu verbieten.

e) Ansehen und Hebung des Berufes Steuerberater

Die vorgenannten Versuche der Begründung des Verbotes gewerblicher Paralleltätigkeit mit zu verhinderndem Gewinnstreben, angeblich zu wahrender Unparteilichkeit oder einer zu schützenden imaginären Unabhängigkeit sind jeweils Zwischenstufen zum vom Gesetzgeber formulierten und wohl einzig wahren Ziel des Steuerberatungsgesetzes, das in der **Hebung und der Ansehenssteigerung des Berufes** als solchem liegt. Dieses Ziel fand explizit Einzug in den Wortlaut der Inkompatibilitätsregelung. Denn eingangs bei § 57 II StBerG heißt es generalklauselartig: *„Steuerberater und Steuerbevollmächtigte haben sich jeder Tätigkeit zu enthalten, die mit ihrem Beruf oder mit dem Ansehen des Berufs nicht vereinbar ist. Sie haben sich auch außerhalb der Berufstätigkeit des Vertrauens und der Achtung würdig zu erweisen, die ihr Beruf erfordert.“*

Regelmäßig greifen Rechtsprechung, Literatur und Steuerberaterkammern zur Begründung des Verbotes jeglicher gewerblicher Paralleltätigkeit ergänzend auf diesen unbestimmten Abs. 2 des 57 StBerG zurück, insbesondere auf die Formulierung, wonach sich der Steuerberater jeder Tätigkeit zu enthalten hätte, die mit seinem Beruf oder dem Ansehen des Berufes nicht vereinbar sei, um ihr bis dahin gefundenes Ergebnis zur Verfassungsmäßigkeit des Verbotes jeglicher gewerblicher Tätigkeit über die angebliche abstrakte Gefahr von Interessenkollisionen durch weitere Erwägungen abzusichern – möglicherweise ein Zeichen für das innere Unbehagen ob der fraglichen Stringenz dieses ersten Argumentationsstranges.

Das Kriterium des Ansehens des Berufes fand sich bis 1994 in nahezu identischem Wortlaut in der Bundesrechtsanwaltsordnung und wurde vom Bundesverfassungsgericht dort nur soweit als hinreichend bestimmt angesehen, wie es die sonstigen Tatbestandsalternativen – Stichwort Rechtspflege oder Unabhängigkeit – ergänzt und verstärkt.[515] Die Frage der Bestimmtheit hätte man durchaus auch strenger beurteilen können. Der Gesetzgeber änderte jedenfalls zumindest nach der Entscheidung des BVerfG insoweit die Formulierung der BRAO.[516]

515 BVerfG, Urteil vom 04.11.1992, 1 BvR 79/85 u.a., BVerfGE 87, 287, C.I.2.b).

516 Dazu ausführlich oben D.VI.

Je tiefer in Grundrechte eingegriffen werden soll, je höher sind die Anforderungen an die Bestimmtheit der Eingriffsnorm. Eine derart weitreichende, unkonkretisierte Norm, wie sie § 57 II StBerG darstellt, kann nicht den Anforderungen des verfassungsrechtlichen Bestimmtheitsgrundsatzes genügen und damit nicht als Eingriffsnorm in ein Grundrecht fungieren. Sie kann zwar als allgemeine, nichtssagende Zielbestimmung erhalten bleiben – die Sinnhaftigkeit steht dabei aber in Frage. Die Kriterien können daher erst recht nicht im Rahmen der Angemessenheitskontrolle Beachtung finden.

Die offene gesetzgeberische Zielsetzung der Hebung des Berufes des Steuerberaters bzw. dessen Ansehenssteigerung führt zu der Frage, warum der Beruf Steuerberater sich von anderen Berufen positiv abheben soll, warum dieser sich gegenüber gewerblichen Berufen wie beispielsweise Bäckern, die die Grundversorgung der Bevölkerung mit Grundnahrungsmitteln sichern, Landwirten, die überhaupt erst alle Nahrung produzieren, Autoverkäufern, die die Mobilität sichern oder Bankern, die – wie wir in der Finanzkrise erfahren haben – einer systemrelevanten Branche angehören, hervorheben sollen. Mit welcher Legitimation beansprucht der Gesetzgeber die zielmäßige Besserstellung des Berufes der Steuerberater? Die Beispiele verdeutlichen, wie willkürlich eine Argumentation über die Ansehensmehrung als solche ist – auch wie falsch sie ist. Nicht der Reflex – ggf. die Ansehenssteigerung – darf Ziel gesetzgeberischen Handels oder relevantes Beurteilungskriterium bei der Angemessenheitsprüfung sein, sondern es kann allenfalls auf die Basistatsachen, die womöglich zur Ansehenssteigerung führen, zurückgegriffen werden. Die Steigerung oder Erhaltung eines vermeintlichen Ansehens eines ganzen Berufsstandes ist daher für die Beurteilung einer Grundrechtseinschränkung, schon gar nicht einer so tiefgreifenden Einschränkung wie das Verbot der gewerblichen Paralleltätigkeit, im Rahmen der Angemessenheitsprüfung nicht einmal als Nebenargument zulässig.

Eine Ansehenssteigerung liegt ebenso außerhalb der Berufsdefinitionsbefugnis des Gesetzgebers. Denn damit könnte er jeden Beruf willkürlich abschotten und reglementieren. Das Ansehen bleibt nur ein Reflex der Ausgestaltung eines Berufes.

f) Organe und Beteiligte einer (Kapital-)Gesellschaft

Wenn schon ein Verbot der selbständigen gewerblichen Paralleltätigkeiten nach dem Vorgesagten verfassungswidrig ist, lassen sich ebenfalls nicht die Organtätigkeiten bei Kapitalgesellschaften in dieser Art beschränken.

Aus dem Verbot der gewerblichen Paralleltätigkeit wird regelmäßig das Verbot, eine Organstellung mit Unternehmensleitung oder eine Arbeitnehmerstellung bei gewerblichen Personen einzunehmen, hergeleitet. Die Argumentation läuft dabei zweigleisig, einmal formell über die gesetzlich definierte Gewerblichkeit einer Kapitalgesellschaft, die auf die Organstellung durchschlage, zum anderen zusätzlich materiell über die Weisungsbefugnis der Inhaber und daraus angeblich entstehender Interessenkollisionen.

Weitergehend wird sogar die Ansicht vertreten, allein die mehrheitliche Beteiligung an Kapitalgesellschaften sei unabhängig von Geschäftsführungsfunktionen unzulässig, weil damit maßgeblich die Geschäftspolitik bestimmt werden könnte.[517] Die BOStB vom 08.09.2010 stellt bei Beteiligungsfällen in § 16 III in erster Linie auf die geschäftsführende Tätigkeit ab. Der Steuerberater dürfe nur neben seiner Beteiligung nicht geschäftsführend „oder in ähnlicher Weise“ tätig sein. Insoweit werden wieder alle Interpretationsmöglichkeiten offen gelassen.

Die „Tätigkeit“ als persönlich haftender Gesellschafter einer Personengesellschaft sei stets unzulässig, soweit es sich nicht um eine Steuerberatungsgesellschaft oder WP-Gesellschaft handele.[518] Die Rechtsinhaberschaft an Anteilen einer Personengesellschaft ist zwar keine Tätigkeit; abgestellt wird dabei aber auf die mit den Anteilen einhergehende formale Geschäftsführungsfunktion.

(1) Gesetzlich definierte Gewerblichkeit der Kapitalgesellschaften

Soweit die Anstellungsgesellschaft gewerblich tätig ist, wird auch die Organstellung des Vorstands oder Geschäftsführers als gewerblich qualifiziert.[519] Damit wäre nach der derzeitigen Gesetzeslage und der darauf abstellenden Rechtsprechung die Organstellung jedenfalls möglich, soweit die Gesellschaft selbst nicht gewerblich tätig wird bzw. der Unternehmensgegenstand nach Steuerberatungsgesetz „erlaubte“ Tätigkeiten betrifft.

Teilweise wird jedoch schon wegen der formellen Kaufmannseigenschaft der **GmbH und der AG** unabhängig vom Tätigkeitsbereich der Gesellschaft per se geschlossen, der Steuerberater betätige sich gewinnorientiert und damit unerlaubt gewerblich. Die Tätigkeit als Geschäftsführer einer GmbH – ebenso als Vorstand einer AG oder Genossenschaft – führe zu einer verbotenen gewerblichen Tätigkeit, auch wenn die Gesellschaft nur nach § 57 III StBerG „erlaubte“ Tätigkeiten ausführe. In der Art formal argumentierten insbesondere der BGH und das VG Aachen sowie die in den Fällen vorbefassten Steuerberaterkammern in Bezug auf Organstellungen in Unternehmensberatungsgesellschaften. Der Gegenstand der Anstellungsgesellschaft könne dahinstehen, weil schon die gewerbliche Rechtsform das

---

517 *Koslowski* in Koslowski, Kom. zum StBerG, 7. Aufl. 2015, § 57 Rn. 90; insoweit anders OLG Celle, Urteil vom 12.12.2000, StO 2/2000, DStRE 2001, 1006–1008, III.2.a): mehrheitliche Beteiligung an einer Kapitalgesellschaft reicht noch nicht für die Annahme eigener gewerblicher Tätigkeit im Sinne von 57 IV Nr. 2 StBerG. Es kommt allein auf Geschäftsführungsfunktion an; insoweit dem OLG Celle zustimmend *Maxl* in Kuhls, Kommentar zum StBerG, 3. Aufl. 2012, § 57, Rn. 359.

518 *Koslowski* in Koslowski, Kom. zum StBerG, 7. Aufl. 2015, § 57 Rn. 91.

519 BGH, Urteil vom 29.02.1988, StbSt (R) 1/87 = BGHSt 35, 232–237, II.2.; BFH, Urteil vom 17.05.2011, VII R 47/10, Vorstandsmitglied Genossenschaftsbank, BFHE 234, 379, juris Rn. 13 f.

organschaftliche Handeln als gewerblich präge und somit eine Paralleltätigkeit verbiete.[520]

Diese formellen Argumentationen sind verfassungsrechtlich unhaltbar. Selbst wenn das Verbot einer gewerblichen Paralleltätigkeit verfassungsrechtlich zulässig wäre, könnten allein über diesen Formalismus keine Eingriffe in die Grundrechte gerechtfertigt werden. Abzustellen ist immer auf den materiellen Gehalt der Paralleltätigkeit und die ggf. damit einhergehenden konkreten Beeinträchtigungen der Funktionsfähigkeit der Steuerrechtspflege oder sonstiger überragend wichtiger Rechtsgüter.

Zudem verträgt sich der formelle Ausschluss von Tätigkeiten als Organ einer Kapitalgesellschaft schon nicht damit, dass sich Steuerberater nach § 49 II StBerG auch in einer die gewerbliche Tätigkeit voraussetzenden Gesellschaftsform organisieren können.[521]

(2) Interessenkollision aus Abhängigkeit und Weisungsbefugnis

Weiter wird behauptet, eine Organstellung oder Arbeitnehmerstellung führe jeweils zur Weisungsabhängigkeit im Parallelberuf. Die Weisungsgebundenheit resultierte aus der Organstellung, am geringsten ausgeprägt beim Vorstand einer Aktiengesellschaft, deutlicher schon beim GmbH-Geschäftsführer und noch weitergehend aus der Stellung als Arbeitnehmer. Entscheidend sei dabei der aus Funktion oder Anstellung resultierende Grad der persönlichen Abhängigkeit.[522] Weil

---

520 VG Aachen, Urteil v. 13.07.2009, 5 K 2351/08: Es sei unerheblich, dass „Gegenstand der Gesellschaft eine Tätigkeit ist, die – wie hier die Unternehmensberatung, § 57 Abs. 3 Nr. 3 StBerG – mit dem Beruf des Steuerberaters grundsätzlich vereinbar ist."; ebenso BGH, Urteil vom 04.03.1996, StbSt (R) 4/95, NJW 1996, 1833–1836, III.1.a): „Soweit das Steuerberatungsgesetz eine Wirtschaftsberatung neben der steuerlichen Hilfeleistung zuläßt, ist dies ebenfalls nach Sinn und Zweck des § 57 StBerG nur im Rahmen einer freiberuflichen Tätigkeit vereinbar. Wird die wirtschaftsberatende Tätigkeit in einem davon abweichenden rechtlichen Rahmen durchgeführt, sind gewerbliche Elemente dabei mit dem Beruf nicht mehr vereinbar, die an sich zulässige Tätigkeit schlägt in eine berufsrechtlich nicht zulässige gewerbliche Tätigkeit um (Kuhls/Maxl, StBerG, § 57 Rdn. 408).", sowie weiter oben bei II.1.c): „Die Beschränkung des Vorstandsamtes auf vorrangig solche Aufgaben, die sich im Rahmen einer steuerberatenden Tätigkeit halten, ändert an der Unvereinbarkeit mit dem Beruf nichts."; ebenso *Maxl* in Kuhls, Kommentar zum StBerG, 3. Aufl. 2012, § 57, Rn. 354.

521 Henssler, JZ 1996, 1186, 1187, womit auch der Gesetzgeber einen inneren Widerspruch im StBerG formuliert.

522 BGH, Urteil vom 15.12.1986, StbSt (R) 2/86, NJW 1987, 2751–2752, II.2. a.E: unter Anschluss an OLG München, Beschluss vom 26.03.1965, StO 1/64; die Weisungsabhängigkeit als Kriterium nicht zulassend: BFH, Urteil vom 17.05.2011, VII R 47/10,

damit die Unabhängigkeit des parallel ausgeübten Steuerberaterberufes betroffen sei, dürfe die gewerbliche Tätigkeit in Organstellung oder als Arbeitnehmer verboten werden.

aa. Eine wie immer gelagerte **(Weisungs-)Abhängigkeit** im Parallelberuf müsste zu Interessenkollisionen führen, die so gelagert sind, dass sie die Funktionsfähigkeit der Steuerrechtspflege negativ tangieren, um Beachtlichkeit in Bezug auf die einzig legitime Zielsetzung (siehe oben VI.1.) für ein Verbot der gewerblichen Paralleltätigkeit und dem damit verbundenen tiefgreifenden Grundrechtseingriff zu beanspruchen. In den diesbezüglichen Argumentationen der Rechtsprechung und Literatur werden keine derartigen Interessenkollisionen aufgezeigt; es komme nur auf abstrakte (nicht benannte) Gefahren an. Solche Gefahren von Interessenkollisionen durch die Weisungsabhängigkeit im Parallelberuf müssten erst einmal dargestellt und deren Intensität analysiert werden. Die rein theoretische Möglichkeit reicht jedenfalls bei der Angemessenheitskontrolle nicht aus.

Weisungen der Gesellschafter der Anstellungskörperschafft an das Organ haben selbstverständlich keine Auswirkungen auf eine vom Organ parallele Berufsausübung als Steuerberater.

In einer unveröffentlichten Entscheidung des OLG Hamburg[523] die später vom BGH mit Urteil vom 15.12.1986[524] wieder aufgehoben wurde, begründete das OLG Hamburg die Unvereinbarkeit des Berufes des Steuerberaters mit einer (geringfügigen) **Vorstandstätigkeit** bei einer gemeinnützigen Wohnungsbaugenossenschaft unter anderem damit, dass die Gefahr bestünde, der Steuerberater könne bei seiner beratenden Tätigkeit erworbene Kenntnisse verwerten und „konkurrenzfähig" für die Genossenschaft „einsetzen". Daraus ergäbe sich unter Umständen ein Interessenkonflikt, der gerade durch § 57 IV StBerG verhindert werden soll.[525]

Vorstandsmitglied Genossenschaftsbank, BFHE 234, 379, juris Rn. 16: „ausschlaggebend für die Gewerblichkeit der Tätigkeit eines Organs ist nicht, ob es weisungsgebunden ist, sondern vielmehr, ob die juristische Person – wie im Streitfall die X – ihrerseits gewerblich ist (vgl. BGH-Urteil in BGHSt 35, 232)".

523 OLG Hamburg, Urteil vom 05.03.1986, StO 1/86.

524 BGH, Urteil vom 15.12.1986, StbSt (R) 2/86, NJW 1987, 2751–2752.

525 BGH, Urteil vom 15.12.1986, StbSt (R) 2/86, NJW 1987, 2751–2752, I. Das LG Hamburg (Vorinstanz) hatte den Angeschuldigten Steuerberater noch vom Vorwurf der Berufspflichtverletzung freigesprochen. Das OLG Hamburg entsprach in der Entscheidung vom März 1986 dem Antrag der StA, hob das erstinstanzliche Urteil auf und sprach eine Warnung nach § 89 I Nr. 1 StBerG aus. Wegen nicht ausreichender und teils widersprüchlicher Begründung hob der BGH im Dezember 1986 das Berufungsurteil auf und verwies zurück. Danach sprach das OLG Hamburg mit Urteil vom 27.05.1987, 2 StO 1/87 den Steuerberater frei. Gegen dieses Urteil ging die Staatsanwaltschaft in Revision. Der BGH folgte im anschließenden Urteil vom 29.02.1988, StbSt (R) 1/87 der Argumentation der StA und bejahte eine verbotene gewerbliche Paralleltätigkeit durch die (zeitlich geringfügige) Vorstandstätigkeit bei

Allein die Möglichkeit des Entstehens von Konkurrenzsituationen genügt jedoch – wie zuvor bereits dargelegt – nicht.[526] Insoweit stellt sich wieder zunächst die Frage, welche sensiblen Kenntnisse ein Steuerberater überhaupt erwirbt, warum er gerade gegen vertragsimmanente Klauseln oder Wettbewerbsbeschränkungen des UWG verstoßen solle und die Daten rechtswidrig innerhalb einer Konkurrenzsituation verwenden werde. Soweit im Einzelfall tatsächlich Konflikte mit Beratungsmandaten auftreten, muss der Steuerberater wegen Interessenkollision im Einzelfall diese ablehnen zumindest aber offenlegen; ebenso sollte er die Beratung von mehreren Konkurrenten innerhalb der originären steuerberatenden Tätigkeit ablehnen.[527] Es ergeben sich kaum Unterschiede zwischen selbständiger unternehmerischer Paralleltätigkeit und einer solchen als Organ. Die Paralleltätigkeit bei Organstellung (Vorstands- oder Geschäftsführeramt) ist sogar noch leichter durch die Eintragung im öffentlichen Register zu erkennen. Gleichfalls wäre auch sie dem Mandanten offenzulegen.

bb. Das **Verbot der parallelen Betätigung als Arbeitnehmer** neben der Berufsausübung als Steuerberater wurde durch einfachgesetzliche Regelung des **Syndikussteuerberaters** in § 58 Nr. 5a StBerG[528] erheblich gelockert. Ein Syndikusanwalt ist bei einem Unternehmen oder einem Verband angestellt; der Arbeitgeber „erlaubt" ihm eine selbstständige Tätigkeit als zugelassener Rechtsanwalt in eigener Kanzlei. Nunmehr darf auch der Steuerberater „offiziell" – freilich war die bis dahin geltende weite Fassung des Verbotes der Arbeitnehmertätigkeit nach der hier vertretenen Ansicht schon verfassungswidrig – als Angestellter einer ein gewerbliches Unternehmen tragenden Person Aufgaben nach § 33 StBerG (originäre steuerberatende Tätigkeiten)[529] neben seiner selbständigen steuerberatenden Tätigkeit übernehmen. Die gleichzeitige Beratung des Arbeitgebers bleibt einfachgesetzlich stets ausgeschlossen. Ebenso hat der Steuerberater bei Mandatsübernahmen nach dem ausdrücklichen Wortlaut von § 58 Nr. 5a StBerG **den Mandanten auf das Angestelltenverhältnis hinzuweisen**.

Das Unternehmen selbst kann jeden gewerblichen Zweck verfolgen. Nach § 58 Nr. 5a StBerG darf nur dann ein Angestelltenverhältnis (auch bei einem

---

einer gemeinnützigen Wohnungsbaugenossenschaft. Die abermalige Zurückverweisung an das OLG Hamburg erfolgte nur noch zur Prüfung, ob sich der Steuerberater möglicherweise in einem Verbotsirrtum befand.

526 Das allerdings als entscheidendes Kriterium anführend: VG Düsseldorf, Urteil vom 04.08.2010, 20 K 5091/09, DStR 2010, 2272, ohne Gliederung, juris Rn. 44.

527 Siehe dazu schon oben E.VI.3.a)(5).

528 Einführung mit dem am 12.04.2008 in Kraft getretenen 8. Änderungsgesetz zum Steuerberatungsgesetz.

529 Vom Standpunkt des grundsätzlichen Verbotes gewerblicher Paralleltätigkeit wird mehrheitlich auch die Übernahme sonstiger nach dem StBerG erlaubter Tätigkeiten als unschädlich angesehen, so Gehre/Koslowski, StBerG, § 58 Rn. 20 m.w.N.

gewerblichen Unternehmen) eingegangen werden, wenn „hierdurch“ die (Berufs-)Pflicht zur unabhängigen und eigenverantwortlichen Berufsausübung nicht beeinträchtigt wird.

Das Verbot, als Syndikussteuerberater zu arbeiten, beruhte vormals auf der Annahme, dass der Steuerberater möglicherweise aufgrund seiner Verpflichtungen aus dem Arbeitsverhältnis heraus die **Interessen seiner Mandanten** denen seines Arbeitgebers nachordnen müsste.[530] Der Gesetzgeber hielt die Gefahr der Interessenkollision zwischen der weisungsfreien Ausübung des Steuerberatermandats und der Weisungsgebundenheit im abhängigen Beschäftigungsverhältnis für so bedeutend, um die Syndikustätigkeit für Steuerberater generell zu verbieten. Diese unzutreffende Argumentation hat heute noch Bedeutung für die Fallkonstellationen, in denen sich die Paralleltätigkeit als Arbeitnehmer nicht auf Steuerberatungsleistungen bezieht und somit von der geänderten Gesetzeslage nicht erfasst wird. Es lässt sich jedoch – abgesehen von konkreten Konkurrenzsituationen – in der Praxis kaum ein Fall vorstellen, in dem Interessen der Steuermandanten systematisch mit den Interessen des Arbeitgebers des Steuerberaters bei der Paralleltätigkeit kollidieren. Sollte dies auf Ebene des einzelnen konkreten Mandats der Fall sein, muss der Steuerberater aus Gründen der konkreten **Interessenkollision** den Beratungsvertragsabschluss (das Mandat) von vorn herein ablehnen bzw. den Mandanten deutlich informieren, so dass es zu einem derartigen Konflikt gar nicht mehr kommt. Insoweit hat der Gesetzgeber im Ansatz schon das verfassungsrechtlich angemessene Instrument im Gesetz angelegt, wenn er bei § 58 Nr. 5a StBerG nun für den Sydikussteuerberater die Pflicht statuiert, den Mandanten auf das Angestelltenverhältnis hinzuweisen. Um die Verhältnismäßigkeit einer solchen Einschränkung der Tätigkeit im Einzelfall zu wahren, wäre das Verbot der Beratung wegen Interessenkollisionen dann nicht anzuwenden, wenn der Mandant – und vorliegend auch der Arbeitgeber des Steuerberater innerhalb der Parallelbeschäftigung, dessen Interessen den Gegenpart zum Mandanteninteressen einnehmen – der Beratung in Kenntnis der möglichen Interessenkollision zustimmen bzw. vertraglich besondere, diese Interessenlage aufgreifende Regelungen treffen.

Die Steuerberaterkammern argumentieren weitergehend gelegentlich – so innerhalb einer von mir betreuten gerichtlichen Auseinandersetzung –, dass es durch sie nicht kontrollierbar sei, ob der Steuerberater Mandanten berate, die in Konkurrenz zum Sydikusanstellungsunternehmen stehen. Schließlich sei für die zuständige Steuerberaterkammer auch nicht überprüfbar, ob der Steuerberater jeden Mandaten über seine gewerbliche Paralleltätigkeit informiere. Die Kammern bringen mit einer solchen Argumentation zum Ausdruck, dass Steuerberater grundsätzlich ihre Berufspflichten verletzen würden, es sei denn, die Kammer würden streng kontrollieren und überwachen. In der Tat erhalten die Kammern keinen

530 BGH Urteil vom 15.12.1986, StBSt (R) 2/86, II.1.

Einblick in die Mandantenzusammensetzung und die Gespräche mit den Mandanten. Eine Kontrolle der Berufsausübung, wie sie die Kammern wünschen, darf es nicht geben. Sie entspricht weder dem Interesse der Mandanten, noch ist sie für die Funktionsfähigkeit der Steuerrechtspflege erforderlich. Unerlaubter Wettbewerb über unzulässige Informationsnutzung kann nicht gänzlich von vorn herein verhindert werden. Man kann auch nicht das Fußballspielen verbieten, damit – insoweit zutreffend – Fankrawallen ausgeschlossen sind oder das Reisen, weil sich nicht lückenlos der Grenzverkehr kontrollieren lässt, um jeglichen Schmuggel zu verhindern. Zudem regelt in Bezug auf den Syndikusberater § 58 Nr. 5a StBerG eine Informationspflicht über die Syndikustätigkeit gegenüber neuen Mandaten und verpflichtet den Syndikussteuerberater bei Mandatsübernahme eines anderen Mandats im Rahmen seiner steuerberatenden Tätigkeit nun, auf das Angestelltenverhältnis hinzuweisen. Wenn der Gesetzgeber dies dort für ausreichend hält, bindet er sich selbst, in gleichgearteten Konfliktlagen keine anderen Maßstäbe anzusetzen – gleichfalls steht den Steuerberaterkammern eine derartige Argumentation nicht mehr offen.[531]

Nach einfachgesetzlicher „Zulassung" des Syndikussteuerberaters müsste insgesamt schon aus Gründen der Gleichbehandlung die weitergehende Organstellung zulässig sein. Dieser Ansicht widerspricht zwar das FG Hannover mit dem formalen Hinweis darauf, dass die Übernahme einer Organfunktion mit der Tätigkeit als Syndikussteuerberaters nicht zu vergleichen sei, weil die Organstellung berufsrechtlich eine gewerbliche Tätigkeit darstelle und vom gewerblichen Charakter der Unternehmenstätigkeit der Gesellschaft geprägt werde. Ein Wertungswiderspruch läge im Gesetz nicht vor, *„da ein Interessenkonflikt des Steuerberaters mit seiner eigenen Person als Angestellter in einer möglichen wirtschaftlichen Konkurrenzsituation zwischen seinen Mandanten und seinem Arbeitgeber weniger deutlich hervortritt als in der Situation einer eigenen gewerblichen Tätigkeit des Steuerberaters oder einer Organfunktion des Steuerberaters für eine gewerbliche Gesellschaft."*[532]

An dieser Aussage ist zumindest der Ansatz richtig, dass es zu Konflikten in Konkurrenzsituationen kommen kann. Konkurrenzsituationen müssten jedoch über Tätigkeitsverbote für die speziellen Konkurrenzsituationen im Einzelfall und damit milderen Mitteln begegnet werden. Dies gilt ebenso für Organträger. Ob

531 Ähnlich nunmehr BVerfG (1. Senat, 2. Kammer), Beschluss vom 23.08.2013, 1 BvR 2912/11, juris Rn. 43: „Dies gilt umso mehr, als § 25 Abs. 2, 3 BOStB Anzeigepflichten für Änderungen der gesellschaftsrechtlichen Verhältnisse vorsieht und überdies Vollzugsdefizite nicht zu Lasten des jeweiligen Berufsträgers als Argument für eine einschränkende Auslegung des § 57 Abs. 4 Nr. 1 StBerG dienen können."

532 Niedersächsisches Finanzgericht, Urteil vom 24.06.2010, 6 K 349/09, DStR 2010, 1911–1912, I.3.; bestätigt durch Revisionsentscheidung dazu von BFH, Urteil vom 17.05.2011, VII R 47/10, Vorstandsmitglied Genossenschaftsbank, BFHE 234, 379; ebenso Gehre/Koslowski, StBerG, § 58 Rn. 20.

nun der Syndikussteuerberater im Rahmen seiner Tätigkeit für den Arbeitgeber sensible Informationen gewinnt und diese bei der Beratung von Konkurrenten im Rahmen der selbstständigen steuerberatenden Tätigkeit einsetzt oder an seinen Arbeitgeber Informationen weitergibt oder weiterzugeben droht, die er von Konkurrenten aus der Beratung innerhalb der selbstständigen Tätigkeit als Steuerberater gewonnenen hat, läuft im Ergebnis auf dasselbe hinaus.

cc. Die typische **Weisungsabhängigkeit im Parallelberuf** wird bei Syndikussteuerberatern akzeptiert und richtigerweise als irrelevant für die Berufsausübung als Steuerberater betrachtet. Erwägungen, wonach beispielsweise ein GmbH-Geschäftsführer den Weisungen der Gesellschafter in bestimmten Bereichen unterlegen sei oder ein Arbeitnehmer den regelmäßig viel weitergehenden Weisungen des Arbeitgebers, beeinträchtigen ebenfalls weder die berufliche Arbeit als Steuerberater noch die Einhaltung der Berufspflichten – erst recht nicht die Funktionsfähigkeit der Steuerrechtspflege. Spätestens mit der Einführung des Syndikussteuerberaters ist ein Abstellen auf die Weisungsgebundenheit von Organen erst recht unzulässig geworden, wobei die Weisungsfreiheit im Parallelberuf per se keine Berufspflicht war.

Der Gesetzgeber widerspricht sich selbst, wenn er das vermeintliche Argument einer zu Interessenkollisionen führenden Weisungsabhängigkeit in den Fällen der Paralleltätigkeit als Syndikus für vernachlässigbar und mit Berufsausübungsregeln regelbar hält, bei anderen gleichen oder weniger starken Weisungsverhältnissen jedoch damit letztlich Berufsverbote rechtfertigen will.

Der Syndikus-Steuerberater darf im Rahmen seiner selbständigen Tätigkeit als Steuerberater für seinem Arbeitgeber generell nicht zusätzlich in Steuersachen tätig werden. Dieses Verbot soll nach der Gesetzesbegründung des Regierungsentwurfes „Interessenkollisionen zwischen den berufsrechtlichen Pflichten und der **Weisungsgebundenheit** aus dem Angestelltenverhältnis vermeiden".[533] Diese Zielsetzung setzt voraus, dass Weisungen des Anstellungsverhältnisses in die sonstige steuerberatende Tätigkeit übergreifen können. Ob der Arbeitgeber wirklich die steuerberatende Tätigkeit inhaltlich beeinflussen kann, ist fraglich. Beide Tätigkeiten sind getrennt. Auch Richter – im höchsten Maße in der Sacharbeit unabhängig – sind wirtschaftlich dienstherrenabhängig.

dd. Die Rechtsprechung zum Anwaltsberuf stellt zur Frage von aus der Paralleltätigkeit möglicherweise hervorgehenden abstrakten Interessenkollisionen auch darauf ab, ob der Rechtsanwalt trotz der Beschränkungen aus seiner abhängigen Beschäftigung dennoch in der Lage ist, den Anwaltsberuf in einem **nennenswerten Umfang und mit der gebotenen Sorgfalt** auszuüben.[534] Dieses Kriterium behandelt auch das BVerfG[535] und erkennt darin – anders als hier vertreten – einen

533 BT-Drs. 16/7077, S. 33 zu Nummer 35 a.E.; ebenso *Ruppert* in Kuhls, Kommentar zum StBerG, 3. Aufl. 2012, § 58, Rn. 48.

534 Dazu oben D.VII.3.b).

535 BVerfG (1. Senat, 2. Kammer), Beschluss vom 23.08.2013, 1 BvR 2912/11, juris Rn. 30.

legitimen Zweck für Inkompatibilitäten. Insoweit soll die (formale) Abhängigkeit aus dem Parallelberuf auf die Ausübung des Steuerberaterberufes Einfluss haben.

Mit einer angeblich strukturell unterschiedlichen Tätigkeit des Steuerberaters im Vergleich zu den Rechtsanwälten hat der BFH in einer Entscheidung aus dem Jahr 2011 der Übertragung der Gedanken der Rechtsprechung zum ausreichenden Handlungsspielraum eines Rechtsanwalts für einen Syndikussteuerberater, der Vollzeit im Unternehmen arbeitet – Feierabendsteuerberater –, noch abgelehnt.[536] Das Berufsbild des Steuerberaters unterscheide sich maßgeblich von dem des Rechtsanwalts, weil der Steuerberater nicht jederzeit *„Gerichtstermine wahrnehmen, eilige Schriftsätze fertigen sowie Telefongespräche und alle sonstigen nicht aufschiebbaren Tätigkeiten zu erledigen habe und seinen Mandanten nicht jederzeit und einschränkungslos zur Verfügung stehen"* müsse.[537] Derartiges trifft auf die meisten Rechtsanwälte zwar auch nicht (mehr) zu.[538] Aber jedenfalls im Ergebnis zutreffend verwirft der BFH dieses Argumentationsstrangs.

Die Rechtsprechung aus dem Bereich der Versagung der Paralleltätigkeit der Anwälte stellt auf die potentielle Verfügbarkeit außerhalb der Arbeitnehmertätigkeit insbesondere für Gerichtstermine ab. Jedenfalls wäre insoweit noch die Rechtspflege betroffen. Wenn man die Argumentation auf Steuerberater übertragen wollte, müsste man entweder losgelöst von der Wirklichkeit behaupten, die (faktisch kaum vorhandene) gerichtliche Betätigung der Steuerberater sei eingeschränkt oder den Bezug auf die Rechtspflege ausblenden. Der BGH agiert im letzteren Sinne. Er führte 1986 aus: *„Wie der BFH in seinem Urteil vom 5. September 1978 – VII R 50/77 – (BStBl. II 1979, 202, 205) dargelegt hat, liegt es im Wesen der Tätigkeit eines Arbeitnehmers, daß er in der Regel zeitlich und örtlich so gebunden ist, daß er infolge der ihm vorgegebenen Gestaltung seiner Arbeit Aufgaben außerhalb seines Arbeitsverhältnisses nicht mehr ohne Rücksichtnahme auf die Verpflichtungen aus diesem Verhältnis wahrnehmen kann. Das würde bei einem Steuerberater in einem solchen Fall bedeuten, daß er die Interessen seiner Mandanten denen seines Arbeitgebers nachordnen müßte. Derartige Folgen auszuschließen, bezwecken die des § 57 Abs. 2 und 4 Nr. 2 StberG."*[539]

Mit einer solchen Argumentation können alle parallelen Tätigkeiten zum Verbot des Steuerberaterberufes führen. Weder ist jedoch die zeitliche Einschränkung eines Arbeitnehmers zwingend, noch kann der Steuerberater ohne Parallelbeschäftigung etwa ein Mandat ohne Rücksicht auf die anderen Mandate bearbeiten.

536 BFH Urteil vom 09.08.2011, VII R 2/11, NJW 2012, 479–480, anders noch die Vorinstanz Finanzgericht Baden-Württemberg, Urteil vom 27.10.2010, 2 K 1529/10, DStR 2011, 739–740.

537 BFH Urteil vom 09.08.2011, VII R 2/11, NJW 2012, 479–480, juris Rn. 16; a.A. Ruppert, NWB Nr. 52 vom 27.12.2011, 4430.

538 Siehe dazu oben D.VII.3.b).

539 BGH, Urteil vom 15.12.1986, StbSt (R) 2/86, NJW 1987, 2751–2752, II.1.

Die Sachbearbeitung selbst ist immer natürlichen Sachzwängen der Kapazitäten unterworfen. Ein Steuerberater und/ oder ein Rechtsanwalt kann nicht nur innerhalb einer nichtselbständigen Beschäftigung zeitlich so eingespannt sein, dass er Mandate nicht mehr zeitnah mit der gebotenen Sorgfalt in der gebotenen Schnelligkeit bearbeiten kann, sondern schlicht auch durch Arbeitsüberlastung innerhalb der Kerntätigkeit.

Steuerberater wie Rechtsanwälte müssen vor Annahme eines Mandats / vor Vertragsschluss ihre Kapazitäten selbst prüfen und bei Engpässen – sei es wegen bestehender schon zu bearbeitender Mandate oder wegen anderweitiger Verpflichtungen aus Parallelbeschäftigungen. Die zeitlichen Einschränkungen bestehen stets und sind kein Spezifikum einer Parallelbeschäftigung. Bei fehlenden zeitlichen (oder fachlichen) Kapazitäten wäre es eine Pflicht des Steuerberaters oder Rechtsanwalts, weitere Mandate nicht mehr anzunehmen bzw. seine Kanzlei so zu organisieren, dass die Aufträge ggf. von anderen Berufsträgern bearbeitet werden können – und Steuerberater sind auch generell in der Lage, die zeitliche Machbarkeit vor Vertragsschluss zu sondieren.

Eine nichtselbstständige Arbeitnehmertätigkeit im Rahmen einer ganz normalen 40-Stunden-Woche würde die Leistungsfähigkeit und Möglichkeit des Steuerberaters/Rechtsanwalts, darüber hinaus Mandate in selbständiger Bearbeitung anzunehmen, kaum einschränken, wenn er aufgrund seiner persönlichen Lebensplanung beispielsweise zu 70 Wochenarbeitsstunden bereit ist. Ein anderer Steuerberater könnte generell nur durchschnittlich 20 Wochenstunden arbeiten wollen und wäre mit einer Halbtagsbeschäftigung im Angestelltenverhältnis somit schon voll ausgelastet. Dieser wird von vorn herein nicht in die Konfliktlage geraten, eilbedürftige seinen Kapazitäten übersteigende Mandate anzunehmen. Es muss dem Berufswerber / Berufsträger als Ausdruck der Grundfreiheit auf freie Entfaltung der Persönlichkeit selbst überlassen sein, ob er neben einer Tätigkeit als Arbeitnehmer noch weitere Mandate in der selbstständigen Bearbeitung als Steuerberater oder Rechtsanwalt betreut.

Die gegenteilige Argumentation, wie sie vom BGH vorgenommen wird, setzt implizit voraus, dass der Berufsträger Mandate annimmt, zu deren Bearbeitung er nicht in der Lage ist, und damit Berufspflichten verletzt. Mit dieser unzulässigerweise antizipierten Berufspflichtverletzung lässt sich kein Eingriff in die Berufsfreiheit rechtfertigen. Steuerberater sind zudem anders als Rechtsanwälte nur selten den (minimalen) Zwängen der gerichtlichen Terminierung (die heutzutage von verantwortungsbewussten Richtern mit den Parteivertretern abgesprochen werden; andernfalls bei Terminkollisionen immer verschoben werden können) ausgesetzt, weil sie kaum finanzgerichtliche Termine wahrnehmen und die Entscheidungen der Finanzgerichte meist im schriftlichen Verfahren ergehen. Es wäre völlig unverhältnismäßig – darauf läuft es im Ergebnis hinaus –, einen Beruf (Steuerberater), der in seiner ganzen fachlichen Bandbreite nicht annähernd von einem Vollzeitbeschäftigten erschöpfend ausgefüllt werden kann (das gilt noch mehr für den Beruf Rechtsanwalt), die berufliche Tätigkeit zu verbieten, weil jemand nur halbtags arbeiten will (aus persönlichen oder parallelberuflichen

Gründen). Alles andere käme der Einführung einer Mindestarbeitszeit im Steuerberatungsberuf gleich. Diese findet wieder im einfachen Gesetz eine Grundlage, noch ließe sich ein damit verbundener Eingriff in die Berufsfreiheit verfassungsrechtlich rechtfertigen.

4. Die Ausnahmegenehmigung, 8. StBerÄndG 2008

Die Frage der Verfassungsmäßigkeit des Verbotes gewerblicher Paralleltätigkeit wurde vermeintlich in den Jahren nach 2008 durch die Möglichkeit, dass Steuerberaterkammern Ausnahmen vom Verbot der gewerblichen Tätigkeit zulassen können, abgemildert. Nach § 57 IV Nr. 1 StBerG kann eine Ausnahme vom grundsätzlichen Verbot der gewerblichen Tätigkeit für Steuerberater dann erteilt werden, wenn durch die parallele Tätigkeit eine **Verletzung von Berufspflichten** nicht zu erwarten ist. Die Möglichkeit der Verletzung von Berufspflichten wurde jedoch in der Folgezeit weiterhin regelmäßig unterstellt. An den Ergebnissen zu den verbotenen parallelen Berufsausübungen änderte sich wenig bis gar nichts.

Die Berufsträger beantragten im Zuge der Neuregelung häufiger die ausnahmsweise Genehmigung einer parallelberuflichen Tätigkeit, weil sie sich eine großzügigere Genehmigungspraxis erhofften. Wurden früher die Kammern nicht über eine gewerbliche Paralleltätigkeit meist in Form von Organstellungen informiert und blieben diese damit oft unentdeckt, versuchten nun vermehrt Steuerberater – trotz Überzeugung von der Verfassungswidrigkeit des grundsätzlichen Verbotes – ihre parallelberuflicher Tätigkeit vorsorglich „genehmigen“ zu lassen und beantragten eine Ausnahmegenehmigung. Die Kammern lehnten dies ganz überwiegend weiterhin mit den Argumentationsmustern ab, die schon die grundsätzlichen Verbote gewerblicher Paralleltätigkeit rechtfertigen sollen. Regelmäßig wird die Ablehnung der Erteilung einer Ausnahmegenehmigung von den Gerichten gehalten.[540]

Der richtige Maßstab zur Beurteilung von Ausnahmegenehmigungen wäre im Kontext der bisherigen Herleitung gewesen, darauf abzustellen, dass die Funktionsfähigkeit der Steuerrechtspflege nicht wenigstens beeinträchtigt werde. Der Gesetzgeber knüpft jedoch an die mögliche Verletzung von nicht näher

540 Ausnahme bislang OVG NRW, Urteil vom 20.12.2011, 4 A 1940/10 (in der Revision im Ergebnis bestätigt durch BVerwG, Urteil vom 26.09.2012, 8 C 6/12) mit der Prämisse, dass nur eine konkret zu erwartende Gefährdung der Einhaltung der Berufspflichten ausreiche, für eine geringfügige, schon seit langem ausgeübte, ehrenamtliche, befristete Tätigkeit als Geschäftsführer einer ausgelagerten Profifußballabteilung. Die Kanzlei, in der der Steuerberater nur noch gelegentlich tätig wurde, beriet nachweislich auch keine Konkurrenten; weitere Ausnahme OVG NRW, Urteil vom 15.05.2017, 4 A 2197/13, juris Rn. 30: Einem Steuerberater kann im Einzelfall eine gewerbliche Tätigkeit als Vorstandsmitglied einer Kreditgenossenschaft durch eine Ausnahmegenehmigung nach § 57 Abs. 4 Nr. 1 Halbs. 2 StBerG erlaubt werden.

spezifizierten Berufspflichten an. Mit der hier vertretenen Ansicht ist das grundsätzliche Verbot schon verfassungswidrig. Die Ausnahmegenehmigung legitimiert das grundsätzliche Verbot nicht, weil nunmehr etwa über eine verfassungskonforme Auslegung die gesamte Norm als noch verfassungsgemäß erhalten bleiben könnte.[541] Anders wäre es ggf. nur, wenn als Maßstab für die Erteilung einer Ausnahmegenehmigung formuliert worden wäre, dass die Funktionsfähigkeit der Steuerrechtspflege durch die Paralleltätigkeit konkret negativ betroffen sein muss.

a) Intention des Gesetzgebers bei Einführung der Ausnahmeregelung

In der Gesetzesbegründung der am 12.04.2008 in Kraft getretenen Neuregelung wird der **gesetzgeberische Wille** kaum beschrieben. Näheres zum verfolgten Zweck und den Motiven lässt sich ansatzweise aus den Beratungsprotokollen entnehmen. Dort heißt es, dass der Gesetzgeber mit der Neuregelung des § 57 IV Nr. 1 StBerG die Erweiterung der Tätigkeitsmöglichkeiten bezwecken wollte und damit eine langjährige Forderung vor allem der Wirtschaft aufgegriffen habe, die immer schwerer qualifiziertes Personal findet, wenn mit einer Beschäftigung der Verlust des Beratertitels verbunden ist.[542]

Im Zusammenhang mit der ebenfalls durch das 8. StBerÄndG neu eingeführten Möglichkeit, wonach Steuerberater nunmehr nicht nur parallel bei einer Steuerberaterkammer, sondern auch bei einer Rechtsanwalts- oder Wirtschaftsprüferkammer angestellt sein können, findet sich in der Gesetzesbegründung der Hinweis, dass bei derartigen „Nebentätigkeiten" keine Gefahr der Interessenkollision bestehe und diese Art von Tätigkeit daher „zugelassen" werde.[543] Damit offenbart sich ein von den Grundprinzipien der Verfassung entferntes Gedankenbild. Offensichtlich prüft der Gesetzgeber, ob eine Tätigkeit zuzulassen sei und beansprucht damit eine umfassende Regelungskompetenz. Der richtige verfassungsrechtliche Maßstab wäre jedoch zu hinterfragen, ob ausnahmsweise – mit entsprechendem Begründungsaufwand – vor dem Hintergrund des Art. 12 GG eine bestimmte Tätigkeit verboten werden darf. In der Terminologie des Verwaltungsrechtes

541 Anders explizit BVerfG, Stattgebender Kammerbeschluss vom 23.08.2013, 1 BvR 2912/11, juris Rn. 22: „Einwände gegen das in der vorangehenden Fassung der Bestimmung enthaltene ausnahmslose Verbot" seien „durch die Neuregelung und teilweise Öffnung der Vorschrift für Ausnahmen vom Verbot der gewerblichen Tätigkeit ausgeräumt".

542 Antje Tillmann, CDU/CSU, 126. Sitzung des BT vom 15.11.2007, Anlage 22 der zu Protokoll gegebenen Redetexte. Dieses Ziel ist vollkommen gescheitert, weil Kammern und Rechtsprechung in Anbetracht der nur vagen Vorgaben des Gesetzgebers ihre eingefahrenen Argumentationsmuster nicht aufgeben und es damit keine weiteren parallelen Tätigkeiten „erlauben", die nicht schon vor der Gesetzesänderung „erlaubt" waren.

543 BT Drucksache 16/7077, S. 32.

gesprochen wird eine Erlaubnis mit Verbotsvorbehalt in ein Verbot mit Erlaubnisvorbehalt gewandelt.

b) Die Versuche der Kammern zur Normkonkretisierung

Das Konstrukt über eine Ausnahmeregelung legt die weitere Auslegung der Norm zunächst in die Hände der Kammern, die jedoch die Sachverhalte keineswegs neutral beurteilen, sondern von eigenen Standesinteressen geleitet sind. Die zuständigen Steuerberaterkammern erkennen nicht die verfassungsrechtliche Dimension ihrer Entscheidungsbefugnis und lehnen mit den alten Argumentationsrastern regelmäßig die Anträge auf eine Ausnahmegenehmigung ab. Die Kammern, die Finanz- sowie Verwaltungsgerichte legten die Ausnahmeregelung derart eng aus, dass es letztlich beim Totalverbot in der bisherigen Ausprägung blieb.[544]

Die von den Instanzgerichten bestätigte Argumentation der Steuerberaterkammern verlief in den veröffentlichten oder von mir betreuten Fällen folgendermaßen: Bei einer gewerblichen Betätigung bestehe immer die abstrakte Gefahr von Berufspflichtverletzungen, insbesondere die Verletzung der Pflicht des Steuerberaters zur unabhängigen und verschwiegenen Berufsausübung. Die Ausnahmeregelung greift – so der Wortlaut der Norm – nur, wenn die Verletzung von Berufspflichten auch abstrakt nicht zu erwarten ist.[545] Es genüge hierfür bereits die Möglichkeit von künftigen Interessenkollisionen aus. Da sich abstrakte Gefährdungen in diesem geringen Grad nie ausschließen lassen und selbst im Kernbereich der steuerberatenden Tätigkeit immanent sind, greift die **Ausnahmeregelung** nie und wird **ad absurdum geführt**.[546]

---

544 Michael Kleine-Cosack, AnwBl. 2013, 795, I.

545 Exemplarisch Tatbestand im Urteil des Niedersächsischen Finanzgerichtes vom 24.06.2010, 6 K 349/09; aufgehoben in der Revision von BFH Urteil vom 09.08.2011, VII R 2/11, NJW 2012, 479–480.

546 Mit abgewandelter Begründung über die Beweislast ebenso BFH, Urteil vom 17.05.2011, VII R 47/10, Vorstandsmitglied Genossenschaftsbank, BFHE 234, 379, II.2.b), juris Rn. 18: die neue Ausnahmeregelung erfordere zur Verfassungsmäßigkeit des gesamten Verbotes der gewerblichen Paralleltätigkeit, dass konkrete Gefahren von Berufspflichtverletzungen hervortreten. Eine abstrakte Gefährdung reiche nicht aus. Allerdings müsse der Grundrechtsträger die Nichtgefährdung der Berufspflichten darlegen und beweisen. Damit geht der BFH auch von einer abstrakten Gefahr aus, macht nur die Einschränkung, dass diese im Einzelfall widerlegbar ist. Ob damit wirklich materiell eine Änderung der Sichtweise erfolgt, darf bezweifelt werden; BVerfG hält es „fraglich", ob mit der Argumentation der Verwaltungsgerichte „überhaupt noch ein nennenswerter Anwendungsbereich für die gesetzlich geregelte Ausnahme vom Verbot gewerblicher Tätigkeit verbleiben kann, BVerfG (1. Senat, 2. Kammer), Beschluss vom 23.08.2013, 1 BvR 2912/11, juris Rn. 31.

(1) Die **Bundesteuerberaterkammer** (BStBK) nutzte die mit der Ausnahmeregelung eröffnete Chance nicht, grundsätzlich auf Basis der verfassungsrechtlich garantierten Berufsfreiheit zu argumentieren und sich zu vergewissern, dass das Verbot der Paralleltätigkeit und nicht die ausnahmsweise Zulassung derselben einer Rechtfertigung bedarf. In der ersten Stellungnahme der BStBK vom 14.04.2008 zum Achten Steuerberatungsänderungsgesetz heißt es, eine Ausnahme käme bei gewerblichen Tätigkeiten im Rahmen der sowieso schon erlaubten Nebentätigkeiten, z.B. als Testamentsvollstrecker oder Insolvenzverwalter, in Betracht.[547] Der unbefangene Leser fragt sich sofort, warum das Gesetz geändert wurde, wenn es nur um die Bestätigung der bisher schon bestehenden Möglichkeiten der erlaubten (gewerblichen) Tätigkeiten ginge. Der Gesetzgeber wollte nicht nur klarstellend tätig werden, auch wenn die Begründung dürftig ausfiel. Ähnliches wiederholt sich in weiteren offiziellen Aussagen der Bundessteuerberaterkammer. Die BOStB in der Fassung vom 08.09.2010 nimmt diesen Ansatz auf und schreibt bei § 16 I in vermeintlicher Konkretisierung des Steuerberatungsgesetzes fest, dass eine Ausnahmegenehmigung bei vereinbaren Tätigkeiten in Betracht käme.

Weiterhin soll die Übernahme der Geschäftsführung als Insolvenzverwalter in einem zu sanierenden Unternehmen nach Ansicht der Bundesteuerberaterkammer regelmäßig zu genehmigen sein, insbesondere wenn die (Neben)Tätigkeit von der eigenen Kanzlei ausgeführt wird.[548] Und wieder stellt sich dabei die Frage, warum die Zusätze „als Insolvenzverwalter" und „von der eigenen Kanzlei" verwendet werden. Wenn die BStBK ihre Stellungnahme als Einschränkung bei Sanierungen auf die Spezialfälle von Insolvenzverwaltungen verstanden wissen wollte, gäbe es durch die Gesetzesänderung keine Erleichterung und Erweiterung, die jedoch damit gerade bezweckt worden war, sondern sogar eine weitere Restriktion. Typische Sanierungstätigkeiten, gleichgültig ob „von der eigenen Kanzlei" aus gesteuert oder als Insolvenzverwalter geführt, müssten jedenfalls von der Ausnahmegenehmigung umfasst sein. Warum dabei dann die Einhaltung der Berufspflichten in Bezug auf die sonstige Berufsausübung als Steuerberater anders zu beurteilen wäre (der Gesetzgeber stellt als Maßstab für die Erteilung einer Ausnahmegenehmigung nur auf die Nichtgefährdung von Berufspflichten ab) als bei „normaler" parallelberuflicher Tätigkeit, bleibt freilich im Unklaren. Allenfalls könnte man konstatieren, dass bei Sanierungsaufgaben wegen des vorübergehenden Charakters und der gesellschaftlichen Bedeutung die Berufspflichten tendenziell weniger schwer wiegen. Nur insoweit wäre eine Diskussion überlegenswert, abgesehen davon, dass der Maßstab anhand der Berufspflichten schon im Ansatz verfehlt ist.

547 Veröffentlich bei www.steuerberaterkammer.de.

548 BStBK in „Allgemeine Hinweise der BStBK", 5.2.1.4.a., Beschluss des Präsidium vom 25.06.2009, www.steuerberaterkammer.de.

Eine Ausnahme vom Verbot der gewerblichen Tätigkeit sei nach § 16 BOStB in der Fassung vom 08.09.2010 zudem möglich, wenn die gewerblichen Paralleltätigkeiten

- gemessen an Art und Umfang und unter Beachtung der wirtschaftlichen Auswirkungen nur geringfügig sind,
- den vorübergehenden Betrieb von gewerblichen Unternehmen betreffen, die im Wege der Erbfolge auf den Steuerberater übergegangen sind, zum Gegenstand haben oder es sich um Unternehmen naher Angehöriger des Steuerberaters handelt, oder
- im Rahmen einer Notgeschäftsführung ein Mandantenunternehmen übernommen werden soll.

Überraschenderweise wird nun anders als bei den sonstigen „erlaubten" Tätigkeiten als ein Kriterium die **Geringfügigkeit** der parallelberuflichen Tätigkeit eingeführt. Dabei stellt sich sofort die Frage, warum eine geringfügige Paralleltätigkeit vor dem Hintergrund der ansonsten immer vorgeschobenen abstrakten Gefahr von Interessenkollisionen etwas ändern soll. Auch bei geringem Umfang der Paralleltätigkeit bestehen Möglichkeiten, Geheimnisse zu verraten oder vertrauliche Informationen zum Schaden anderer zu nutzen. Der Umfang der sonstigen vereinbaren Tätigkeiten (§ 57 III StBerG) ist nach derzeitiger einfachgesetzlicher Rechtslage nicht begrenzt. Diese könnten auch den Schwerpunkt der beruflichen Tätigkeit des Steuerberaters bilden.[549]

Im Gesetz findet sich als Voraussetzung nur die Nichtgefährdung der Einhaltung der Berufspflichten. Aus der Gesetzesbegründung sind keine weiteren Überlegungen des Gesetzgebers erkennbar. Daher kann ein solcher Argumentationsstrang über den Umfang der Paralleltätigkeit bei verständiger Auslegung der Norm keine Beachtung finden. Die Größe des parallelbetriebene Gewerbebetriebes – ob nun 2, 35 oder 100 Beschäftigte oder Jahresumsatz von 10, 5 oder nur 0,01 M€ führt zu keiner Indikation einer Verletzung von Berufspflichten; ebenso nicht der Umfang der Paralleltätigkeit dort.

Mit Blick auf die oben herausgearbeiteten Grunderwägungen und die Berufspflichten darf ebenso hinterfragt werden, warum eine **vorübergehende** gewerbliche Betätigung zwar anscheinend in allen Branchen erfolgen kann, aber vom **Erwerbsweg** bzw. der Eigentümerschaft (Mandant oder naher Angehöriger) abhängen soll. Mit einer vorübergehenden Tätigkeit wären die Berufspflichten – wenn überhaupt – nicht anders tangiert als bei einer zunächst auf unbestimmte Dauer angelegten Tätigkeit. In Bezug auf die wie auch immer gelagerte

549 So selbst die Bundesteuerberaterkammer in „Allgemeine Hinweise der BStbrK", 5.2.2, beschl. v. Präsidium am 25.06.2009, www.steuerberaterkammer.de; ebenso Gehre/Koslowski, StBerG, § 57 Rn. 101; *Maxl* in Kuhls, Kommentar zum StBerG, 3. Aufl. 2012, § 57 Rn. 299.

theoretische Gefahr von Interessenkollisionen durch Nutzung von illegal erlangten Informationen besteht zudem kein Unterschied, ob eine von den Gesellschaftern bestellte Geschäftsführung oder eine vom Gericht eingesetzte **Notgeschäftsführung** stattfindet. Die Tätigkeit bleibt dieselbe, die theoretische Möglichkeit der illegalen Datennutzung besteht gleichermaßen. Gleiches gilt für eine gewerbliche Tätigkeit in einem Familienunternehmen oder einem Unternehmen mit familienfremden Eigentümern. Hinsichtlich der abstrakten Gefahren von Interessenkollisionen – also vornehmlich die Nutzung von bei der steuerberatenden Kerntätigkeit erlangten Informationen zu Gunsten der gewerblichen Tätigkeit oder umgekehrt – ist nicht relevant, zu wessen wirtschaftlichen Nutzen (eigener, Familienangehöriger oder Mandant) die Paralleltätigkeit stattfindet.

In einer ersten Stellungnahme des Präsidenten der Bundessteuerberaterkammer Horst Vinken lobte dieser zwar die Änderungen des 8. Steuerberatungsänderungsgesetzes und insbesondere die „Liberalisierung" bzgl. „erlaubter Nebentätigkeiten", meinte aber gleichzeitig innerhalb einer Pressekonferenz, dass ein Steuerberater gleichzeitig neben seinem Beruf als Steuerberater keinen Autohandel betreiben dürfe.[550] Dieser Äußerung liegt der Gedanke zugrunde, dass nicht etwa die mögliche Verletzung von Berufspflichten Maßstab der Entscheidung werden soll – erst recht nicht der längst vergessene Schutz der Funktionsfähigkeit der Steuerrechtspflege –, sondern eine wie auch immer geartete Verwerflichkeit des Parallelberufes oder ein Mindestmaß an Abstand zum Kerngebiet der Steuerberatung, die gesellschaftlich auf einer höheren Stufe stehe. Dass ein Autohandel per se selbst zu Berufspflichtenkollisionen führen könne, kann man wohl nicht konstatieren. Dieser könnte ebenso zu den Fallgruppen nach § 16 BOStB passen. Richtigerweise sind auch bei einem Autohändler Berufspflichtverletzungen bzw. auf die noch aus der Steuerrechtspflege ableitbaren Interessenkollisionen nur dann denkbar, wenn der Steuerberater Konkurrenzunternehmen im Rahmen der Steuerberatung betreut und seine Paralleltätigkeit nicht offenlegt.

(2) Die gewerbliche Tätigkeit soll nicht nur möglichst gering oder nur vorübergehender Art sein oder Ausnahmesituationen auffangen, sondern auch **fremdnützig** – zumindest zu Gunsten eines Familienangehörigen oder eines Mandanten – sein, um eine Chance auf „Zulassung" zu erhalten. Ausnahmen vom Verbot der gewerblichen Tätigkeit kämen tendenziell dann in Betracht und die Genehmigungen der Steuerberaterkammern seien „wahrscheinlich", wenn diese fremdnützig ausgeprägt sind.[551] Die Geschäftsführung innerhalb eines zum Nachlass gehörenden Unternehmens (Steuerberater als Testamentsvollstrecker) ist

550 Abgedruckt in der FAZ vom 21.05.2008, Seite 25.

551 So Deutscher Steuerberaterverband e.V., Stellungnahme zu vereinbaren Tätigkeiten der Steuerberater, Beilage in „Die Steuerberatung" Mai 2009, S. 16, ebenso Hund, Die Bedeutung des Rechtsdienstleistungsgesetzes für den Steuerberatenden Beruf, DStR 2008, 1208, 1211.

beispielsweise gewerbliche Tätigkeit. Dabei stünde aber nicht Gewinnstreben in eigener Sache im Vordergrund, sondern die Fremdnützigkeit zugunsten der Erben. Ähnlich verhielte es sich bei Insolvenzverwaltungen zugunsten der Gläubiger oder Geschäftsführungen im Mandanteninteresse. Eine Tätigkeit gegen Entgelt wie sie der Steuerberater in den vorgenannten Fällen erbringt, ist zunächst mal eigennützig. Diese Fallgruppe ist schon deshalb widersprüchlich, weil mit gleicher Argumentation alle Fremdgeschäftsführungen (Geschäftsführung ohne eigene Beteiligung am geführten Unternehmen) in dieser Weise als fremdnützig einzustufen wären. Innerhalb der gleichen Problematik wird behauptet, die Organe teilen das Schicksal des vertretenen Unternehmens (siehe oben 3.f)). Insoweit offenbart sich wiederholt, dass keine sachlich begründbare Argumentation geführt wird sondern alle Bestrebungen gerade der Berufsverbände dahin gehen, ein angeblich **verwerfliches Gewinnstreben** zu vermeiden oder einen Abstand der eigenen Berufsgruppe zu vermeintlich minderwertigeren Berufen zu statuieren.

(3) Teilweise wird daran anschließend gefordert, es müsse stets eine besondere **Ausnahmesituation** (atypische Situation, individuelle Notwendigkeit), bestehen.[552] Der Tatbestand fordert weder eine besondere Ausnahmesituation noch eine Notwendigkeitsprüfung. Lediglich kommt es – die hier vertretene Verfassungswidrigkeit der gesamten Norm einmal ausgeblendet – entsprechend des klaren Wortlauts des Gesetzgebers und der Gesetzesbegründung des Bundesrates[553] auf die Frage der Gefahr der Verletzung von Berufspflichten an. Auslegungen dahin, es wären besondere Ausnahmesituationen zu fordern, sind bei genauer Betrachtung unter Beachtung der einzig vom Gesetzgeber für die Versagung einer Ausnahmegenehmigung normierten Gefahr der Verletzung von Berufspflichten genauso inhaltsleer, wie die Behauptung, eine Ausnahmegenehmigung käme insbesondere bei allen Unternehmen mit dem Anfangsbuchstaben X bis Z in Betracht, weil diese Buchstaben selten vorkommen.

(4) Ersichtlich ist es Ziel der Berufsverbände, das ursprüngliche Totalverbot der gewerblichen Tätigkeit auch nach der Gesetzesänderung unverändert zu erhalten. Die Berufsangehörigen und Verbände derselben könnten sich gerade in Anbetracht der zunehmenden Anzahl der zugelassenen Steuerberater erfreut zeigen, wenn sich neue Tätigkeitsfelder darbieten. Es ist aber anscheinend vornehmlich dem Standesdünkel geschuldet zu meinen, Steuerberater würden nicht maßgeblich am Gewinn orientiert arbeiten und stellten eine ganz besondere Berufsgruppe dar, der übermäßiges Ansehen zu teil werde und die sich von der übrigen Bevölkerung abheben müsste. Denn schließlich sei die Hebung des Berufes ein sogar vom BGH

552 So die Steuerberaterkammer auf Beklagtenseite in VG Köln, Urteil vom 08.01.2009, 1 K 4481/08; ebenso Veiter, 8. Steuerberatungsänderungsgesetz, Steuerjournal, 9/2008 Seite 44; Mutschler, gewerbliche Betätigung von Steuerberatern, DSDR 2008, Seite 1005; dagegen OVG NRW, Urteil vom 20.12.2011, 4 A 1940/10, juris Rn. 63.

553 BT-Drs. 16/7250, S. 26.

anerkanntes Ziel. Daher schade wohl jedes gewerbliche Denken und Gewinnstreben. Das ist so falsch wie unnötig. Weder ist es verfassungsrechtlich geboten, noch verwerflich noch untugendhaft, in einem Steuerberatungsunternehmen zur Sicherung des Lebensunterhaltes nach Gewinn zu streben – wie jeder gewöhnliche Unternehmer. Jeder Steuerberater wird das als maßgebliche Aufgabe ansehen müssen, um sein Unternehmen am Markt zu halten – wie jeder andere Dienstleister oder sonstige Gewerbetreibende ebenso.

(5) Ein Beispielsfall zu den praktischen **Auswirkungen** derartiger **Vorgaben der BStBK** und später der **BOStB**: Ein Rechtsanwalt und Steuerberater hatte auf Bitte und im Auftrag eines langjährigen Mandanten die Geschäftsführung zur Sanierung eines in Form einer GmbH organisierten Sportclubs übernommen. Der Interims-Geschäftsführer beantragte, obwohl er die Regelung des Verbotes jeder gewerblichen Paralleltätigkeit für den Steuerberater aus § 57 IV Nr. 1 StBerG grundsätzlich für verfassungswidrig hält, dennoch die Erteilung einer Ausnahmeregelung bei der Steuerberaterkammer, wobei er jedenfalls von einer Pflicht zur Erteilung der Ausnahmeregelung durch die Steuerberaterkammer ausging.

Zum Zeitpunkt der Übernahme der Geschäftsführung war über das Vermögen der GmbH bereits ein vorläufiges Insolvenzverfahren eröffnet. Die Planung für die neue Saison kam wegen des drohenden Lizenzverlustes zum Erliegen. Als örtlicher, dem Sportclub nahestehender Unternehmer wollte der Mandant mit den ihm zur Verfügung stehenden finanziellen Mitteln einen Beitrag zur Rettung des Sportclubs leisten und stellte die finanziellen Mittel zur Gläubigerbefriedigung sowie zur Fortführung bereit.

Die Organisation, die Verhandlung mit Gläubigern und mit dem vorläufigen Insolvenzverwalter sowie die Herausführung der Gesellschaft aus dem vorläufigen Insolvenzverfahren oblag dem vertrauten Rechts- und Steuerberater, der währenddessen zum Interimsgeschäftsführer für ein Jahr ernannt worden war. Die Begrenzung der Dauer der Geschäftsführung resultierte aus der Überlegung heraus, dass ca. ein Jahr nach der Krise der Geschäftsbetrieb sich vermutlich wieder normalisiert habe und ein anderer Fremdgeschäftsführer ohne die besondere Ausbildung eines Rechtsanwaltes und Steuerberaters übernehmen könne. Der Investor verfügte über keine zeitlichen Kapazitäten, die Geschäftsführungsfunktion selbst zu übernehmen. Er benötigte daher einen Fremdgeschäftsführer, der sein vollstes Vertrauen genoss und zudem die Fähigkeiten zum Krisenmanagement besitzt. Bedingung des Engagements des Investors war von Beginn an, dass nur der eine sein uneingeschränktes Vertrauen genießende Berater die Interimsgeschäftsführung übernimmt. In Anbetracht der finanziellen Krise des Sportklubs akzeptierte der neue Geschäftsführer zudem ein deutlich geringeres Entgelt als in vergleichbaren Konstellationen üblich. Der Berater übernahm ohne eigene Ambitionen die Aufgabe nur, um den langjährigen Mandanten bei der Umsetzung seiner Interessen zu unterstützen und einen regional bedeutenden Sportclub zu retten.

Die Steuerberaterkammer versagte unter Berufung auf das grundsätzliche Verbot jeder gewerblichen Tätigkeit für einen Steuerberater die Ausnahmegenehmigung. Die Kammer verwendete auch dabei die bekannten bisherigen allgemeinen

Argumente. Sie behauptete tatsächlich – trotz der bekannten vorgenannten Sachlage – dass diese gewerbliche Tätigkeit als Geschäftsführer dem Ansehen des Berufstandes schade und ein damit verbundenes Gewinnstreben vom Beruf der Steuerberater fernzuhalten sei. Sie berief sich zudem darauf, dass eine Ausnahmegenehmigung nur dann in Betracht käme, wenn entsprechend des Wortlautes von § 57 IV Nr. 1 StBerG durch die gewerbliche Tätigkeit eine Verletzung von Berufspflichten nicht zu erwarten ist. Ohne Subsumption, inwieweit durch die beschriebene Tätigkeit eine Verletzung von Berufspflichten möglicherweise auch im Abstrakten in Betracht käme, verwies die Steuerberaterkammer auf den Kriterienkatalog der Bundessteuerberaterkammer und der BOStB, betrachtete diese Kriterien schlicht als abschließend und subsumierte insoweit, dass die hier vorliegende Tätigkeit unter keine der dort genannten Fallgruppe falle und es somit beim Verbot der gewerblichen Tätigkeit bliebe. Dem schloss sich ohne vertiefende Argumentationen das Verwaltungsgericht an. Insbesondere versagten die Steuerberaterkammer und ihr folgend das Verwaltungsgericht schematisch auch die Einschlägigkeit der letzten Fallgruppe aus § 16 I BOStB (Notgeschäftsführung für ein Mandantenunternehmen), weil es sich formal nicht um eine gerichtliche Bestellung zum Notgeschäftsführer handle.

Zu einer Entscheidung über die eingelegte Berufung kam es nicht mehr. Die Angelegenheit hatte sich letztlich durch Zeitablauf erledigt. Die dargestellten sich in vielen ähnlichen Fällen wiederholenden Argumentationsmuster verlieren vollständig den Blick auf das Grundrecht der Berufsfreiheit und versuchen schon fast krampfhaft an den überkommen Vorstellungen unter Ausblendung der Wirklichkeit festzuhalten. Ohne Rücksicht auf den zusätzlichen gesellschaftlichen Schaden – immerhin hätte der Sportclub ohne die Konstruktion nicht überleben können – beharren die berufsständischen Kammern auf ihren traditionellen Vorstellungen. Möglicherweise mögen auch Besitzstandsüberlegungen mit einfließen. Wenn Steuerberater parallel in anderen Berufen tätig sein können, kämen ggf. zunehmend andere Berufe auf die Idee, bislang den Steuerberatern und vorbehaltende Tätigkeiten zu beanspruchen. Denn eines ist festzuhalten: Wenn erst durch zunehmend geübte parallele Berufsausübung wieder ein Stück weit deutlicher wird, dass der Steuerberater ein ganz normaler Unternehmer ist und sich dessen Tätigkeit nicht von einem sonstigen gewerblichen Unternehmen unterscheidet, wird verstärkt die Frage gestellt werden, warum die typischen Aufgaben der Steuerberater, wie z.B. die Anfertigung von Steuererklärungen, nur diesen vorbehalten sein sollen. Eine Rechtfertigung lässt sich dafür nicht wirklich finden.

c) Interpretation der Gerichte

Die Gerichte wären zur Korrektur derartiger Interpretationen der Berufskammern aufgerufen, lassen jedoch eine vertiefte Auseinandersetzung mit den einzelnen Scheinargumenten der Kammern weiterhin vermissen. Die Instanzgerichte legen die Ausnahmeregelung – wie zuvor schon angedeutet – ebenfalls äußerst restriktiv aus. Es sind kaum Fälle veröffentlicht oder mir ansonsten bekannt geworden, bei denen die Ausnahmeregelung tatsächlich erteilt worden wäre, insbesondere nicht für Tätigkeiten, die nicht schon bislang nach dem Steuerberatungsgesetzes als zulässig und vereinbar angesehen wurden.[554] Wegen der restriktiven Rechtsprechung in den Jahren kurz nach der Neuregelung finden sich seit 2014 nur noch vereinzelt Entscheidungen zu diesem Thema. Man muss davon ausgehen, dass die Steuerberater schlicht auf die meist aussichtslose Auseinandersetzung mit den Kammern verzichten. So vertraut man wie vor 2008 wohl eher darauf, dass die Kammern keine Kenntnis von der Paralleltätigkeit erhalten.

Die Gerichte berufen sich neben dem Wortlaut des Gesetzes auf die Rechtsprechung des BGH und kommen allesamt zum Ergebnis der Verfassungsmäßigkeit des grundsätzlichen Verbotes gewerblicher Paralleltätigkeit des Steuerberaters. Die Argumentation dabei ist äußerst oberflächlich – Hauptsache alle Schlagwörter Unabhängigkeit, Eigenverantwortlichkeit, Unparteilichkeit, Interessenkollision, freier Beruf und auch die Ansehenssteigerung und Hebung des Berufes werden einmal genannt.[555] Eine eigene verfassungsrechtliche Analyse erfolgt nicht mehr. Der Verweigerung der Ausnahmeregelung auf der zweiten Stufe wird sodann mit der recht einfachen Behauptung vorgenommen, dass irgendwie abstrakt schon vorstellbar ist, dass künftig Berufspflichten verletzt werden könnten.

(1) Im dem der Entscheidung des Verwaltungsgerichts Düsseldorf[556] zugrunde liegenden Sachverhalt war ein Steuerberater 5 Jahre ehrenamtlich und unentgeltlich als Vizepräsident eines gemeinnützigen Sportvereins tätig. An dieser Funktion störte sich seitens der Steuerberaterkammer niemand. Im Jahre 2004 wurde der Lizenzspielerbetrieb in eine Kapitalgesellschaft ausgelagert. Der Steuerberater

---

554 Ausnahme das BVerwG BVerwG, Urteil vom 26.09.2012, 8 C 6/12 als Revisionsinstanz letztlich nach VG Düsseldorf, Urteil vom 04.08.2010, 20 K 5091/09; oder OVG NRW, Urteil vom 15.05.2017, 4 A 2197/13, juris Rn. 30: Einem Steuerberater kann im Einzelfall eine gewerbliche Tätigkeit als Vorstandsmitglied einer Kreditgenossenschaft durch eine Ausnahmegenehmigung nach § 57 Abs. 4 Nr. 1 Halbs. 2 StBerG erlaubt werden (Nichtzulassungsbeschwerde der StB-Kammer zurückgewiesen durch BVerwG, Beschluss vom 11.07.2018, 10 B 16/17).

555 Beispielhaft BayVGH, Beschluss vom 26.10.2011, 7 ZB 11.1173, II.1.b)aa), juris Rn. 14 und zum selben Fall nach zwischenzeitlicher Aufhebung des ersten Urteils BayVGH, Urteil vom 21.01.2015, 7 BV 14.1923, juris Rn. 18.

556 VG Düsseldorf, Urteil vom 04.08.2010, 20 K 5091/09 aufgehoben in der Berufung von OVG NRW, Urteil vom 20.12.2011, 4 A 1940/10 (Berufungsurteil von der Revision bestätigt in BVerwG, Urteil vom 26.09.2012, 8 C 6/12) mit der Prämisse, dass nur eine konkret zu erwartende Gefährdung der Einhaltung der Berufspflichten ausreiche. Diese lag im konkreten Einzelfall einer geringfügigen, schon seit langem ausgeübten, ehrenamtlichen, befristeten Tätigkeit als Geschäftsführer einer ausgelagerten Profifußballabteilung nicht mehr vor. Die Kanzlei, in der der Steuerberater nur noch gelegentlich tätig wurde, beriet nachweislich auch keine Konkurrenten.

übernahm dort die Geschäftsführerfunktion. Das Verwaltungsgericht hatte über die vom Steuerberater beantragte, von der Steuerberaterkammer verweigerte Ausnahmegenehmigung nach § 57 IV Nr. 1 StBerG zu entscheiden. Parallel dazu lief vor dem Finanzgericht die Anfechtungsklage gegen den Widerruf der Zulassung zum Steuerberater.

Das Verwaltungsgericht verneinte das Vorliegen der Voraussetzungen für die Erteilung einer Ausnahmegenehmigung. Unter Berufung auf die hier vielfach kritisierte Entscheidung des BGH aus dem Jahr 1996[557] sowie das Urteil des Verwaltungsgerichts Aachen vom Juli 2009[558] sowie des Verwaltungsgerichts Köln vom Januar 2009[559] unterstellt es die Gewerblichkeit der Geschäftsführerfunktion, abgeleitet von der Gewerblichkeit der Anstellungsgesellschaft. Zunächst erkannte das Gericht in Bezug auf die Verfassungsmäßigkeit noch, dass das Bundesverfassungsgericht in der Leitentscheidung von November 1992[560] für die Rechtsanwälte noch herausgestellt habe, dass eine Einschränkung der Berufswahlfreiheit nur erforderlich und zumutbar ist, wenn sich Interessenkollisionen, auf die sich das Verwaltungsgericht hier auch im Folgenden entscheidend stützt, deutlich abzeichnen und diesen nicht mit anderen, milderen Mitteln, wie beispielsweise Berufsausübungsregeln, begegnet werden kann. Dazu meint das Verwaltungsgericht Düsseldorf eher lapidar ohne weitere Begründung: *„Dies ist aus den genannten Gründen bei dem Beruf des Steuerberaters nicht der Fall“*.[561] Man kann allenfalls aus den sich anschließenden Ausführungen erahnen, dass das Gericht mit den „genannten Gründen“ wohl die generell, angeblich typischerweise bei Steuerberatern gegebenen und sich dort angeblich immer deutlich abzeichnenden Interessenkollision abstellt. Warum Berufsausübungsregeln nicht ausreichen sollen, wird nicht thematisiert.

Unter Bezugnahme auf die Entscheidung des BVerfG 1967 – immerhin schon über 50 Jahre alt – und im Anschluss an die Entscheidung des Bundesverfassungsgerichts vom 20. Mai 2008[562] meint das Verwaltungsgericht weiter, dass die in der älteren Verfassungsgerichtsentscheidung herausgearbeiteten Hauptziele des Verbotes der gewerblichen Tätigkeit für Steuerberater in der Hebung des Berufes

557 BGH, Urteil vom 04.03.1996, StbSt (R) 4/95, NJW 1996, 1833–1836.

558 VG Aachen, Urteil vom 13.07.2009, 5 K 2351/08.

559 VG Köln, Urteil vom 08.01.2009, 1 K 4481/08, bestätigt im Ergebnis von OVG NRW, Urteil vom 20.12.2011, 4 A 311/09.

560 BVerfG, Beschluss vom 04.11.1992, 1 BvR 79/85 u.a., BVerfGE 87, 287.

561 VG Düsseldorf, Urteil vom 04.08.2010, 20 K 5091/09, ohne Gliederung, bei juris Rn. 30.

562 Kurzer nicht veröffentlichter Nichtannahmebeschluss, indem mit zwei Sätzen die grundsätzliche Bedeutung der Verfassungsbeschwerde verneint wird, weil die verfassungsrechtlichen Fragen bereits im Urteil von 1967 geklärt seien, BVerfG, 20.05.2008, 1 BVR 2258/07.

lägen (der Steuerberater ein gehobener freier Beruf sei) und mögliche Interessenkollisionen durch die Verwendung von Informationen aus der steuerberatenden Tätigkeit beim Betrieb des Gewerbes vermieden werden sollten. Maßgeblich sei nach abstrakter Betrachtungsweise in Bezug auf die Berufspflichten, ob

- eine Gefährdung der „Unabhängigkeit“ des Steuerberaters bei Ausübung der gewerblichen Tätigkeit eintreten könne,
- die Gefahr einer Interessenkollision besteht oder
- einem erwerbswirtschaftlichen Streben Vorrang vor den „Pflichten eines Freiberuflers“[563] eingeräumt werde.

Damit wird ein noch höherer Abstraktheitsgrad kreiert, weil nun nicht mehr die Pflichten eines Steuerberaters, insbesondere die Berufspflichten genannt werden, sondern auf weder bekannte noch definierte Pflichten eines Freiberuflers abgestellt wird. Die Diskussion wird anscheinend zunehmend unkonkreter und mit weiteren Scheinargumenten angereichert, weil die Rechtsanwender wohl merken, dass eigentlich das Verbot der gewerblichen Tätigkeit zumindest heutzutage sich schon dem Grunde nach nicht mehr halten lässt.

Der Steuerberater hätte bei Beratung konkurrierender Vereine oder Lizenzspieler die Möglichkeit, die Informationen aus seiner gewerblichen Tätigkeit zu nutzen und umgekehrt. Darin bestehe eine zumindest nicht „außerhalb jeglicher Lebenswahrscheinlichkeit“ liegende Interessenkollision, so das VG Düsseldorf weiter.[564] Diesen Abstraktheitsgrad lässt das Verwaltungsgericht letztendlich ausreichen, um ein Berufsverbot zu rechtfertigen. Die vom Verwaltungsgericht als maßgeblich angesehenen Fragen kann man mit der vorausgesetzten abstrakten Betrachtungsweise stets bejahen. Es lassen sich immer theoretische Konstellationen bilden, in denen irgendwie Interessenkollisionen entstehen können. In der Sache erkennt das Verwaltungsgericht ebenso wie die anderen zitierten Parallelentscheidungen nicht, dass die beschriebene Interessenkollision in der abstrakten Weise bei jedem Steuerberater sowieso schon vorliegen, der mehr als einen Mandanten berät. Zudem geht das Gericht implizit davon aus, dass der Steuerberater unter Verletzung aller vertraglichen Pflichten und der Wettbewerbsgesetze die Informationen zum Nachteil eines Mandanten verwendet.

Eine Beeinträchtigung der Unabhängigkeit – da eine solche sowieso nicht existiert, spräche man besser von einer weiteren Anhängigkeit im Sinne der Ausweitung der abstrakten Gefahr von Interessenkollisionen – kann bei Mitgliedschaft des Steuerberaters in einem Fußballverein oder der Heirat mit einem Politiker oder Unternehmer entstehen, weil nicht mit letzter Sicherheit ausgeschlossen werden kann, dass allein die Beschäftigung mit Dingen außerhalb der steuerberatenden Tätigkeit zu irgendwelchen Wechselwirkungen führt. Das ist jedoch jedem

563 VG Düsseldorf, Urteil vom 04.08.2010, 20 K 5091/09, juris Rn. 42.

564 VG Düsseldorf, Urteil vom 04.08.2010, 20 K 5091/09, juris Rn. 44.

sozialen Verhalten immanent. Auch durch die Beratung von anderen Mitgliedern des Fußballvereins oder des Vereins selbst können Interessenkollisionen entstehen, wenn bereits konkurrierende Fußballvereine vertreten werden. Die Beispiele verdeutlichen die Absurdität der Begründung des Verbotes gewerblicher Paralleltätigkeit, soweit diese bei abstrakten Gefahren von Interessenkollisionen ansetzt. Potentiell könnten nämlich immer – wie bereits oben erläutert – mehrere Mandanten einer Branche und damit potentielle Konkurrenten beraten werden. Insofern haben Steuerberater und ebenso Rechtsanwälte die Pflicht, vertrauliche Informationen des einen Mandanten nicht an den anderen weiterzutragen, meines Erachtens dürften ohne ausdrückliche Zustimmung der betroffenen Mandanten keine vertraglichen Beziehungen mit beiden bestehen. Diese wirklich relevanten Interessenkollisionen bzw. Gefahrenlagen (sofern tatsächlich sensible Daten bekannt sind) treten häufig in größeren Kanzleien auf.

(2) Die nachfolgenden Instanzen folgten dem Ansatz des Verwaltungsgerichtes nur im Grundsatz, ließen ergänzend zumindest die Darlegung und den Nachweis des Grundrechtsträgers zu, dass Interessenkollisionen ausnahmsweise doch im konkreten Einzelfall nicht auftreten werden.[565]

Das Erfordernis, zumindest bei der Ausnahmeentscheidung auf die konkreten Wahrscheinlichkeiten einer künftigen Berufspflichtverletzung abzustellen, wurde von den Klägern in allen verwaltungsgerichtlichen Entscheidungen immer wieder vorgetragen, fand aber weder bei den Steuerberaterkammern noch zunächst bei den Gerichten Beachtung.[566] Diese stellen losgelöst vom konkreten Fall nur auf eine abstrakte mögliche Gefährdung ab – mit Ausnahme einer im Frühjahr 2011 ergangen Entscheidung des BFH[567], die auf dieser Ebene hoffentlich für die Zukunft die Diskussion soweit beendet.[568] Ein Abstellen auf die abstrakte Gefahr einer Berufspflichtverletzung ist nach Ansicht des BFH mit der durch Art. 12 GG garantierten Freiheit der Berufswahl unvereinbar, denn die abstrakte Betrachtungsweise führe dazu, dass von vornherein die Zulassung einer Ausnahme nicht in Betracht kommt.[569] Eine grundsätzliche Änderung zum Verständnis der Norm vor

565 BVerwG, Urteil vom 26.09.2012, 8 C 6/12, juris Rn. 20.

566 *Koslowski* in Koslowski, Kom. zum StBerG, 7. Aufl. 015, § 57 Rz 92, m.w.N., Mutschler, DStR 2008, 1500, 1501 f.; VG Neustadt (Weinstraße), Urteil vom 24.02.2011, 4 K 952/10.NW, DStR 2011, 1051–1052, juris Rn. 27, bestätigt durch OVG Rh-Pf. Urteil vom 22.06.2011, 6 A 10427/11, DStR 2011, 1730–1731 und BVerwG, Urteil vom 26.09.2012, 8 C 26/11.

567 BFH, Urteil vom 17.05.2011, VII R 47/10, DB 2011, 1853–1855, Revisionsentscheidung zu FG Niedersachsen, Urteil vom 24.06.2010, 6 K 349/09.

568 Einschränkend aber schon wieder *Maxl* in Kuhls, StBerG; 3. Aufl. 2012, § 57 Rn. 366.

569 BFH, Urteil vom 17.05.2011, VII R 47/10, DB 2011, 1853–1855, II.2.b) unter Verweis auf das frühere Urteil des selben Senates vom 22.09.1992, VII R 43/92, BFHE 169, 286, wonach auch bei Widerruf der Bestellung wegen Vermögensverfall die konkrete Gefährdung zu prüfen ist und bei Nichtvorliegen einer solchen die Zulassung

dem Hintergrund der Berufsfreiheit ist jedoch auch in der jüngsten Entscheidung des BFH nicht zu erkennen. Wenn der BFH konkrete Betrachtungen für geboten hält, müsste er das bis 2008 geltende Totalverbot der gewerblichen Paralleltätigkeit ohne Möglichkeit einer Ausnahmegenehmigung als verfassungsrechtlich nicht haltbar einstufen, denn das grundsätzliche Verbot wird weiterhin mit einer abstrakten Gefährdungslage gerechtfertigt. Dennoch hält der BFH das grundsätzliche Verbot der gewerblichen Tätigkeit mit der bekannten Argumentation für weiterhin verfassungsgemäß.

Diese Abkehr von abstrakten Gefährdungen hat sich nachfolgend in der Rechtsprechung mit der Entscheidung des BVerfG von 2013 im Hinblick auf die Ausnahmegenehmigung durchgesetzt. Mit der Ansicht, dass eine lediglich abstrakte Gefährdung der Verletzung von Berufspflichten für die Versagung der Genehmigung ausreichend sei, bliebe nämlich kaum ein **nennenswerter Anwendungsbereich** für die gesetzlich geregelte Ausnahme vom Verbot gewerblicher Tätigkeit.[570] Zumindest stellte das BVerfG deutlich heraus, dass beide Vorinstanzen „nachvollziehbare Feststellungen zu den Anknüpfungstatsachen" für eine abstrakte Gefährdung vermissen lassen.[571]

(3) Das Urteil des Verwaltungsgerichts Düsseldorf wurde vom BVerwG aufgehoben. Das BVerwG entschied im Sinne des Steuerberaters und Klägers – jedoch nur unter Anlehnung an die in sich unschlüssigen Fallgruppen des § 16 BOStB, ohne Blick auf die Berufsfreiheit und das Persönlichkeitsrecht des Klägers. Ausschlaggebend war für das BVerwG letztlich, dass der Steuerberater im Parallelberuf ohne offensichtliches finanzielles Interesse handelte (anderes wäre anscheinend verwerflich, dem Beruf fremd und würde die Berufspflicht zum altruistischen Tätigwerden verletzten), weil

- -er nachgewiesen habe, seinen Mandantenkreis als Steuerberater nicht um zusätzliche Mandanten aus dem Bereich des Fußballsports erweitern zu wollen und
- für die Tätigkeit keine Aufwandsentschädigung gezahlt wird.

Dies und der geringe zeitliche Aufwand von etwa zwei Stunden wöchentlich sprächen gegen eine Interessenkollision im konkreten Fall.[572] Es ist zu befürchten, dass die Gerichte in Anlehnung an die Entscheidung des BVerwG von 2012 ihre Rechtsprechung insoweit „weiterentwickeln" – und sich damit immer weiter von der Verfassung entfernen – und selbst eine Aufwandsentschädigung (nur

nicht widerrufen werden darf. Die damalige Entscheidung begründet das Ergebnis jedoch nicht mit Geboten der Verfassung sondern nur mit der einfachgesetzlichen Gesetzesformulierung.

570 BVerfG (1. Senat, 2. Kammer), Beschluss vom 23.08.2013, 1 BvR 2912/11, juris Rn. 32.

571 BVerfG (1. Senat, 2. Kammer), Beschluss vom 23.08.2013, 1 BvR 2912/11, juris Rn. 32.

572 BVerwG, Urteil vom 26.09.2012, 8 C 6/12, juris Rn. 24.

Kostendeckung, nicht einmal Gewinnerzielung) als dem Steuerberaterberuf fremdes finanzielle Interesse und als Verletzung von Berufspflichten ansehen werden.

(4) Die Rechtsprechung des BFH und des BVerwG ließen zuletzt zumindest den theoretischen Nachweis des Nichtvorhandenseins von Interessenkollisionen im konkreten Einzelfall zu. Die Zulassung einer Ausnahme nach § 57 IV Nr. 1 StBerG käme *„in Betracht, wenn die vom Gesetzgeber unterstellte abstrakte Gefahr der Beeinträchtigung von Berufspflichten im konkreten Fall widerlegt ist (ebenso BFH, Urteil vom 17. Mai 2011 a.a.O.; vgl. Gehre/Koslowski, StBerG, 6. Aufl. 2009, § 57 Rn. 92).“*[573]

Mit der **Darlegungs- und Beweislastverteilung** für eine ausnahmsweise im Einzelfall einmal soweit gebannte abstrakte Gefahr wird unzulässigerweise eine Hürde konstruiert, die der Grundrechtsträger kaum überspringen kann. Einen Nachweis, dass künftig Gefahren von Berufspflichtverletzungen nicht eintreten werden, lässt sich logischerweise nicht führen. Der Grundrechtsträger ist darauf angewiesen, dass ihm die Gerichte eine Beweislasterleichterung im Sinne einer gewissen Wahrscheinlichkeit gewähren, was aber auf lange Sicht nicht geschehen wird. Die in das Steuerberatungsgesetz neu eingeführte Ausnahmeregelung, wonach eine Ausnahmegenehmigung zu erteilen ist, wenn die Verletzung von Berufspflichten nicht zu erwarten ist, läuft letztlich weitgehend leer. Dies bestätigen alle veröffentlichen Entscheidungen, insbesondere die nach Aufhebung der Entscheidungen des VG Ansbach und BayVGH durch die erfolgreiche Verfassungsbeschwerdeentscheidung von 2013 nunmehr wieder vorliegenden klageabweisenden Urteile derselben Gerichte[574] und letztlich der Zurückweisung der Revision, mit der das BVerwG die Hürden für einen sowieso schon kaum zu führenden Nachweis des Nichtvorliegens von Interessenkollisionen derart ausbaut, dass es letztlich bei (nie auszuschließenden lediglich abstrakten Gefahren verbleibt: *„Die für die Zulassung einer Ausnahme vom Verbot gewerblicher Tätigkeit nach § 57 Abs. 4 Satz 1 Nr. 1 Halbs. 2 StBerG erforderliche Widerlegung der Gefährdung von Berufspflichten scheitert nicht erst, wenn nachweislich die konkrete Gefahr individueller Pflichtverletzungen besteht. Misslungen ist die Widerlegung bereits, wenn eine Gefährdung von Berufspflichten nicht auszuschließen ist, weil sich Interessenkonflikte zwischen beruflicher und gewerblicher Tätigkeit deutlich abzeichnen, die nicht durch Berufsausübungsregelungen zu bannen sind.“*[575]

---

573 BVerwG, Urteil vom 26.09.2012, 8 C 6/12, 2.a), juris Rn. 20; zustimmend BVerfG, Stattgebender Kammerbeschluss vom 23.08.2013, 1 BvR 2912/11, juris Rn. 36.

574 VG Ansbach, 8. Juli 2014, Az: AN 4 K 13.1638, nachfolgend Bayerischer Verwaltungsgerichtshof, Urteil vom 21.01.2015, 7 BV 14.1923; derzeit ist die diesmal wegen grundsätzlicher Bedeutung zugelassene Revision beim Bundesverwaltungsgericht anhängig; dazu auch Paeske, Die Steuerberatung 2015, S. 183 ff. mit dem passenden Titel „Zurück in die Warteschleife“.

575 BVerwG, Urteil vom 07.12.2016, 10 C 1/15, BVerwGE 156, 392–405, Leitsatz 2; Verfassungsbeschwerde dagegen wurde nicht angenommen, BVerfG, Beschluss vom 10.01.2018, 1 BvR 821/17.

Den klagenden Steuerberatern wird es weiterhin nicht gelingen, die Hürden der Darlegungs- und Beweislast zu überspringen und ihr Grundrecht auf Berufsfreiheit auszuüben. Sie scheitern stets an der ihnen aufgebürdeten das Grundrecht auf Berufsfreiheit leerlaufen lassenden Beweislast für den Nichteintritt von Berufspflichtverletzungen. Spätestens an dieser Stelle wird deutlich, dass die Ausnahmeregelung kein Korrektiv des grundsätzlichen Verbots der Paralleltätigkeit vor dem Hintergrund des Grundrechts der Berufsfreiheit bilden kann.

(5) Fast schon sarkastisch muss man die Bemerkung des **BayVGH** werten, wenn es vor dem Hintergrund der Maßstäbe der Entscheidung des BVerfG von 2013, wonach die Ausnahmeregelung nicht leerlaufen dürfe, allein unter Bezugnahme auf die Entscheidung des BVerwG von 2012 meint, die *„fachgerichtliche Rechtsprechung lässt einen erheblichen Anwendungsbereich der Vorschrift über die Zulassung von Ausnahmen vom Verbot gewerblicher Tätigkeit erkennen, der über die in § 16 der Berufsordnung der Bundessteuerberaterkammer genannten Beispielsfälle hinausgeht.*“[576] Abweichend von den Vorgaben des Verfassungsgerichtes wird ebenfalls wieder auf die alten irrelevanten, weil nicht der Funktionsfähigkeit der Steuerrechtspflege dienenden Argumente gesetzt, und das grundsätzliche Verbot für verfassungsgemäß gehalten.[577]

Der Steuerberater war im konkreten zweimal den Instanzenzug durchlaufenden Fall gleichzeitig Vorstand einer Versicherungsmaklergesellschaft und Geschäftsführer eine Gesundheitsberatungsgesellschaft. Wie sich bei den gerichtlichen Feststellungen nach der ersten Aufhebung durch das BVerfG 2013 erwiesen hat, waren die Kunden der beiden vorgenannten Gesellschaften überwiegend auch Mandanten der Steuerberatungsgesellschaft, der der Kläger als Minderheitsgesellschafter angehörte. Allerdings war keine Konkurrenzsituation gegeben. Somit konnte über die übliche Gefahr der Verwendung von Daten (welche sensiblen Daten das sein sollen, lässt der BayVGH freilich offen) hinausgehend, kein Konflikt von Interessen eintreten. Mit den beruflichen/gewerblichen Aktivitäten innerhalb der Versicherungsmaklergesellschaft oder der unternehmensberatenden Gesellschaft für Ärzte würde der Kläger zwar nicht in Konkurrenz zu den Mandanten der Steuerberatungsgesellschaft treten, aber entscheidend sei, dass die **Informationen aus der steuerberatenden Tätigkeit gewinnbringend** für die weiteren gewerblichen Tätigkeiten einsetzbar und **nutzbar** sind. Weiter behauptet der Verwaltungsgerichtshof, es gebe einen Konflikt zwischen den berufsrechtlichen Pflichten des Steuerberaterberufes und dem gewinnorientierten Interesse am wirtschaftlichen Erfolg der gewerblichen Unternehmen, denen der Steuerberater angehört, die eine angeblich bestehende „Unabhängigkeit der steuerberatenden Tätigkeit“

576 Bayerischer Verwaltungsgerichtshof, Urteil vom 21.01.2015, 7 BV 14.1923, juris Rn. 25.

577 Bayerischer Verwaltungsgerichtshof, Urteil vom 21.01.2015, 7 BV 14.1923, juris Rn. 25; BVerwG, Urteil vom 07.12.2016, 10 C 1/15, BVerwGE 156, 392–405, Rn. 19.

beeinträchtigen könnte. „*Die Gefahr einer Interessenkollision besteht für die Steuerberatungsgesellschaft jedoch deshalb, weil sie im Rahmen der steuerberatenden Tätigkeit Einblick in alle privaten und betriebswirtschaftlichen Aspekte der von ihr beratenen Mandanten erhält und sich ihre steuerberatende Tätigkeit wegen der Identität der Beratungsgegenstände auch auf Empfehlungen zur Fortsetzung, Kündigung oder Änderung bestehender oder zum Abschluss neuer Verträge über Dienstleistungen erstreckt, die zu den Tätigkeitsbereichen der streitgegenständlichen gewerblichen Unternehmungen gehören.*“[578]

Daran anschließend offenbart sich deutlich der wahre Hintergrund der Entscheidung für die Nichtgewährung der Ausnahmegenehmigung. Es bestehe, so der BayVGH weiter, „*ein weder durch Berufsausübungsregeln noch durch vertragliche Regelungen zu beseitigender Konflikt zwischen seiner Pflicht zur Wahrung der Unabhängigkeit der steuerlichen Beratung und seinem (gewinnorientierten) Interesse am wirtschaftlichen Erfolg seiner beiden gewerblichen Unternehmen, denen er als Vorstand bzw. Geschäftsführer vorsteht.*[579] Allein das normale Gewinninteresse innerhalb der gewerblichen Tätigkeit (das gleiche besteht nach der hier vertretenen Ansicht bei Ausübung des Steuerberaterberufes selbst) soll den Konflikt und die Interessenkollision bilden und im Ergebnis den Ausschlag geben. Gewinnerzielungsabsicht ist aber ein legitimes Interesse und die Nichtgewinnerzielungsabsicht keine Berufspflicht, wegen der die Ausnahmegenehmigung versagt werden darf. Wieder wird nur mit Scheinargumenten das eigentliche Ziel verfolgt, irgendein für schädlich gehaltenes Gewinnstreben von Steuerberaterberuf fernzuhalten und diesen insoweit von anderen Berufen abzugrenzen. Die grundsätzlichen Überlegungen zur Gewinnorientierung hätten auch – was sicherlich zutreffend ist – den Gesetzgeber bewogen, das grundsätzliche Verbot der gewerblichen Tätigkeit für Steuerberater zu normieren. Jedoch stehen diese Überlegungen ebenso zur verfassungsmäßigen Kontrolle und sind nicht deren Maßstab. Von diesen im Ansatz unzutreffenden und damit für die Einschränkung von Grundrechten untauglichen Grundüberlegungen können sich schon schwer das Bundesverfassungsgericht, aber noch schwerer anscheinend die Berufskammern und die Instanzgerichte lösen.

d) Ermessen und Auflagen

Aus der Möglichkeit der Steuerberaterkammern heraus, Ausnahmen von Verbot jeglicher gewerblicher Paralleltätigkeit zuzulassen, resultiert ein Anspruch des Steuerberaters auf ermessensfehlerfreie Entscheidung. Ermessen fordert Abwägung aller Aspekte durch die zur Entscheidung berufenen Steuerberaterkammern.

---

578 Bayerischer Verwaltungsgerichtshof, Urteil vom 21.01.2015, 7 BV 14.1923, juris Rn. 27; bestätigt durch BVerwG, Urteil vom 07.12.2016, 10 C 1/15, BVerwGE 156, 392–405, Rn. 27.

579 Bayerischer Verwaltungsgerichtshof, Urteil vom 21.01.2015, 7 BV 14.1923, juris Rn. 28.

Diese beschränken sich allerdings durchweg – wie schon zuvor dargestellt – im Wesentlichen auf die Zitierung von vermeintlichen Autoritäten, insbesondere die Zitierung der vergangenen Rechtsprechung, ohne die Besonderheiten des jeweils zu entscheidenden Einzelfalles zu beachten und vor dem Hintergrund von Art. 12 GG zu würdigen. Dies verdeutlicht anschaulich der oben erwähnte, von mir betreute Beispielsfall sowie der der Entscheidung des BVerfG von 2013 zugrunde liegende Sachverhalt.

Wenn eine konkrete Gefahr der Verletzung von Berufspflichten nicht erkennbar ist, verlangt die in Art. 12 I GG verbürgte Berufsfreiheit, den **Ermessenspielraum** zumindest so zu nutzen, dass letztlich die Ausnahmegenehmigung erteilt wird.[580] Jedenfalls bezieht sich das Ermessen nicht auf ein „Ob" der Erteilung der Genehmigung bei Vorliegen der sonstigen Voraussetzungen. Das „kann" bezeichnet lediglich die Befugnis der Steuerberaterkammer, den entsprechenden Verwaltungsakt zu erlassen.[581] Nach anderer Auffassung sei ein weitergehendes Ermessen zur Prüfung anderer in der Person des Steuerberaters liegender Gründe eingeräumt[582] und dürfe auch über die potentielle Nichtverletzung der Berufspflichten hinausgehend eine besondere Ausnahmesituation gefordert werden.

Die Steuerberater trugen innerhalb der veröffentlichten Entscheidungen immer wieder vor, letztlich zumindest hilfsweise die Bestellungen/ Aufrechterhaltung der Bestellung unter **Auflagen** vorzunehmen und damit innerhalb der Ermessensausübung den Grundrechtschutz zu verwirklichen. Im Steuerberatungsgesetz ist jedoch eine Bestellung unter Auflagen nicht vorgesehen. Der BFH beschränkt sich in seiner Entscheidung vom Mai 2011 insoweit auf Hinweis, dass aus dem Steuerberatungsgesetz kein Anspruch auf eine mit Auflagen versehene Bestellung zum Steuerberater abgeleitet werden könne,[583] ohne auf eine möglicherweise sich aus dem Grundrecht der Berufsfreiheit ergebende derartige Notwendigkeit einzugehen. Zumindest wäre eine solche flexible Handhabung von Verfassung wegen durch den Verhältnismäßigkeitsgrundsatz geboten, um Einzelfällen gerecht zu werden, auch wenn Auflagen einfachgesetzlich nicht vorgesehen sind.

---

580 Ebenso VG Darmstadt, Urteil vom 08.08.2010, 2 K 12/10.DA, 4. Abs. in den Entscheidungsgründen, juris Rn. 15; BFH, Urteil vom 17.05.2011, VII R 47/10, DB 2011, 1853–1855, II.2.b); BerwG, Urteil vom 26.09.2012, 8 C 6/12, 2.a), juris Rn. 20: „Handlungsermächtigung, jedoch kein Entscheidungsermessen"; BVerwG, Urteil vom 26.09.2012, 8 C 26/11, 3.a), juris Rn. 28.

581 OVG NRW, Urteil vom 20.12.2011, 4 A 1940/10, juris Rn. 69; Pestke/Reibel, Stbg 2009, 226 ff., Ziffer 4.a).

582 Ruppert, DStR 2011, 138, 142, Mutschler, DStR 2008, 1500, 1504.

583 BFH, Urteil vom 17.05.2011, VII R 47/10, DB 2011, 1853–1855, II.2.e).

e) Zusammenfassung

Somit stellt sich abschließend immer noch die Frage, zu deren Beantwortung die BStBK mit den Formulierungen und Beispielen innerhalb der BOStB helfen wollte: Welche Prallelberufe wären tatsächlich nach der Neuerung des Gesetzes zusätzlich einfachgesetzlich „zulässig"? Da keine parallelberufliche Betätigung abstrakt oder strukturell mit hinreichender Sicherheit zu einer Berufspflichtverletzung führt, ist jede Paralleltätigkeit erlaubt, auch wenn das Abstellen auf Berufspflichten der falsche Maßstab ist. Dabei wäre es egal, wer Eigentümer des Unternehmens der Parallelanstellung ist, warum der Steuerberater sich im Unternehmen betätigt oder selbst ein Unternehmen führt, usw. Alles ist erlaubt – so der Grundgedanke der Freiheitsgrundrechte –, was nicht verfassungsrechtlich gerechtfertigt verboten ist.

In Anbetracht des hohen Schutzgutes der Berufsfreiheit und des schwerwiegenden Eingriffs wäre auch die derzeitige Auslegung der Ausnahmevorschrift, wonach sich der Berufswerber durch die Tragung der Darlegungs- und Beweislast im Vorfeld exkulpieren muss, die unterstellte Berufspflichtverletzung nicht vorzunehmen, unzumutbar. Viel zu optimistisch beurteilte daher Kleine-Cosack die Entscheidung des BVerfG aus 2013 mit den Worten: „Praktisch wird das Verbot zur Ausnahme und die Erlaubnisfreiheit die Regel, was allein dem Grundgesetz entspricht."[584]

Mit einer verfassungskonformen Auslegung müssten daher die Kammern und Gerichte zumindest über die Ausnahmevorschrift im obigen Sinne in der Regel alle Anliegen auf Ausnahmegenehmigung positiv verbescheiden. Wenn auf diese Weise die Ausnahme zur Regel wird, würde sie jedoch dem Willen des Gesetzgebers klar widersprechen. Denn mit der Einführung der Ausnahmeregelung bestätigt der Gesetzgeber das grundsätzliche Verbot der gewerblichen Paralleltätigkeit. Die Ausnahmeregelung kann demnach nicht der gesamten Regelung zur Verfassungsmäßigkeit verhelfen. Die Pflicht zur Erteilung der Ausnahmegenehmigung, die sich nach der hier vertretenen Auffassung konsequenterweise von selbst ergäbe, macht das grundsätzliche Verbot noch nicht verfassungsgemäß. In Anbetracht des Gewichtes des geschützten Grundrechts der Berufsfreiheit wäre es unangemessen, den Adressaten des Freiheitsrechtes den Umweg über eine formelle Ausnahmegenehmigung vorzuschreiben, um Grundrechtsschutz zu erlangen. Die weitgehende Erfolglosigkeit dieses Weges wird durch die bis heute dazu ergangenen Entscheidungen der Rechtsprechung deutlich.

Das BVerfG wird auf absehbare Zeit wohl nicht mehr in dieser Thematik entscheiden. Im Nichtannahmebeschluss vom Januar 2014 wird die Kontrolle der Auslegung der Ausnahmeregelung durch die Instanzgerichte zu Recht auf Verstöße gegen das Willkürverbot beschränkt und explizit ausgeführt, dass das Erfordernis und die Maßstäbe einer Einzelfallprüfung schon mit der Entscheidung aus dem

584 Kleine-Cosack, AnwBl. 2013, 795, 796, IV.

Jahr 2013 festgelegt worden seien und somit kein Raum mehr für die Annahme einer Verfassungsbeschwerde bestehe.[585] Damit ergibt sich jedoch genau die verfassungswidrige Lage, die das Verfassungsgericht mit der Entscheidung von 2013 und der Prämisse, dass eine generelle Berufszugangssperre, die keinerlei erwerbswirtschaftliche Tätigkeit neben dem Steuerberaterberuf ermöglicht, nicht erforderlich ist,[586] verhindern wollte bzw. als verfassungswidrig erkannt hat. Die problematische Beweislastumkehr, wonach der Steuerberater darlegen und beweisen müsse, dass im konkreten Fall keine Gefahr der Verletzung von Berufspflichten bestehe, wird dabei nochmals ausdrücklich vom BVerfG gebilligt.[587]

Das grundsätzliche Recht der freien Berufsausübung, deren Einschränkungen eigentlich begründungspflichtig wären, mutiert zu einem Verbot, bei dem der Zugang zum Parallelberuf erst mühsam erstritten werden müsste. Damit wird die Grundrechtsdogmatik eines Freiheitsgrundrechtes auf den Kopf gestellt. Die Dogmatik auf die Reisefreiheit angewendet hieße: der Gesetzgeber kann wegen der abstrakten Gefahr der Verletzung von Zollbestimmungen oder sonstigen Grenzverletzungen die Reisefreiheit grundsätzlich verbieten. Wenn jemand reisen möchte, kann er einen Antrag stellen (nicht bei der Steuerberaterkammern, aber ggf. beim Auswärtigen Amt) und dabei ggf. im Rechtsweg darlegen und beweisen, dass er (auch) künftig keiner mit der Reisefreiheit immanent verbundenen abstrakten Gefahr einer Schmuggeltätigkeit nachgehen wird. Es bleibt nur zu hoffen, dass dieser Ansatz nicht auch bei anderen grundgesetzlich gesicherten Freiheitsrechten um sich greift und alsbald die Entscheidung des BVerfG – auch wenn sie auf den ersten Blick einen weiteren Schritt zur beruflichen Freiheit von Steuerberatern darstellt –, in dieser Hinsicht korrigiert wird.

VII. Ungleichbehandlung Rechtsanwälte versus Steuerberater, Art. 3 GG

In den unterschiedlichen Regelungen der BRAO einerseits und des StBerG andererseits dürfte zudem eine relevante Ungleichbehandlung zu Lasten der Steuerberater und ein Verstoß gegen Art. 3 I GG liegen, insbesondere weil der Bereich der Steuerberatung nur einen Ausschnitt / eine Teilmenge der Rechtsberatung darstellt.

585 BVerfG, Nichtannahmebeschluss vom 13.01.2014, 1 BvR 2884/13, juris Rn. 21.

586 BVerfG, 1. Senat, 2. Kammer, Beschluss vom 23.08.2013, 1 BvR 2912/11, juris Rn. 26, 27.

587 BVerfG, Nichtannahmebeschluss vom 13.01.2014, 1 BvR 2884/13, juris Rn. 26 unter Verweis auf BFH, Urteil vom 17.05.2011 – VII R 47/10 und BVerwG, Urteil vom 26.09.2012, BVerwG 8 C 6/12 –, juris, Rn. 20 ff. sowie die eigene Entscheidung vom 23.08.2013, 1 BvR 2912/11.

1. Prüfungsmaßstab bei Art. 3 GG

a. Der allgemeine Gleichheitssatz wäre verletzt, wenn eine Gruppe von Normadressaten im Vergleich zu anderen Normadressaten anders behandelt wird, obwohl zwischen beiden Gruppen keine Unterschiede von solcher Art und solchem Gewicht bestehen, die die ungleiche Behandlung rechtfertigen könnten.[588] Wesentlich Gleiches muss gleich und wesentlich Ungleiches ungleich behandelt werden.[589] Das Übermaßverbot in Bezug auf die Freiheitsgrundrechte findet modifiziert ebenso bei der Prüfung von Verstößen gegen den Gleichheitsgrundsatz Anwendung.[590] Dabei sind einerseits die allgemeinen und individuellen Interessen, andererseits die Gründe und Ziele der gesetzlichen Differenzierung zu gewichten und zu bewerten sowie die Auswirkungen der Differenzierung auf die Betroffenen zu beurteilen.[591] Diese verhältnismäßige Gleichheit steht über der reinen Willkürkontrolle. Die Kontrollintensität richtet sich dabei nach dem Regelungsgegenstand, wobei das BVerfG zunächst umso strengere Anforderungen bei Betroffenheit von Personengruppen stellte:

„Aus dem allgemeinen Gleichheitssatz des Art. 3 Abs. 1 GG ergeben sich je nach Regelungsgegenstand und Differenzierungsmerkmalen unterschiedliche Grenzen für den Gesetzgeber, die vom bloßen Willkürverbot bis zu einer strengen Bindung an Verhältnismäßigkeitserfordernisse reichen. Bei der Ungleichbehandlung von Personengruppen unterliegt der Gesetzgeber regelmäßig einer strengen Bindung. Das gilt auch dann, wenn eine Ungleichbehandlung von Sachverhalten mittelbar eine Ungleichbehandlung von Personengruppen bewirkt. Das Bundesverfassungsgericht prüft dann im Einzelnen nach, ob für die vorgesehene Differenzierung Gründe von solcher Art und solchem Gewicht bestehen, dass sie die ungleichen Rechtsfolgen rechtfertigen können.“[592]

Die in dieser Entscheidung schon angeklungene Aufweichung der Differenzierung nach Personenbetroffenheit findet wenig später die zutreffende Verbindung zu den Freiheitsrechten. Der Gesetzgeber unterliegt umso strengeren Anforderungen an die Beachtung des Gleichheitsgrundsatzes, *„je stärker sich die Ungleichbehandlung auf die Ausübung grundrechtlich geschützter Freiheiten nachteilig auswirken*

---

588 BVerfG, Nichtannahmebeschluss vom 19.11.1991, 1 BvR 743/90, II.2.; *Nußberger* in Sachs, Kommentar zum Grundgesetz 8. Aufl. 2018, Art. 3 GG, Rn. 13 m.w.N. zur ständigen Rechtsprechung des Ersten Senats des BVerfG und Rn. 25 mit Nachweisen zur Rechtsprechung des Zweiten Senat des BVerfG.

589 BVerfG, Beschluss 04.02.2009, 1 BvL 8/05, „Spielgerätesteuer“, BVerfGE 123, 1–39, C.II.1.a), juris Rn. 55.

590 Osterloh in Sachs, Kommentar zum Grundgesetz 4. Aufl. 2007, Art. 3 GG, Rn. 18.

591 Osterloh in Sachs, Kommentar zum Grundgesetz 4. Aufl. 2007, Art. 3 GG, Rn. 22, m.w.N.

592 BVerfG, Urteil vom 20.04.2004, 1 BvR 905/00, „Ökosteuer“ BVerfGE 110, 274–304, juris Rn. 56.

kann".[593] Der mit den Inkompatibilitätsnormen einhergehende tiefe Eingriff in die Berufsfreiheit ist gemäß den Vorgaben des BVerfG auch bei der Bewertung einer Ungleichbehandlung einzubeziehen und bewirkt erhöhte Anforderungen an deren Rechtfertigung. Soweit der Gesetzgeber Berufsverbote unterschiedlich regelt, muss er sich also einer strengen Kontrolle unterwerfen.

b. Aus dem so konkretisierten Gebot, wesentlich gleiche Sachverhalte gleich zu behandeln, resultiert die konkrete Maxime für den Gesetzgeber, wesensgleiche Berufe soweit möglich gleich zu regeln. Das Berufsbild des Steuerberaters stellt, wie oben schon dargelegt,[594] nur einen näher konkretisierten Ausschnitt der anwaltlichen Tätigkeit dar. **Die Steuerberatung ist ein Teil der Rechtsberatung.**[595] Damit dürften sich auf den ersten Blick vor dem Hintergrund des Art. 3 GG die Inkompatibilitätsregelungen beider Berufe nicht wesentlich unterscheiden, zumindest dürften die Beschränkungen für die Steuerberater unbefangen betrachtet nicht strenger ausfallen.[596]

Rechtsanwalt und Steuerberater stehen zudem im Bereich des Steuerrechtes in einem Wettbewerbsverhältnis. Ungleichbehandlungen haben damit mittelbar auch Auswirkungen auf die Wettbewerbsfreiheit als Teil der Berufsfreiheit. Dies bleibt ebenfalls im Rahmen der verhältnismäßigen Gleichheit zu beachten.

2. Anwendung des Gleichheitssatzes durch die Rechtsprechung

Nach diesen grundsätzlichen Erwägungen erscheint die einfachgesetzliche Ungleichbehandlung bei Rechtsanwälten einerseits und Steuerberatern andererseits im Bereich der zulässigen Paralleltätigkeiten schwer zu begründen. Rechtsprechung und Literatur wollen jedoch relevante Unterschiede beider Berufsgruppen erkennen.

Die **Kernthese der Rechtsprechung** besteht dabei in der Behauptung, der Steuerberater habe anders als der Rechtsanwalt regelmäßig wesentlich **detaillierte**

---

593 BVerfG, Beschluss 06.07.2004, 1 BvL 4/97, Orientierungssatz 1b.; *Nußberger* in Sachs, Kommentar zum Grundgesetz 8. Aufl. 2018, Art. 3 GG, Rn. 32 m.w.N.

594 Siehe E.III.

595 BVerfG, Urteil vom 15.02.1967, 1 BvR 569/62, BVerfGE 21, 173, C.1.; Thümmel, WPg 1986, 643; *Koslowski* in Koslowski, StBerG, 8. Aufl. 2015, Einleitung Rn. 1; ein Fall der fast ausschließlichen Tätigkeit von Rechtsanwälten auf dem Gebiet der Steuerberatung behandelt OLG Hamm, Urteil vom 05.11.2010, 2 AGH 30/09, BRAK-Mitt 2011, 155, Leitsatz: „Ist eine Rechtsanwaltssozietät nahezu ausnahmslos auf dem Gebiet der Steuerberatung tätig, darf sie unter der Bezeichnung ‚Steuerberatung – Rechtsberatung' firmieren."

596 Kleine-Cosack, AnwBl. 2013, 795, II.: Steuerberatung ist nur ein Ausschnitt der Rechtsberatung. Deshalb ist deshalb keine unterschiedliche Behandlung zulässig.

Kenntnisse von den wirtschaftlichen Verhältnissen.[597] Deshalb läge die Gefahr von Interessenkollisionen beim Steuerberater deutlich näher. Dies rechtfertige die Ungleichbehandlung in Bezug auf die Rechtsanwälte, wonach Steuerberater mit dem grundsätzlichen Verbot der gewerblichen Paralleltätigkeit wesentlich strengeren Anforderungen unterliegen.

a. Man hätte erwarten können, dass die Leitentscheidung des BVerfG von 1992 zur Vereinbarkeit des Anwaltsberufes mit anderen beruflichen Paralleltätigkeiten[598] auch die ordentliche Gerichtsbarkeit in Bezug auf die ganz ähnliche Problematik bei den Steuerberatern entsprechend beeinflusst. Der BGH, dessen Senat für Anwaltssachen in der Folge der Leitentscheidung des BVerfG seine Rechtsprechung änderte und den Vorgaben des BVerfG anpasste, scheint für Steuerberater- und Steuerbevollmächtigte die Grundsätze nicht übernehmen zu wollen. So existiert eine häufig zitierte Entscheidung des BGH aus dem Jahre 1996, in der die **Anwendbarkeit der vom BVerfG für die anwaltliche Tätigkeit entwickelten Grundsätze** abgelehnt wird.[599] Verfahrensgegenstand war ein durch das LG Köln in erster Instanz bestätigter Verweis wegen unzulässiger gewerblicher Tätigkeit (§ 57 II, IV Nr. 1 StBerG) gegenüber einem Rechtsanwalt, der gleichzeitig Geschäftsführer zweier Steuerberatergesellschaften war – damit auch dem Berufsrecht der Steuerberater unterlag – und daneben sich als Vorstand einer Aktiengesellschaft betätigte, die die betriebswirtschaftliche Beratung von Unternehmen und die Vermittlung von Unternehmensverkäufen zum Gegenstand hatte. Im Gegensatz zum freisprechenden Berufungsurteil des OLG Düsseldorf bestätigte der BGH die Verurteilung aus der Ausgangsentscheidung. Die Rechtsanwaltskammer hatte in Bezug auf das anwaltliche Standesrecht allerdings keine Bedenken gegen die Paralleltätigkeit gesehen.

Der BGH erkennt im Ansatz an, dass die Berufe des Steuerberaters und des Rechtsanwalts **weitgehend wesensgleich** sind. Mit der Prämisse, es sei aber keine „absolute Gleichbehandlung" gefordert,[600] wird allerdings schon die Gewichtigkeit einhergehend mit der Prüfungsstrenge herabgestuft. Es geht bei der unterschiedlichen Behandlung von Paralleltätigkeiten nicht um Nuancen, sondern um einen tiefgreifenden Eingriff in das Grundrecht der Berufsfreiheit, der bei den Steuerberatern wesentlich anders und einschneidender als bei den Rechtsanwälten ausgestaltet ist. Ob ein Steuerberater anders als ein Rechtsanwalt einem Berufsverbot bei gewerblicher Paralleltätigkeit unterliegt, berührt damit keine Randfrage, wie mit dem Begriff „absolute Gleichheit" suggeriert werden soll.

---

597 Exemplarisch zuletzt BVerwG, Urteil vom 26.09.2012, 8 C 26/11, BVerwGE 144, 211–219, juris Rn. 35.

598 BVerfG, Beschluss vom 04.11.1992, 1 BvR 79/85 u.a., BVerfGE 87, 287.

599 BGH, Urteil vom 04.03.1996, StbSt (R) 4/95, BGHSt 42, 55 ff., NJW 1996, 1833 ff.

600 BGH, Urteil vom 04.03.1996, StbSt (R) 4/95, BGHSt 42, 55–64, NJW 1996, 1833–1836, II.I.b)aa).

Der BGH versteht in seiner Entscheidung die Problematik der Gefahr von **Interessenkollisionen** wegen unterschiedlicher Kenntnisse des Rechtsanwaltes einerseits und des Steuerberaters andererseits nicht wie das BVerfG, gleichsam gibt er dies aber vor.[601] Es läge hier, so der BGH, „*die vom Bundesverfassungsgericht für schädlich und dem Beruf abträglich erachtete Gefahr einer Interessenkollision schon bei allgemeiner Betrachtung auf der Hand. Während die anwaltliche Tätigkeit in einer Vielzahl von Fällen auch ohne Kenntnisse von den wirtschaftlichen Verhältnissen der Mandanten denkbar und wirksam möglich ist, bringt es die steuerberatende Tätigkeit nahezu ausnahmslos mit sich, daß dem Berater* ***die finanziellen und wirtschaftlichen Verhältnisse eines Mandanten umfassend*** *im Rahmen einer oftmals jahrelangen dauerhaften Zusammenarbeit offenbart werden müssen, wenn eine sachgerechte Hilfe in steuerlichen Angelegenheiten gewährleistet werden soll.*“[602] Angeblich hätte das Bundesverfassungsgericht in der Leitentscheidung vom November 1992 „*die überaus* ***naheliegende Interessenkollision*** *bei gewerblicher Tätigkeit eines Steuerberaters hervorgehoben und die aufgezeigte andersartige Interessenlage des Rechtsanwalts davon abgesetzt; nur diese gebiete danach von Verfassungs wegen im Hinblick auf die Freiheit der Berufswahl eine differenzierte Regelung, die dem Einzelfall gerecht werden kann*“[603] (Hervorhebung v. Verf.).

Tatsächlich findet sind in dem vom BGH zitierten Urteil des BVerfG von 1992 zu den Steuerberatern nur die folgende Passage: „*Dem Bundesgerichtshof ist allerdings zuzugeben, daß die Unabhängigkeit und Integrität eines Rechtsanwalts sowie dessen maßgebende Orientierung am Recht und an den Interessen seiner Mandanten durch die erwerbswirtschaftliche Prägung eines Zweitberufs gefährdet werden können. Interessenkollisionen liegen vor allem dann nahe, wenn ein kaufmännischer Beruf die Möglichkeit bietet, Informationen zu nutzen, die aus der rechtsberatenden Tätigkeit stammen (für Steuerberater vgl. BVerfGE 21, 173 <182>). Solchen Gefahren zu wehren, ist im Interesse der Rechtspflege und des Ansehens der Rechtsanwaltschaft geboten und auch erkennbares Ziel der umstrittenen Berufswahlbeschränkungen. Wenn der Bundesgerichtshof jedoch daraus den Grundsatz ableitet, ‚daß kommerzielles Denken schlechthin vom Anwaltsberuf ferngehalten werden soll‘ (BGHZ 40, 194 <196> und Beschluß vom 25. März 1991 des Bundesgerichtshofs im Ausgangsverfahren 1 BvR 772/91 <S. 9 des Umdrucks>), und wenn er mit dieser Begründung jedes Organ einer*

601 Die Entscheidung „ruft geradezu nach einer Richtigstellung durch das BVerfG“, so Henssler, JZ 1996, 1186.

602 BGH, Urteil vom 04.03.1996, StbSt (R) 4/95, BGHSt 42, 55–64, NJW 1996, 1833–1836, II.I.b)aa) unter Bezugnahme auf BVerfG, Urteil vom 15.02.1967, 1 BvR 569/62, BVerfGE 21, 173, 182, wonach für die steuerberatenden Berufe eine Kombination mit einer gewerblichen Tätigkeit für noch weniger erträglich erachtet wird, als bei anderen freien Berufen.

603 BGH, Urteil vom 04.03.1996, StbSt (R) 4/95, BGHSt 42, 55–64, NJW 1996, 1833–1836, II.I.b)aa).

erwerbswirtschaftlich tätigen Kapitalgesellschaft ohne Ansehen der Aufgabenstellung und der Arbeitsbedingungen von der Rechtsanwaltschaft ausschließt, so verletzt das den Grundsatz der Verhältnismäßigkeit."[604]

Mitnichten wird jedenfalls in dieser Entscheidung das grundsätzliche Verbot der gewerblichen Paralleltätigkeit bei Steuerberatern erörtert oder eine generelle Interessenkollisionslage in Bezug auf die bei der Sacharbeit gewonnenen Informationen bei Steuerberatern angenommen. Eine Schlussfolgerung, wonach gewerbliches, kommerzielles Handeln auch im Parallelberuf unzulässig sein soll, existiert nicht. Das BVerfG gibt den Hinweis, dass nach seiner Ansicht der Grundsatz der Verhältnismäßigkeit verletzt wird, wenn aus der Gefahr von Interessenkollisionen per se der Schluss gezogen werde, dass kommerzielles Denken grundsätzlich vom Anwaltsberuf ferngehalten werden soll. Mittlerweile hat das BVerfG einen ersten, noch zaghaften Schritt unternommen, die Maßstäbe zur verfassungsrechtlichen Beurteilung der Inkompatibilitätsregelungen der BRAO auch auf die Steuerberater zu übertragen und die Beurteilungsmaßstäbe anzugleichen, und derartige Einschränkungen auch bei Steuerberatern grundsätzlich nur für erforderlich und zumutbar zu halten, wenn „die Gefahr einer Interessenkollision sich deutlich abzeichnet und nicht mit Hilfe von Berufsausübungsregeln zu bannen" ist.[605]

Dass der BGH offen das Verfassungsgericht von 1992 falsch zitiert, ist misslich. Letztlich hält der BGH in der Sache nur an der althergebrachten Anschauung, die allein auf der vermeintlichen Ansehensmehrung und Hebung des Berufes basiert, auch im Rahmen des Art. 3 I GG fest. Auch wenn dies die tiefe Überzeugung der Richter sein mag, dem verfassungsrechtlichen Maßstab wird die Argumentation nicht gerecht.

b. Sich anschließend an den BGH bezieht sich ebenso das OLG Nürnberg auf die Begriffe der nicht gebotenen absoluten Gleichheit und die Entscheidung des BVerfG von 1992, wonach vermeintlich die überaus nahe liegende Interessenkollision bei gewerblicher Tätigkeit eines Steuerberaters hervorgehoben und die andersartige Interessenlage des Rechtsanwalts davon abgesetzt worden sei. Nur die andersartige Interessenlage des Rechtsanwalts gebiete „*von Verfassungs wegen im Hinblick auf die Freiheit der Berufswahl eine differenzierte Regelung, die dem Einzelfall gerecht werden könne*"[606], bei Steuerberatern müsse also keine differenzierte, dem Einzelfall gerecht werdende Regelung getroffen oder Lösung gefunden werden.

604 BVerfG, Beschluss vom 04.11.1992, 1 BvR 79/85 u.a., BVerfGE 87, 287, C.III.3, juris Rn. 131.

605 BVerfG, Stattgebender Kammerbeschluss vom 23.08.2013, 1 BvR 2912/11, juris Rn. 26, 27.

606 OLG Nürnberg, Senat für Steuerberater- und Steuerbevollmächtigtensachen, Urteil vom 03.11.2006, StO 1/06, DStR 2007, 1599–1600, juris Rn. 21.

An die richtige Zitierung des BGH und unzutreffende Zitierung des BVerfG schließt das OLG Nürnberg noch eine Kontrollbewertung an. Anwaltliche Tätigkeit sei in einer Vielzahl von Fällen auch ohne Kenntnisse von den wirtschaftlichen Verhältnissen der Mandanten denkbar und möglich. Aber die steuerberatende Tätigkeit bringe es nahezu ausnahmslos mit sich, dass dem Steuerberater die finanziellen und wirtschaftlichen Verhältnisse eines Mandanten umfassend im Rahmen einer oftmals jahrelangen dauerhaften Zusammenarbeit offenbart werden müssten, wenn eine sachgerechte Hilfe in steuerlichen Angelegenheiten gewährleistet werden solle.[607] „*Die Ausübung gewerblicher Tätigkeit erfolgt wegen der* ***unterschiedlichen Beratungs- und Einblicksdichte in das Mandantenverhältnis*** *bei steuerberatenden Berufen und Rechtsanwälten nicht jeweils wesensgleich und rechtfertigt eine unterschiedliche sachbezogene Regelung bezüglich der Ausübung von gewerblicher Tätigkeit.*“[608] Selbst wenn eine vielleicht bessere Kenntnis der wirtschaftlichen Verhältnisse des Mandanten im Regelfall bei Steuerberatern gegeben sein sollte, ist diese Feststellung irrelevant. Sie kann die unterschiedliche Behandlung letztlich nicht rechtfertigen, weil derartige Kenntnisse keine Auswirkungen auf potentielle Interessenkollisionen hätten (dazu schon oben E.VI.3.a)(3). Es fehlt der Argumentation stets die abschließende Bewertung, warum vertiefte Kenntnisse der wirtschaftlichen Verhältnisse für die Ungleichbehandlung beachtlich sein sollten.

c. Die althergebrachte Meinung, dass Steuerberater anders als Rechtsanwälte zu behandeln seien, findet sich auch in einer Entscheidung des FG Köln, das abseits der Lebenswirklichkeit und empirischer Erkenntnisse schlicht behauptet: „*Zwischen dem Berufsbild eines Rechtsanwalts und eines Steuerberaters besteht keine Gleichartigkeit, denn die Hilfe in Steuersachen bezieht sich bei Rechtsanwälten in der Regel auf die Beratung und Prozessvertretung in steuerrechtlichen Einzelfragen, während sie bei Steuerberatern grundsätzlich eine umfassende steuerliche Beratung im Sinne eines Dauermandats umfasst, so dass nicht ausgeschlossen werden kann, dass der Steuerberater aufgrund seiner umfassenden Kenntnisse bei der Ausübung seines Zweitberufes als Gewerbetreibender in Interessenkollision gerät.*“[609] Damit wird auch

607 OLG Nürnberg, Senat für Steuerberater- und Steuerbevollmächtigtensachen, Urteil vom 03.11.2006, StO 1/06, DStR 2007, 1599–1600, juris Rn. 20, Berufung war nicht zugelassen, Nichtzulassungsbeschwerde zurückgewiesen durch Beschluss des BGH vom 19.07.2007, StbSt (B) 1/07, Verfassungsbeschwerde gegen Beides nicht zur Entscheidung angenommen, BVerfG, Beschluss vom 20.05.2008, 1 BvR 2258/07.

608 OLG Nürnberg, Senat für Steuerberater- und Steuerbevollmächtigtensachen, Urteil vom 03.11.2006, StO 1/06, DStR 2007, 1599–1600, juris Rn. 23.

609 FG Köln, Urteil vom 26.02.2009, 2 K 1863/08 (der BFH, VII B 110/09, hatte gemäß Auskunft des BFH vom 08.09.2011 zunächst das Verfahren zur Nichtzulassungsbeschwerde bis zum rechtskräftigen Abschluss eines verwaltungsgerichtlichen Verfahrens ausgesetzt. Mittlerweile hat im Parallelverfahren das OVG NRW, Urteil vom 20.12.2011, 4 A 311/09 die Entscheidung des VG Köln vom 08.01.2009, 1 K

wieder ohne Reflektion die fehlerhafte Annahme übernommen, dass Kenntnisse über wirtschaftliche Verhältnisse anders als bei Rechtsanwälten gelagert seien und diese zu vermehrten potentiellen Interessenkollisionen führten.

d. Der **BFH** vertritt das gleiche Argumentationsschema. Es setzte ein Revisionsverfahren (gegen ein erstinstanzliches Urteil des Finanzgericht Rheinland-Pfalz,[610]) wegen Vorgreiflichkeit des parallel laufenden rheinland-pfälzischen verwaltungsgerichtlichen Verfahrens zur Frage, ob eine gewerbliche Inkassotätigkeit mit dem Beruf des Steuerberaters vereinbar ist und ggf. ein Tätigkeitsverbot genügt, aus.[611] Die Vorfrage, ob die Klägerin einen Anspruch auf Genehmigung ihrer gewerblichen Betätigung aus dem Gleichheitsgrundsatz heraus ableiten könne, wurde vom Verwaltungsgericht und den Folgeinstanzen verneint. Ein Steuerberater habe *„viel weitergehende und umfassendere Kenntnis von den wirtschaftlichen, finanziellen und auch persönlichen Lebensumständen seines Mandanten“*, der Rechtsanwalt sei im Regelfall nur mit konkreten Rechtsproblemen befasst.[612]

e. Im Jahre **2006** erließ das **BVerfG** im Rahmen einer einstweiligen Anordnung gegen einen Beschluss des Bundesfinanzhofs einen auf den ersten Blick bemerkenswerten, auf eine beabsichtige oder zumindest mögliche Änderung der Rechtsprechung hindeutenden Beschluss, der vorsichtig die **vermeintlichen Unterschiede zwischen Rechtsanwälten und Steuerberatern in Frage stellt**. Das BVerfG setze den Widerruf der Bestellung eines Steuerberaters aufgrund Inkompatibilität der Paralleltätigkeit als Angestellter einer Bank im Bereich Steuern einstweilen

---

4481/08 bestätigt, die begehrte Ausnahmegenehmigung nicht erteilt und die Revision nicht zugelassen. Danach erledigte sich der finanzgerichtliche Rechtstreit und der BFH hatte nur noch über die Kosten nach billigem Ermessen zu entscheiden. Mit Beschluss vom 29.11.2011 hob der BFH die Kosten gegeneinander auf, weil der Ausgang des Verfahrens als offen prognostiziert wurde.

610 Finanzgericht Rheinland-Pfalz, Urteil vom 24.02.2010, 2 K 2185/09, DStR 2010, 1353–1354.

611 BFH, Beschluss vom 24.11.2010, VII R 26/10; Parallelverfahren VG Neustadt (Weinstraße), Urteil vom 24.02.2011, Az: 4 K 952/10.NW, nachfolgend OVG Rheinland-Pfalz, Urteil vom 22.06.2011, Az: 6 A 10427/11, zuletzt BVerwG, Urteil vom 26.09.2012, 8 C 26/11 und dazu nachgehend Nichtannahmebeschluss des BVerfG, 1. Senat 2. Kammer, vom 13.01.2014, Az: 1 BvR 2884/13; von Michael Kleine-Cosack, AnwBl. 2013, 795, II. wird die Entscheidung des BVerwG zu Recht als paradigmatisch für das Grundrechtsversagen in Bezug auf die Vergleichung Steuerberater und Rechtsanwälte beschrieben.

612 VG Neustadt (Weinstraße), Urteil vom 24.02.2011, 4 K 952/10.NW, Gewerbliches Inkasso Steuerberaterhonorar, DStR 2011, 1051–1052, juris Rn. 27; dem zustimmend die Berufungsentscheidung OVG Rh-Pf. Urteil vom 22.06.2011, 6 A 10427/11, DStR 2011, 1730–1731, I.5. und im Ergebnis das BVerwG, Urteil vom 26.09.2012, 8 C 26/11, juris Rn. 35.

aus. Bei der Abwägung im einstweiligen Verfügungsverfahren nach § 32 BVerfGG war u.a. zu prüfen, ob die Verfassungsbeschwerde (Hauptsache) unzulässig oder offensichtlich unbegründet ist. Das BVerfG warf dabei explizit die Frage auf, ob – im Jahre 2006 – im Verhältnis zu den schon älteren Entscheidungen eine **Veränderung der Rahmenbedingungen der Berufe** eingetreten sei, die eine andere Beurteilung des grundsätzlichen Verbotes der gewerblichen Paralleltätigkeit nach sich ziehen könnte. *„Da der Widerruf der Bestellung als Steuerberater einen Eingriff in die Freiheit der Berufswahl bedeutet, muss diese Maßnahme strengen verfassungsrechtlichen Anforderungen genügen (vgl. BVerfGE 87, 287 <316>). Ob dies der Fall ist, ist einer Überprüfung im Rahmen der Entscheidung über die Verfassungsbeschwerde vorbehalten. Insbesondere wird zu prüfen sein, ob angesichts der zwischenzeitlichen Veränderungen im gesellschaftlichen und berufsrechtlichen Umfeld an der bisherigen Rechtsprechung (vgl. BVerfGE 21, 173 <182>; 22, 275 <276>) festgehalten werden kann.“*[613] Der Erste Senat des BVerfG wiederholte die Aussetzung zuletzt am 19.07.2007 (nach gleichlautenden Beschluss vom 06.02.2007) für die Dauer von weiteren sechs Monaten, längstens jedoch bis zur Entscheidung über die Verfassungsbeschwerde (§ 32 Abs. 6 Satz 2 BVerfGG). Die Verfassungsbeschwerde wurde jedoch am 16.05.2008 zurückgenommen, weshalb keine Entscheidung des Bundesverfassungsgerichts in der Hauptsache erfolgen konnte.

Der BFH hatte im Leitsatz der der Verfassungsbeschwerde zu Grunde liegenden Entscheidung noch formuliert: *„Die Fragen, ob die Inkompatibilitätsregelung des § 57 Abs. 4 StBerG mit der durch Art. 12 Abs. 1 GG garantierten Freiheit der Berufswahl und im Hinblick auf anders lautende Inkompatibilitätsregelungen für Rechtsanwälte mit dem Gleichheitsgrundsatz des Art. 3 Abs. 1 GG vereinbar ist, sind höchstrichterlich geklärt. Die Rechtsprechung ist auch nicht deshalb überholt, weil inzwischen viele Rechtsanwaltskanzleien geschäftsmäßig Hilfe in Steuersachen leisten.“*[614]

Eine Änderung der Rechtsprechung oder zumindest eine neuerliche verfassungsrechtliche Überprüfung ist allerdings entgegen der Ankündigung des Ersten Senates nicht zu erwarten. Denn für den Senat bestand kurze Zeit später abermals die Möglichkeit der Überprüfung und Änderung seiner Rechtsprechung. Die zweite Kammer des ersten Senates nahm allerdings eine Verfassungsbeschwerde u.a. gegen das Urteil des Oberlandesgerichts Nürnberg vom 3. November 2006 (Bestätigung einer Geldbuße wegen temporärer Geschäftsführung für ein Mandantenunternehmen)[615] nicht zur Entscheidung an, weil keine grundsätzliche

613 BVerfG, Einstweilige Anordnung vom 17.08.2006, 1 BvR 1956/06, II.1.a).

614 BFH, Beschluss vom 13.06.2006, VII B 13/06, BFH/NV 2006, 1888–1889.

615 OLG Nürnberg, Urteil vom 03.11.2006, StO 1/06, vorhergehend LG Nürnberg vom 02.05.2006, StL 21/2005; Verfassungsbeschwerde richtete sich ebenso gegen den der OLG-Entscheidung nachfolgenden Beschluss des Bundesgerichtshofs vom 19.07.2007, StbSt (B) 1/07 (unveröffentlicht, wohl Zurückweisung einer Nichtzulassungsbeschwerde, da das OLG grundsätzliche Bedeutung verneinte).

verfassungsrechtliche Bedeutung (§ 93a Abs. 2 Buchstabe a BVerfGG) bestünde und die maßgeblichen verfassungsrechtlichen Fragen bereits in den Entscheidungen BVerfG, Urteil vom 15.02.1967, 1 BvR 569/62, BVerfGE 21, 173 ff. und BVerfG, Beschluss vom 25.07.1967, 1 BvR 585/62, BVerfG 22, 275 ff. geklärt seien. *„Die vorliegende Verfassungsbeschwerde bietet keinen Anlass, von diesen Entscheidungen abzuweichen“*.[616]

Hatte die 2. Kammer des Ersten Senats die Einstweilige Anordnung zur Aussetzung noch damit begründet, dass eine Überprüfung der Verfassungsmäßigkeit notwendig sei – freilich ohne Präjudiz des Ergebnisses –, verneint rund zwei Jahre später die 3. Kammer des Ersten Senates alle Bedenken zu den geänderten Verhältnissen und zur Gleichbehandlung mit einem Satz. Die Rechtsprechung des Ersten Senates beim BVerfG in dieser Sache ist daher alles andere als stringent.

Aus dem unveröffentlichten knapp begründeten Nichtannahmebeschluss vom 20.05.2008 folgern viele Instanzgerichte[617] eine Bestätigung des BVerfG hinsichtlich seiner früheren Rechtsprechung. Die vorherige Aussetzungsentscheidung, die zumindest eine deutlich zurückhaltende Meinung innerhalb des ersten Senates des BVerfG widerspiegelte, wird dabei nicht einmal erwähnt. Eine uneingeschränkte Bestätigung der alten Rechtsprechung durch das BVerfG im Jahre 2008 zu konstatieren wäre insgesamt nicht zutreffend.

Obwohl eine Verletzung von Art. 3 GG ausdrücklich gerügt worden war, nahm das BVerfG die stattgebende Verfassungsbeschwerde von 2013[618] nicht zum Anlass, eine Verletzung des Gleichheitssatzes zu diskutieren, obwohl dort erstmals die parallele Beurteilung der Inkompatibilitätsnormen von Rechtsanwälten und Steuerberatern anerkannt wurde.

f. In dem oben erwähnten Beispielsfall sowie in allen anderen Entscheidungen zur Ausnahmegenehmigung hatten die Rechtsanwaltskammern bei Doppelqualifikation als Steuerberater und Rechtsanwalt keine Probleme in Bezug auf das von ihnen zu beurteilende Berufsrecht der Rechtsanwälte gesehen. Die Steuerberaterkammern und ihnen folgend die Gerichte hielten jedoch ganz überwiegend an einer grundlegend unterschiedlichen Behandlung und Benachteiligung der Steuerberater i.G.z. den Rechtsanwälten auch in Fällen der Doppelqualifikation des betroffenen Berufsträgers fest. Groteske Ergebnisse liefert die Konstellation,

---

616 BVerfG, Beschluss vom 20.05.2008, 1 BvR 2258/07 (nicht veröffentlicht).

617 VG Düsseldorf, Urteil vom 04.08.2010, 20 K 5091/09, ohne Gliederung, bei juris Rn. 38; Niedersächsisches Finanzgericht, Urteil vom 24.06.2010, 6 K 349/09, DStR 2010, 1911–1912, I.2.a), juris Rn. 21; VG Aachen, Urteil vom 13.07.2009, 5 K 2351/08, ohne Gliederung, bei juris Rn. 48; FG Köln, Urteil vom 26.02.2009, 2 K 1863/08, II., juris Rn. 33, welches gleich noch aus der Nichtannahmeentscheidung zu Unrecht die Bestätigung des BVerfG erkennen will, dass es sich bei § 57 Abs. 4 Nr. 1 StBerG um einen abstrakten Gefahrentatbestand handele.

618 BVerfG, Stattgebender Kammerbeschluss vom 23.08.2013, 1 BvR 2912/11.

in der ein Rechtsanwalt mit gewerblicher Paralleltätigkeit zwischenzeitlich die Steuerberaterprüfung erfolgreich abschließt und die Bestellung zum Steuerberater begehrt. Ein Rechtsanwalt, der auf dem speziellen Gebiet des Steuerrechtes eine Zusatzberaterqualifikation erworben hat, wird dann durch dieselbe von gewerblicher Paralleltätigkeit ausgeschlossen, wenn er neben dem Rechtsanwaltstitel auch den Steuerberatertitel führen möchte. Der derart qualifizierte Rechtsanwalt übte vor der Beantragung des Steuerberatertitels kaum andere Tätigkeiten aus bzw. war schon vor der Zusatzqualifikation ebenso tief mit dem Steuerrecht befasst und dürfte die gleichen Mandate betreut haben – nur durfte er sich nicht auch Steuerberater nennen.

g. Die Tatsache, dass die Steuerberatung lediglich ein Ausschnitt der Rechtsberatung ist, lässt kaum vermuten, eine Teilmenge der Berufsfelder werde im Bereich der gewerblichen Paralleltätigkeiten derart anderes behandelt. Der Teilmengenaspekt wurde in den vorliegenden Entscheidungen nicht im Ansatz aufgegriffen, obwohl man dies als ersten Ansatzpunkt hätte erwarten können. Stattdessen werden selektiv die althergebrachten Meinungen genannt und Fragen zu offensichtlich veränderten Bedingungen zur letztlich mittlerweile über 50 Jahre alten Entscheidung des BVerfG von 1967 nicht zugelassen.

Bei der Erörterung von Art. 3 GG konstatiert die Rechtsprechung im Ansatz zwar eine weitgehende Wesensgleichheit der Berufe Rechtsanwalt und Steuerberater. Allein eine Interessenkollision, der der Steuerberater regelmäßig unterläge, resultierend aus der **speziellen andersartigen Mandatsstruktur** und einem **speziellen Wissen über wirtschaftliche Verhältnisse des Mandanten**, soll ein entscheidendes Kriterium liefern, die Ungleichbehandlung zu rechtfertigen. Dieser Annahme liegen zusammenfassend die folgenden Behauptungen und Wertungen zu Grunde:

- Steuerberater und Rechtsanwälte hätten unterschiedliche Beratungs- und Einblicksdichte in ein jeweiliges Mandantenverhältnis.
  a. Der Rechtsanwalt sei im Regelfall nur mit konkreten Rechtsproblemen befasst, auch im Steuerrecht in der Regel auf die Beratung und Prozessvertretung in **steuerrechtlichen Einzelfragen** beschränkt. Bei Steuerberatern erfolge anders als bei Rechtsanwälten grundsätzlich eine umfassende steuerliche Beratung im Sinne eines **Dauermandats**.
  b. Steuerberater hätten aufgrund der andersartigen Beratungs- und Mandantenstruktur viel weitergehende **Kenntnisse** von wirtschaftlichen, finanziellen und persönlichen Lebensumständen eines Mandanten. Abstrakt: Die anwaltliche Tätigkeit sei in einer Vielzahl von Fällen auch ohne Kenntnis der wirtschaftlichen Verhältnisse der Mandanten denkbar und wirksam möglich – steuerberatende Tätigkeit verlange ausnahmslos eine umfassende Offenbarung der finanziellen und wirtschaftlichen Verhältnisse eines Mandanten.
- Ein derartiger Unterschied rechtfertige eine Ungleichbehandlung bei den Inkompatibilitätsnormen, weil die vertieften Kenntnisse beim Steuerberater zu

(erheblichen) Interessenkollisionen führen – ein Rechtsanwalt unterläge diesen bei gewerblicher Paralleltätigkeit nicht.

Das seit Jahrzehnten immer wiederkehrende Argumentationsschema der Rechtsprechung, welches durch alle Gerichtszweige allenfalls geringe Begründungsnuancen aufweist, fordert bei genauer Betrachtung die folgenden kritischen Fragen:

- Sind Dauermandate auch bei Rechtsanwälten eher die Regel und bestehen unterschiedliche Kenntnisse von den wirtschaftlichen Verhältnissen der Mandanten?
- Zu welchen tatsächlich relevanten Problemen führen ggf. weitergehende Kenntnisse eines Steuerberaters von den wirtschaftlichen, finanziellen und persönlichen Lebensumständen der Mandanten (Relevanz der Informationen für Interessenkollisionen)?
- Sind potentielle Interessenkollisionen signifikant anders als bei Rechtsanwälten?
- Wären eventuell bis hierher feststellbare Unterschiede von solchem Ausmaß und Gewicht, dass die daraus gefolgerte Ungleichbehandlung im Bereich der Paralleltätigkeiten angemessen erscheint?

3. Bindung des Gesetzgebers durch geltendes einfaches Berufsrecht

Bevor angebliche Unterschiede in der Mandantenstruktur aufgegriffen werden, steht die Frage, ob es überhaupt legitim wäre, auf derartige Unterschiede abzustellen. Denn nach der vom einfachen Gesetzgeber selbst vorgegebenen rechtlichen Ausgestaltung beider Berufe als Teilmenge des einen vom anderen hat der Gesetzgeber im Bereich des rechtlichen Dürfens die Berufsgruppen in Bezug auf das Steuerrecht gleich behandelt und mit den gleichen Kompetenzen ausgestattet. Alle Rechtsanwälte dürfen innerhalb ihrer speziellen beruflichen Tätigkeit die gleichen Beratungsfelder wie die Steuerberater besetzen. Der Steuerberater darf selbst nur einen Ausschnitt der Rechtsberatung bearbeiten.[619]

Solange den Rechtsanwälten in gleichem Maße die Steuerberatung und das Steuerrecht offen steht und die Steuerberater sich mit ihrer Tätigkeit nur innerhalb einer Teilmenge des Tätigkeitsfeldes der Rechtsanwälte bewegen, ist ein Rückgriff auf tatsächliche, unterstellt andersartige, Ausprägungen des Berufes unzulässig.

619 BGH, Beschluss vom 01.12.1969, NotZ 7–8/69, NotZ 7/69, NotZ 8/69, BGHZ 53, 103–110, II.3., juris Rn. 9: „Alles, was auf dem Gebiete der Steuerberatung der Steuerberater kann und darf, kann und darf demgemäß auch der Rechtsanwalt. Der Anwaltssenat des Bundesgerichtshofes hat deshalb bereits in der Entscheidung BGHZ 49, 244 ausgeführt, daß der Aufgabenbereich des Steuerberaters nicht anders, sondern lediglich enger ist als der des Rechtsanwalts, weil er nur einen Teil der allgemeinen Rechtsberatung enthält, zu der dieser berufen und berechtigt ist (aaO Seite 247)."

Mit vergleichbarer Argumentation hat das BVerfG nämlich das Sozietätsverbot zwischen Anwaltsnotaren und Wirtschaftsprüfern zu Recht als Verstoß gegen den Gleichheitssatz eingestuft, ohne eventuelle Mandatsstrukturen, wie sie in der Praxis auftreten mögen, zu untersuchen. Wenn der Gesetzgeber befürchtete, dass einseitige Interessenwahrnehmung die Unabhängigkeit und Unparteilichkeit des Notars gefährde, hätte er sich generell für das Nur-Notariat entscheiden müssen. Ein **Sozietätsverbot von Anwaltsnotaren und Wirtschaftsprüfern** im Gegensatz zur einfachgesetzlich zulässigen Sozietät von Anwaltsnotaren und Steuerberatern lässt sich daher nicht rechtfertigen.[620] Somit kann auch eine durch parallele gewerbliche Tätigkeit angeblich erhöhte Gefahr von Interessenkollisionen bei Steuerberatern von vorn herein keine unterschiedliche Behandlung in Bezug auf gewerbliche Paralleltätigkeiten rechtfertigen.

Unabhängig von diesem schon zu einem Verstoß gegen Art. 3 I GG führenden Aspekt sollen im Folgenden die Prämissen der Rechtsprechung näher untersucht werden.

4. Unterschiedliche Einblicksdichte in die Verhältnisse des Mandanten

a) Einzelmandat Rechtsanwalt versus Dauermandat Steuerberater

Der Ansatz, wonach ein Rechtsanwalt regelmäßig lediglich Einzelmandate und Einzelrechtsprobleme, der Steuerberater hingegen überwiegend Dauermandate im Rahmen einer langfristigen Betreuung bearbeite, trifft zumindest in der heutigen Zeit nicht (mehr) zu.

(1) Zunächst existieren zahlreiche Sozietäten zwischen Steuerberatern und Rechtsanwälten – **interdisziplinäre Kanzleien –**, in denen Steuerberater und Rechtsanwälte zusammen arbeiten.[621] In größeren Kanzleien, die mehrere hunderte Rechtsanwälte und Steuerberater beschäftigen, aber auch schon bei Kanzleien ab ca. zehn Berufsträgern dürfte die gemeinsame Berufsausübung von Rechtsanwälten und Steuerberatern eher der Regelfall sein, sofern es sich nicht um hochspezialisierte Kanzleien auf einem bestimmten Rechtsgebiet, z. B. dem Wettbewerbsrecht, handelt. Kanzleien mittlerer Größe, aber auch zunehmend kleinere Kanzleien und Einzelfachanwälte kooperieren ansonsten oftmals mit Steuerberatern. Jedenfalls die erstgenannten beiden Fallgruppen haben regelmäßig genau den gleichen Einblick in die wirtschaftlichen Verhältnisse des Mandanten wie ein Nur-Steuerberater. Jeder Mitarbeiter dieser Kanzleien hat den Zugang zu den dementsprechenden Mandantendaten.

620 BVerfG, Beschluss vom 08.04.1998, 1 BvR 1773/96, BVerfGE 98, 49–70, Sozietätsverbot Anwaltsnotare Wirtschaftsprüfer, B.II.1.a), juris Rn. 47.

621 Michael Kleine-Cosack, AnwBl. 2013, 795, II.

Zudem werden die Mandatsverträge mit der Beratungsgesellschaft selbst und nicht mit den einzelnen Beratern geschlossen. Damit erhalten wir eine völlig identische Mandantenstruktur für Steuerberater und Rechtsanwälte in den häufig vorkommenden zur gemeinschaftlichen Berufsausübung betriebenen Gesellschaften.

Den Vorteil, dass im Rahmen eines Dauermandates der Rechtsanwalt die wirtschaftlichen und rechtlichen Hintergründe kennt, schätzen viele Mandanten. Der Vorteil derartiger gemeinsamer Berufsausübung liegt gerade im bewussten und **gewollten Wissenstransfer** zwischen den unterschiedlich spezialisierten Beratern. Dieser Wissenstransfer wird vom Mandanten erwartet – das Wissen jedes einzelnen Beraters der Gesellschaft über § 166 BGB zugerechnet. Dieser Aspekt wäre zumindest bei der Angemessenheitskontrolle positiv mit in die Abwägung einzustellen, anstatt nur auf daraus entstehende angebliche Interessenkollisionen abzustellen.

(2) Viele Rechtsanwälte besitzen zudem eine weitere **besondere Qualifikation im Steuerrecht**. Zum 01.01.2020 (in Klammern zum Vergleich 2011) zeigt die Mitgliederstatistik der Bundesrechtsanwaltskammer 167.234 (155.679) Mitglieder, darunter 513 (713) Wirtschaftsprüfer, 2.062 (2.166) Steuerberater und 365 (497) vereidigte Buchprüfer.[622] Die statistischen Zahlen geben einen ausreichenden Eindruck über die Mehrfachqualifikationen. Zusätzlich waren zu Beginn des Jahres 2020 – ganz ähnlich auch 2011 – ca. 3 % der Rechtsanwälte auch Fachanwälte für Steuerrecht. Man darf sicher davon ausgehen, dass auch diese eine Mehrfachqualifikation ausweisenden Personen vielfach schon ganz ähnliche Mandate bearbeiten wie Nur-Steuerberater und somit von vorn herein auch keine andersartigen Kenntnisse über die Verhältnisse der Beratenden vorliegen.[623]

(3) Im Übrigen arbeiten im wirtschaftlichen Beratungsbereich – nur das ist der eigentliche Vergleichsbereich zu den Steuerberatern – die überwiegende Anzahl der Rechtsanwälte im Rahmen einer dauernden Geschäftsbeziehung mit den Mandanten zusammen. Denn dort sind die Kenntnisse des Rechtsanwaltes, der im wirtschaftlichen Bereich immer die steuerlichen Auswirkungen seiner Empfehlungen mit berücksichtigen muss, vergleichbar. Das erfordert die mindestens ebenso tiefe Befassung des Rechtsanwaltes mit den wirtschaftlichen Detailfragen des Mandanten, wie dies sicher regelmäßig beim Steuerberater der Fall ist. Deutlich tiefere und detaillierte Kenntnisse ergeben sich bei strategischen Fragen der Unternehmensausrichtung, der Begleitung von Unternehmensübertragungen oder Sanierungen (von juristischen oder natürlichen Personen).

---

622 https://www.brak.de/statistiken/

623 Einen Fall der fast ausschließlichen Tätigkeit von Rechtsanwälten auf dem Gebiet der Steuerberatung behandelt OLG Hamm, Urteil vom 05.11.2010, 2 AGH 30/09, BRAK-Mitt. 2011, 155, Leitsatz: „Ist eine Rechtsanwaltssozietät nahezu ausnahmslos auf dem Gebiet der Steuerberatung tätig, darf sie unter der Bezeichnung ‚Steuerberatung – Rechtsberatung' firmieren.".

Viele **Rechtsanwälte** sind durch die Kontakte zur Geschäftsleitung, die Einbeziehung in die strategischen Fragen und vor allem wegen der Aktualität der Beratungsangelegenheiten viel **tiefer und bedeutsamer** – Bedeutung gemessen an sensiblen **für Konkurrenzunternehmungen interessanten Daten**[624] – in die wirtschaftlichen Zusammenhänge beim Beratungsunternehmen **eingebunden** als Steuerberater, die oftmals nur – vergangenheitsbezogen – Jahresabschlüsse und Steuererklärungen bearbeiten (nur anders, wenn der Steuerberater ausnahmsweise pro aktiv in strategische Fragen mit eingebunden ist).

Schon im Bereich der Kleinunternehmen, die ihre Buchhaltung außer Haus zum Steuerberater geben, weil sich die Anstellung eigener Buchhalter noch nicht rechnet, werden regelmäßig dauerhafte langjährige Geschäftsbeziehungen zu einem Rechtsanwalt bestehen, der von Forderungsbeitreibungen bis Gesellschaftsgründungen oder schwierigen Gewährleistungsstreitigkeiten bis Markensachen Rechtsfälle übernimmt oder der zumindest die Bearbeitung an einen von ihm vermittelten Spezialisten begleitet und somit immer wieder auf der Kenntnis des Unternehmens aufbauen kann. In den Unternehmen darüberhinausgehender Größenordnung, die regelmäßig ihre Finanzbuchhaltung selbst bearbeiten, hat der dort zu findende dauerhafte Rechtsberater die gleichen Aufgaben. Die Situation ändert sich leicht bei Großunternehmen, und Unternehmen mit eigener Rechtsabteilung. Diese holen sich regelmäßig nur für bestimmte Rechtsfragen Spezialisten ins Haus. Insoweit gibt es den Rechtsanwalt, der einen kompletten Überblick über das Unternehmen mit all seinen sensiblen Daten hat, nur punktuell in der Sanierungsberatung und bei Unternehmensbewertungen, z.B. für Transaktionen zur Zeit der due diligence. Im Bereich der Großunternehmen ergeht es den Steuerberatern dann jedoch auch nicht anders, so dass auch insoweit wieder jedenfalls keine strukturellen Unterschiede im Kenntnisstand festgestellt werden können.

(4) Die Behauptungen der Rechtsprechung, Rechtsanwälte würden stärker einzelfallbezogen arbeiten und seien im Regelfall nur mit konkreten Rechtsproblemen befasst, sind daher nicht zutreffend. Denn verglichen werden dürfen nur die Bereiche des Steuerrechts und übergreifend des Wirtschaftsrechts, in denen sich beide Berufe tatsächlich gemeinsam bewegen. Natürlich wird man vom Einzelanwalt, der sich beispielsweise auf Wohnungsmietrecht für Mieter und Verkehrsrecht spezialisiert hat, annehmen dürfen, dass er überwiegend Einzelfälle bearbeitet. Die entscheidenden Richter sehen in ihrer eigenen Arbeitspraxis überwiegend den forensischen Bereich der rechtsanwaltlichen Tätigkeit und können zudem nicht abschätzen, ob die Vertretung der einen Partei vor Gericht im Rahmen eines Dauermandates erfolgt. Geprägt ist die Ansicht der Rechtsprechung zudem wahrscheinlich auch von der Vielzahl der vor Gericht ausgetragenen privaten, nicht dem Wirtschaftsverkehr entspringenden Streitigkeiten. Diese sind aber für den Vergleich der Berufsgruppen nicht maßgeblich und für die Arbeit der

---

624 Siehe dazu schon oben E.VI.3.a)(2).

Rechtsanwälte keineswegs mehr prägend. Die überwiegende Arbeit im Bereich der wirtschaftlichen Rechtsberatung findet im außergerichtlichen Bereich statt. Diese Beratungen sind mitnichten einzelfallbezogen.

Die Behauptung, dass **Rechtsanwälte und Steuerberater heute noch strukturell uneinheitliche Mandate** bearbeiten, ist daher insgesamt weder empirisch nachweisbar noch zutreffend, zumal wenn man nur den Bereich der Wirtschaftsberatung im weiteren Sinne betrachtet.

b) Kenntnisse der wirtschaftlichen, finanziellen und persönlichen Verhältnisse des Mandanten

Es lassen sich bei genauer Betrachtung keine Belege dafür finden, dass der Rechtsanwalt überwiegend einzelfallbezogen arbeite, ebenso nicht, dass er gerade im relevanten vergleichbaren Bereich des Wirtschaftsrechts ohne vertiefte Kenntnisse der wirtschaftlichen Rahmenbedingungen des Mandanten auskäme oder diese grundlegend anders als ein Steuerberater nicht hätte.

(1) **Rechtsanwälte** können gerade im **Wirtschaftsrecht** ohne vertiefte Kenntnisse des Steuerrechts nicht beraten (z.B. bei Neugründungen von Gesellschaften, Anteils- oder Unternehmensveräußerungen etc.) und müssen für diese Beratung, um sie fehlerfrei erbringen zu können, einen genauen Überblick über alle wirtschaftlich relevanten Umstände haben. Ist die Beratung und Vertretung im unternehmerisch-wirtschaftlichen Bereich ohne die Kenntnis der wirtschaftlichen Rahmenbedingungen und Folgen gar nicht möglich, so hat eine sonstige Rechtsberatung auf anderen Gebieten zumindest auf die wirtschaftlichen Folgen zu achten,[625] womit die Kenntnis der wirtschaftlichen und finanziellen Verhältnisse als Ausgangspunkt bei den Rechtsanwälten gerade gefordert wird.

Selbst das **private Einzelmandat** beansprucht bei den heutigen **schwierigen Rechtsfragen** meist schon eine umfangreiche Befassung mit vielen weiteren persönlichen Daten des Mandanten. Bei einzelnen Rechtsgebieten außerhalb des Steuerrechts, wie dem Erb- oder Familienrecht, sind überwiegend sowieso die gesamten wirtschaftlichen Verhältnisse des Mandanten betroffen und beachtlich. Die Massen von Verkehrsunfällen, Mietrechtsstreitigkeiten, Verbraucherklagen, Ordnungswidrigkeiten oder Kündigungsschutzklagen, mit denen die Gerichte befasst sind, können sicher isoliert bearbeitet werden, prägen den Rechtsanwaltsberuf entgegen der richterlichen Wahrnehmung jedoch schon längst nicht mehr maßgeblich bzw. sind kein tauglicher Vergleichsmaßstab.

Rechtsanwälte bzw. in dieser Größenordnung eher Rechtsanwaltsgesellschaften, die dauerhaft ein Unternehmen beraten,

- gestalten die wesentlichen Verträge mit Lieferanten und Kunden,

---

625 BVerfG, Beschluss vom 08.04.1998, 1 BvR 1773/96, BVerfGE 98, 49–70, Sozietätsverbot Anwaltsnotare Wirtschaftsprüfer, B.II.1.a), juris Rn. 47.

- kennen und gestalten die Arbeitsverträge, auch für die besten Mitarbeiter, wissen von Schwachstellen der Belegschaft und den Stärken, optimieren die Zusammensetzung z.B. vor dem Hintergrund des Kündigungsschutzgesetzes,
- kennen vielfach die Konditionen der Lieferanten, haben bei der Vertragsgestaltung sicher zum Vergleich auch die anderen Lieferanten namentlich kennengelernt, alle Lieferantenverträge geprüft und allgemeine Geschäftsbedingungen darauf abgestimmt, entworfen und ständig überarbeitet,
- kennen womöglich einige Kunden und haben mit diesen Vertragsverhandlungen geführt,
- befassen sich mit der Absicherung des Insolvenzrisikos und kennen daher die Kundenstruktur oder die wichtigsten Großkunden namentlich sowie vor allem die aktuelle (!) Finanzsituation,
- wissen um die Markenstrategie und die sonstige strategische Ausrichtung des Unternehmens, weil die Unternehmensführung die Pläne mit den Rechtsanwälten bespricht.

Diese beispielhafte Aufzählung von Tätigkeiten im Rahmen einer üblichen wirtschaftlichen Dauerberatung ließe sich weiter fortsetzen. Man erkennt daraus aber deutlich, dass der **Rechtsanwalt** soweit oftmals **die umfangreicheren Kenntnisse gerade der Geschäftsgeheimnisse und der wirklich sensiblen Daten**[626] hat. Denn Steuerberater sind in Strategiethemen oder bei Transaktionen eher diejenigen, die Einzelprobleme aus dem Steuerrecht bearbeiten. Entgegen der pauschalen Behauptung der Rechtsprechung wären insoweit die Steuerberater diejenigen, die nur einen Ausschnitt aus einem komplexen Mandat bearbeiten – eben wie diese nur einen engen Teilbereich der Rechtsberatung bearbeiten können.

Kenntnisse von tatsächlich sensiblen Daten können andererseits kaum durch die Bearbeitung von allgemeinen (meist vergangenheitsbezogenen) Kennzahlen des beratenden Unternehmens entstehen, sondern nur durch tiefere – vor allem aktuelle – Einblicke in Lieferbeziehungen, Kundenbeziehungen, Markenstrategien, Einkaufbedingen, Vertragsstrukturen der wichtigsten Geschäftspartner etc. Nicht die Einblicke in wirtschaftliche Verhältnisse per se sind also relevant, sondern die Geschäftsgeheimnisse, die letztlich für Konkurrenten potentiell nützlich sind. Anders als in der Rechtsprechung immer wieder propagiert, haben danach die Rechtsanwälte meist die tieferen Einblicke und Kenntnisse von Unternehmensdaten, wenn man nämlich den Grad der Kenntnis an den wirtschaftlich relevanten Informationen und des dessen Aktualität misst und nicht nur unreflektiert allein auf die Menge der Zahlen abstellt. Die Informationen des Steuerberaters aus den typischen Tätigkeiten Jahresabschlusserstellung, Buchhaltung, Steuererklärung und damit die Qualität der Kenntnisse, die ein Steuerberater sicher überwiegend aus Dauermandaten erhält, resultieren aus einem Rückblick auf vergangene wirtschaftliche Zahlen, die zum Teil sowieso schon veröffentlichungspflichtig und

626 Dazu schon oben E.VI.3.a)(2).

damit allgemeinbekannt sind. Allgemeinbekannte oder veraltete Informationen können nicht mehr verraten werden oder sind regelmäßig keine Geheimnisse für Konkurrenten. Sie können mithin per se keine besonderen Interessenkollisionen bewirken.

Die noch als wichtige Unternehmensdaten einzustufenden **Lieferanten- und Kundendaten** werden dem Steuerberater überhaupt nur bei kleinen Unternehmen, die keine hausinterne Bearbeitung der Buchhaltung vornehmen, über die Bezeichnung des FiBu-Kontos bekannt werden. Ab einer gewissen Größenordnung bleibt die Buchhaltung mit ihren Kontaktdaten und Informationen über Lieferbedingungen im Unternehmen. Dem Steuerberater werden zur Abschlusserstellung (soweit diese Tätigkeit noch ausgelagert ist) nur noch die Verkehrszahlen und Kontensalden mitgeteilt. Die Arbeit des Steuerberaters besteht in der Zusammenfügung und Bilanzerstellung nebst Rücklagenbildung, Abgrenzungen usw. Große Unternehmen fertigen meist auch die Abschlüsse selbst und lassen sich nur in Spezialfragen von Steuerberatern unterstützen. Mit den sensiblen Daten kommt der Steuerberater demnach meist gar nicht mehr in Kontakt.

Die Prämisse der Rechtsprechung, der Steuerberater habe regelmäßig einen tiefen Einblick in die wirtschaftlichen Zusammenhänge beim Mandanten, trifft allenfalls in Bezug auf kleinere Unternehmen zu, bei denen Steuerberater auch die Buchhaltung bearbeiten und teilweise weitergehende Rechtsberatung betreiben. Die Aussage, der Steuerberater hätte tiefere Kenntnisse von wirtschaftlichen Verhältnissen, ist also in der Breite nicht haltbar, schon gar nicht in Bezug auf geheime und für eine Konkurrenztätigkeit nützliche Daten.

(2) Für die Frage der Gleichbehandlung nach Art. 3 GG in Bezug auf Paralleltätigkeiten könnten, wenn tatsächlich vorhanden, nur die unterschiedlichen Kenntnisse von wirtschaftlichen, finanziellen oder persönlichen Verhältnissen Berücksichtigung finden, die zu Interessenkollisionen führen könnten, mithin die für Konkurrenztätigkeit exklusiv (nicht schon veröffentlicht) sind. Interessenkollisionen können im Einzelfall nur im Konkurrenzverhältnis auftreten.[627] Nur insoweit wäre im Ansatz eine Relevanz der Unterschiede erreicht, die möglicherweise eine Ungleichbehandlung auch bei tiefgreifenden Auswirkungen auf das Grundrecht der Berufsfreiheit dem Grunde nach rechtfertigen könnte.

Ohne empirische Untersuchung wird man daher allein mit einer gewissen Marktkenntnis feststellen können, dass im **wirtschaftlichen Beratungsbereich**, in dem allenfalls **Wissenstransfer** und eine abstrakte Gefahr von Interessenskollision relevant werden könnte, der Rechtsanwalt mindestens genauso wie der Steuerberater überwiegend Dauermandate betreut und ähnliches Wissen – eher sogar besseres Wissen – um seinen Mandanten und dessen interne Struktur hat. Genau Kenntnisse der finanziellen Verhältnisse und wesentlicher Unternehmensinformationen sind bei der wirtschafsnahen Rechtsberatung erforderlich, um gute

627 Dazu bereits eingehend oben E.VI.3.a).

Beratungsleistungen zu ermöglichen. Das Wissen der Rechtsanwälte um sensible Daten der Mandanten wird somit regelmäßig höherwertiger und umfassender in Bezug auf mögliche Interessenkollisionen sein. Die Interessenkollisionen wären jedoch allenfalls für eine Konkurrenztätigkeit möglicherweise von Belang. Da die Konkurrenztätigkeit bei beiden Berufsgruppen gleichermaßen auftreten kann, lässt sich daran kein sachlicher Grund für eine Ungleichbehandlung anknüpfen.

Die bei der Bearbeitung von Steuererklärungen außerhalb des wirtschaftlichen Bereiches gewonnenen Einblicke in die steuerlichen und persönlichen Verhältnisse einer Person müssen außer Betracht bleiben, weil damit schon keine gewerbliche Konkurrenztätigkeit irgendwie befördert werden könnte. Die Kenntnis dieser Daten ist für eine gewerbliche Konkurrenztätigkeit regelmäßig nutzlos.

Die pauschale Behauptung, der Steuerberater habe regelmäßig einen **tieferen Einblick in die wirtschaftlichen Zusammenhänge** beim Mandanten greift damit viel zu kurz. Um eine Ungleichbehandlung zu rechtfertigen, müsste es sich um bedeutende Unterschiede handeln, die zu unterschiedlichen Auswirkungen/Folgen führen. Ein Abstellen auf die tieferen Einblicke in die wirtschaftlichen Zusammenhänge beim Mandanten wäre nur dann relevant, wenn sich daraus Konsequenzen ergeben, die zu signifikanten Unterschieden der Berufe führen. Es reicht nicht etwa festzustellen, dass beispielsweise Rechtsanwälte im Unterschied zu Steuerberatern signifikant häufiger in Sozietäten zusammengeschlossen sind – ob das zutrifft oder nicht kann hier dahinstehen.

5. Angemessenheit einer Ungleichbehandlung

Spätestens scheitert die Ungleichbehandlung an der Angemessenheitskontrolle. Denn in Anbetracht des Maßes und des Gewichts einer Ungleichbehandlung – grundsätzliches Berufsverbot für Steuerberater bei gewerblicher Tätigkeit versus grundsätzlicher Möglichkeit der gewerblichen Paralleltätigkeit bei Rechtsanwälten – können selbst Nuancen bei Mandatsstruktur und relevanten Kenntnissen, die sich vielleicht bei genauer empirischer Untersuchung für Teile der Berufstätigen finden ließen, keine Rechtfertigung bieten. Mit kleineren möglicherweise verbleibenden Unterschieden im Wissen um die Mandantenverhältnisse lässt sich eine derart gewichtige Ungleichbehandlung in Bezug auf die Inkompatibilitätsregelungen nicht rechtfertigen, zumal hohe Anforderungen wegen der Auswirkungen auf das Freiheitsgrundrecht zu stellen sind. Die bei Rechtsanwälten zu findenden Informationen sind regelmäßig noch bedeutsamer. Mit gleichlautender Begründung ließe sich die Argumentation hin zu einer strengeren Handhabung bei den Rechtsanwälten führen. Wäre die Gesetzeslage umgekehrt und unterlägen die Rechtsanwälte dem grundsätzlichen Verbot der gewerblichen Paralleltätigkeit, würde die Rechtsprechung sich möglicherweise darauf stützen. Daraus folgt ebenso die Willkürlichkeit der Ungleichbehandlung.

Soweit im Einzelfall bei den Rechtsanwälten tatsächlich Interessenkollisionen zu befürchten sind, kann denen nach den einfachgesetzlichen Regelungen der BRAO mit speziellen Tätigkeitsverboten im Einzelfall begegnet werden. Diese

Regelung ist in Bezug auf Art. 12 I GG verfassungsrechtlich nicht zu beanstanden (mit der Ausnahme der schon angedeuteten Übermäßigkeit in Konstellationen, in denen die Offenlegung ausreicht). Das Steuerberatungsgesetz kennt explizit ein solches Tätigkeitsverbot nicht. Das lässt sich jedoch bei verständiger Auslegung den Berufspflichten oder auch schon den vorvertraglichen Pflichten des Beratungsvertrages entnehmen. Beide Berufsgesetze (BRAO und StBerG) enthalten also bereits ein angemessenes Instrumentarium, um auf Tätigkeiten trotz Interessenkollision zu reagieren. Selbst wenn man dem Steuerberatungsgesetz keine derartigen Sanktionen in ergänzender Auslegung der Berufspflichten entnehmen wollte, ändert das nichts an der unangemessenen Ungleichbehandlung. Der Gesetzgeber wäre dann verpflichtet, entsprechende Tätigkeitsverbote für den Einzelfall zu implementieren.

Das Erfordernis einer **funktionierenden Steuerrechtspflege** steht dem Erfordernis der Funktionsfähigkeit der Rechtspflege insgesamt auch qualitativ nach, selbst wenn man beide Bereiche weit verstehen wollte und nicht nur auf den jeweils forensischen Teil beschränkt. Die Steuerrechtspflege betrifft vornehmlich wirtschaftliche Interessen der Mandanten. Die Rechtspflege hingegen hat eine allgemeine Befriedungsfunktion und gilt als Garant für die Durchsetzungsmöglichkeit aller Rechte, insbesondere der Grundrechte und auch immaterieller Rechte. Mithin liegt die Bedeutung der Rechtspflege nicht lediglich in finanziellen Aspekten, sondern gerade in übergeordneten ideellen oder staatstragenden Werten. Mit einer solchen Bedeutung können Steuerberatung und Steuerrechtspflege als lediglich materieller Ausschnitt der allgemeinen Rechtspflege nicht aufwarten. Demzufolge sind Interessenkollisionen, so denn sie überhaupt auftreten, zumindest in der Tendenz weniger beachtlich als bei Rechtsanwälten. Wenn dort aber die gleichen möglichen Gefahren von Interessenkollisionen bei gewerblicher Paralleltätigkeit als nicht beachtlich für ein generelles gewerbliches Paralleltätigkeitsverbot angesehen werden, darf das StBerG erst recht keine strengeren Regelungen enthalten.

Die Berufsverbote aus dem StBerG sind für eine große Anzahl von Berufsträgern selbst bei unterstellter relevanter Interessenkollision im Ergebnis völlig wirkungslos. Denn für diejenigen Steuerberater, die ebenso die Zulassung zur Rechtsanwaltschaft besitzen, entsteht die groteske Situation, dass der Berater selbst bei Aufgabe oder Entzug des Steuerberatertitels im Rahmen seiner Rechtsanwaltszulassung weiter genau dieselbe Steuerberatung neben jeder bei den Rechtsanwälten zulässigen gewerblichen Paralleltätigkeit ausführen könnte und sicherlich auch ausführen wird. Die Rechtsordnung ist daher derzeit in sich widersprüchlich. Ohne eine gleichlaufende Regelung – und diese darf nicht in einem beiderseitigen Verbot der gewerblichen Paralleltätigkeit enden, da ein solches gegen Art. 12 I GG verstößt – lässt sich die Widersinnigkeit in Teilbereichen nicht beseitigen. Derartige Ergebnisse können dem Gleichheitssatz nicht gerecht werden.

Die Berufsgruppe der Steuerberater darf insgesamt nicht strengeren Regelungen unterworfen werden. Ansonsten werden Steuerberater durch das grundsätzliche Verbot von gewerblichen Paralleltätigkeiten **unangemessen ungleich** zu Rechtsanwälten behandelt.

VIII. Zusammenfassung

Das einfachgesetzliche Verbot der gewerblichen Paralleltätigkeit für Steuerberater, konkret die Norm des § 57 II mit IV Nr. 1 StBerG (ebenso das Verbot der Paralleltätigkeit als Arbeitnehmer, u.a. bei gewerblichen Unternehmen, § 57 II mit IV Nr. 2 StBerG), ist aus mehreren Gründen verfassungswidrig. Es verstößt – neben der hier vertretenen formellen Verfassungswidrigkeit wegen Verstoß gegen das Zitiergebot – zum einen gegen die Berufsfreiheit aus Art. 12 I GG, zum anderen aber auch gegen den Gleichheitsgrundsatz aus Art. 3 I GG.

1. Insbesondere bestehen keine Anhaltspunkte dafür, dass die **Funktionsfähigkeit der Steuerrechtspflege** als einzig legitimes Ziel, das Einschränkungen der Freiheit in der Intensität eines Berufsverbotes rechtfertigen könnte, irgendwie ohne das grundsätzliche Verbot negativ tangiert wäre. Die Argumente der Rechtsprechung zur gegenteiligen Ansicht einer Rechtfertigung sowohl in Bezug auf Art. 12 I GG als auch auf Art. 3 I GG basieren mindestens auf einer unzutreffenden Beobachtung des Berufsbildes, gehen von unzutreffenden Tatsachen aus und können daher nicht überzeugen. Die überkommende Ansicht behauptet im Ausgangspunkt unrichtig, dass Steuerberater grundsätzlich einen wesentlich tieferen Einblick in die wirtschaftlichen Verhältnisse des Mandanten hätten und damit auch potentiell eine höhere Gefahr der missbräuchlichen Verwendung dieser Informationen bestünde – nichts anderes ist die angebliche abstrakte Gefahr zur eigennützigen konkurrenzmäßigen Verwendung derartiger Informationen. Rechtsprechung und Literatur gehen in ihrer Interpretation des § 57 IV StBerG hinsichtlich eines Totalverbotes jeglicher gewerblicher Tätigkeit noch weiter, indem nicht nur konkret zu befürchtende Datenmissbräuche oder Wettbewerbsverstöße geahndet werden sollen, sondern schon grundsätzlich die nicht näher verifizierbare **Gefahr von** irgendwelchen **Interessenkollisionen**[628] das grundsätzliche Verbot der gewerblichen Paralleltätigkeit rechtfertige.

---

628 Exemplarisch zur gesamten von logischen Brüchen durchzogenen Argumentation sei an dieser Stelle noch einmal das FG Köln, Urteil vom 18.05.2011, 2 K 1765/09, I.3.b), juris Rn. 31 (Nichtzulassungsbeschwerde wurde als unzulässig verworfen, BFH, Beschluss vom 20.02.2012, VII B 136/11) zitiert und kommentiert: *„Zwar ist dem Kläger zuzugestehen, dass auch Rechtsanwälte im Bereich der Steuerberatung tätig werden. Gleichwohl führt dies nicht zu einem Gleichklang beider Berufsbilder. Trotz gewisser Überschneidungen im Bereich der Steuerberatung handelt es sich gleichwohl um unterschiedliche Berufsbilder.“* Es fehlt die Herausarbeitung, in welchen relevanten Punkten sich die Berufsfelder unterscheiden sollen; zudem die voranzustellende Erkenntnis, dass die Steuerberatung eine Teilmenge der Rechtsberatung, ist. *„Denn sowohl hier als auch bei der Auslegung des § 46 Abs. 2 Nr. 1 i.V.m. § 57 Abs. 2, Abs. 4 Nr. 1 StBerG ist eine abstrakte Betrachtungsweise vorzunehmen (vgl. BFH-Beschluss vom 28.04.2004 VII B 44/04, a.a.O.; Niedersächsisches FG, Urteil vom 24.06.2010 6 K 349/09).“* Das soll die Begründung dafür sein – man kann es aus dem einleitenden

In der Regel – so auch in allen bisherigen Fällen der Rechtsprechung – wird der Steuerberater sowieso nicht im Konkurrenzbereich zu von ihm vertretenen Mandanten gewerblich agieren. Dann hat die gewerbliche Paralleltätigkeit von vorn herein keine Berührungspunkte mit Mandanteninteressen, mithin können auch keine Interessenkollisionen entstehen.

Vergangenheitsbezogene unternehmensrelevante Informationen, die ein Steuerberater aus der Buchhaltung, den Jahresabschlüssen oder den Steuerdaten entnehmen kann, sind für andere Gewerbetreibende (andere Mandanten oder Steuerberater selbst) außer in Konkurrenzsituationen regelmäßig uninteressant. Strategische, wesentlich gewichtigere Informationen über die Ausrichtung eines Unternehmens oder Entwicklungs-Know-how und Marktstrategie erfährt der Steuerberater zumindest nicht regelmäßig aus seiner beratenden Tätigkeit heraus. Sofern unternehmensseitig dafür Berater eingeschaltet werden sollten, sind das mindestens Rechtsanwälte, Steuerberater, Wirtschaftsprüfer oder Unternehmensberater gleichermaßen. Es lässt sich daraus also kein Unterschied zwischen Rechtsanwalt und Steuerberater herleiten. Im Gegenteil dürfte gerade in Bezug auf technisches oder strategisches Know-how der Rechtsanwalt regelmäßig über wertvollere, vor allem aktuellere Informationen verfügen, die – wenn man es abstrakt betrachtet – natürlich für eigene gewerbliche Tätigkeit bzw. für andere konkurrierende Mandanten ein größeres Interessenpotential darstellen.

2. Das **eigentliche Problem** sind die verdeckten Interessenkollisionen und Gefahren, Geheimnisse selbst zu nutzen oder Dritten zu verraten, insbesondere bei gleichzeitiger Vertretung/Beratung von **Konkurrenten**. Dem lässt sich mit einer Offenlegungspflicht, flankiert von einem Tätigkeitsverbot im Einzelfall, angemessen begegnen. Bislang wird in der Berufsordnung nicht verboten, als Steuerberater mehrere Mandanten der gleichen Branche und Konkurrenten zu beraten. Konsequenterweise hätte der Gesetzgeber die Steuerberatung und insgesamt jede dauerhafte Rechtsberatung von mehr als einem Konkurrenten im wirtschaftlichen Bereich ebenso einschränken müssen, da dort dieselben Gefahren bestehen.

Werden ausschließlich die tatsächlich **sensiblen Informationen** betrachtet sowie der Kreis derer, die darauf insbesondere im Unternehmen Zugriff haben, und dem die typischen Kenntnislagen eines Steuerberaters gegenüberstellt, reduziert

---

Wort „denn" schließen –, dass es sich um unterschiedliche Berufsfelder handelt? *„Es ist daher nicht darauf abzustellen, ob im konkreten Einzelfall eine – insoweit kaum nachprüfbare – Interessenkollision vorliegt; entscheidend ist vielmehr, ob abstrakt eine solche Möglichkeit besteht."* Abstrakte Betrachtungsweise kann alles erschlagen – jedoch die Verfassung mit Art. 12 GG ist Maßstab der Prüfung. Abstrakt führt jede persönliche Bindung im Freundschaftskreis, jede Bindung z.B zum Lieblingslokal oder zum Lieblingssportverein, jede familiäre Beziehung zu Interessenkollisionen. Sollen diese etwa auch zum Berufsverbot führen können? Es gibt eben nicht den völlig unabhängigen Menschen.

sich das Gefährdungspotential der Verwendung sensibler, relevanter Daten durch den Steuerberater auf seltene Missbrauchsfälle. Zudem kann ein Informationsträger die ihm anvertrauten Informationen stets – wenn auch widerrechtlich – verwerten. Dem wurde maßgeblich schon mit dem UWG und strafrechtlichen Normen begegnet. Ein zusätzliches Verbot des Berufes – nichts andere stellt das Verbot der gewerblichen Paralleltätigkeit dar – ist nicht erforderlich und steht mit seiner Schwere des Eingriffs außer Verhältnis zum bezweckten Ziel.

3. Ebenso wie bei den Rechtsanwälten wäre es ausreichend und ebenso effektiv, um das einzig relevante Ziel des Schutzes der Funktionsfähigkeit der Steuerrechtspflege zu verwirklichen, eine **Informationspflicht/Offenlegungspflicht** einzuführen, ggf. verbunden mit einem **Tätigkeitsverbot**, soweit die Konfliktlage nach Vertragsschluss auftritt und solange, bis der Mandat über das Schicksal des Beratungsvertrages in Ansehung der neuen Situation entschieden hat. Weitergehende Restriktionen wie das grundsätzliche präventive Berufsverbot bei paralleler Betätigung sind nicht erforderlich.

Tätigkeitsverbote allein sind nach der hier vertretenen Ansicht zumindest nicht angemessen. Denn könnten innerhalb der relevanten Konkurrenzsituationen – Mandant in Konkurrenz zur Paralleltätigkeit der Steuerberater oder Steuerberater berät gleichzeitig zwei im Wettbewerbsverhältnis stehende Mandanten – mit dessen gewerblicher Konkurrenztätigkeit oder der Beratung durch denselben Steuerberater einverstanden sein. Dies wird häufiger der Fall sein, wenn beispielsweise der Steuerberater nur Jahresabschlüsse und Steuererklärungen fertigt und nicht bei anderen Projekten wie z.B. Unternehmenstransaktionen hinzugezogen wird. Nimmt ein Steuerberater eine gewerbliche Tätigkeit auf und begibt sich damit in Konkurrenz zu einem bestehenden Mandat, kann der Mandant bei Kenntnis aller relevanter Informationen die Weiterführung der dauerhaften Geschäftsbeziehung trotz der Konkurrenzsituation und damit einhergehender Gefahren in Abwägung der Tiefe des Wissen des Steuerberaters und der wirklich für Konkurrenten relevanten Vorgänge selbst bestimmen. Wichtig ist nur stets die Transparenz durch Offenlegung aller Tatsachen und möglicher Konflikte. Die **Informationspflicht** wäre somit das mildeste Mittel der Freiheitseinschränkung.

Argumentationen in die Richtung, dass Tätigkeitsverbote (hinzugedacht Informationspflichten kombiniert mit Tätigkeitsverboten im Einzelfall) in bestimmten Konstellationen nicht ausreichten, nicht effektiv seien, nicht genügend kontrolliert werden könnten oder sowieso nicht eingehalten würden, überzeugen von vorn herein nicht. Derartige Ansichten wollen zudem nur die letzte potentielle, abstrakte Gefahr erfassen und verlieren damit den Bezug zum Angemessenen.

Da die **Funktionsfähigkeit** der **Steuerrechtspflege** – diese selbst im weiteren Sinne verstanden – nur bei Wettbewerbsverstößen im Konkurrenzverhältnis betroffen sein könnte aber durch die allgemeinen Gesetze geschützt ist und außerhalb von Konkurrenzsituationen gar nicht tangiert wird, muss das Verbot jeglicher gewerblicher Paralleltätigkeit als unangemessen und unverhältnismäßig bewertet werden. In Konkurrenzsituationen genügt als berufsrechtliche Regelung jedenfalls ein konkretes Verbot des Tätigwerdens, soweit das Wettbewerbsverhältnis reicht und der Mandant nach ausreichender Information nicht dennoch weiterhin kontrahieren möchte.

4. Auch die an die Nichtverletzung von Berufspflichten anknüpfende **Ausnahmegenehmigung** ist verfassungsrechtlich nicht tragbar. Sie hilft dem grundsätzlichen Verbot nicht insgesamt zur Verfassungsmäßigkeit. Berufspflichten bestehen zahlreich – es dürfte nur an die Bedrohung der Funktionsfähigkeit der Steuerrechtspflege und in diesem Zusammenhang an konkrete Interessenkollisionen im Einzelfall angeknüpft werden.

Zumindest wäre die Ausnahmeregelung aus § 57 Abs. 4 Nr. 1 StBerG verfassungsgemäß stets dahingehend auszulegen, dass regelmäßig eine Zustimmung zur gewerblichen Nebentätigkeit zu erteilen ist, um im Ergebnis eine etwa gleichlaufende Praxis bei den Berufsgruppen Steuerberater und Rechtsanwalt sicherzustellen. Das Bundesverfassungsgericht zeigt einer in Bezug auf Paralleltätigkeiten der Steuerberater sehr restriktiven Instanzrechtsprechung in dem jüngsten Beschluss vom 23.08.2013[629] zwar in diese Richtung verfassungsrechtliche Grenzen auf, ohne jedoch die eigene bisherige Rechtsprechung explizit aufzugeben und die Verbotsnormen für Paralleltätigkeiten grundsätzlich für verfassungswidrig zu erklären. Diese Rechtsprechung wird jedoch in nachfolgenden Entscheidungen kaum beachtet oder erwähnt.[630] Weil jedoch diese Entscheidung des Verfassungsgerichtes die Verfassungswidrigkeit des grundsätzlichen Verbotes nicht feststellt, besteht weiterhin ein Zustand, in dem die Instanzgerichte einen weiten Wertungsspielraum beanspruchen. Für die Betroffenen bleiben ein unbefriedigender Zustand der Einschränkung ihrer Grundrechte und die Gefahr langwieriger streitiger Auseinandersetzungen mit den berufsständischen Kammern wegen einer Paralleltätigkeit.

629 BVerfG, Stattgebender Kammerbeschluss vom 23.08.2013, 1 BvR 2912/11.

630 Einige Ausnahme OVG NRW, Urteil vom 15.05.2017, 4 A 2197/13 (Ausnahmegenehmigung für eine gewerbliche Tätigkeit als Vorstandsmitglied einer Kreditgenossenschaft).

F. Exkurs Wirtschaftsprüfer

I. Das Berufsbild des Wirtschaftsprüfers

Die Aufgaben und Tätigkeiten der Wirtschaftsprüfer sind in zwei große Bereiche unterteilt. Zum einen prüfen sie im Rahmen einer Vorbehaltsaufgabe die Rechnungslegung von Unternehmen – Jahresabschlüsse und Lageberichte –; zum anderen betreiben sie Steuerberatung und in diesem Rahmen auch wirtschaftliche Beratung. „Als Unternehmensberater im weiteren Sinne hat er wirtschaftliche, finanzielle, organisatorische und auch wirtschaftsrechtliche Problemstellungen seiner Mandanten zu berücksichtigen und zu lösen",[631] so das eigene Verständnis der Wirtschaftsprüferkammer. Der Wirtschaftsprüfer versteht sich also auch als Unternehmensberater in wirtschaftlichen Angelegenheiten.

1. Der Beruf des Wirtschaftsprüfers kann auf ältere **historische Wurzeln** zurückblicken als der Steuerberaterberuf. Nach den Erfahrungen und Skandalen infolge der Weltwirtschaftskrise wurde zurückgehend auf eine Notverordnung vom September 1931 eine Pflichtprüfung für Aktiengesellschaften eingeführt und zur Durchführung der Prüfungen der Berufsstand der Wirtschaftsprüfer eingeführt.[632] Die ersten Prüfungsvorschriften fanden sich in §§ 162–169 des Aktiengesetzes von 1965. Im Jahre 1985 wurden diese Vorschriften aufgehoben und stattdessen in das HGB, §§ 316 ff. HGB, integriert.

2. Die Wirtschaftsprüfer erfüllen im Rahmen der **Abschlussprüfung** eine nur ihnen vorbehaltene öffentliche Aufgabe (staatliche Wirtschaftsaufsicht[633]) – zwar auf vertraglicher Grundlage mit dem zu prüfenden Unternehmen aber im Interesse der Allgemeinheit an der Abschlussprüfung.[634] Das Weisungsrecht des Mandanten wird im Prüfungsbereich eingeschränkt. Der Wirtschaftsprüfer hat sich im Prüfungsbereich und bei der Begutachtung (er ist auch Sachverständiger auf dem Gebiet der wirtschaftlichen Betriebsführung, § 2 III WPO) – also bei den Vorbehaltsaufgaben – „unparteiisch" zu verhalten, 43 I Satz 2 WPO. Unparteilichkeit besteht jedoch nicht, wenn der Wirtschaftsprüfer als Interessenvertreter im beratenden oder vertretenden Bereich arbeitet.

Der Beruf des Wirtschaftsprüfers nimmt demnach eine Zwitterstellung ein. Einmal ist er wie ein Steuerberater beratend tätig, andererseits hat er Prüfungskompetenz und eine öffentliche Aufgabe zu erfüllen. Vergleichbar sind die aus einigen Bundesländern bekannten Anwaltsnotare, die keine eigene Berufsbezeichnung

---

631 Internetpräsenz der Wirtschaftsprüferkammer, www.wpk.de/beruf-wp-vbp/allgemeines.asp.

632 Richter, Journal für Betriebswirtschaft, JfB 27 (1977), 21, 21.

633 Richter, Journal für Betriebswirtschaft, JfB 27 (1977), 21, 21.

634 Thümmel, WPg 1986, 643.

führen, aber einmal als Notare staatliche Aufgaben unter Neutralität und Unparteilichkeit wahrnehmen und zum anderen „ganz normal" im Rahmen der anwaltlichen Tätigkeit als Interessenvertreter einer Partei parteiisch tätig werden. Dort regeln besondere Vorschriften, dass ein Anwaltsnotar bei Vorbefassung (und selbstverständlich auch gleichzeitiger Befassung) mit einer Angelegenheit innerhalb der anwaltlichen Berufsausübung nicht mehr als Notar tätig werden darf. Für die Wirtschaftsprüfer sind ebenso Jahresabschlussprüfung und vorherige sowie gleichzeitige Unternehmensberatung unvereinbar.

Gefordert wird im Bereich der öffentlichen Aufgabenerfüllung, dass der Wirtschaftsprüfer über eine tatsächliche Unabhängigkeit hinausgehend auch unabhängig erscheint.[635] Es war daher schon immer Gegenstand heftiger Diskussionen, ob Wirtschaftsprüfer gleichzeitig einen Mandanten beraten und prüfen dürfen.[636] Der im Jahr 2004 eingeführte § 319a HGB beschränkt sich auf ein Prüfungsverbot bei börsennotierten Gesellschaften, wenn der Wirtschaftsprüfer oder Mitglieder seiner Sozietät in dem zu prüfenden Geschäftsjahr über die Prüfungstätigkeit hinaus Rechts- oder Steuerberatungsleistungen erbracht haben, die über das Aufzeigen von Gestaltungsalternativen hinausgehen und die sich auf die Darstellung der Vermögens-, Finanz- und Ertragslage in dem zu prüfenden Jahresabschluss unmittelbar und nicht nur unwesentlich auswirken.

II. Die Vorschriften der WPO zur Inkompatibilität mit anderen Berufen

In § 16 WPO findet sich eine an das StBerG angelehnte Regelung zu Inkompatibilitäten. Nach Abs. 1, Ziffer 6 ist die Bestellung zu versagen, „*solange eine Tätigkeit ausgeübt wird, die mit dem Beruf nach § 43 Abs. 2 Satz 1 oder § 43a Abs. 3 unvereinbar ist*".

Parallel dazu regelt § 20 II Nr. 1 WPO den Widerruf rechtmäßiger Bestellungen. Demnach ist die Bestellung zu widerrufen, wenn der Wirtschaftsprüfer „*nicht eigenverantwortlich tätig ist oder eine Tätigkeit ausübt, die mit dem Beruf nach § 43 Abs. 2 Satz 1 oder § 43a Abs. 3 unvereinbar ist*".

Vergleichbar mit § 57 II Satz 1 StBerG normiert § 43 II Satz 1 WPO, dass der Wirtschaftsprüfer „sich jeder Tätigkeit zu enthalten" habe, „die mit seinem Beruf oder mit dem Ansehen des Berufs unvereinbar ist." In § 43a III WPO wird ähnlich wie bei § 57 IV StBerG weiter konkretisiert, dass ein Wirtschaftsprüfer ausnahmslos keine „gewerbliche Tätigkeit" ausüben und grundsätzlich keine Arbeitnehmerstellung und kein Beamtenverhältnis eingehen darf. Eine dem § 57 IV Nr. 1 StBerG

---

635 Richter, Journal für Betriebswirtschaft, JfB 27 (1977), 21,31.

636 Dazu auch rechtsvergleichend Ebke, Münchener Kommentar zum HGB, 4. Aufl. 2020, § 319a, Rn. 13 ff.

vergleichbare Ausnahmeregelung bei gewerblicher Paralleltätigkeit wurde erst mit Wirkung zum 17.06.2016 eingeführt (§ 43a III Satz 2 WPO).

III. Verfassungsrechtliche Beurteilung

1. Begründet wird das Totalverbot gewerblicher Paralleltätigkeit und dessen Erforderlichkeit mit einem Bedürfnis eines Schutzes des Vertrauens der Öffentlichkeit in die Unabhängigkeit der Wirtschaftsprüfer; insbesondere mit Blick auf die Publizität der Abschlussprüfungen. In der **Gesetzesbegründung** von 1993 heißt es zur Rechtfertigung des Verbotes gewerblicher Paralleltätigkeiten, dass andernfalls „die Einhaltung der Berufspflichten unterlaufen werden" könne.

Dahinter steht die hier ebenso wenig wie bei den Steuerberatern begründbare Behauptung, dass derjenige Wirtschaftsprüfer, der gewerblich parallel tätig wird, eher Berufspflichten verletzt.

Zudem könne die Ausübung gewerblicher Tätigkeiten zu „Interessenkollisionen und damit einer Gefährdung der Unabhängigkeit des Wirtschaftsprüfers führen"; ebenso sei die gewerbliche Tätigkeit nicht mit der Unparteilichkeit des Wirtschaftsprüfers bei der Abschlussprüfung vereinbar.[637] Die Gesetzesbegründung differenziert somit zumindest in Bezug auf eine „Unparteilichkeit" zwischen Abschlussprüferaufgaben und sonstigen den Steuerberatern vergleichbaren Tätigkeiten. Nur im Prüfungsbereich – nicht bei steuerberatender Tätigkeit, bei der parteiliche Beratung im Interesse des Mandanten erfolgt – kann es eine Unparteilichkeit geben.[638]

2. Ob das Ziel des Schutzes eines funktionierenden Wirtschaftsprüferwesens, das aus der dem Wirtschaftsprüfer zukommenden Kontrollfunktionen im Rechts- und Wirtschaftsleben abgeleitet wird, schon als ebenso hochwertig wie der Schutz der Funktionsfähigkeit der Rechtspflege angesehen werden kann und damit auch zum tiefgreifenden Eingriff in Art. 12 GG taugt, darf im Ansatz bezweifelt werden. Das BVerwG sieht darin jedoch in ständiger Rechtsprechung ein **besonders wichtiges Gemeinschaftsguts**,[639] ohne die Bedeutung im Vergleich zur Rechtspflege

637 BT-Drs. vom 16.09.1993, 12/5685, S. 27.

638 Siehe hierzu oben E.VI.3.c).

639 BVerwG, Urteil vom 17.08.2005, 6 C 15/04, NJW 2005, 3795–3801, juris Rn. 52: „Der Wirtschaftsprüfer übernimmt, wie dargelegt, wichtige Kontrollfunktionen im Rechts- und Wirtschaftsleben. Im öffentlichen Interesse an einem verlässlichen, das Vertrauen der beteiligten Kreise genießenden Wirtschaftsprüferwesen liegt es daher, dass der Wirtschaftsprüfer unabhängig, eigenverantwortlich und, soweit es insbesondere die Erstattung von Prüfungsberichten und Gutachten betrifft, unparteiisch tätig ist (vgl. § 43 Abs. 1 WPO). Mit dieser Ausgestaltung des Wirtschaftsprüferberufes bewegt sich der Gesetzgeber im Rahmen seiner Befugnis, bestimmte wirtschafts-, berufs- und gesellschaftspolitische Zielvorstellungen und Leitbilder durchzusetzen und in den Rang wichtiger Gemeinschaftsinteressen zu erheben

zu verifizieren. Eine Rangordnung muss jedoch wegen der offensichtlichen Unterschiede gebildet werden. Stellt die Funktionsfähigkeit der Rechtspflege ein so bedeutendes Gut dar, welches die Grundlagen des Rechtstaates betrifft, ist die Steuerrechtspflege wegen der Beschränkung auf die Vermögensebene in der Wertigkeit darunter anzusiedeln.[640] Die Prüfungsfunktion der Wirtschaftsprüfer erfüllt zwar eine bedeutende Aufgabe für die Wirtschaftsordnung. Diese steht m.E. aber längst nicht auf gleicher Stufe mit der Rechtspflege. Richtigerweise wird man dieses Schutzgut deutlich unterhalb der Rechtspflege ansetzen müssen. Damit ist schon fraglich, ob überhaupt ein legitimes Interesse des Staates besteht, die Berufsfreiheit der Wirtschaftsprüfer durch das uneingeschränkte Verbot der gewerblichen Paralleltätigkeit dermaßen stark einzuschränken.

3. Die Argumentation zur Rechtfertigung der Inkompatibilitätsregelungen der WPO findet ansonsten in ähnlichen Mustern statt. Eine Tätigkeit als Geschäftsführer sei gewerblich, wenn das Anstellungsunternehmen gewerblich ist. Eine gewerbliche Tätigkeit sei in Abgrenzung zur freiberuflichen Tätigkeit anzunehmen, wenn die Tätigkeit „selbständig und dauerhaft ausgeübt wird und maßgeblich von erwerbswirtschaftlichem Streben nach Gewinn gekennzeichnet ist."[641] Wie bereits ausführlich dargestellt, ist jedoch das maßgebliche **Streben nach Gewinn** für alle selbständigen Berufe innerhalb der Marktwirtschaft kennzeichnend und mitnichten ein Abgrenzungsmerkmal zu gewerblichen Berufen.

Bei Wirtschaftsprüfern wird im Rahmen der materiellen Rechtfertigung besonders auf die **Kenntnis von internen Geschäftsvorgängen der Prüfungsbetriebe** abgestellt, die regelmäßig zu Interessenkollisionen führen sollen. Durch die Prüftätigkeit erlange der Wirtschaftsprüfer „zwangsläufig Kenntnis von internen Geschäftsvorgängen der Betriebe seiner Klienten". Die so erworbenen Kenntnisse

(vgl. BVerfG, Beschlüsse vom 15.02.1967 – 1 BvR 569/62 u.a. – BVerfGE 21, 173 <180 f.> und vom 05.05.1987 – 1 BvR 724/81 u.a. – BVerfGE 75, 246 <265 ff.> m.w.N.). Angesichts der Bedeutung eines funktionierenden und anerkannten Wirtschaftsprüfungswesens genießt dieses Anliegen den Rang eines besonders wichtigen Gemeinschaftsgut (Urteil vom 26.08.1997 – BVerwG 1 C 1.96 – a.a.O.)."

640 Siehe schon E.VII.4.a.E.

641 VG Berlin, Urteil vom 28.05.2009, WP als Geschäftsführer Profifußball-GmbH, 16 K 18.09, Rn. 20; bestätigt in der Berufungsinstanz Oberverwaltungsgericht Berlin-Brandenburg, Urteil vom 10.05.2011, OVG 12 B 14.10., insbesondere juris Rn. 24: „Eine Interessenkollision ist im vorliegenden Verfahren nicht von vornherein auszuschließen, auch wenn beispielsweise die Tätigkeit des Klägers als Buchprüfer für die ausgegliederte Kapitalgesellschaft eines anderen Fußballvereins nicht sehr wahrscheinlich ist. Es reicht jedoch aus, dass der Gesetzgeber schon die abstrakte Gefahr einer Interessenkollision vermeiden und das Vertrauen der Öffentlichkeit in die Unabhängigkeit und Verlässlichkeit der Buch- und Wirtschaftsprüfung schützen wollte (vgl. auch Henssler, JZ 1996, 1187)."

könne er in seinem eigenen Gewerbebetrieb verwerten und sich „so Wettbewerbsvorteile gegenüber“ dem Prüfungsunternehmen verschaffen.[642] Voraussetzung wäre dann aber zwingend, dass der Wirtschaftsprüfer mit seiner gewerblichen Tätigkeit gerade in Konkurrenz zum Prüfungsunternehmen steht. Sollte das einmal der Fall sein, genügt wie bei den Anwaltsnotaren, die auch im Einzelfall vorbefasst sein können, ein Tätigkeitsverbot im Einzelfall – oder wie bei Prüfungsmandaten das Verbot der vorherigen Beratung, welches die Wirtschaftsprüfer ebenso ohne weitere Berufsverbote umsetzen.

Hinsichtlich der Kenntnis von Daten des Prüfungsunternehmens besteht für Wirtschaftsprüfer jedoch – anders als für Steuerberater oder Rechtsanwälte – das Recht, bestimmte Informationen einzufordern. Er besitzt das Druckmittel, das Testat im Weigerungsfall nicht zu erteilen. Das BVerwG hält mit Blick auf die Rechte der zwangsgeprüften Unternehmen, die ihre sensiblen Daten dem Wirtschaftsprüfen offenlegen müssen, ergänzend zur bekannten Argumentationskette besonders wirksame Vorkehrungen des Staats im Sinne einer präventiven Berufssperre für erforderlich, damit diese sensiblen Informationen „nicht zum Nachteil des Geprüften verwendet werden“.[643] Dieser qualitative Unterschied ist im Ergebnis jedoch unbedeutend, zumal die Mandanten den Wirtschaftsprüfer selbst auswählen und nicht etwa vom Staat eine Prüfperson vorgegeben wird. Denn letztlich erhalten Wirtschaftsprüfer auch keine strategischen Kenntnisse. Die sensiblen Informationen über Strategien und zu sonstigen Geschäftsgeheimnissen bleiben ihm verborgen. Sie kontrollieren letztlich die Arbeit des Jahresabschlusserstellers und prüfen die Rechtmäßigkeit der insgesamt zu veröffentlichen oder den Gesellschaftern offen zu legenden (vergangenheitsbezogenen) Zahlen und Berichte. Daraus erhalten sie kein überlegenes Wissen, was sie befähigt, selbst ein Konkurrenzunternehmen aufzubauen. Anders zu beurteilen wäre allenfalls der Lagebericht. Nur dieser wird ebenso veröffentlicht – dann handelt es sich nicht mehr um sensible geheime Informationen. Deshalb kann sich auch aus der Prüfungsaufgabe kein anderes Ergebnis in Bezug auf relevante **Interessenkollisionen** ergeben als bei den oben schon untersuchten Steuerberatern und Rechtsanwälten.

4. Für den Bereich der wirtschaftsberatenden und steuerberatenden Tätigkeit gilt nichts anders als bei den Steuerberatern. Beachtliche Interessenkollisionen können im Einzelfall im Beratungsbereich nur in **Konkurrenzsituationen** entstehen. Ansonsten führt die gewerbliche Tätigkeit genauso wenig wie bei den Steuerberatern per se zu Interessenkollisionen. Bei tatsächlich vorhandenen Interessenkollisionen muss der Wirtschaftsprüfer nur von der Abschlussprüfung ausgeschlossen sein. Der Unterschied bei der Erfüllung der öffentlichen Prüfungsaufgabe liegt darin, dass anders als im Beratungssegments der Mandant, dem die Interessenkollision offengelegt wurde, im Einzelfall nicht dennoch mit dem

---

642 VG Berlin, Urteil vom 28.05.2009, 16 K 18.09, juris Rn. 20.

643 BVerwG, Urteil vom 20.01.2016, 10 C 24/14, BVerwGE 154, 58–68, Rn. 21.

Wirtschaftsprüfer kontrahieren kann. Denn in diesem Fall stehen anders als bei den Beratungsfällen öffentliche Interessen im Mittelpunkt, über die die Parteien des Wirtschaftsprüfungsvertrages (Unternehmer und Wirtschaftsprüfer) nicht disponieren dürfen. Insoweit könnte nur ein Vertreter des öffentlichen Interesses abweichendes bestimmen. Das wäre möglich zu regeln, ist aber sicher nicht verfassungsrechtlich geboten, so dass es im Bereich der Prüfungstätigkeit bei einem Verbot des Kontrahierens bei bestehenden Interessenkollisionen bzw. während der Prüfung aufkommenden Kollisionen für den Einzelfall verbleiben kann.

Die Sonderaufgabe der Abschlussprüfung bei den Wirtschaftsprüfern führt zu keinen anderen Schlussfolgerungen, abgesehen von der zuvor beschriebenen Nuance, dass bei Interessenkollisionen im Abschlussprüfungsbereich die Kontrahierungsfreiheit weiter eingeschränkt ist. Das Tätigkeitsverbot im Einzelfall – im Beratungsbereich wieder mit der Möglichkeit der Disposition durch die Beteiligten nach entsprechenden verpflichtenden Hinweisen des WP – wäre das mildere Mittel im Vergleich zum strikten Berufsverbot.

5. Behauptet wird ergänzend, eine gewerbliche Tätigkeit sei insgesamt „mit der Unparteilichkeit (Objektivität) des Wirtschaftsprüfers als Abschlussprüfer“[644] nicht zu vereinbaren. Eine Begründung zu dieser Behauptung lässt sich nicht finden.

Zwar besteht die Pflicht zur Prüfung für Unternehmen der in § 316 HGB genannten Größenklassen. Die Unternehmen können sich den Prüfer jedoch aussuchen. Die Prüfung selbst erfolgt dann zumindest auch im Interesse der Allgemeinheit. Insoweit besteht tatsächlich keine Parteilichkeit in Bezug auf das zu prüfende Unternehmen. Jedoch zwingt diese besondere Stellung des Wirtschaftsprüfers mit partieller Unparteilichkeit nicht dazu, dass der Prüfer selbst nicht gewerblich tätig sein könnte. Es sind keine Auswirkungen oder Interessenkollisionen zu erkennen, die die Prüfung behindern würden, erst recht nicht solch gravierende, die die Berufsfreiheit derart einschränken vermögen – zumal in diesem Bereich nicht einmal das hohe Schutzgut der Funktionsfähigkeit einer Rechtspflege als Zielsetzung existiert.

6. Ein Verstoß gegen den Gleichbehandlungsgrundsatz aus Art. 3 I GG ergibt sich aus der unzulässigen Ungleichbehandlung mit den Rechtsanwälten, die insoweit parallel zur Argumentation bei den Steuerberatern zu begründen ist. Daher kann auf die Darstellungen zu den Steuerberatern[645] verwiesen werden.

7. Da die Wirtschaftsprüfer im Segment der Steuerberatung, also ohne den Bereich der Abschlussprüfung, den Steuerberatern gleich stehen und im Bereich der besonderen Prüfungstätigkeit keine relevanten Interessenkollisionen entstehen, verstoßen die Inkompatibilitätsregelungen der WPO ebenso wie § 57 IV StBerG gegen Art. 12 I GG und Art. 3 I GG.

---

644 OVG Berlin-Brandenburg, Urteil vom 10.05.2011, OVG 12 B 14.10, juris Rn. 23, ohne jegliche Begründung.

645 Siehe E.VII.

G. Vereinbarkeit der Inkompatibilitätsnormen mit Europarecht

Die Inkompatibilitätsnormen müssen nicht nur vor dem deutschen Verfassungsrecht bestehen und sich an diesem messen lassen, sondern auch vor dem Recht der europäischen Gemeinschaft. Da in der nationalen Rechtsprechung derzeit keine ernstzunehmenden Tendenzen mehr erkennbar sind, die hier angesprochenen Fragen noch einmal grundsätzlich zu prüfen, wird womöglich der EuGH eher Gelegenheit erhalten, zu den Inkompatibilitätsnormen Stellung zu nehmen. Zu prüfen wäre vom EuGH insbesondere, ob die Inkompatibilitätsnormen mit den europäischen Grundfreiheiten zur freien Niederlassung und zur freien Dienstleistungserbringung in Einklang zu bringen sind.

Grundsätzlich gebührt dem Gemeinschaftsrecht anerkanntermaßen der Anwendungsvorrang vor dem nationalen Recht – auch vor dem nationalen Verfassungsrecht. Im Grundsatz ist der Anwendungsvorrang zwischen EuGH und Bundesverfassungsgericht unumstritten. Aus dem Anwendungsvorrang folgt, dass bei Verstoß gegen EU-Recht die nationalen Rechtsnormen nicht nichtig werden, sondern lediglich so lange unanwendbar bleiben, wie die konträre europäische Vorschrift besteht. Die gegen EU-Recht verstoßende Norm bliebe zunächst auf nationaler Ebene erst einmal anwendbar. Da die Grundfreiheiten, gegen die die hier untersuchten Normen verstoßen könnten, allerdings zu unmittelbar anwendbarem Recht zu Gunsten der Unionsbürger gehören, werden auch nicht grenzüberschreitende Sachverhalte erfasst. Wenn also die nationalen Regelungen mit den Grundfreiheiten der europäischen Gemeinschaft nicht vereinbar sind, dürfen diese auch auf rein innerstaatliche Sachverhalte nicht mehr angewendet werden.

I. Dienstleistungsfreiheit

Die Inkompatibilitätsnormen des deutschen Gesetzgebers in der BRAO, dem StBerG oder der WPO könnten am ehesten mit dem multidisziplinäre Tätigkeiten betreffenden Artikel 25 der Dienstlsg.-Richtlinie, die die grundsätzliche Dienstleitungsfreiheit aus Art. 56 ff. AEUV ausgestaltet, unvereinbar sein.

1. Nach Art. 25 I Dienstlsg.-RiLi (RL 2006/123/EG, Dienstleistungsfreiheit, vom 12.12.2006) stellen die Mitgliedstaaten sicher, „dass die Dienstleistungserbringer keinen Anforderungen unterworfen werden, die sie verpflichten, ausschließlich eine bestimmte Tätigkeit auszuüben, oder die die gemeinschaftliche oder partnerschaftliche Ausübung unterschiedlicher Tätigkeiten beschränken." Jedoch können gemäß Art. 25 Abs. 2 a) Angehörige reglementierter Berufe „solchen Anforderungen unterworfen werden, soweit dies gerechtfertigt ist, um die Einhaltung der verschiedenen Standesregeln im Hinblick auf die Besonderheiten der jeweiligen

Berufe sicherzustellen und soweit dies nötig ist, um ihre Unabhängigkeit und Unparteilichkeit zu gewährleisten".

Die Erwägungsgründe geben ein wenig weitergehende Erkenntnisse zur Auslegung der Vorschrift. Danach wäre **Ziel der Regelung** sicherzustellen „dass die Dienstleistungserbringer die *Möglichkeit haben, multidisziplinäre Dienstleistungen anzubieten, und dass die diesbezüglichen Beschränkungen auf das begrenzt werden, was erforderlich ist, um die Unparteilichkeit und Unabhängigkeit sowie die Integrität der reglementierten Berufe zu gewährleisten.*"[646] Beschränkungen setzten demnach Unparteilichkeit, Unabhängigkeit oder Integrität eines Berufes voraus.

2. Zu diesen Begrifflichkeiten lässt sich an die Darlegungen zum deutschen Verfassungsrecht anknüpfen. Die Berufe des Rechtsanwaltes und des Steuerberaters tragen weder Elemente der „Unparteilichkeit" in sich, noch haben die Berufe selbst eine Integrität, die gewährleistet werden könnte. Eine Unparteilichkeit gäbe es lediglich bei Wirtschaftsprüfern im Rahmen ihrer Prüftätigkeit. Daher bliebe als Rechtfertigungsargumentation insbesondere für die Rechtsanwälte und Steuerberater wieder nur die Sicherstellung einer Unabhängigkeit. Rechtsanwälte, Steuerberater und Wirtschaftsprüfer können in gewissen Umfang, der sicher auf das Notwendigste zu beschränken ist, Einschränkungen der Dienstleistungsfreiheit erfahren, wenn und soweit es die Gewährleistung ihrer „Unabhängigkeit" erfordert.

So findet sich wieder der schillernde für jede Interpretation offene Begriff der **Unabhängigkeit**, der schon oben bei den jeweils untersuchten Berufsgruppen ausführlich erläutert wurde. Mit der dortigen Argumentation lässt sich die „Unabhängigkeit" jedoch auf den einzig zutreffenden Inhalt präzisieren. Unabhängigkeit reduziert sich auf die Freiheit vom Staat bei der Sacharbeit. Nur insoweit besteht überhaupt eine Unabhängigkeit. Diese partielle Unabhängigkeit wird jedoch allenfalls durch Beschäftigungen beim Staat und gleichzeitiger Tätigkeit (im konkreten Einzelfall) als Vertreter eines Mandanten gegen den Staat tangiert bzw. potentiell gefährdet. In Abwägung der Schwere der Beschränkung der beruflichen Freiheit bzw. der Dienstleistungsfreiheit durch ein Verbot parallelberuflicher Tätigkeit mit der allenfalls zu sichernden staatsunabhängigen Sacharbeit wäre auch hier nur eine Offenbarungspflicht hinsichtlich der parallelberuflichen Tätigkeit flankiert mit einem Tätigkeitsverbot im Einzelfall erforderlich. Bei differenzierter und kritischer Betrachtung des Begriffes der „Unabhängigkeit" verstößt ein Totalverbot von bestimmten Paralleltätigkeiten daher auch gegen die europäische Dienstleistungsfreiheit.

3. Die Grundgedanken des **EuGH** gehen wohl in eine ähnliche Richtung, wie aus dessen jüngster Entscheidung vom Februar 2020 zu den **Inkompatibilitätsregelungen betreffend belgische Buchhalter**[647] deutlich wird. Das Gericht

---

646 Erwägungsgrund 101 der DienstlsgRiLi, EuGH, Urteil vom 27.02.2020 – C-384/18 –, Rn. 2.

647 EuGH, Urt. v. 27.02.2020 – C-384/18, Kommission / Belgien, DStR 2020, 1399.

stellte einen Verstoß Belgiens gegen die Verpflichtungen des Landes nach Art. 25 Dienstlsg.-RiLi und Art. 49 AEUV (Niederlassungsfreiheit) durch die generellen Unvereinbarkeitsregelungen für Buchhalter in Belgien fest.

a. Die belgische Norm verbietet die gemeinschaftliche / parallele Ausübung von Buchhaltertätigkeiten und Tätigkeiten als

- Versicherungsmaklers oder -agenten,
- Immobilienmakler oder
- jegliche Tätigkeit im Bank- oder Finanzdienstleistungsbereich.

Weiterhin werden die Berufskammer ermächtigt, den zugelassenen Buchhaltern die parallele Ausübung ihrer Buchhaltertätigkeiten einerseits und jegliche handwerkliche, landwirtschaftliche oder allgemein gewerbliche Tätigkeit zu verbieten (nach welchen Maßstäben wird nicht berichtet).

b. Der Mitgliedstaat, der sich auf die Ausnahme des Art. 25 Abs. 1 S. 2 a) berufe, muss darlegen, dass das von ihm eingeführte Verbot erforderlich ist, um die Unabhängigkeit oder Unparteilichkeit (hier der BIBF-Buchhalter) zu gewährleisten. Dieser Ansatz ist Ausdruck des richtigen Verständnisses, dass die Einschränkungen der grundsätzlichen Freiheit vom Staat zu begründen sind und nicht etwa zunächst nach einer Erlaubnis (gesetzlichen Grundlage) für die parallele Berufsausübung zu fragen ist. Nicht der Berufswerber muss etwa nachweisen, dass keine relevanten gravierenden **Interessenkollisionen** aus der parallelen beruflichen Tätigkeit entstehen, sondern richtigerweise muss der Staat die Einschränkung der grundsätzlichen Freiheit begründen.

Diese Darlegung sei dem Königreich Belgien nicht gelungen. Ebenfalls vergleichbar zur deutschen verfassungsrechtlichen Konstellation im Bereich der Erforderlichkeit hält der EuGH relativ deutlich fest, dass alternative Maßnahmen wie z.B. eine nachträgliche Kontrolle eines potenziellen Interessenskonflikts zwischen den jeweiligen Tätigkeiten durch die Berufskammern eine weniger einschränkende Maßnahme zur Erreichung des Ziels darstellen.[648] Die belgischen Beschränkungen sind im Ergebnis daher nicht mit der Dienstleistungsfreiheit in Einklang zu bringen.

c. Der Beruf Steuerberater, wie im deutschen Rechtsraum bekannt, stellt auf internationaler beziehungsweise europäischer Ebene einen exotischen Berufsstand dar. Jedoch betreffen die Tätigkeiten der belgischen Buchhalter zumindest einen vergleichbaren Teilbereich der Tätigkeiten, die zum typischen Berufsbild eines deutschen Steuerberaters gehören (wenn auch die Buchhaltung nicht zu den nur den Steuerberatern vorbehaltenen Tätigkeiten gehört). Die Begründungen des EuGH in diesem Zusammenhang können durchaus interessante Aufschlüsse darauf geben, wie der EuGH entscheiden wird, falls die entsprechenden Normen des deutschen Steuerberatungsgesetzes dort zu beurteilen wären – auch wenn die

648 EuGH, Urteil vom 27.02.2020 – C-384/18 –, Rn. 57.

deutschen Standesvertreter der Steuerberater sofort in Pressemitteilungen und den Fachzeitschriften eine Übertragung der Grunderwägungen des EuGH ablehnten.[649] Die deutschen Normen dürften vom EuGH ebenfalls für unvereinbar mit der Dienstleistungsfreiheit gehalten werden.

II. Niederlassungsfreiheit

Bereits ein Jahr zuvor im Jahr 2019 hatte der EuGH Gelegenheit, die hiesige Thematik zu den Paralleltätigkeiten zu streifen. Unter der Thematik des ausreichenden Handlungsspielraums, den der Beruf des Rechtsanwaltes erfordere und der ggf. durch eine Parallelbeschäftigung eingeschränkt wäre, wurde die Argumentation des EuGH aus der Mönchsentscheidung von 2019[650] bereits aufgegriffen. Ein griechischer Mönch hatte die Rechtanwaltsqualifikation in den Niederlanden erworben und begehrte die Zulassung zur Rechtsanwaltschaft bei der Athener Anwaltskammer. Das griechische Gesetz schloss jedoch die Rechtsanwaltszulassung von Personen, die im geistlichen Bereich parallel tätig sind, generell aus, weil Garantien hinsichtlich der Unabhängigkeit insoweit fehlen würden und generelle Zweifel bestünden, ob diese Personen sich vollständig ihren Aufgaben als Rechtsanwalt widmen könnten.

1. Im Mönchurteil gelangte der EUGH nicht zu einer inhaltlichen Prüfung von Art. 25 Dienstlsg.-RiLi. Denn Art. 25 **Dienstlsg.-RiLi** findet gemäß des in Art. 2 der Richtlinie definierten **Anwendungsbereich**es nur auf wirtschaftliche Paralleltätigkeiten[651] Anwendung. Die Betätigung als Mönch ist jedoch nicht wirtschaftlich. Sie ist zudem ein Beispiel für eine nichtberufliche Tätigkeit.

---

649 Alle Verbandsvertreter bemühen sich schnell um Statements, dass die Rechtsprechung des EuGH nicht auf Deutschland übertragbar sei, so in StBK 5.2020, WPK-Magazin 3.2020, S. 63 oder durch Michael Schick, RA, Geschäftsführer des EU-Verbindungsbüros der BStBK, und Eva Cervera Lozano M.A., Referentin, beide Brüssel in DStR 2020, 1400. In der Mitteilung der BStBK (Ausgabe Mai 2020) heißt es sogar, das Urteil zeige, dass die entsprechenden deutschen Regelungen europarechtskonform seien. Auf das deutsche Recht sei die Argumentation des EuGH nicht übertragbar, weil der deutsche Gesetzgeber in § 57 StBerG und § 16 BOStB im Unterschied zum belgischen Recht kein vollständiges Verbot, sondern Ausnahmemöglichkeiten vom Verbot gewerblicher Tätigkeiten vorgesehen hätten. Dass das grundsätzliche Verbot allein dennoch die Freiheitsrechte unzulässig einschränken könnte und gerade die eigenen Kammern eine Auslegung betreiben, die zu einem faktischen Verbot jedweder gewerblicher Paralleltätigkeit führen, erwähnen die Verbandsautoren nicht.

650 EuGH (Große Kammer), Urteil vom 07.05.2019 – C-431/17 (Monachos Eirinaios/Dikigorikos Syllogos Athinon), NJW 2019, 2075 ff., siehe dazu auch schon D.VII.4.b) (8).

651 Genau diesen Begriff verwendet auch der Generalanwalt beim EuGH (Sharpston) im Schlussantrag vom 19.12.2018 – C-431/17 Rn. 39.

2. Daher prüfte der EuGH (nur) die Vereinbarkeit mit der Niederlassungsfreiheit. **Art. 3 II der RL 98/5** zur Erleichterung der ständigen Ausübung des Rechtsanwaltsberufs in einem anderen Mitgliedstaat als dem, in dem die Qualifikation erworben wurde. Diese Richtlinie hat die Fragen der Zulassung zur Rechtsanwaltschaft abschließend geregelt und damit die Rechtsmaterie vollständig harmonisiert. Sie hält abschließend das Verfahren und die Voraussetzungen für die Berufswahl in weiteren Mitgliedstaaten fest. *„Anwälte können sich nach dieser Richtlinie unter der Berufsbezeichnung des Herkunftslandes in allen Mitgliedstaaten der EU niederlassen und dort in ihrem Heimatrecht, internationalem Recht und dem Recht des Aufnahmestaates arbeiten.“*[652]

Berufs- und Standesregel betreffen die Ausgestaltung des Berufes, die die Mitgliedsstaaten weiterhin autonom regeln können. Inkompatibilitäten gehören nicht zur Ausgestaltung, sondern zur grundsätzlichen Frage des Zugangs zum Beruf. Daher sind Fragen zu **Inkompatibilitäten über die europäischen Grundfreiheiten der Niederlassungsfreiheit oder Dienstleistungsfreiheit harmonisiert.** Sie können daher nicht mehr autonom von Mitgliedsstaaten geregelt werden[653] Die Problematik erinnert an die Frage zum deutschen Grundrecht der Berufsfreiheit, ob es sich lediglich um die Ausgestaltung des Berufes oder eine subjektive oder objektive Zulassungsschranke im Teilbereich der Berufswahlfreiheit handelt. Auf der europäischen Rechtsebene entscheidet die Frage der Einordnung zur Ausgestaltung des Berufes oder des Zugangs zum Beruf die unmittelbare Anwendbarkeit bzw. den Vorrang des europäischen Rechtes. Auf einen weiteren interessanten Aspekt wies die Generalanwaltschaft in den Schlussanträgen hin. Berufs- und Standesregeln gestalten demnach das aktuelle Verhalten der Berufsangehörigen. Die Inkompatibilitätsvorschriften versuchen hingegen künftiges Verhalten zu antizipieren und betreffen damit nicht mehr die Ausgestaltung des aktuell ausgeführten Berufes.[654]

---

652 Sobotta, Kleinschnittger: Freizügigkeit für Anwälte in der EU nach der Richtlinie 98/5/EG, EuZW 1998, 645, 645.

653 EuGH (Große Kammer), Urteil vom 07.05.2019 – C-431/17 (Monachos Eirinaios/Dikigorikos Syllogos Athinon), Rn. 31.

654 Schlussanträge des Generalanwalts/der Generalanwältin vom 19.12.2018, C-431/17, Celex-Nr. 62017CC0431), juris Rn. 68: „Es scheint mir, dass eine solche Vorschrift, wenn man sie näher untersucht, eine Regel darstellt, die besagt, dass es Personen mit besonderen Merkmalen nicht erlaubt sein sollte, ihre Tätigkeit auszuüben. Ihr liegt die unausgesprochene Annahme zugrunde, dass sich eine Person A, weil sie diese Merkmale aufweist, notwendigerweise auf eine bestimme Weise verhalten wird, die nach dem deontologischen Kodex nicht akzeptabel ist. … Berufs- und Standesregeln sollen dagegen ein tatsächliches Verhalten regulieren und nicht ein angenommenes zukünftiges Verhalten. Wenn man in dem Beispiel, das ich gerade gebildet habe, „rothaarige Person“ an die Stelle von „Mönch“ setzt, zeigt sich sogleich, warum eine solche Vorschrift genau genommen keine Berufs- oder Standesregel ist.“

3. **Ziel** der speziellen Richtlinie ist es, der Unterschiedlichkeit der nationalen Vorschriften über die Voraussetzungen der „Eintragung bei den zuständigen Stellen“ (entspricht der Zulassung zur Rechtsanwaltschaft) ein Ende zu setzen, die bislang zu Ungleichheiten und Hindernissen für die Freizügigkeit geführt haben,[655] und die Zulassungen in den Mitgliedstaaten bei Erwerb der Qualifikation in einem anderen Mitgliedsstaat zu erleichtern,[656] indem die Berufsbezeichnungen der zuwandernden Rechtsanwälte gegenseitig Anerkennung finden.

Nach der ständigen Rechtsprechung des EuGH darf die Zulassung zur Rechtsanwaltschaft nur von der entsprechenden Bescheinigung des Herkunftslandes zur dortigen Zulassung abhängig gemacht werden. Die **Mitgliedstaaten haben kein Ermessen** und dürfen für die Eintragung zuwandernder Rechtsanwälte unter ihrer ursprünglichen Berufsbezeichnung **keine zusätzlichen Anforderungen** einzuführen, insbesondere im Beispielsfall die Zulassung nicht davon abhängig machen, dass der Berufswerber nicht parallel der Tätigkeit als Mönch nachgeht.[657]

Der Berufswerber muss sich aber den Standesregeln des Aufnahmestaates unterwerfen wie alle dort tätigen Rechtsanwälte. Das betrifft jedoch nicht den Akt der Zulassung zum Beruf, sondern die (nicht harmonisierte) Berufsausübung. Auf dieser Ebene darf der nationale Gesetzgeber Regelungen treffen, um Interessenkollisionen zu verhindern und die „Unabhängigkeit gegenüber staatlichen Stellen“ zu wahren.[658] Es sind dabei aber nur die zur Zielerreichung erforderlichen Mittel – mithin die die Grundfreiheiten am wenigsten einschränkenden Mittel zu wählen. Die (nicht harmonisierten) Berufsausübungsregeln selbst müssen letztendlich den „Verhältnismäßigkeitsgrundsatz beachten“ (EuGH, Urteil vom 07.05.2019 – C-431/17 –, Rn. 35).

Es ist dem Gesetzgeber allerdings verwehrt, die Zulassung mit zusätzlichen Erfordernissen zu regeln. Letztlich sagt der EuGH damit implizit, dass die durchaus legitimen Ziele der Interessenkollisionsfreien Arbeit und der Freiheit der Sacharbeit von staatlichen Einfluss – um das auf die bisher verwendete Terminologie zu überführen – auf die Ebene der Tätigkeitsverbote oder Sanktionen im Einzelfall gehören, aber nicht die Zulassung betreffen (dürfen). Ergänzend – darauf musste der EuGH nicht mehr eingehen – wies die Generalanwaltschaft darauf hin, dass **keine antizipierte Verletzung von Berufspflichten unterstellt** werden dürfe – eine Schlussfolgerung, die in der deutschen Diskussion letztlich zur Rechtfertigung der Inkompatibilitäten gern herangezogen wird. Der (griechischen) Regelung liegt nämlich die Schlussfolgerung zu Grunde, dass ein Mönch wegen dieser Tätigkeit / der daraus bestehenden Bindungen von vorn herein gegen die

---

655 EuGH, Urteil vom 07.05.2019 – C-431/17 –, Rn. 25.
656 EuGH, Urteil vom 07.05.2019 – C-431/17 –, Rn. 23.
657 EuGH, Urteil vom 07.05.2019 – C-431/17 –, Rn. 28.
658 EuGH, Urteil vom 07.05.2019 – C-431/17 –, Rn. 33.

Berufsregeln verstoßen werde, so dass er gar nicht erst als Rechtsanwalt eingetragen werden sollte.[659]

Interessenkollisionen können zwar im Ansatz nicht nur durch berufliche Tätigkeiten, sondern gerade auch durch persönliche Eigenschaften oder sonstige Bindungen (Familie, Politik oder eben zur Kirche) auftreten. Nur sind die daraus im Einzelfall möglicherweise entstehenden Konfliktlagen zu prüfen. Zuvor wäre sich zu vergewissern, dass es keine bindungslosen, nur einem beruflichen Interesse unterliegenden Personen gibt. Die Aufnahmestaaten dürfen aber keine Pflichtverletzungen von vorn herein unterstellen. „*Vielmehr müssen sie abwarten und sehen, wie sich die betreffende Person in der Praxis tatsächlich verhält. Denn das sollen Berufs- und Standesregeln regulieren.*“[660] Damit wird für die weitere Diskussion zur Frage der Verhältnismäßigkeit zumindest argumentativ vorgezeichnet, dass abstrakte Interessenkollisionen oder abstrakte antizipierte sonstige Berufspflichtverletzung keine zulässige Argumentationsgrundlage darstellen.

659 Schlussanträge des Generalanwalts vom 19.12.2018, C-431/17, Celex-Nr. 62017CC0431, Rn. 64.

660 Schlussanträge des Generalanwalts vom 19.12.2018, C-431/17, Celex-Nr. 62017CC0431, Rn. 68.

H. Konsequenzen und Ausblick

I. Fehlannahmen zur Rechtfertigung des Verbotes gew. Paralleltätigkeit

Die grundgesetzlich gesicherte Freiheit, gewerbliche oder sonstige Paralleltätigkeit neben den Berufen als Rechtsanwalt, Steuerberater oder Wirtschaftsprüfer auszuüben, darf nicht generell verboten werden. Derartige Verbote stellen einen besonders schwerwiegenden Eingriff in die Berufsfreiheit dar und bedürften daher ganz besonderer Gründe der Rechtfertigung mit dem Ziel, die **Funktionsfähigkeit der Rechtspflege** (bei Wirtschaftsprüfer zusätzlich Schutz der Funktionsfähigkeit der Pflichtprüfung) zu sichern. Die Inkompatibilitätsregelungen sind zum Schutz der Funktionsfähigkeit der Rechtspflege jedoch jedenfalls nicht erforderlich.

Die gegenteilige Argumentation der Rechtsprechung wird nicht ergebnisoffen geführt, sondern knüpft an traditionelle Verständnisse und überkommene Vorstellungen an. Die Unstimmigkeiten beginnen schon bei der Feststellung der gesetzgeberischen **Ziele**. In Anbetracht der Schwere des Eingriffs – Inkompatibilitäten sind de facto Berufsverbote – dürfen die meist in die Inkompatibilitätsregelungen hineininterpretierten weiteren Ziele des Gesetzgebers letztlich nur dann als relevant anerkannt werden, wenn sie sich auf den **Schutz der Funktionsfähigkeit der Rechtspflege**, inklusive der Teilmenge Steuerrechtspflege, zurückführen lassen. Abseits dieser beachtlichen Zweckrichtung werden weitere Ziele konstruiert, wie insbesondere die Hebung des Berufes als solcher, der Schutz des Ansehens des Berufes, die Stärkung imaginärer Unabhängigkeiten, die Sicherung der Kompetenz u.a., die allenfalls zum Teil die Rechtspflege am Rande betreffen, jedenfalls aber nicht dem Schutz deren Funktionsfähigkeit dienen.

Rechtsanwälte oder Steuerberater sind nicht allgemein unabhängig. Eine Unabhängigkeit muss nur vom Staat in Bezug auf die Sacharbeit bestehen. Die Rechtspflege verlangt eine solche Freiheit vor staatlichem Einfluss auf die Sacharbeit zudem nur im forensischen Bereich. Rechtsanwälte und Steuerberater sind innerhalb ihrer Berufsausübung in erster Linie selbst Unternehmer[661], die sich insbesondere nicht etwas durch eine fehlende oder eingeschränkte Gewinnerzielungsabsicht von anderen Unternehmern unterscheiden. Rechtsanwälte und Steuerberater müssen als Unternehmer und Marktteilnehmer grundsätzlich eine Gewinnerzielungsabsicht verfolgen, um wirtschaftlich bestehen zu können und somit ihren eigenen Fortbestand als Berufsgruppe und damit die Funktionsfähigkeit der Rechtspflege zu sichern (jedenfalls solange keine staatliche Alimentierung

661 Kilian, AnwBl. 2019, 662, 667.

eingeführt wird). Die grundsätzliche Gewinnerzielungsabsicht ist somit geradezu notwendige Voraussetzung für die Funktionsfähigkeit der Rechtspflege.

Rechtsanwalt und Steuerberater genießen weder ein verfassungsrechtlich bedeutsames Ansehen noch bilden sie eine Gruppe von Menschen mit überdurchschnittlich integren Mitgliedern oder überhöhten persönlichen Eigenschaften. Die Vorstellung, Rechtsanwälte oder Steuerberater seien besonders moralische oder rechtstreue Menschen, dürfte, ohne diesbezüglich auf empirische Erkenntnisse zurückgreifen zu können, schlicht falsch sein. Dennoch stellen die Begründungen zur Rechtfertigung der Inkompatibilitäten oftmals auf derartige Aspekte zumindest ergänzend ab. Um die Integrität, Kompetenz, Antikommerzialisierung oder ähnliches zu wahren, seien nach herrschender Ansicht Inkompatibilitäten erforderlich.

Grundsätzlich sind die durch Parallelbetätigungen konstruierbaren abstrakten Gefahren von **Interessenkollisionen** wegen der Bedeutung der Berufe für die Rechtspflege diskussionswürdig – jedoch nur soweit diese tatsächlich auftreten können. Aus der rechts- bzw. steuerberatenden Tätigkeit resultierende Informationen sind für eine Paralleltätigkeit allein dann bedeutsam, wenn sie einerseits qualitativ wirklich geheime, für potentielle Wettbewerber interessante Daten enthalten und anderseits vom Steuerberater oder Rechtsanwalt in der Paralleltätigkeit auch genutzt werden können, weil dessen Paralleltätigkeit in **Konkurrenz** zu einem Mandantenunternehmen ausgeübt wird. Zur Abwehr der Gefahren aus einer derartigen konkreten Sonderkonstellation steht das wesentlich mildere Mittel des partiellen Tätigkeitsverbotes zur Verfügung – dies nur soweit, wenn den Vertragsparteien (StB/ RA und Mandant) die Freiheit verbleibt, in Kenntnis der möglichen Interessenkollision dennoch miteinander zu kontrahieren. Wenn die Schwelle zur unberechtigten Verwendung von Geschäftsgeheimnissen oder sonstiger vertraulicher Informationen überschritten wird, greifen ohnehin die bestehenden Vorschriften aus dem Gesetz gegen den unlauteren Wettbewerb, dem Urheber- und/ oder dem Strafrecht.

II. Motive der restriktiven Anwendung der Inkompatibilitätsnormen

Die Befürworter einer Verfassungsmäßigkeit der Inkompatibilitätsregelungen und Streiter für derartige Regelungen an sich finden sich vermehrt in den Berufsverbänden, abgeleitet von einer meist verklärten Sichtweise auf den eigenen Berufsstand. Zudem werden partiell wirtschaftliche Eigeninteressen bei den Berufsvertretern mitspielen, um sich gegen Marktöffnungstendenzen aus Europa zu wehren und den Rechtsberatungsmarkt (bzw. Steuerberatungsmarkt) von weiteren äußeren Angriffen abzuschotten. Denn die europäischen Anwälte kennen mehrheitlich keine Inkompatibilitätsregelungen. Eine Harmonisierung der nationalen Berufsrechte in den Mitgliedsstaaten der Europäischen Union ist bislang nicht erfolgt, weder durch die Dienstleistungsrichtlinie für Rechtsanwälte von 1977 noch durch die Niederlassungsrichtlinie für Rechtsanwälte von 1998,[662] die nur die Zulassung zum Beruf für die Mitgliedstaaten gemeinsam regeln. Die Inkompatibilitäten selbst sind aber keine den Mitgliedstaaten zu regeln überlassenen Ausgestaltungen des Berufes oder der Berufspflichten, sondern Zulassungshürden.

An den Gerichten beurteilen Juristen (Richter) eine andere Berufsgruppe von Juristen (Rechtsanwälte oder die diesen nahestehenden Steuerberater) in Bezug auf Wertvorstellungen und der Stellung in der Gesellschaft und damit teilweise auch sich selbst. Es liegt wohl im menschlichen Wesen, dabei einer nicht nur objektiven Sichtweise zu unterliegen; die juristischen Berufe in Vergleich zu anderen Berufen möglichst aufzuwerten, abzugrenzen, ihnen zusätzliche Bedeutung beizumessen, sie zu erheben und eine besondere Wichtigkeit zuzusprechen.

III. Vergleich mit anderen Berufsverboten

Zum Vergleich und zum Beweis der Konformität des gefundenen Ergebnisses mit der Rechtsordnung hilft ein kurzer Blick auf andere Zulassungsversagungsgründe / Zulassungswiderrufsgründe, bei denen tatsächlich die Funktionsfähigkeit der Rechtspflege betroffen und eine Versagung der Zulassung zur Rechtsanwaltschaft im Ansatz gerechtfertigt erscheint.

Wenn ein Rechtsanwalt – gleiches gilt für einen Steuerberater – aktiv in strafbarer Weise die bestehende Ordnung abzuschaffen versucht und deshalb verurteilt worden ist, kann er nicht mehr kritisches Mitglied der Ordnung sein. Daraus folgt zwar kein allgemeines Berufsverbot in der Bundesrepublik, aber ein Verbot, einen Beruf auszuüben, der eine wichtige Aufgabe innerhalb der Rechtspflege zu erfüllen hat und damit eine Funktionsvoraussetzung derselben darstellt. Hinterfragen müsste man allerdings, inwieweit sich ein Berufsverbot dabei auf den nichtforensischen Teil der Tätigkeit erstrecken darf, der nach der hier vertretenen Ansicht nicht zur Rechtspflege gehört.

Lediglich die Unterstützung einer als verfassungsfeindlich angesehenen, aber nicht verbotenen Partei kann beispielsweise nicht zum Berufsverbot führen. Dies wäre für den Schutz der Funktionsfähigkeit der Rechtspflege nicht mehr erforderlich. Es genügt in derartigen Konstellationen, *wenn „durch die Zulassungsregelung solche Bewerber ausgeschlossen werden, welche die freiheitliche demokratische Grundordnung in strafbarer Weise bekämpfen, ...“*[663]. Denn – so die zutreffende ergänzende Begründung der Verfassungsgerichtsentscheidung innerhalb der „abweichenden Meinung“ –, die Unterstützung einer nicht verbotenen Partei ist jedermann gestattet. Sie „gehört sogar zu Verhaltensweisen, die unter besonderen Garantien der

662 Hellwig, BRAK Mitteilungen 2009, 50; In Bezug auf Wirtschaftsprüfer untersuchend BVerwG, Urteil vom 20.01.2016, 10 C 24/14, BVerwGE 154, 58–68, Rn. 23, 24.

663 Abweichende Meinung BVerfG, Beschluss vom 08.03.1983, 1 BvR 1078/80, BVerfGE 63, 266–312, II.1, juris Rn. 77.

Verfassung stehen und durch Normen geschützt sind, die als konstitutiv für die freiheitliche Demokratie gelten".[664] Die politische Betätigung außerhalb verbotener Parteien ist von der Meinungsfreiheit gedeckt, die parallelberufliche Tätigkeit von der Berufsfreiheit. Beides sind Ausprägungen des Persönlichkeitsrechtes.[665] Insofern besteht eine Vergleichbarkeit mit den hier untersuchten Inkompatibilitätsregelungen. Nur in absoluten Sondersituationen der konkreten Interessenkollision und tatsächlicher Auswirkung auf die Funktionsfähigkeit der Rechtspflege darf die Berufsfreiheit durch ein partielles stets im Verhältnis zum Berufsverbot milderes Tätigkeitsverbot beschränkt werden.

IV. Aussicht auf Liberalisierung?

Die Begründungen und Ergebnisse zur verfassungsrechtlichen Rechtfertigung der Inkompatibilitäten innerhalb der Rechtsprechung und Rechtswissenschaft sind festgefahren. Auch die Literatur folgt mehrheitlich der Argumentation der Rechtsprechung, ohne diese kritisch zu hinterfragen. Vereinzelt setzte in Bezug auf das Berufsrecht der Steuerberater infolge des 8. Steuerberatungsänderungsgesetzes von 2008 eine Diskussion ein, die von der danach doch zahlreich ergangenen Rechtsprechung zur neuen Ausnahmegenehmigung inspiriert war. Jedoch bleiben in diesem Zusammenhang die alten Argumentationsmuster erhalten. Eine vertiefe Auseinandersetzung mit den einzelnen Prämissen erfolgte nicht. Nachdem sich herausgestellt hatte, dass auch nach der Änderung des StBerG keine praktischen Änderungen eintraten und die Fälle weiterhin äußerst restriktiv gehandhabt wurden, verbebbten die gerichtlichen Auseinandersetzungen wieder. Obergerichtliche anderslautende Rechtsprechung ist derzeit nicht zu erwarten, zumal das Bundesverfassungsgericht die Fragen innerhalb eines Nichtannahmebeschlusses aus dem Jahr 2014[666] als geklärt betrachtete. Eventuelle künftige Verfassungsbeschwerden werden voraussichtlich ebenfalls nicht zur Entscheidung angenommen. Lediglich eine Entscheidung des EuGH, der aller Voraussicht nach die Inkompatibilitätsregelungen für nicht vereinbar mit den europäischen Grundfreiheiten halten wird, könnte auch die deutsche Diskussion neu bewegen.

Die Berufe Rechtsanwalt und Steuerberater haben sich in der Rechtswirklichkeit längst dem gewerblichen Unternehmertum angenähert, wenn sie sich davon überhaupt jemals signifikant unterschieden haben sollten. Durchgesetzt hat sich diese Erkenntnis derzeit weder in den berufsständischen Organisationen noch bei den Gerichten oder dem Gesetzgeber. Änderungen der verfassungswidrigen

---

664 Abweichende Meinung BVerfG, Beschluss vom 08.03.1983, 1 BvR 1078/80, BVerfGE 63, 266–312, I., juris Rn. 75.

665 Zur Meinungsfreiheit: „unmittelbarster Ausdruck der menschlichen Persönlichkeit", so *Bethge* in Sachs, Kommentar zum Grundgesetz, 8. Aufl. 2018, Art. 5, Rn. 22.

666 BVerfG, Nichtannahmebeschluss vom 13.01.2014, 1 BvR 2884/13.

Inkompatibilitätsregelungen sind daher derzeit nicht zu erwarten. Zur mangelnden Reformfähigkeit des Gesetzgebers formuliert Kleine-Cosack treffend:

> *„Manifest verfassungswidrige Verbote werden in der Regel bis zum letzten Atemzug verteidigt; die im Jahre 2007 endlich aufgehobenen – offensichtlich unhaltbaren – Verbote für Rechtsanwälte, eine Zweigstelle einzurichten oder eine Sternsozietät zu gründen, sind nur zwei Beispiele von vielen. Der Gesetzgeber drückt sich bis zum heutigen Tage vor fast jeder grundlegenden und liberalen Reform.*
> *Die jüngsten Beispiele der Beschränkung der Novellierung des Rechtsberatungsrechts auf die bloße Normierung der aktuellen Rechtsprechung zum RBerG, die Verhinderung nahezu jeder Liberalisierung im Steuerberaterrecht mit dem Achten Steuerberatungsänderungsgesetz, der zurückhaltende Vorschlag zur Novellierung des Verbots eines Erfolgshonorars machen deutlich, dass von Berlin kein Liberalisierungsschub zu erwarten ist. Dies gilt erst recht für das deutsche Notarrecht, das in seiner Erstarrung und verfassungs- sowie europarechtswidrigen Unfreiheitlichkeit alle freiberuflichen Rechtsregime noch übertrifft.*
> *... Letztlich erweisen sich viele nationale freiberufsspezifische Verbote schon deshalb als offensichtlich unhaltbar, weil ein Teil der Staaten der EU keine vergleichbaren Beschränkungen kennt, ohne dass die Funktionsfähigkeit der Rechtspflege ernsthaft beeinträchtigt wäre. Der Blick durch die Brille der Rechtsvergleichung ist oftmals klarer als die Sicht nationaler Gerichte und Institutionen, welche nicht selten stark durch eine tradierte Berufsbildideologie beschränkt ist.“*[667]

An dieser zutreffenden Einordnung hat sich bis heute nichts geändert. Als allenfalls zaghafter Schritt zur Liberalisierung und eher Beleg für die Schwerfälligkeit kann der Regierungsentwurf zur Neuregelung des Berufsrechtes der Rechtsanwälte und Steuerberater vom 29.10.2020 bezeichnet werden. Danach sollen nun wenigstens Bürogemeinschaften zwischen Anwälten und allen anderen Berufen mit Ausnahme der Berufsgruppen, bei denen dem Rechtsanwalt nach geltendem einfachem Recht eine parallele Tätigkeit verboten wäre, möglich sein.[668] Die gesetzgeberische Begründung, wonach „die unabhängige Berufsausübung“[669] nicht tangiert werde, weil wechselseitige Einflussmöglichkeiten unter den Berufsgruppen fehlen,[670] soll offensichtlich bei bestimmten Berufsgruppen, die derzeit noch unter die verbotenen Paralleltätigkeiten subsumiert werden, nicht gelten. Einfach gesetzlich verboten bleibt somit die Berufsausübung in einer Person als Anwalt oder als Anwalt mit anderen Personen in Gesellschaft oder in Bürogemeinschaft hinsichtlich der Berufe Finanzdienstleister, Banken, Versicherungsmakler etc.[671]

---

667 Kleine-Cosack, BB Beilage 2008, Nr. 003, S. 2, unter der Überschrift I. Deutsche Reformunfähigkeit.

668 Die dem § 7 Nr. 8 BRAO ähnliche Formulierung findet sich in § 59q Entw.BRAO.

669 Regierungsentwurf vom 29.12.2020, Seite 208.

670 zustimmend Kilian, Anwaltsblatt 2020, 674, 675.

671 Explizit Kilian, Anwaltsblatt 2020, 674, 675.

V. Grundlegende Thesen

1. Der nur historisch zu erklärende Begriff „Freier Beruf“ ist lediglich eine Sammelbezeichnung von Berufen, die überwiegend vom sich in der Zeit des Liberalismus stark entwickelnden Bürgertum ausgeübt worden sind. Er beschreibt demnach – von vorn herein wertneutral – lediglich die typischen Berufe des Bürgertums – die Berufe der Freien, der Liberalen. Weitergehende Bedeutung kommt dem Begriff nicht zu.

2. Da die Berufsfreiheit eine besondere Ausformung des Persönlichkeitsrechtes darstellt, kann es für Parallelberufe keine geringere Schutzintensität als bei anderen Berufen geben. Bei allen parallel ausgeübten Berufen gelten die gleichen Maßstäbe zur Rechtfertigung von Eingriffen in die durch Art. 12 GG geschützte Berufsfreiheit. Das Grundrecht der Berufsfreiheit darf nicht auf eine Erwerbsicherungsfreiheit reduziert werden. Wirtschaftliche Folgen der Verbote von Paralleltätigkeiten sind für die Beurteilung der Intensität eines Eingriffs in die Berufsfreiheit kein zulässiges Kriterium.

3. Innerhalb des Berufes Rechtsanwalt (gleiches gilt steuerberatende Tätigkeit als Teilmenge der Rechtsberatung) sind zumindest zwei grundlegend verschiedene Tätigkeitsfelder zu unterscheiden – die heute bei den meisten Rechtsanwälten den Schwerpunkt der Tätigkeit bildende außergerichtliche Rechtsberatung einerseits und forensische Tätigkeit andererseits). Teil der Rechtspflege ist der Rechtsanwalt allein bei der forensischen Tätigkeit. Entsprechendes gilt für den Steuerberater für seinen Teilbereich der Steuerrechtspflege.

4. Rechtanwälte und Steuerberater verfolgen grundsätzlich kein anders gelagertes, insbesondere kein geringeres Gewinnstreben als andere Unternehmer. Sie sind in erster Linie selbst Unternehmer.

5. Rechtsanwälte und Steuerberater sind nicht allgemein unabhängig oder weniger abhängig als andere Berufstätige oder Unternehmer. Nur eine gewisse und gesicherte Unabhängigkeit vom Staat innerhalb der Sacharbeit muss jedenfalls im forensischen Tätigkeitsbereich erhalten bleiben, um die Aufgaben innerhalb der Rechtspflege erfüllen zu können.

6. Entgegen der herrschenden Ansicht müssen auch die Normen, die insbesondere die Berufswahlfreiheit einschränken, das betroffene Grundrecht zitieren (Zitiergebot). Die Inkompatibilitätsnormen der BRAO, des StBerG und letztlich auch der WPO sind damit schon formell verfassungswidrig.

7. Generalklauseln zur Bestimmung von Inkompatibilitäten genügen nicht dem Bestimmtheitsgrundsatz.

8. Der Schutz der Funktionsfähigkeit der Rechtspflege (und des Teilbereichs Steuerrechtspflege) bildet überhaupt das einzig legitime Ziel für den mit den Inkompatibilitäten verbundenen schweren Eingriff in die Berufsfreiheit. Insbesondere die weiter als Zweck von Inkompatibilitätsregelungen genannten Ziele wie Abgrenzung der Berufe Rechtsanwälte und Steuerberater von anderen Berufen und die Erhöhung / „Hebung“ derselben, stellen kein legitimes Interesse dar, welches das Grundrecht der Berufsfreiheit derart stark einzuschränken dürfte.

Ein Verbot von Parallelberufen in allen derzeitigen Berufsordnungen (BRAO, StBerG und letztlich ebenso WPO) könnte partiell noch zum Schutz der Funktionsfähigkeit der Rechtspflege geeignet sein. Ein Verbot von parallelberuflicher Betätigung neben der Tätigkeit als Rechtsanwalt, Steuerberater und / oder Wirtschaftsprüfer ist jedenfalls nicht erforderlich und schon gar nicht angemessen.

9. Interessenkollisionen zeigen sich nur innerhalb eines konkreten Einzelfalls. Abstrakte Kollisionen genügen nicht. Kenntnisse allgemeiner wirtschaftlicher Verhältnisse stellen keinen geeigneten Anknüpfungspunkt für Ungleichbehandlungen dar, weil diese auf relevante Interessenkollisionen keinen Einfluss haben – beachtliche Interessenkollisionen können nur in Bezug auf sensible Daten bei Konkurrenzverhältnissen entstehen. Konkreten Interessenkollisionen kann hinreichend mit Tätigkeitsverboten im Einzelfall verbunden mit einer vorhergehenden Offenlegungspflicht begegnet werden – jedoch nur unter Wahrung der Freiheit für die Vertragsparteien dennoch zu kontrahieren (Ausnahme Wirtschaftsprüfer im Prüfungsmandat).

10. Das Abstellen auf eine (nicht vorhandene) strukturelle Ungleichheit in den Mandantenbeziehungen ist unzulässig, weil der Gesetzgeber die Steuerberatung nur als Teil der Rechtsberatung und nicht als Nur-Steuerberatung ausgestaltet hat. Angebliche unterschiedliche Mandatsstrukturen wären wie beim unwirksamen Sozietätsverbot von Anwaltsnotaren und Wirtschaftsprüfern unbeachtlich.

Es bestehen zudem keine relevanten Unterschiede der Mandatsstruktur von Steuerberatern und Rechtsanwälten, die die derzeit unterschiedliche Rechtsetzung in Bezug auf Einschränkungen von Paralleltätigkeiten rechtfertigen könnten.

Juli 2022
Hartmut Krüger
Rechtsanwalt